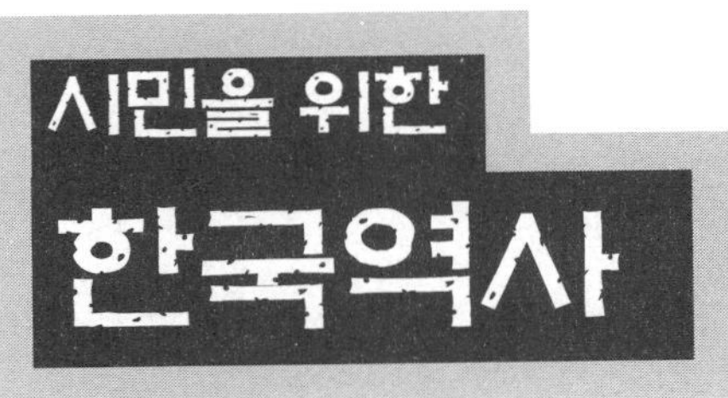

노태돈 · 노명호
한영우 · 권태억 · 서중석 지음

창비

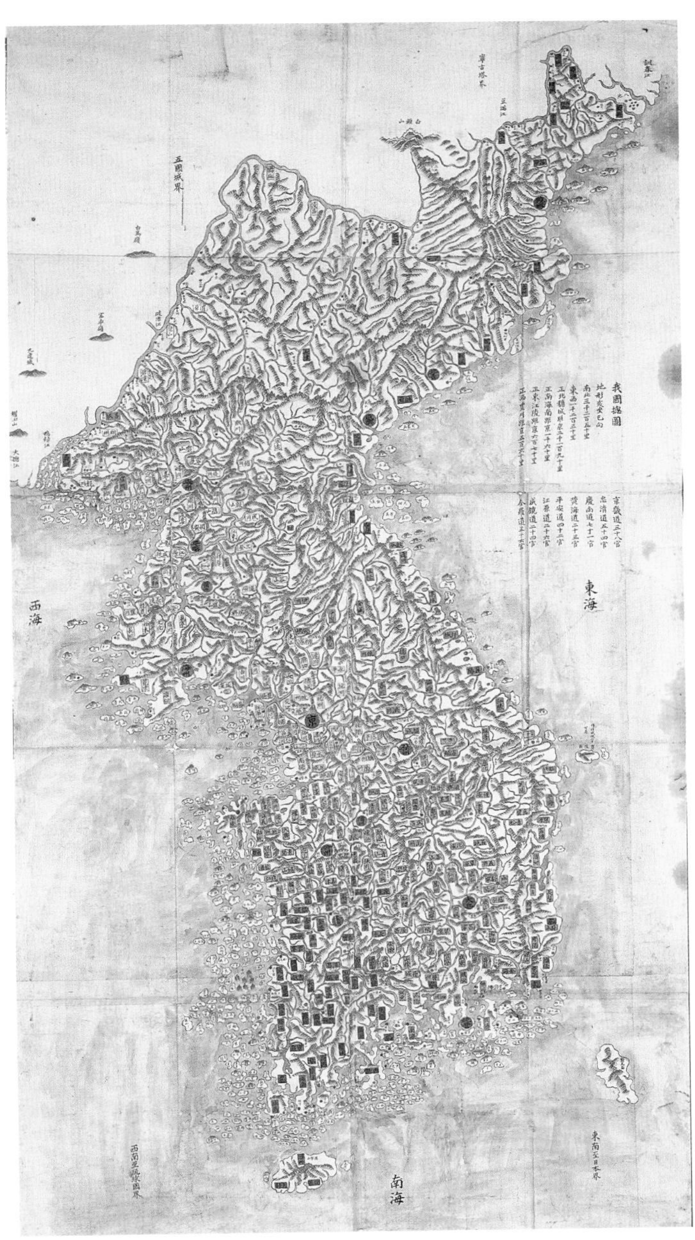

아국총도(我國摠圖)
帖 輿地圖, 18세기 말, 82.0×152.5cm, 서울대학교 규장각 소장

금동미륵반가사유상
삼국, 6세기 후반, 높이 93.5cm, 국립중앙박물관 소장

고령의 대가야 3호 고분 유물 출토 모습

지석묘
중국 요령성 해성(海城) 소재

당나라 이현묘(李賢墓) 벽화
8세기 초, 깃털을 꽂은 모자를 쓴 이가 신라인 또는 발해인

석굴암 감실의 보살상

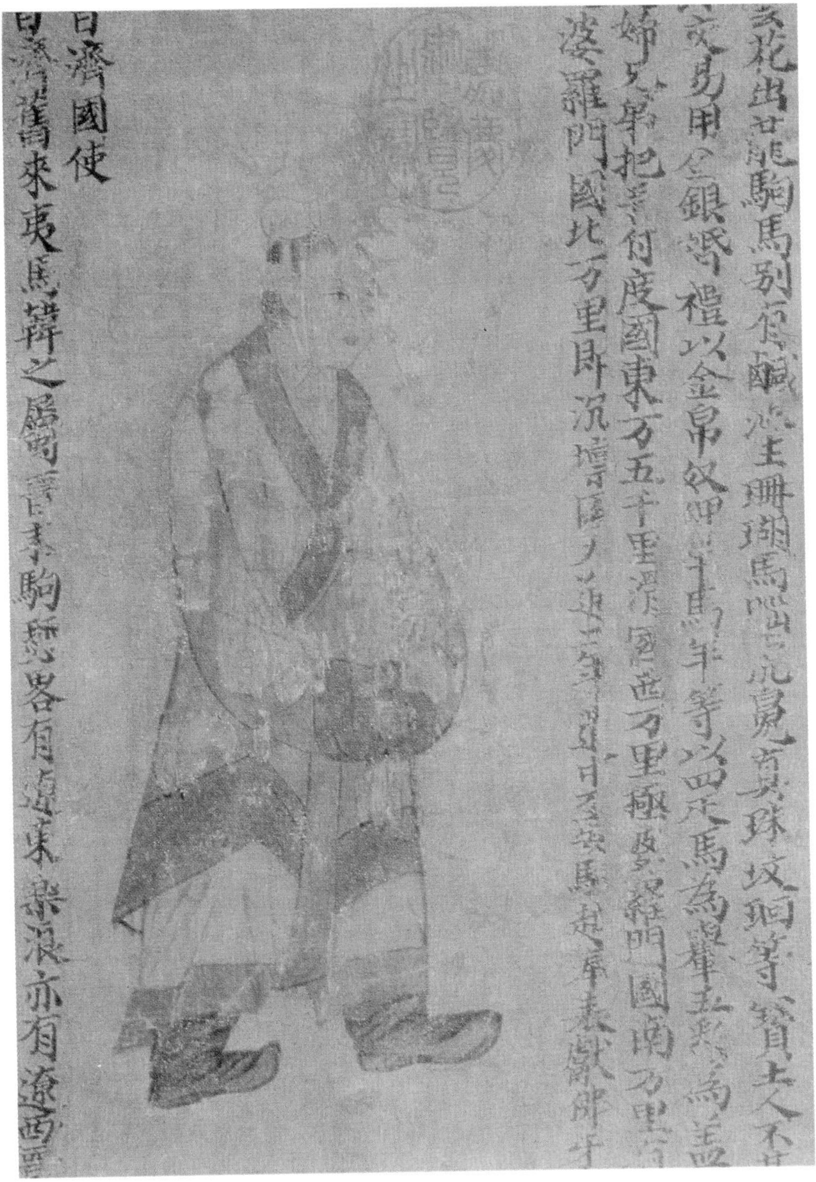

양직공도(梁職貢圖) 중 백제사신도

경천사10층석탑
고려, 높이 13.5m, 서울 종로구 세종로

수월관음도(水月觀音圖)
고려 1310년, 비단 채색, 254.2×419.5cm, 일본 鏡神社 소장

인원왕후산릉도감의궤(仁元王后山陵都監儀軌) 중 사신도(四神圖)
1757년, 서울대학교 규장각 소장

책을 펴내면서

요즘 우리 사회에서 역사에 대한 관심이 폭발적으로 높아지고 있다. 언론매체나 출판계에서 역사물이 큰 인기를 끌고 있다. 『조선왕조실록』이 CD롬으로 만들어져 대중화가 이루어진 것도 하나의 원인이겠으나, 그보다는 세기말의 위기와 불안이 역사에 대한 관심을 부추기고 있는 것 같다.

역사는 삶의 거울이다. 삶이 평온한 사람은 거울을 즐겨 보지 않는다. 그러나 무언가 위기가 닥칠수록 거울 앞에서 자기 모습을 보고 싶어한다. 나는 무엇인가. 어떻게 살아야 하나. 자신에 대하여 자꾸만 질문을 던지게 된다. 다시 말해 역사에 대한 관심이 커지는 것이다. 역사는 어떤 면에서는 위기를 관리하는 학문이라 해도 과언이 아니다. 요즘 일고 있는 역사에 대한 관심은 우리 사회의 위기와 불안을 반영한다고 보아야 한다.

지난 20세기는 우리 역사상 최대의 위기와 도전의 시기였으며, 역사에 대한 관심도 뜨거웠다. 국권상실에서 시작하여 남북분단과 동족상잔을 경험한 나라, 그리고 지구상에서 유일하게 냉전이 지속되고 있는 나라, 그 속에서 국민소득 1만 달러의 기적과 같은 경제발전을 이룩한 나라, 그러면서도 도덕과 사회기강이 서 있지 않은 미숙하고 혼돈한 나라, 이것이 우리가 살아온 20세기 역사의 축도(縮圖)이다. 이러한 발전과 혼돈의 이중주 속에서 역사해석도 이리 갈리고 저리 찢기면서 합의된 역사의식을 도출하는 데 실패하였다.

지금 우리 주변에는 많은 역사책들이 범람하고 있다. 그러나 우리 삶의 좌표가 되고, 혼돈의 20세기를 정리하면서 미래의 21세기를 밝게 열어줄 만한 역사책이 얼마나 되는지는 자못 의문이다. 무엇보다도 지금 우리에게 절실하게 요구되는 역사의식은 주체성과 도덕성이다. 주체성과 도덕성을 바탕으로 세계무역기구(WTO)로 대표되는 경제전쟁 시대를 돌파해야 하며, 안으로 불신과 혼돈을 극복해야 한다. 그리고 민족의 숙원인 통일국가를 수립해야 한다. 배타적 민족주의도, 얼빠진 세계주의도, 편협한 계급주의도, 얄팍한 상업주의도 모두 우리 시대에 맞지 않는 낡은 역사의식이다.

주체성과 도덕성을 담은 역사는 어떻게 씌어져야 하는가. 이 물음에 대한 답은 그렇게 쉽지 않다. 우리 학계가 이러한 물음에 대하여 명쾌한 답을 가지고 있는 것도 아니다. 다만, 이러한 질문을 끊임없이 던지면서 우리 역사를 정확하게 고쳐 쓰려는 노력이 있어야 할 것이고, 그러한 노력이 전문가들 사이에서 나타나는 것이 바람직할 것이다.

우리 다섯 사람이 공동으로 집필한 이 책에는 위에서 던진 질문에 답하려는 우리의 뜻이 암암리에 모아져 있다. 역사는 한 사람이 일관된 시각으로 쓰는 것이 가장 바람직하다. 그러나 뜻이 맞는 각 분야의 전공자들이 시대를 나누어 집필하는 것도 또다른 좋은 방법이다. 지금 이 책의 집필자들은 모두 그 분야의 전문가이고 평소 호흡을 맞추면서 공부를 해왔기 때문에 집필에 별다른 어려움이 없었다. 역사체계를 일사불란하게 세우는 데는 다소 미흡한 점이 있다 하더라도 각 시대 서술의 전문성이 높게 반영된 장점이 있을 것이다. 독자들은 이 점을 평가해주기 바란다. 독자들의 이해를 위해 밝히자면, 1장은 노태돈, 2장은 노명호, 3장은 한영우, 4장은 권태억, 5장은 서중석이 집필을 맡았다.

이 책은 본래 서울대학교 한국문화연구소에서 연구지원을 받아 외국인을 위한 한국사 개설서로서 집필된 것이다. 그래서 한국어판은 국내에서 발간하고, 이를 영어로 번역하여 외국어판을 내기로 예정되었던 것이다. 한국 역사에 기초지식이 없는 외국인을 의식하였기 때문에 어려운 용어를 풀어주고 서술이 평이해지도록 각별히 유념하였다. 일반적으로 역사책이 읽기 어렵다는 세간의 평과는 달리 이 책은 그렇지 않다는 것을 독자들은 이해하게 될 것이다.

이 책은 전반적으로 정치사를 간략하게 다루고 그대신 문화사의 비중을 높여서 서술하였다. 이는 역사 교육의 무게가 문화사로 이행하고 있는 우리 시대의 추세를 반영한 것이다.

또한 해방 이후의 남북한 현대사가 비교적 상세하게 다루어진 것도 통상적인 개설서와는 다른 점이다. 그리고 역사 교육에서 시각자료가 갖는 중요성을 고려하여 아주 정선된 그림자료를 넣었다.

통사 서술에서 시대구분의 문제는 중요하다. 그러나 중요하기 때문에 더욱 신중해야 하는 것이 바로 시대구분이다. 이 책은 시대구분을 명확하게 하지는 않았으나, 왕조교체에 따른 사회발전의 의미를 부각하려고 노력하였다. 그리하여 삼국시대를 고대, 고려를 중세, 조선을 근세, 개항 이후를 근대, 해방 이후를 현대로 이해하고자 하였다.

이 책의 집필이 착수된 것은 1990년대 초이다. 당시 재정적 지원을 베풀어준 김종운 총장과 김경동 기획실장을 비롯하여 서울대학교 본부 관계자 여러분, 그리고 집필의 실무를 주관한 서울대학교 한국문화연구소 이상택 소장 이하 직원 여러분의 후의에 감사드린다. 그리고 이 책의 출판을 기꺼이 맡아주고 아담한 책자로 꾸며준 창작과비평사 여러분의 노고에도 깊은 감사를 드린다.

1997년 5월

집필자 일동

차례

제2장 고려

제3장 조선

제4장 근대

제5장 현대

제1장
원시 · 고대

1. 원시사회와 그 문화
2. 고조선의 등장
3. 삼국의 성립과 발전
4. 삼국 시기의 문화
5. 통일신라와 발해의 정치와 사회
6. 호족의 대두와 후삼국의 정립
7. 통일신라와 발해의 문화

1

원시사회와 그 문화

1. 구석기·신석기 문화

한반도와 만주지역에서 확인되는 인간의 삶의 자취는 40여만년 전으로 거슬러올라간다. 평양시 부근의 검은모루 유적과 같은 전기 구석기 유적은 그 구체적인 예이다. 뒤이은 시기의 구석기 유적도 각지에서 발견되고 있으며, 덕천군 승리산 동굴과 청원군 두루봉 동굴 등에서는 화석인골이 출토되어 구석기시대에 이 땅에서 살았던 인류의 모습을 엿볼 수 있다. 그런데 1만여년 전 빙하기가 끝나고 기후가 따뜻해짐에 따라 생활환경에 변화가 있게 되었다. 이 땅에서 살던 구석기인의 일부는 그들이 잡아먹던 짐승들이 북으로 이동함에 따라 함께 떠나간 것 같다. 또한 근래 한반도의 중석기 유적에 관한 논의를 볼 때, 다른 일부는 계속 이 땅에 살면서 새로운 환경에 적응해나간 것으로 생각된다. 그리고 아마도 일부 새로운 주민이 다른 지역으로부터 이주해 온 것 같다. 이들이 어우러져 신석기시대 이 땅의 주민이 되었다.

신석기 유적은 주로 강가나 바닷가에서 발견되는데, 대표적인 유물은 토기이다. 신석기시대에 토기가 만들어져 사용된 것은 구석기시대와 구별되는 중요한 특징 중 하나이다. 신석기시대의 대표적인 토기는 표면에 빗으로 그은 것 같은 평행선의 문양이 있는 빗살무늬토기〔櫛目

文土器, comb-pit ware]이다. 이 빗살무늬토기는 현재까지의 자료에 의하면 대략 기원전 5000년경부터 사용된 것으로 알려져 있는데, 만주와 시베리아 지역에서 출토되는 이 시기의 토기와 양식상 연결되는 면을 지녔다. 이는 곧 신석기시대 한반도의 주민과 이들 지역의 주민 간에 문화적 친연성이 있었음을 말해준다.

빗살무늬토기를 남긴 이들은 고기잡이와 사냥, 채집 등을 행하며, 씨족별로 몇십명씩 무리를 이루어 공동체적인 삶을 영위하였다. 사냥과 물고기잡이는 도구와 기술이 빈약하였기 때문에 공동작업을 하였고, 채집 또한 그 계절적인 속성 때문에 같은 곳에서 함께 하는 것이 일반적이었다. 수확물은 장기 저장이 불가능하였을 뿐 아니라 공동노동의 소산이었으므로 공동 분배하였다. 이들은 함께 일하고 나누어가지며 더불어 살아가는 삶을 영위하였다.

이들의 생활은 이런 밝은 면과 아울러, 굶주림과 질병 및 자연재해로부터 끊임없이 위협을 받는 어두운 면도 지니고 있었다. 그리고 이들은 작은 자기 집단 외의 다른 집단과는 상대에 대한 무지에서 오는 공포와 이질감으로 갈등을 빚거나 싸움을 벌이기도 하였다. 개인은 자신이 숙명적으로 속하게 된 작은 집단을 벗어나서는 생존이 불가능하였으므로, 집단 속에 매몰되어 있었다. 주술(呪術)은 이 시기 사람들이 생활 속에서 부딪히는 주요 문제에 대응하고 이를 해결하기 위한 방안으로 널리 사용되었다.

이와같은 신석기시대 사람들의 공동체적인 삶의 양태는 농경과 청동기문화의 보급에 따라 서서히 근본적인 변화를 보이게 되었다.

2. 농경의 보급과 청동기문화

(1) 청동기문화의 원류

대략 기원전 10세기를 전후한 시기부터 한반도와 만주지역에서 청동기문화가 발달하였다. 청동기문화의 기원에 대해서는, 북중국 또는 시베리아 방면에서 이주해 온 주민집단에 의해 형성되었고, 이들 종족이 한국인의 모체가 되었다는 학설이 일찍부터 제기되어왔다. 그러나 이러한 주민이동설은 아직 고고학적으로 증명되지 않고 있다. 청동기문화는 신석기시대 이래로 한반도와 만주지역에 거주하던 주민들 가운데 남만주 요령성(遼寧省) 지역에 살던 주민에 의해 먼저 생성되고, 이어서 한반도와 중부 만주지역으로 전파되었으며, 그러한 전파과정에서 한 단계 일찍 농업경제와 청동기문화를 영위하여 인구도 증가하고 문화적으로도 우위에 있었던 남만주지역 주민집단의 일부가 한반도로 이동해 와 선주민과 결합한 것으로 여겨진다. 독특한 양식의 비파형동검(琵琶型銅劍, T type bronze dagger)과 그것을 계승한 세형동검(細形銅劍)을 대표적인 유물로 하는 이 청동기문화는 황하(黃河) 유역의 상(商, 殷)·주(周) 계통의 청동기문화나 내몽고지역 유목민의 오르도스(Ordos)식 청동기문화와는 구별되는 독자적인 개성을 지닌 것이었다.

이 문화를 영위한 주된 종족들은 동호(東胡)·예(濊)·맥(貊)·한(韓)족이었다. 이 중 요하(遼河) 서쪽의 요령성 서부 지역에 거주하던 동호족은 고대 중국의 연(燕)나라에 의해 내몽고 방면으로 밀려나 유목민화하였다. 한편 요하 동쪽의 만주지역과 한반도에 거주한 예·맥·한족은 계속 그 지역에 살면서 성장해나갔다. 이들 종족들은 거주지역의 환경과 청동기문화 수용의 시간적 차이에 따라 상당한 정도의 문화적 이질성을 지녔으나, 한편으로는 같은 청동기문화권에 속한 종족들로서 주변지역의 다른 주민집단과는 차이가 나는 일정한 동질성도 지녔다. 이들 예·맥·한족에 속한 여러 부족들이 그 뒤 고조선·삼국 시기를 거치면서 오랜 역사적 과정을 통한 정치적 통합과 문화적 교류로 상호 융합되어 하나의 민족(ethnic group)을 형성하게 된다.

(2) 농경의 보급

청동기문화 단계에 들어서면서 나타난 주요한 변화는 농경의 보급이다. 처음 농경이 시작된 것은 신석기시대 후반인 기원전 2000년경이었다. 그런데 그것은 매우 소박한 형태였고, 일부 지역에서만 부분적으로 행해졌다. 농경이 널리 행해져 농업 위주의 경제생활을 영위하게 된 것은 청동기문화 단계에 들어와서였다. 밭작물의 종류가 다양해졌으며, 기원전 8세기경에는 한반도에서도 쌀농사를 짓게 되었다. 농기구는 여전히 목기와 석기였으나 종류가 다양해졌으며, 효율성도 개선되었다. 이 시기에 만들어진 청동기에 한 남자가 곡식의 파종을 위해 나무 따비로 길게 골을 파고 있는 그림이 그려져 있어, 당시 농경의 일면을 엿볼 수 있다.

농경이 보급됨으로써, 일정한 지역에 좀더 많은 사람이 살 수 있게 되었고 인구도 크게 늘어났다. 인구의 증가는 다시 새로운 경작지를 요구하게 되어 거주지역이 확대되어나갔다. 또한 농경을 함으로써 생활이 상대적으로 안정되었으며, 농한기라는 시간적 여유가 생겨나게 되었다. 이는 잉여생산물의 증대와 함께 문화의 발전을 가져왔다. 주거지가 점차 내륙 구릉지대로 확대되어나가고, 촌락의 규모가 커졌으며, 이 시기의 대표적 토기인 무문토기(無文土器)가 빗살무늬토기와는 비교가 안될 정도로 다양하게 제작된 것은 그러한 사실을 말해준다.

한편 농경의 진전과 함께 촌락공동체간에는 비옥한 농경지 등 좀더 나은 생활공간을 확보하기 위한 갈등과 분쟁이 빈번해졌다. 그에 따라 이런 갈등을 조정하고 질서를 유지하게 하는 더 큰 결합단위로서 부족의 기능이 커져갔다. 부족장은 씨족 및 친족집단의 우두머리들 중에서 선임되었는데, 정치적인 지배자라기보다는 호혜관계에 바탕을 둔 지도자의 성격을 지녔다. 부족 통합 기능을 수행한 것은 조상신이나 태양·물 등의 자연신 및 지모신(地母神)에 대한 제사와 축제를 겸한 제의(祭儀)였던바, 부족장은 흔히 제사장으로서의 권능을 함께 지녔다. 때문에 이들이 소유한 초기 청동기는 다분히 종교적 권능을 상징하는 의기(儀器)의 성격을 지녔는데, 동검이나 청동 거울과 방울 등은 그러한 성격을 지닌 것들이다.

그런데 점차 부족 내의 여러 집단간에 경제적인 우열관계가 성립되었으며, 주요 자원의 이용권을 둘러싼 갈등은 촌락이나 부족의 공동체적인 기능만으로는 조정이 어려운 상태가 되었다. 부족간의 대립도 커져 잉여생산물을 둘러싼 싸움이 빈발함에 따라 그들간에 지배·예속관계가 나타나게 되었다. 그러한 갈등과 대립은 청동기문화의 보급에 따른 무력의 우열에 의해 촉진되었다. 그리하여 방어를 위해 구릉상의 대지(臺地)에 자리잡고 둘레에 목책을 세우거나 그 외곽에 호(濠)를 판, 일종의 소박한 형태의 성채와 같은 마을이 각지에 생겨났다. 부여 송국리 유적은 그 한 예이다. 시간이 지나면서 목책은 토성으로 바뀌기도 하였다. 이런 성채는 그 지역 일대의 여러 촌락을 통괄하는 정치적·종교적 중심지였다. 또한 사회구성원의 계층화가 진행되었는데, 이는 이 시기의 무덤들이 규모와 부장품에서 차이가 나타난다는 점을 통해서도 살펴볼 수 있다.

이렇듯 농경과 청동기문화의 진전에 따라 각지에서 새로운 형태의 정치체의 형성을 향한 움직임이 진행되었고, 이는 북중국 방면의 정치·군사적인 영향에 의해 촉진되었다. 그러한 가운데 고조선(古朝鮮)이 국가로서의 모습을 나타내게 되었다.

2

고조선의 등장

1. 고조선의 성립과 변천

고조선의 존재가 문헌상으로 처음 확인되는 것은 고대 중국의 『관자(管子)』라는 책에서이다. 이에 따르면, 기원전 7세기에 중국의 산동(山東)반도에 있었던 제(齊)나라와 조선 간에 정치적 교섭과 무역이 행해졌다고 한다. 그런데 『관자』의 내용과 성격을 볼 때 이 책은 기원전 4세기 이후에 씌어진 것으로 여겨지므로, 기원전 7세기라는 연대는 그대로 믿기 어렵다. 조선에 대한 좀더 구체적인 언급은 기원전 4세기 중반 상황에 관한 『사기(史記)』와 『전국책(戰國策)』의 기록에서 보인다. 이들 책에서는 지금의 중국 북경(北京) 일대에 중심지를 두고 있던 연(燕)나라의 동방에 있는 유력한 세력을 언급하면서 조선을 거론하였다. 이어 『위략(魏略)』에서는 기원전 4세기 종반 조선 왕이 연나라에 대한 공격을 기도하는 등 조선이 팽창세를 보였음을 전한다.

단편적이지만 이러한 기록을 통해서 볼 때, 조선은 늦어도 기원전 4세기에는 상당한 세력을 형성하고 있었음을 알 수 있다. 이 조선을 후대의 이씨왕조의 조선과 구분하기 위해 고조선이라 한다.

이 시기 고조선의 중심지에 대해선 오랫동안 논란이 거듭되어왔다. 이를 평양 일대로 보는 설과 요하 유역으로 여기는 설이 그것이다. 현

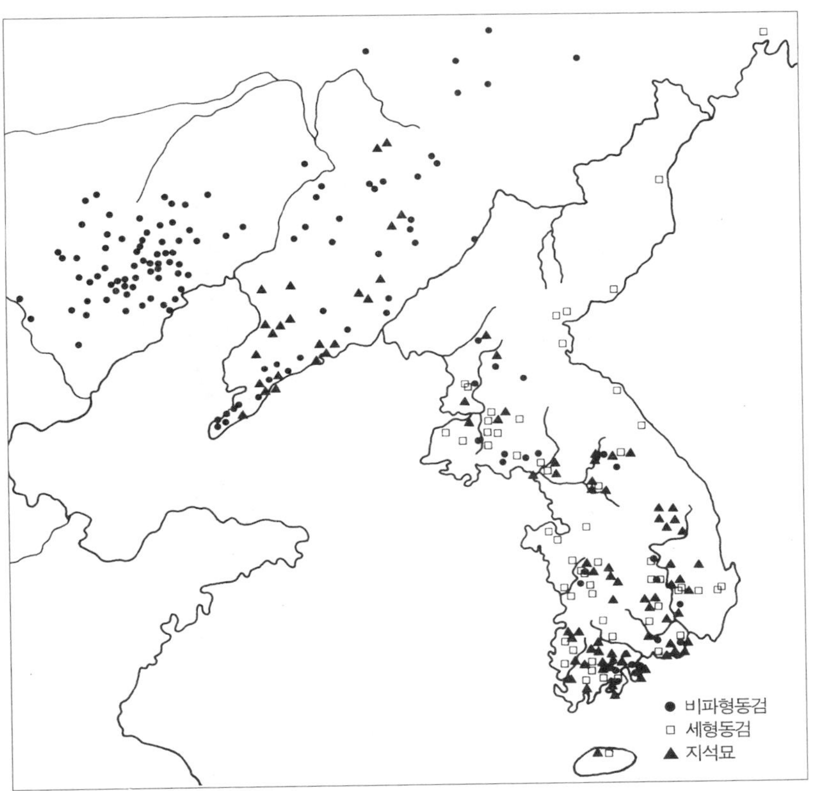

청동검 · 지석묘 분포도

재까지 알려진 유적 · 유물 · 자료를 보면, 요동지역은 비파형동검의 여러 형식 중 단경식(短莖式)의 동검만 출토되며, 지석묘(支石墓)와 미송리형 토기가 요하 이동지역에서만 확인되고 있어, 요서지역과 차이를 나타낸다. 그리고 요동지역이 평양 일대보다 청동기문화가 발달하였고, 고조선은 요동지역을 차지하고 있었다. 이런 점에서 볼 때, 고조선의 초기 중심지는 아직 그 구체적인 지점은 명확하지 않으나, 요하 하류의 동쪽 지역 일대로 비정(比定)하는 견해가 좀더 설득력을 지닌다. 요동지역은 기원전 10세기경 이래로 비파형동검 문화와 농경

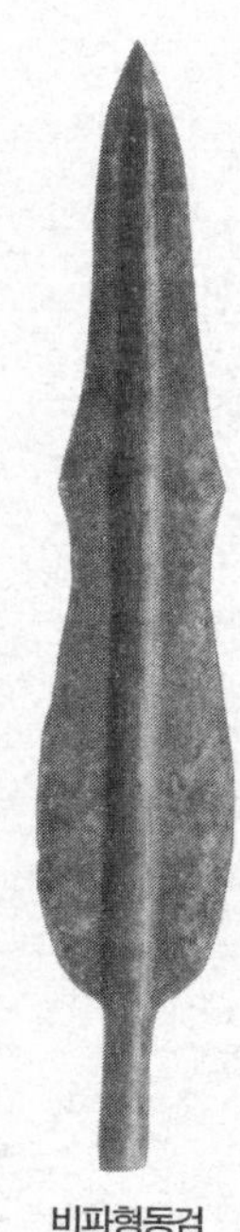

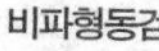

비파형동검

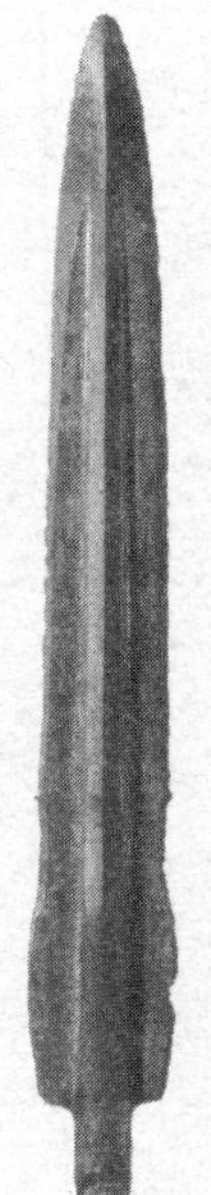

세형동검

이 발달하였다. 고조선도 이를 바탕으로 형성되었음은 물론이다.

고조선은 기원전 3세기 초 연나라의 침공을 받아 패퇴함에 따라 큰 변화를 겪게 되었다. 이때 요동지역을 상실하고 평양지역으로 중심지를 옮기게 되었다. 이후 고조선인들은 철제 공구와 무기도 사용하여 금속기문명을 진전시켰다.

그런데 기원전 3세기 말~2세기 초, 중국에서 진(秦)제국이 망하고 한(漢)나라가 성립하는 과정에서 장기간의 전란이 전개되었다. 그 와중에서 많은 수의 사람들이 동쪽으로 피란하여 조선에 이주해 왔다. 무리 1천명을 이끌고 망명해 온 위만(衛滿)도 그러한 사람이었다. 고조선의 준왕(準王)은 그를 서북쪽 변경지대에 거주케 하고, 그에게 국경 수비의 임무를 맡겼다. 위만은 차츰 유이민(流移民)들을 휘하에 끌어모아 세력을 키우다가, 기원전 194년경 한나라가 침공해 오니 수도를 방어해야 한다며 군사를 이끌고 올라와 정권을 탈취하였다. 위만은 국호를 계속 조선이라 하였는데, 이를 그 앞의 왕조와 구분하기 위해 위만조선이라고도 한다

새로운 왕조는 대내적으로는 중국계 유이민집단과 토착 고조선인 세력을 함께 정권에 참여시켜 양측간의 갈등을 줄이고 정치적 안정을 도모하였다. 대외적으로는 한나라와 평화로운 관계를 추구하여 조약을 체결하였다. 이 조약에서, 조선은 한나라에 신하의 예를 취하고 그 국경을 침범하지 않으며, 한나라는 조선에 대해 한반도 방면의 대표적 세력으로 인정하여 권위를 부여하며 물자를 지원한다고 하였다. 당시 한나라는 건국 초로서 대외적 안정이 요구되었고 위만조선 또한 그러하여, 양국간에는 한동안 평화가 유지될 수 있었다.

위만조선은 유이민집단과 함께 전래된 중국문물을 수용하고, 한나라의 위세와 물자 지원을 활용해 군사력을 강화해나갔다. 다른 한편으로는 한반도 남부의 여러 소국(小國, chiefdom)들과 부족들이 한나라와 교역하는 것을 통제하면서 중계무역의 이득을 취하였다. 이렇게 하여 강화된 힘을 바탕으로 인근의 임둔(臨屯)·진번(眞番) 등의 부족집단들을 복속시켜나갔다.

이렇듯 위만조선이 한창 성장해나갈 무렵, 서쪽으로부터 한제국이 동진해왔다. 한나라는 건국 초의 혼란을 극복한 뒤, 충실해진 국력을 바탕으로 적극적인 대외팽창을 추구하였다. 한나라는 숙적인 몽고 고원의 흉노(匈奴)와 위만조선의 연결을 차단하고, 동북아시아 지역을 석권하고자 하였다. 이에 양국간에는 긴장이 고조되었다. 외교적 절충이 실패하자 한나라는 육군 5만과 해군 7천을 동원해 수륙 양면에 걸쳐 대규모로 침공을 해왔다. 한나라 침공군을 맞아 조선군은 1년여에 걸쳐 공방전을 벌이며 저항하였으나 마침내 기원전 108년 수도인 왕검성(王儉城)이 함락되었고, 이후 한나라에 의해 위만조선의 영역에 네 개의 군이 설치되었다. 이때 많은 수의 고조선인들이 남으로 이주하였고, 그들은 삼한사회의 발전에 큰 영향을 끼치게 되었다.

2. 고조선의 정치와 문화

(1) 정치조직

고조선의 관명(官名)으로는 박사(博士)·대부(大夫)·상(相)·대신(大臣)·장군(將軍)·비왕(裨王) 등이 보인다. 이들 관직 모두의 구체적인 성격은 분명치 않다. 그런데 이러한 관직을 갖고 있으면서 독자적인 세력기반을 지닌 자들이 있었다. 한나라에 대한 외교정책에서 왕과 의견이 맞지 않자 휘하의 2천 호를 이끌고 한반도 남부지역으로 이탈해 간 조선상(朝鮮相) 역계경(歷谿卿) 같은 이가 그런 예이다. 한나라와의 전쟁중 전선을 이탈하여 수도가 함락되는 결정적 원인을 제공한 이계상(尼谿相) 삼(參) 등 세 명의 '상(相)'들도 그러한 이들로 추측되는바, 상은 일정한 세력집단의 대표로서 중앙정부에 참여한 이들이 지닌 관직의 이름으로 여겨진다. 당시 위만조선에는 여러 명의 상이 있었는데, 이름으로 보아 다수가 고조선인들이었다. 상의 휘하에 있던 집단에 대해선 왕실의 통제력이 어느정도 미쳤겠지만, 적어도 각 집단 내부의 일은 자치적으로 이루어졌을 것이다. 역계경 등의 집단적인 이탈행위가 가능했다는 점이 바로 이를 말해준다. 왕도 기본적으로는 그러한 집단들 중에서 가장 큰 집단의 장이었고, 위만조선 왕실의 경우 중국계 유이민집단이 그 직할집단이었던 것이다. 국가의 주요 결정은 이들 상들이 참가한 회의체에서 결정된 것으로 보인다. 자연 왕권은 강력하지 못하였고, 중국식 제도에서 비롯된 관직명이 부분적으로 보이지만 관료조직은 발달하지 않았으며, 정치조직의 기본적인 틀은 자치집단들의 연맹체와 같은 것이었다.

당시 고조선사회는 이미 상당한 정도로 계급분화가 진행되고 있었다. 8조의 법금(法禁) 중 현재 전해지는 3개 조항에서, 노비의 존재와 사유재산에 대한 보호조치를 볼 수 있다. 그리고 이 시기 지배층의 무덤에서 출토되는 화려한 부장품들은 계급분화의 모습을 여실히 보여준다. 그러나 촌락에선 공동체적 관계가 여전히 작용하고 있었다.

이 시기의 사회계층은 귀족, 촌락의 일반민, 노비로 크게 나눌 수 있다. 귀족은 노예와 토지·재화 등 자신의 경제적 기반을 따로 가지면서 촌락공동체를 대표하는 수장(首長)의 면모도 함께 지니고 있었다. 노비는 상당수 존재하였으나, 많은 수의 노비를 사역하는 대규모 노예경영은 발달하지 않았다. 노예제경영이 발달한 사회에서 일반적으로 보이는 화폐경제의 발달, 도시의 번창 등과 같은 사실은 확인되지 않는다.

당시 사회에서 기본적인 생산활동을 담당한 이들은 촌락의 일반민이었다. 이들은 당시 농업이 지닌 낮은 생산력과, 가뭄이나 홍수 등에 따른 생산의 불안정성 및 철제 농기구의 부족 등으로 인해 소농(小農) 단위의 자립성을 유지할 수 없었으며, 촌락 단위로 상호 의존하여 생산과 소비생활을 하는 공동체적 관계를 맺고 있었다. 유력한 수장 휘하에는 이러한 촌락들이 여러 개 귀속되어 있었다. 단 수장이 사적으로 지닌 우월한 경제적·군사적 힘이 이들 촌락을 규합하는 데 일정한 작용을 하였다는 점에서, 수장은 이미 지배계급으로서의 위치를 확보하고 있었다고 할 수 있다. 이들 유력한 수장들을 통합하여 성립한 것이 고조선이며, 고조선의 왕권 하에서 수장들은 '상'으로서 상당한 자치력을 지닌 세력집단을 대표하였다. 고조선의 중심을 이룬 이들 집단의 외곽에는 피복속 촌락공동체들이 존재하였다. 이러한 구조는 삼국 초기의 정치구조와 연관성을 지닌다.

(2) 단군신화와 기자전설

고조선인들이 남긴 문화 중 가장 특색있는 것은 건국신화인 단군신화(檀君神話)이다. 13세기에 씌어진 『삼국유사(三國遺事)』에 의하면,

천신(天神)인 환인(桓因)의 아들 환웅(桓雄)이 무리 3천을 이끌고 태백산 신단수(神檀樹) 아래에 내려와 신시(神市)를 세우고 곰이 변하여 된 여자와 결혼하여 단군을 낳았으며, 단군에 의해 건국된 고조선은 1천여 년간 지속되었다고 한다. 즉 천신의 자손에 의해 나라가 세워지고 그 왕위가 이어져갔다는 것이다. 이는 왕권의 정통성과 국가의 존엄성을 수식하려는 당시 사람들의 의식을 반영한 것이다. 이런 관념에 의할 때, 천신의 자손인 현왕(現王)은 반신반인(半神半人)의 존재로, 영계(靈界)와 인간계(人間界)를 매개할 수 있는 샤먼(shaman)과 같은 특이한 존재로 인식되었다. 사실 단군이란 말의 어원은 무당이란 뜻으로 풀이할 수도 있다. 즉 단군은 특정한 자연인의 이름이라기보다는 보통명사였을 수도 있는 것이다. 고조선의 왕은 매년 그의 조상신인 천신께 제사를 지냈을 것이며, 그때 베풀어진 의식은 단군신화의 내용을 재현하는 형태였을 것이다. 이 제의에 고조선을 구성하던 모든 집단의 장들이 참여해 정치적 통합을 강화하고 결속력을 높였을 것이다. 곧 단군신화는 고조선 당대의 정치이데올로기였고, 그 제의는 정치적 집회의 기능을 지닌 것이었다.

이러한 측면은 다음 시기인 삼국 시기에도 이어졌다. 천신의 자손이 강림하여 나라를 세웠다는 신화는 동북아시아 지역 고대국가의 건국신화에서 널리 보인다. 다만 단군신화의 경우, 단군의 어머니를 웅녀(熊女)라고 하여, 수렵문화의 전통을 이은 듯한 토테미즘적인 요소를 담아 좀더 고졸(古拙)한 형태를 취하고 있다. 이는 동북아지역의 고대국가 중 고조선이 가장 일찍 등장한 사실과도 관련이 있는 것이다. 또한 자신의 조상이 곰이었다고 하는 전승과 곰 숭배 신앙은 시베리아 퉁구스(Tungus)족의 여러 종족들 사이에서도 널리 존재하였다. 이를 통해 한국 고대문화의 기저에는 시베리아 지역 주민들의 문화와 연결되는 면이 존재함을 재확인할 수 있다.

단군신화는 이를 통해 고조선인의 의식세계를 살필 수 있다는 점 외에, 그것이 후대인들에 의해 각 시기마다 새롭게 재해석되면서 지속적으로 영향을 주었다는 사실에 더 큰 의미가 있다. 특히 12세기 후반 장기간에 걸친 몽고와의 전쟁 이후, 단군은 한국사의 독자성과 유구성 및 한국인의 동질성의 상징으로 인식되었다.

한편 고조선과 연관된 전승으로서 후대인들에 큰 영향을 준 것으로 기자전설(箕子傳說)을 빼놓을 수 없다. 기자는 중국 상나라의 귀족으로서 현인(賢人)으로 유명한 이였다고 한다. 그가 기원전 12세기 말 상나라가 주나라에 망하자 동쪽으로 가 조선의 왕이 되었다는, 또는 주왕(周王)에 의해 조선 땅의 제후로 봉해졌다는 것이 전설의 내용이다. 기원전 12세기 말 당시의 상황과 황하 중류 유역과 조선 간의 거리, 기자의 묘가 북중국의 하남성 지역에 있다는 다른 전승의 존재, 한국 청동기문화와 북중국의 상·주의 청동기문화가 계통상 성격을 달리한다는 점 등을 고려할 때, 실제로 기자가 조선에 왔을 가능성은 거의 없다. 기자가 조선에 갔다는 전설이 중국측 기록에 처음으로 나타난 것은 기원전 2세기 말이다. 아마도 한나라가 위만조선을 침공한 그 무렵, 조선에 대한 고대 중국의 연고권을 강조하려는 의도와 관심이 투영되어 기자전설이 구체화된 것으로 여겨진다. 기자전설은 한나라가 위만조선을 멸하고 설치한 낙랑군(樂浪郡)에 이주한 중국계 호족들에 의해 그들의 조상설화로 받아들여지기도 하였다. 아무튼 이 전설은 그 뒤 중세기에 한국인들에 의해 사실로 믿어졌고, 기자조선은 역사적으로 존재한 것처럼 인식되었다. 선진 중국문물을 일찍부터 수용하였다는, 즉 이른 시기부터 한국이 중국에 못지않게 문명국이었다는 것을 내세우려는 상징으로 기자는 존숭되었다. 이같은 사실은 전근대 시기에 중국문화가 한국문화에 끼친 영향과 그에 대한 한국인의 대응의 한 단면을 보여준다.

3. 진국과 삼한

한편 위만조선이 존속하고 있을 때에 그 남쪽인 한반도 중·남부지역에는 진국(辰國)이 있었다. 진국에 대해선 아직도 분명치 않은 점이 많다. 진국은 고대국가로 보기 어렵고, 한족(韓族)의 여러 부족과 소국들이 제의와 중국과의 교역 등을 통해 상호 결속한 완만한 형태의 연맹체로 여겨진다.

위만조선이 망한 뒤 많은 수의 고조선인들이 남으로 내려왔고, 이보다 앞서 위만이 고조선의 왕위를 찬탈했을 때에도 상당수의 고조선인들이 남쪽으로 이주하였다. 그리고 기원전 108년 한나라의 군현이 설치된 이후에도 진번군이 폐지되는 등의 변동에 따라 적지 않은 유이민들이 발생하였다. 한 단계 앞선 금속기문화를 지닌 고조선계 주민들이 이주해 옴에 따라, 한반도 중·남부지역의 한족사회에 변화가 일어나게 되었다. 대전-익산, 대구-경주, 김해-마산 등지에서 집중적으로 발굴되는 새로운 금속기문화의 유적과 유물은 그같은 사실을 말해준다. 그 결과 이들 지역을 중심으로 마한(馬韓)·변한(弁韓)·진한(辰韓)의 삼한(三韓)이 형성되었다. 그러나 삼한 역시 그 각각이 집권력을 지닌 국가를 이룬 것은 아니었다. 그 내에 비슷한 문화를 영위하던 여러 소국과 부족을 포함하는 종족 단위로서의 성격을 띠었다. 이 삼한사회에서 백제(百濟)와 신라(新羅) 등이 고대국가로 등장하게 된다.

3

삼국의 성립과 발전

1. 삼국의 성립

기원전 108년 왕검성(王儉城)을 함락한 후, 한나라는 고조선지역에 네 개의 군을 설치했다. 한군현의 지배 하에서, 고조선사회의 기존 상급 통합조직은 해체되었다. 중국계 주민들은 군현 내의 주요 지점에 설치된 토성에 주로 거주하면서 지배족속으로 군림하였고, 고조선인들은 촌락 단위로 군현조직에 예속되었다. 또한 8조의 법금이 갑자기 60여 조로 늘어난 데서 알 수 있듯이, 고조선사회의 전통적인 사회질서와 문화에 큰 혼란이 일어났다. 경제적으로도 군현의 공적인 수취 외에 한인(漢人)들에 의한 수탈적인 상거래가 성행하였다.

이러한 결과를 강요한 한군현의 지배에 대한 저항이 곧이어 일어났고, 그 결과 2개 군이 폐지되고 1개 군이 축소되는 변동이 잇따랐다. 그러나 고조선사회의 중심부였던 한반도 서북지역에 설치된 낙랑군은 점차 지배영역이 축소되긴 했지만, 기원후 4세기 초까지 유지되었다. 3세기 초에는 낙랑군의 남부 지역에 대방군(帶方郡)이 설치되었다.

낙랑군의 치소(治所)인 조선현(朝鮮縣) 즉 평양지역은 비단 한반도 서북부의 문화와 정치의 중심지였을 뿐 아니라, 한반도 남부와 일본열도 지역의 주민과 중국 사이의 무역의 중계지로서 번영하였다. 이 지역에는 상당수의 중국계 주민이 이주해 와 정착하였다. 이들이 남긴 무덤들에선 중국에서 반입된 고급품과 낙랑 현지에서 생산한 물품들이 출토되어 당시 번성한 낙랑군의 면모를 보여준다. 그러나 이런 높은 수준의 문물은 토성을 중심으로 거주하던 중국계 주민들과 낙랑군의 지배조직의 말단에 편입된 일부 고조선계의 수장층에 한정되어 보급되었으며, 다수의 고조선인들의 생활과는 유리된 것이었다. 나아가 이런 중국 군현과 그 세력의 원천인 중국 왕조는 군현의 외곽지역에 거주하던 예·맥·한족 사회의 정치적인 성장을 압박하는 외적 요소로 작용하였다. 한편 중국 군현을 통해 유입되는 선진문물은 토착사회의 변화를 자극하였다.

이러한 상황에서 한편으로는 중국 군현의 세력에 대항하고, 다른 한편으로는 그 선진문물을 수용하면서, 예·맥·한족 사회에서 여러 국가들이 차례로 등장하였다. 이 국가들이 오랜 기간에 걸친 상호통합의 과정을 거쳐, 고구려(高句麗)·백제·신라 등 세 나라로 정립하게 되었다.

(1) 고구려

고구려는 압록강 중류 유역에 거주하던 맥족에 의해 건국되었다. 위만조선이 망한 후 이 지역에는 한나라의 현도군(玄菟郡)이 설치되었으나, 곧 맥족의 저항을 받아 현도군은 기원전 75년 요동지역으로 쫓겨나게 되었다. 이후 '나(那)' '노(奴)'로 불린 맥족의 여러 지역집단들은 소노(消奴)집단의 장을 왕으로 하여 연맹체를 구성하였으니, 이것이 고구려이다. 고구려라는 명칭은 성(城) 또는 고을[邑]을 뜻하는 고구려어인 '구루(溝漊)' '홀(忽)'에서 비롯된 것으로 생각된다. 당시 고구려 왕의 권력은 강하지 못하였고, 연맹체를 구성하고 있던 각 지역집단들은 대외적인 전쟁이나 제의 등을 치를 때는 고구려 왕의 휘하에 결집하여 단합된 모습을 보였으나 평상시에는 집단별로 자치생활을

중국 요령성 환인의 오녀산성

영위하였다. 그 뒤 기원 전후 무렵 왕실의 교체가 있었다. 부여(扶餘)에서 이주해 와 점진적으로 세력을 강화한 계루(桂婁)집단이 소노집단을 누르고 연맹체의 주도권을 장악하였던 것이다. 이때 계루집단의 장이 주몽(朱蒙)이었다고 전해진다. 이 시기 수도는 혼강 유역의 환인(桓仁)이었다. 한편 연맹체에 포괄된, 국가형성 과정에 있던 소국이나 부족과 같은 성격을 지닌 각 지역집단들은 그들간에 상쟁을 벌이기도 하였다. 그러한 상쟁이 계속되면서 많은 수의 지역집단들이 점차 다섯으로 통합되었다. 이어 그 다섯 집단이 계루부 왕실 하에 귀속되어 5부(五部)가 되었다.

계루부의 귀족들은 인근의 다른 종족들에 대한 정복전쟁을 전개해 피정복민으로부터 공납(貢納)을 징수하였고, 계루부의 일반민에 대한 지배력을 강화하여 그 물적 토대를 확충해나갔다. 그리고 이들 귀족을 대표하는 계루부의 왕실은 여타 네 집단의 자치력, 특히 대외적인 외교·무역권에 대한 통제력을 갖게 되었다. 이에 이르러 고구려는 비로

소 고대국가의 면모를 갖추게 되었으니, 이는 기원후 1세기 종반 무렵이었다.

이런 대내적인 통합과정은 대외적으로는 고구려가 강력한 통합력을 지닌 국가로 성장하는 것을 저지하기 위해 무력간섭을 행하고 분열정책을 구사하던 한군현의 영향력을 배제하는 과정이기도 하였다.

이후 고구려는 낙랑·요동 방면의 중국 군현에 대해 조직적인 공격을 펼쳐나갔고, 동해안의 동예(東濊)와 옥저(沃沮)의 촌락들을 복속시켰다. 이런 팽창은 2세기 전반 북중국의 위(魏)나라로부터 침공을 받는 등 몇차례의 위기를 겪으면서도 지속적으로 진행되었다. 대외적인 팽창을 통한 약탈과 전쟁포로의 획득, 공납의 징수 등으로 물질적인 부가 증대되었다. 이는 사회적 분화를 더욱 촉진하여, 지배계급은 강력한 전사단(戰士團)을 형성한 반면, 빈농들은 예속농민으로 전락해갔다. 한편 친족집단간의 공동체적 유대관계도 해체되어갔다. 이는 왕위계승에도 반영되어 초기에는 형제계승이던 것이 2세기 말 이후에는 부자계승으로 바뀌었다. 왕은 점차 왕족들의 대표라는 위치를 벗어나 초월적인 권력자가 되었다. 그리고 형이 죽으면 동생이 형수를 아내로 맞이하던 취수혼(娶嫂婚, levirate)이라는 혼인 풍속도 변화하여, 친족간의 공동체적 관계에 바탕을 두고 행해진 이 풍습이 점차 소멸되어갔다. 이에 따라 부와 지위가 아버지에서 아들로 배타적으로 이어지는 상속제도가 확립되고, 부인의 수절(守節)이 요구되었으며, 군주 개인에 대한 충성이 강조되었다. 이런 변화는 고구려가 오랫동안 중국 왕조의 지배 하에 있었던 남만주와 한반도 서북지역을 차지함에 따라 가속화하였다.

고구려의 대외적인 팽창은 4세기에 접어들면서 큰 전기를 맞게 되었다. 4세기에 들어서면서 중국의 통일왕조인 진(晉)나라가 붕괴하고 북방 유목민들의 이동과 정복활동이 활발해짐에 따라 동아시아 전체가 격동하였다. 이런 국제적인 변동기를 맞아 고구려는 남으로 낙랑군과 대방군을 병합하고, 서로는 요동지역의 지배권을 둘러싸고 유목민 출신 왕조와 각축을 벌였다. 북으로는 송화강(松花江) 유역에 자리잡고 있던 오랜 왕국인 부여(扶餘)를 복속시켰다.

이런 급속한 대외적 팽창은 4세기 후반 남쪽으로부터는 백제, 서쪽으로부터는 모용연(慕容燕)의 반격을 받아 일시 위기에 봉착하였다. 이에 고구려는 국가체제를 재정비하고 광대한 영토와 많은 인구를 좀 더 효율적으로 통치하기 위한 일련의 개혁을 추진하였다. 소수림왕(小獸林王)대에 율령을 반포하고 태학(太學)을 설립하며 불교를 공인한 것이 그것이다. 이때 역사서도 편찬된 것으로 생각된다. 이어 4세기 말 이후 고구려는 재차 팽창정책을 추진하여 영토를 크게 확대하였고, 427년에는 수도를 평양으로 옮기고 중앙집권적인 국가체제를 세워나갔으며, 중국의 남·북조 및 몽고 고원의 유목민국가와 교류하면서 동아시아 지역의 중요 국가로 발전해나갔다.

한편 고구려의 북쪽 송화강 유역에는 일찍부터 부여가 자리잡고 있었다. 부여인은 예족에 속하였다. 예족과 맥족은 언어와 풍속이 비슷하여, 때로는 예맥이라고 불리기도 하였다. 부여는 광활한 평야지대를 포괄하고 있어 농경과 목축이 발달하였다. 특히 좋은 말이 산출되고 말을 타는 습속이 일반화되어 있어서, 부여인들은 이동과 전투에 유리한 면을 지녔다. 그래서 고구려와 백제의 건국에 부여인의 이주민 집단이 큰 역할을 하였다. 부여족의 이동에 의해 일본 고대국가가 건설되었다는 가설 등은 이런 부여인들의 생활습속을 염두에 둔 주장이다.

부여의 정치사회구조는 고구려의 그것과 비슷한 면을 지녔다. 촌락들은 왕실의 일정한 통제 아래 있었는데, 각 촌락의 일반민들은 촌장인 호민(豪民)의 주재 하에 농사와 목축을 행하였다. 촌락의 경작지는 개별 가호에 의해 점유되었으나 그 소유권은 호민으로 대표되는 촌락 전체에 귀속되어 있었고, 목축지와 산림 등의 공유지가 존재했다. 이런 촌락공동체들은 가(加)의 지배를 받았다. 당시 가(加: 干·旱·汗·khan, 族長)들은 지배씨족의 대표로서, 각각 수개에서 수십개에 이르는 촌락을 관장했다. 지배씨족원들은 전사단을 구성하였는데, 그들간에는 공동체적인 관계가 유지되어 결속력이 강하였다. 피지배촌락의 일반민들은 전쟁 때에는 전투요원이 아니라 짐을 나르는 노무원으로 주로 동원되었다. 왕도 기본적으로는 그러한 '가' 중에서 가장 유력한 자였다. 가들은 왕실의 일정한 통제를 받으면서, 자신의 지배지역을 자치적으로 운영해나갔다.

부여는 대외적인 면에서 보면 서쪽으로는 유목민족인 선비족(鮮卑族)과 남쪽으로는 고구려 사이에 위치하고 있어, 이들과 빈번하게 전쟁을 벌였다. 부여는 이 두 세력에 대항하기 위해 일찍부터 중국 왕조와 우호적인 관계를 맺어왔다. 중국 왕조 또한 고구려와 선비족을 견제하기 위해 부여를 지원하였다.

그러다가 285년 선비족의 일파인 모용씨(慕容氏)의 공격을 받아 수도가 함락되는 큰 타격을 받았고, 346년에도 또 한 차례 침공을 받았다. 이후 부여는 고구려의 세력 아래 귀속되어 명맥만 유지하다가 494년 멸망하였다.

(2) 백 제

고구려가 성장해갈 무렵 한강 유역에서는 백제국이 형성되었다. 백제 건국의 중심세력은 북에서 이주해 온 부여·고구려계 집단이었다. 백제 왕족의 성(姓)이 부여씨(扶餘氏)이며, 한강 유역의 여러 곳에서 발견되는, 강가의 돌을 쌓아 만든 무덤이나, 서울의 석촌동에 있는 계단식 적석총(積石塚)은 압록강 유역의 고구려식 무덤 양식을 이은 것이다. 5세기 중엽 개로왕(蓋鹵王)이 북위(北魏)에 보낸 국서에서 백제는 고구려와 함께 부여에 기원을 두고 있다고 하였으며, 6세기 전반 성왕(聖王) 때에 일시 국호를 남부여라고 칭하기도 하였다. 이런 사실들은 곧 백제 건국의 중심세력이 부여·고구려계의 이주민집단이었음을 말해준다.

백제의 건국설화에 의하면 고구려에서 남으로 무리를 이끌고 이주해 온 비류(沸流)와 온조(溫祚) 형제가 각각 미추홀(彌鄒忽, 지금의 인천)과 위례(慰禮, 지금의 서울)에 자리잡았다가, 뒤에 형인 비류가 이끌던 미추홀집단이 위례집단에 합류하게 되었다고 한다. 그러나 한강 유역에 자리잡은 부여·고구려계 이주민집단은 한꺼번에 옮겨왔다기보다는 기원 전후 무렵부터 상당기간에 걸쳐 소규모 단위로 이주해 와 정착한 것으로 보인다. 한강 유역 각지에 자리잡은 이들 집단들이 점차 서로 연합해갔는데, 아마도 초기에는 미추홀집단이 우세하여 연맹체의 중심을 이루었고 뒤에는 오늘날의 서울지역에 자리잡고 있던 위례집단이 강성해져 그 중심세력이 되었던 것 같다. 비류와 온조가 형제라는 설화는 연맹체 내의 주도권 변동을 상징적으로 반영한 것으로 보인다.

한강 유역은 한반도의 중앙부에 자리잡고 있어서, 서북 방면과 동북 방면에서 남으로 내려오는 이주민집단들이 거치게 되는 곳이다. 그런 만큼 이 지역에 정착한 유이민집단을 통합하고 주변의 여러 한족 촌락들을 병탄하여 집권력을 갖춘 국가를 형성하는 데는, 동북 및 서북 방면으로부터 침공해 오는 세력들을 저지하는 것이 관건이었다. 특히 인접한 낙랑·대방군의 세력이 뻗쳐오는 것을 막아야 했다. 실제 양측간에는 충돌이 빈번하였고, 양측의 역관계의 변동에 따라 당시 생산력의 가장 큰 요소인 이 지역의 주민이 어느 한 쪽으로 모여들고 흩어지곤 하였다. 246년에는 대방 태수가 전사하는 큰 충돌이 있었다. 이때 백제의 왕이 고이왕(古爾王)이다. 이를 고비로 이후 점차 양측간의 대결에서 백제측이 우세하게 되었는데, 이같은 데는 중국 왕조 자체가 쇠락하고 있었던 점이 일면 작용하였다.

4세기 초 중국의 진제국이 와해되자, 백제는 북쪽으로는 대방군 지역으로 세력을 확대하여 고구려의 남진을 저지하였으며, 남쪽으로는 한반도의 서남부지역을 병탄해 영역을 크게 확대하였다. 그리고 남해안의 가야(加耶)지역에도 세력을 뻗쳐나갔다. 한편으로는 낙랑·대방

지역에서 쫓겨난 중국계 주민들의 일부를 수용하고, 낙랑군 설치 이래로 중국계 주민들이 개척하여 유지해온 해상무역로를 통해 활발한 해상활동을 벌이면서 왜(倭)와 밀접한 관계를 맺었다. 이때 상당수의 백제인이 일본열도로 건너가 활약하였다. 또한 남중국의 왕조와 빈번하게 교류를 하면서 동아시아 국제관계에 본격적으로 참여하게 되었다. 이러한 해상활동에는 백제의 수도가 자리잡은 한강 하류지역이 해운에 편리한 곳이었다는 점이 크게 작용하였다. 대외적인 발전과 함께 대내적으로는 관등제(官等制)를 확충하고 불교를 수용하며 역사서를 편찬하는 등의 일련의 작업들이 4세기 후반에 이루어졌다.

4세기 말 이후 고구려의 남진정책이 강화됨에 따라 백제는 강한 압력을 받게 되었다. 계속된 고구려의 공격으로 약화된 백제는 475년에 수도가 함락되는 큰 타격을 입었다. 이에 백제는 방어에 유리한 금강 유역의 산간지역인 웅진(熊津, 지금의 공주)으로 수도를 옮기고, 신라와 동맹을 맺어 고구려의 압력에 대항하였다. 일단 더이상의 고구려의 침공은 저지하였으나 한강 유역을 상실하였다. 그리고 가야지역에 뻗쳐 있던 백제의 세력도 크게 약화되었으며 그대신 신라의 세력이 점차 가야지역을 잠식해갔다.

이런 위기 속에서 백제의 조정은 한반도 서남부지역의 개발에 힘써 영토의 상실로 축소된 국가의 재정적 기반을 보완해나갔다. 제방 축조 등의 수리사업을 통한 수전(水田) 개발은 대규모 노동력 동원과 토목기술이 요구되는만큼 중앙정부의 주도 하에 행해졌다. 그 결과 얻어진 수전의 구체적인 경영형태는 알 수 없지만, 일단 그것이 중앙정부의 재정적 기반이 된 것은 확실하다고 볼 수 있다. 한편 정치 면에서는 기존의 왕족과 부여족 계통의 소수 귀족층을 중심으로 한 정치운영을 지양하고, 중앙정계에 참여하는 귀족들의 범위를 확충하여 정치적 안정을 도모하였다. 실제 유력 귀족들의 성씨 수가 많이 늘어났다. 그리고 왜와 깊은 관계를 맺고 남중국의 왕조와 교류하여 실추된 국위를 만회하고 대외적인 안정을 도모하고자 하였다. 이런 노력이 효과를 나타내어 점차 국력이 충실해졌다. 이를 바탕으로 538년 평야지대인 사비(泗沘, 지금의 부여)로 재차 천도하였고, 한강 유역으로의 진출을 모색하면서 고구려·신라와 함께 한반도의 패권을 둘러싼 각축을 벌여나갔다.

(3) 신 라

한반도 동남부인 경주평야에 중심을 둔 신라의 성장과정은 그 수장 칭호의 변화를 통해서 살펴볼 수 있다. 『삼국사기(三國史記)』와 『삼국유사』에 의하면, 그것은 거서간(居西干)—차차웅(次次雄)—이사금(尼師今)—마립간(麻立干)—왕의 순으로 변하였다. 이 중 거서간과 차차웅은 함께 쓰였다. 거서간은 군장을 의미하는 듯하며, 차차웅은 무(巫, shaman)를 뜻한다. 이는 초기 신라의 정치적인 군장은 제사장의 성격이 짙었음을 말해준다. 이 단계에서 경주평야 일대의 여러 집단들은 강한 정치적·군사적인 결집력을 지니지 못하였고, 각 읍락(邑落)들에는 농업공동체적인 성격이 아직 상당히 남아 있었다. 이들 집단들을 결속시키는 데에는 상호호혜적 교역을 통한 자원의 재분배와 제사 의례가 주요한 역할을 하였다.

그 뒤 북으로부터 고조선계 유민들이 이주해 옴에 따라 철기문화가 보급되고, 낙랑군과의 교역을 통해 그 정치적·문화적 영향을 받으면서, 경주평야의 집단은 정치적인 성장을 이루어나갔다. 또 인근 지역의 집단과 교류하면서 세력범위를 확충해나갔다. 그중 울산·감포 방면의 집단과 밀접한 관계를 가졌고, 나아가 울산·감포 방면의 집단은 경주평야로 진출하여 지배세력으로 등장하기도 했는데, 석탈해(昔脫解)의 등장 설화는 이를 말해준다. 여기서 석탈해는 야무왕(冶巫王) 즉 대장장이이며 샤먼의 성격을 가진 군장의 모습을 지녀, 철기문화의 보급과 함께 대두한 새로운 정치세력의 면모를 상징적으로 반영하고 있다. 이 단계의 신라는 좀더 넓은 지역을 아우른 연맹체적인 성격을 지녔다. 이 연맹체의 군장의 칭호가 이사금이었다.

이사금은 연맹체 내 유력 집단들의 장(干)들이 모인 회의에서 이루어지는 동의에 따라 세습되기도 하였으며, 때로는 선임되기도 하였다. 박(朴)·석(昔)·김(金) 세 씨족에서 이사금이 교대로 나온 사실이 이를 말해준다. 그런 교립(交立)이 가능하였을 만큼 연맹체 내의 주요 집단들은 상당한 독자적 세력기반을 유지하였다. 한편 이사금시대에 신라는 한반도 동남부에 존재하던 진한의 여러 소국들 중에서 주도적인 세력으로 부상하였다.

다음은 4세기 후반 이후의 마립간시대이다. 마립간은 대군장(大君長)이란 뜻으로 풀이되며, '매금(寐錦)'이라고도 하였다. 이 단계에 접어들면서 신라는 비약적으로 발전하였다. 대내적으로는 김씨 세습왕권이 확립된 데서 알 수 있듯이, 신라국을 형성하는 데 주도적인 역할을 한 6부(六部) 집단에 대해 왕실의 통제력이 강화되었다. 그리고 철제 농기구의 대량 보급, 우경(牛耕) 등 향상된 농경기술의 보급, 수리시설의 확충 등에 의해 생산력이 증대되어나갔다. 대외적으로 신라는 4세기 말~5세기 초 고구려의 남진에 따라 일시 고구려의 강한 영향력 아래 들어갔다. 그러나 곧이어 신라는 백제 및 가야와 동맹을 맺어 고구려의 세력을 배제해나갔으며, 소백산맥 이남의 진한지역에 대한 지배력을 강화하고 정복활동을 추진하였다. 나아가 북중국의 왕조에 사신을 파견하는 등 국제무대에 얼굴을 내밀기도 하였다.

이와같은 국가의 발전에 따라 막대한 재화와 노예 등 물질적인 부가 수도로 유입되었다. 오늘날 경주평야에 밀집해 있는, 풍부한 부장품을 담은 거대한 봉분의 적석목곽분(積石木槨墳)은 이 시기 신라 왕실과 귀족들의 무덤이다. 이전 이사금시대의 토광목곽분(土壙木槨墳)과 비교할 때 그 규모와 화려함에서 현격한 차이를 나타내어, 마립간 시기의 신라와 그 지배계급의 성장을 여실히 보여준다.

이어 6세기 초 이후 마립간을 왕(王)이라 칭하였다. 그리고 그 이전까지 사로(斯盧)·사라(斯羅)·신라 등으로 칭하던 국호를 이때에 와서 신라로 확정하였다. 나아가 17등 관등제가 정립되었고 관료조직이 확충되었다. 성문법인 율령이 반포되고 불교를 공인하는 조치가 취해졌다. 이 시기 왕은 이제 귀족회의의 대표가 아니라 점차 초월적인 권력자의 면모를 지니게 되었다. 대외적으로 보면 북쪽으로는 소백산맥을 넘어 한반도의 중부지역으로 세력을 확대해나갔으며, 서쪽으로는 낙동강 서안에 자리잡고 있던 가야의 여러 작은 나라들을 병탄해나갔다.

한편으로는 저수지를 축조하여 수전을 늘리고, 제방을 쌓고 수로를 열어 저습지의 개간을 도모하는 등 일련의 수리사업을 시행하여 농경지의 확대와 농업생산력의 증대를 도모하였다. 중앙정부의 주도 하에 행해진 이러한 사업을 통해 지방사회에 대한 지배력이 강화되었으며, 그 결과 세수(稅收)의 증대가 이루어졌다.

2. 삼국의 정치구조

(1) 부체제의 구조

삼국은 이렇듯 고조선사회의 외곽에서 각기 독자적으로 성립하였고, 4세기 중반 이후 서로 국경을 접하게 되기 전까지는 상당기간 상호 깊은 교섭이 없이 발전해나갔다. 그에 따라 삼국의 정치조직에는 각각의 개성적인 면모를 보여주는 상이함이 상당히 존재하였다. 그러한 가운데서도 삼국초기의 정치조직에서는 당대의 역사적 조건으로 인한 일정한 공통성을 찾아볼 수 있다. 부체제(部體制)가 그것이다.

고구려의 5부, 신라의 6부, 백제의 부여·고구려계 이주민집단으로 구성된 부 등은 원래 그 각각이 부족이나 소국의 성격을 지닌 단위정치체였다. 이들은 삼국 성립기에 연맹체를 형성하여 삼국 건국의 주체가 되었다. 삼국이 팽창해나감에 따라 여타 피정복지역의 지배층 일부가 이들 부의 주민으로 편입되었다.

삼국초기 각 부는 중앙정부에 의해 대외적인 외교·군사·무역권 등은 박탈되었으나, 부 내부의 일에 대해서는 상당한 자치권을 행사하였다. 3세기 전반까지도 고구려에서는 소노부가 자체의 종묘와 사직, 즉 조상신과 토지신 및 지역 수호신 등에 제사를 지내는 등 상당한 독자성을 유지하고 있었음은 이같은 점을 말해준다. 또한 부 내부에도 부의 통제를 받으면서 일정하게 자치권을 행사하는, '부내부(部內部)'라고 부를 수 있는 작은 하위집단이 존재하였다. 고구려의 경우 연나부(椽那部) 내에 그러한 집단이 네 개 존재하였고, 신라의 한기부(韓岐部, 漢祇部) 내에서도 그러한 집단의 존재를 확인할 수 있다.

각 부의 주민은 귀족에서 빈민에 이르기까지 계급적으로 분화되어 있었으나, 삼국의 국가구조 내에서 볼 때 여타 피복속지역의 주민에 비해 우월한 지위를 점하였다. 신라에서는 이러한 점이 상대적으로 늦게까지 남아 있어서, 삼국후기까지도 관등제의 운영에서 원칙적으로 6부의 민(民)에게는 경위(京位)가 주어졌고, 지방민에게는 외위(外位)만 주어졌다. 중앙관직과 지방관의 자리는 경위를 지닌 자만이 임명되었다.

한편 삼국초기에 흡수된 피정복지역의 주민들은 병합될 당시의 소국 또는 읍락 단위로 각각 중앙정부에 복속되었다. 이들은 자치를 행하며 중앙정부에 공납을 하고 군사적으로 협력하였다. 각각의 읍과 촌락이 삼국의 통치구조 내에서 차지하던 위치와 그 예속된 정도는 다양한 양상을 띠었는데, 피복속될 당시의 상황과 세력 정도에 따라 일부는 5부나 6부의 동맹세력으로, 다른 일부는 집단예민으로 편제되었다. 피정복민을 집단별로 예속시킨 것은 중앙정부의 지배력이 촌락 내부에까지 미칠 수 없었기 때문이며, 이는 당시까지 촌락의 공동체적인 유제가 잔존하여 사회의 기층에 작용하고 있었기 때문이다.

이렇듯 삼국초기 통치구조의 기본적인 틀은 자치적인 여러 집단들을 누층적(累層的)으로 통합하여 지배·예속관계화한 것이었다. 구체적으로 5부나 6부가 중앙의 지배집단이 되고, 피복속된 지역의 읍과 촌락들이 그에 예속되어 있으며, 각 부는 다시 중앙 왕실에 복속된 형태였다.

당시 각 부의 귀족들은 자신의 관원을 두었으며 상당한 자치력을 지닌 세력기반을 가지고 있었다. 왕은 초월적인 권력자라기보다는, 그러한 귀족들 가운데 대표적으로 유력한 존재였다. 그런만큼 왕국의 중대사를 결정하고, 각 부에 대한 통합력과 국가의 동원력을 최대화하는 데는, 각 부의 귀족들로 구성된 회의체가 중요한 권능을 지녔다. 때로는 이 귀족회의에서 왕을 폐위하고 새로운 왕을 옹립하는 일을 결정하는 경우도 있었다. 귀족회의는 그 뒤 왕권의 강대화에 따라 그 권능이 약화되었으나, 삼국말기까지 존속하였다.

(2) 중앙집권적 영역국가 체제로의 진전

삼국초기의 정치구조는 삼국이 성장해감에 따라 변모하였다. 삼국초기의 대내적인 정치정세는 각 부의 자치력과 왕실의 통제력, 중앙정부의 집권력과 피복속된 각 지역집단의 자치력 간의 상호관계 속에서 전개되었다. 그것은 점차 왕권과 중앙집권력이 강화되는 방향으로 진전되었다. 이는 철제 농기구의 광범위한 보급과 그 효율성의 개선, 수리시설의 확충, 우경의 보급 등에 따른 생산력의 증대와 정복전쟁에 의한 사회분화의 진전으로, 각 집단의 자치력을 뒷받침하던 공동체적인 관계가 해체되고 지역간 발전의 불균등성이 완화되는 등의 사회적 변화와 함께 진행되었다. 이에 따라 삼국은 기존의 집단별 상하관계를 일원적인 지배질서로 전환해나가기 위해 관등제를 정비하고 관직체계를 확충해갔다.

삼국초기 각 부는 자체의 관원이 있었다. 이들은 같은 위계의 왕실 관원보다 하위에 놓여졌다. 그래서 각 부가 분립하는 가운데서도 왕실을 중심으로 통합적인 상하 질서가 형성되었다. 그런데 각 부의 자치력이 소멸되어감에 따라, 각 부의 관원들은 왕권 하의 일원적인 관등체계에 흡수되었다. 각 부의 귀족들도 이 관등제에 의해 편제되었다. 그 완성된 체계가 고구려의 14등 관등제, 백제의 16등 관등제, 신라의 17등 관등제였다.

나아가 관료조직이 확충되고 관직체계가 분화되어갔다. 그중 백제는 6좌평제(六佐平制)와 22관부(二十二官部)가 있어 세련된 면모를 보였으며, 신라에서는 6세기 초 이후 병부(兵部)를 위시한 각종 관서가 만들어졌다. 이 관등제와 관직체계의 운영은 신분제에 의해 일정한 규제를 받았다. 출신 신분에 의해 일정한 관등까지만 승진할 수 있었고, 동일한 관직일지라도 신분에 따라 취임할 수 있는 관등에 차이가 있었다. 신라의 골품제(骨品制)는 그 두드러진 예로서, 진골(眞骨)귀족이 주요 관서의 장을 독점하여 배타적인 우월성을 과시하였다.

또한 삼국은 피정복지역의 주요 거점에 군대를 주둔시키고, 크고 작은 성(城)을 단위로 지방관을 파견해 중앙집권화를 도모해나갔다. 몇 개의 자연촌락으로 구성된 행정촌이 기본적인 말단 행정단위가 되었으며, 다시 수개의 행정촌이 묶인 상위 행정단위가 설치되었다. 이러한 지방행정제도의 정비는 곧 그 지역의 주민과 토지에 대한 지배권을 중앙정부가 장악해감을 의미한다. 중앙정부는 지배영역 내의 주민들에게 조세를 부과하고 그들의 노동력을 징발하였다. 기존의 각 읍과 촌락의 장들은 이제 국가권력을 집행하는 존재로서 지방 지배조직의 말단에 예속되었다. 이는 중앙의 부(部)에서 더 빨리 진행되었다. 부는 삼국중기 이후 고구려와 백제에선 수도의 행정구획단위로 변하였고, 동시에 부에 적(籍)을 둔 귀족의 편제단위로서의 기능도 갖게 되었다. 신라의 경우도 6세기가 지나면서 이와같이 바뀌어갔다.

한편 중앙집권적인 영역국가 체제가 되어감에 따라, 강화된 국가권력을 매개로 지역간의 연계성이 깊어졌고, 인적·물적 교류가 활발히 이루어졌다. 이에 따라 각국의 영역 내에 포함된 여러 종족집단간의 상호 융합이 진전되었다. 예컨대 토기의 경우를 보면, 삼국초기에는 영토 내의 여러 지역에서 각기 개성적인 면을 지닌 토기가 생산되었는데, 삼국후기에 접어들면서 각국 영역 내의 토기는 질과 양식에서 일정하게 균질화되어가는 면을 보였다. 특히 신라 토기의 경우 이러한 면이 현저하였다. 이는 수공업에 종사하던 장인(匠人) 및 그 생산품의 수급(需給)에 대한 국가의 통제와 관련이 있다고 여겨진다. 무덤양식에서도 횡혈식석실분(横穴式石室墳)이 일반화되어갔다. 또한 불교의 수용에 따라, 각 집단이 지니고 있던 고유한 신앙과 의식(儀式)이 보편성을 지닌 종교의 호수(湖水)로 귀합되어갔다. 나아가 삼국간의 교류와 주민 이주, 전쟁과 영역 변동 등에 의해 삼국 주민의 존재양태도 동질화되어갔다. 삼국후기에는 삼국 주민의 풍속·의복·문물이 같았음을 당시 중국인들의 기록에서 확인할 수 있다.

3. 삼국후기의 정세변동

6세기 후반에 접어들면서 삼국간의 관계에 새로운 변화가 일어났으며, 이는 대륙의 정세변동과 연관되어 전개되었다. 551년 백제와 신라의 연합군은 왕위계승분쟁의 여파로 귀족들간의 내분에 시달리고 있던 고구려를 공격하여 한강 유역을 점령하였다. 한강 하류지역은 백제가, 상류지역은 신라가 차지하였다. 고구려는 이어 북중국의 북제(北齊)의 군사적인 압력과, 유연(柔然)을 격파하고 등장한 몽고 고원의 신흥 유목민국가인 돌궐(突厥, Turk)의 적극적인 공세에 직면하게 되었다. 이러한 안팎의 위기를 맞아, 고구려의 귀족들은 대내적으로는 그들간의 분쟁을 수습하고 귀족연립정권 체제를 성립시켰다. 이는 각기 수하병(手下兵)을 거느린 귀족들이 실권자의 직위인 대대로(大對盧)를 그들 사이에서 3년마다 선임하고 주요 국사는 소수의 귀족들로 구성된 합좌회의(合座會議)에서 결정하는 형태로, 이후 고구려말기까지 이러한 귀족과두체제의 기본적인 틀이 유지되었다. 대외적으로는

고령의 대가야 30호 고분에서 출토된 철정

한강 유역과 함흥평야 지역을 신라에 넘겨주고 양국이 화평하게 지낸다는 내용으로 신라와 밀약을 맺어 남부 국경선의 안정을 취한 뒤, 서북부 방면의 위협에 대처하는 데 주력하는 방책을 사용하였다.

이에 신라는 553년 동맹국이었던 백제를 기습적으로 공격하여 한강 하류지역을 차지하였다. 격분한 백제의 성왕은 이듬해 백제군과 가야군 및 1천명의 왜군을 포함한 3만명의 군대를 동원해 신라에 대한 반격전에 나섰으나 대패하고, 이 전투에서 전사하였다. 이때 백제와 연합해 신라와 싸운 가야군은 대가야(大加耶)가 중심이 된 군대였다.

가야는 낙동강 유역과 남해안 일대에 있었던 여러 작은 나라들의 총칭이다. 가야는 철이 많이 생산되고, 한반도의 서북부지역과 일본열도를 연결짓는 해상무역로의 중간지점에 있어서, 일찍부터 문물이 발달하였다. 그러나 4세기 후반 이후, 백제와 신라의 세력이 뻗쳐왔고, 고구려도 한때 영향력을 행사했으며, 왜도 개입하게 되어, 가야는 동북아지역의 주요 분쟁지가 되었다. 그런 가운데 가야의 여러 소국들 중 낙동강 하구 지역에 있었던 금관가야(金官加耶)가 두각을 나타내어 이 지역의 대표적인 세력이 되었다. 이 금관가야는 5세기 초 고구려 광개토왕(廣開土王)의 낙동강 유역 원정 이후 크게 쇠약해져, 6세기 초 신라에 병합되었다. 이후 신라가 낙동강 서쪽 지역으로 세력을 확대해나가자, 가야의 소국들은 백제나 왜와 연합하여 대응하였고, 고령(高靈)의 대가야가 이 지역의 중심국이 되었다. 그런데 대가야가 554년의 전투에서 패배한 후 얼마 안 있어 신라에 병탄되고, 소백산맥 동쪽의 가야지역은 신라의 영역이 되어, 가야는 완전 소멸하였다.

554년 이후 백제와 신라 간에는 해를 이은 상쟁이 지속되었다. 그리고 6세기 종반 고구려가 돌궐의 공세를 저지한 후 재차 남으로 예봉을 돌림에 따라, 고구려와 신라의 전쟁이 재개되었다. 이에 삼국은 각각 상쟁을 벌이는 상황이 되었다. 영역국가 체제를 구축한 삼국 사이에 더 많은 토지와 인민을 확보하려는 전쟁이 계속 전개된 것이다.

삼국간에 벌어진 장기간의 전쟁은 사회분화를 더욱 촉진하였다. 귀족들은 전쟁을 통해 많은 토지와 노비 및 재화를 얻음에 따라 부를 축적하였다. 반면 빈번히 전쟁에 동원된 소농민층의 경우, 급박한 군사정세에 따라 때로는 노약자도 징발되었으며, 복무기간이 제대로 지켜지지 않기도 하였다. 그들은 평상시에도 노역에 동원되었다. 그러한 상황에서 고리대가 성행하였고, 일부 소농민층은 몰락해갔다.

삼국에서 영역국가 체제가 자리잡아가고 사회분화가 진전됨에 따라, 촌락의 공동체적 관계가 급속히 해체되고 지역간의 주민교류가 활발해졌다. 지방의 유력가들이나 몰락한 농민의 일부는 수도로 올라와 생존과 출세를 도모하였다. 그들은 당시 잦은 전쟁에 따라 늘어난 병력수요와 신속한 동원력의 필요에 의해 행해진 모병(募兵)에 응하기도 하였으며, 귀족의 휘하에 몸을 의탁하여 입신(立身)을 모색하기도 하였다. 유력한 귀족들은 정치적·군사적 필요에 의해 이들을 적극적으로 흡수하여 세력확대를 도모하였다.

한편 동아시아의 국제정세는 6세기 후반 중국에서 수(隋)나라가 등장함에 따라 근본적으로 새로운 국면을 맞게 되었다. 수나라는 3백여년간 분열되어 있던 중국을 통일하고 몽고 고원의 돌궐을 격파·복속시킨 뒤, 고구려에 대한 침공을 감행하여 중국 중심의 일원적인 세계질서를 구축하려 하였다. 이같은 기도는 고구려에 패배함으로써 좌절되었는데, 수나라는 이 고구려 원정의 실패가 주요 원인이 되어 멸망하였다. 이어 등장한 당(唐)나라도 수나라와 같은 과정을 거쳐 동방으로의 침공을 기도하였다.

7세기 중반 당나라의 침공이 예상되고 삼국간의 상쟁이 치열해지자, 삼국에서는 위기의식과 긴장이 고조되었다. 삼국의 지배층 내에선 위기상황에 대처하는 방안을 둘러싸고 갈등이 심화되었다. 마침내 642년 고구려에서는 대외 강경노선을 취한 연개소문(淵蓋蘇文)이 무력정변을 일으켜 집권하였고, 신라에서도 귀족들간에 대규모 분쟁이 벌어져 김춘추(金春秋)·김유신(金庾信) 계열이 실권을 장악하였다. 백제의 의자왕(義慈王)도 일부 귀족세력을 제거하고 왕권을 강화한 뒤 신라에 대해 적극적인 공세를 벌여나갔다. 삼국 모두 집권력과 동원체제를 강화해갔다. 한편 이 시기 일본열도의 야마또(大和) 왜(倭)에선 타이까개신(大化改新)이 행해져 새로운 집권체제의 확립을 위한 움직임이 진행되었다.

이렇듯 급변하는 대내외 정세 속에서 삼국의 집권세력은 난국을 타개하기 위해 인접국과의 정치·군사적 동맹을 본격적으로 모색하게 되었고, 삼국통일 전쟁은 막바지를 향해 치닫게 되었다.

4

삼국 시기의 문화

1. 한문학과 사서 편찬

삼국 시기에는 한자가 널리 보급되었다. 한자가 처음 전래된 것은 중국의 철기문화와 함께였다고 여겨진다. 기원전 2세기에 진국에서 한나라에 외교문서를 보내려는 것을 위만조선이 가로막은 일이 있었다. 더 구체적인 예로서 기원전 1세기 유적인 경상남도 창원시 다호리의 무덤에서 붓이 출토되어, 이미 한자가 보급되었음을 알려준다.

그러나 한자를 사용해 본격적으로 문자생활을 하게 된 것은 삼국 시기부터였다. 삼국이 자체의 국가체제를 정비하고 운영해나가기 위해 능동적으로 선진 중국문물을 받아들이려고 노력함에 따라 한자를 본격적으로 사용하게 되었고, 율령의 반포와 함께 한문 소양이 관리에게 필수적인 요소가 된 것이다. 특히 불교가 수용되어 한역(漢譯) 불경이 보급됨으로써 한문에 대한 이해가 촉진되었으며, 승려들은 당대 최고의 지식인으로서 한문의 보급에 큰 역할을 하였다. 또한 고구려에선 372년에 세워진 태학과 청소년 조직인 경당(扃堂)에서, 그리고 신라에서는 화랑도(花郎徒)에서 한문 경전을 가르친 것으로 여겨진다. 오늘날 전해지는 고구려의 광개토왕릉비, 백제가 북위에 보낸 국서(國書), 진흥왕순수비(眞興王巡狩碑) 등은 5~6세기 삼국의 한문학 수준을 보여준다. 백제의 귀족인 사택지적(砂宅智積)이 만년에 불당을 세운 것을 기술한 비와, 고구려의 유명한 장군 을지문덕(乙支文德)이 전장에서 수나라의 장수에게 보낸 한시는 삼국말기 귀족들 사이에서 한문학 소양이 생활의 일부분이 되었음을 보여준다.

삼국 시기 한문학의 대표적인 것은 사서(史書)이다. 백제에선 4세기 중엽 고흥(高興)이 처음 『서기(書記)』를 편찬하였고, 백제말기까지 여러 사서가 편찬되었다. 이런 백제의 사서들은 일본에 전해져 큰 영향을 끼쳤다. 신라에서도 545년 거칠부(居柒夫)가 『국사(國史)』를 편찬하였다. 고구려에서는 4세기 후반 소수림왕대에 사서가 편찬되었던 같고, 600년에는 이문진(李文眞)이 『신집(新集)』을 편수하였다. 이 시기 편찬된 사서는 기본적으로 왕실의 내력과 국가의 성장과정을 기술하여, 그 정통성과 존엄성을 합리화하는 내용을 담고 있었을 것이다. 또한 왕실과 귀족집안의 내력을 보여주는 각종의 신화와 설화가 풍부히 기술되어 있어 고대 문학의 호수와 같은 것이었다고 여겨진다. 이 시기에 사서가 편찬된 것은 고대국가의 성장을 말해주는 기념비적인 것으로, 이들 사서 가운데 현전하는 것은 없으나, 그 내용은 몇 단계의 전승을 거쳐 기록된 『삼국사기』와 그밖의 후대 사서의 기사를 통해 짐작해볼 수 있다.

한편 한문이 널리 보급됨에 따라 언어생활의 이중성이 초래되었다. 중국어와 우리 말의 언어구조가 판이하고 한자가 표의문자이기 때문에, 구어(口語)와 문어(文語)가 일치하지 않았다. 이에 따른 불편함을 완화하기 위해 생겨난 것이 차자표기법(借字表記法)으로, 이는 한자의 음과 훈(訓, 새김)을 빌려서 우리 말을 기록하는 방법이다. 이런 표기법은 고구려에서 먼저 생겨났고, 신라에 전해져 발달하였다. 처음에는 인명이나 지명·관명 등 고유명사를 표기하는 데 사용되다가, 이어 우리 말의 토씨를 한자로 다는 형식이 나타났고, 뒤에는 우리 말의 어순에 따라 한자를 배열해 서술하는 형태로 발달하였다. 이런 표기법을 이두(吏讀) 또는 향찰(鄕札)이라 하였다.

이런 이두로 씌어진 신라의 시(詩)가 곧 향가(鄕歌)이다. 현전하는 가장 이른 시기의 향가는 진평왕(眞平王)대에 씌어졌다.

2. 신앙과 사상

(1) 무속신앙

불교 수용 이전 시기에 한국 고대인의 정신세계에 가장 큰 작용을 하였던 것은 무속신앙(shamanism)이었다. 무속신앙에서는 자연을 중추에 놓고 세계를 파악하였고, 인간은 그 세계의 한 구성요소에 지나지 않는다고 보았다. 그리고 자연을 구성하는 요소 중 산천과 거석(巨石), 특이한 거목과 특정 동물 등에는 정령(精靈, spirit)이 깃들여 있으며, 인간이 죽은 후 그 영혼, 특히 조상의 영혼과 유명한 이나 억울한 죽음을 당한 이의 영혼이 살아 있는 사람들의 주변에 머물러 있다고 생각했다. 그리하여 세계는 이런 다양한 귀신이나 영적 존재에 의해 움직이며, 이들 각종의 정령이 현세에서 생활하는 인간의 길흉화복에 영향을 미친다고 믿었다. 또한 이들 귀신들의 대부분은 그 자체로선 절대적으로 선한 것도 악한 것도 아니며, 인간이 어떻게 대하느냐에 따라 선하게도 또 악하게도 작용한다고 여겼다. 따라서 어떤 좋지 못한 일이 일어났을 때에는 그 일에 영향을 미치는 귀신의 실체와 그 뜻을 잘 파악하여 맺힌 것을 풀고 잘 섬김으로써, 화(禍)와 재앙을 피하거나 해소할 수 있다고 믿었다. 이에 따라 귀신의 정체와 그 뜻을 알아내어 그에 맞는 제사를 지내고 조치를 취할 수 있는 방도를 제시해주는 무당(shaman)의 역할이 자연히 중요시되었다.

무당은 귀신과 교감할 수 있는 신이한 영적 능력을 지녔다고 하며, 흥분이 고조된 상태에서 귀신의 뜻이라는 것을 전달하였다. 무당에게는 자신에게 영적 능력을 준다는, 자신이 특별히 섬기는 귀신이 있는 경우가 대부분이다. 무당은 다른 새로운 종교가 소개되어 들어올 경우에도 그것과 결합하여, 그 종교의 신을 자신의 새로운 신으로 받아들이기도 하였는데, 이처럼 무당은 자신만의 신을 모심으로써 각자가 독립된 신앙행위의 주체가 되었다. 즉 각자가 교주(教主)인 셈이었다. 이런 무속신앙에선 복잡한 교단조직이나 교리체계가 성립하기 어려웠다.

무속신앙은 원시시대 이래 존재해왔으며, 삼국 시기에 접어들어서도 널리 유행하였다. 비단 일상적인 신앙 면에서뿐 아니라 정치·사회적인 면에서도 무당은 상당한 역할을 하였다. 무당은 조정에서 조언자로서, 그리고 여론의 조성자로서 주요한 역할을 하였다. 각종의 의식에서 무당은 제의(祭儀)를 집전하였으며, 때로는 출정에 앞서 소를 죽여 그 발굽으로 길흉을 점치고 점괘를 풀이하여 그에 따른 액막이 조치를 하는 등의 일을 하였다. 불교 수용 후에는 무당이 행한 이런 역할을 불교 승려가 담당하였다. 무속신앙은 그 뒤에도 비록 주도적인 종교신앙으로서의 위치는 상실하였지만, 계속 한국인의 의식세계와 종교행위 및 민속과 음악·무용 등에 큰 영향을 미쳤다.

(2) 불교신앙과 사상

현세기복불교

불교가 고구려에 전해진 것은 4세기 후반 소수림왕대였다. 백제에는 이보다 조금 뒤에 남중국으로부터 전해졌다. 양국에서는 불교가 왕실의 적극적인 지원 하에 별다른 마찰 없이 수용되었다. 이와는 달리 신라의 경우 불교가 고구려로부터 전해졌으나 상당한 마찰과 진통을 거친 후 6세기 전반 법흥왕(法興王)대에 와서야 공인되었다.

불교가 처음 삼국에 수용되었을 때, 그 초기 신앙 형태는 교리에 대한 이해에 바탕을 둔 것이라기보다는 주술적이고 현세기복적(現世祈福的)인 성격이 두드러진 것이었다. '불교를 믿어 복을 구하라'는 391

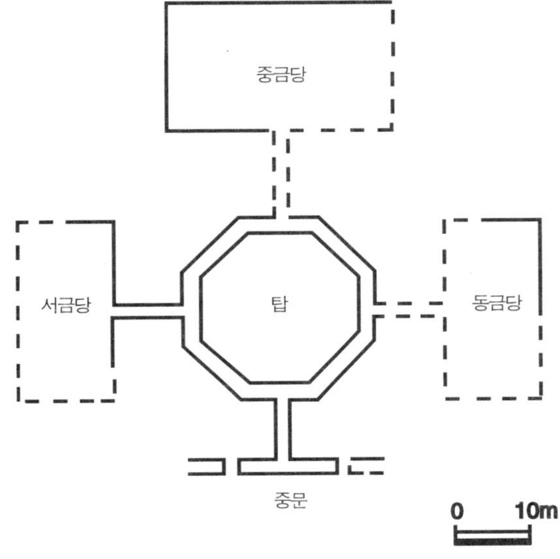

금강사지 도면

년의 고구려 고국양왕(故國壤王)과 392년 백제 아신왕(阿莘王)의 하교(下敎)는 그러한 불교 이해의 일면을 보여준다. 화를 피하고 복을 부르는 것은 삼국의 재래 무속신앙에서도 공통된 요소로서, 불교는 전래 초기 이런 측면에서 이해되고 수용된 것이다. 이러한 점은 당시 사원 건축물의 배치구조를 통해서도 엿볼 수 있다. 498년에 세워진 금강사(金剛寺)로 여겨지는 평양의 청암동 절터의 경우를 보면, 남북으로 일직선상에 중문(中門)·탑·금당(金堂)이 있고, 탑과 금당의 평면적의 비율이 0.7대 1이다. 탑은 평면적의 비율이 후대의 그것에 비해 매우 높고, 사원의 구조에서 중심적인 위치에 있었다. 6세기의 백제와 신라의 사원에서도 비슷한 면이 확인된다. 이런 가람 배치와 탑의 비중은, 석가모니의 사리(舍利)나 그와 연관된 물건을 봉안하는 곳으로 여겨진 탑이 당시인의 주요한 신앙 대상이었음을 말해준다. 이는 또 당시의 신앙이 석가모니의 설법 내용과 해탈을 위한 자신의 수행보다는, 사리의 영험에 의거하려는 신비적이고 기복적인 면이 강했음을 말해준다. 삼국 시기에 불교의 한 유파로서 주술성이 강한 밀교(密教)가 크게 성행한 것도 같은 맥락에서 이해할 수 있다.

국가불교

삼국 시기 불교의 또다른 주요 특성은 왕실불교 내지는 국가불교적인 면이다. 불교가 수용될 무렵 삼국은 중앙집권적인 국가체제를 구축해나가고 있었다. 그에 따라 삼국의 지배층은 확대된 영역 내에 포괄된 여러 주민집단들이 지녀온 재래의 잡다한 신앙과 고립적인 의식의 공간들을 한 단계 고양된 차원에서 융합하고, 강화된 왕권의 정통성을 합리화하며 이를 장엄하게 수식해줄 수 있는, 보편성을 지닌 종교가 필요하였다. 때문에 삼국의 왕실은 불교의 진흥을 적극 지원하였고, 불교 승려들은 왕권의 존엄을 강조하고 국가에 대한 충성심을 함양하는 일에 능동적으로 임하였다. 이같은 점은 전래될 당시의 불교의 성격에 의해 촉진되었다.

원래 인도에서는 국가와 불교의 관계가 불교교단은 정법(正法, dharma)을 지키고 전승하며 국가는 그 법을 활용하는 것이었던바, 양자는 정법을 통해 연결되었다. 그래서 불법(佛法)은 왕법(王法)과 공존하며 독립성을 유지할 수 있었다. 그러나 중국에서는 불교 전래 초기부터 양자간에 갈등이 빚어지다가 불법이 왕법 아래 굴종케 되었다. 특히 4세기 이래 북중국에서 전개된 혼돈과 전란의 와중에서, 승려들은 호족(胡族) 출신 왕조와 밀착하여 그 보호 밑에서 불교를 전파하였다. 그에 따라 승려는 왕권 아래에 굴종하였으며 '왕즉불(王卽佛)'의 논리로써 왕실의 존엄과 신성함을 찬양하는 데 복무하였다. 북중국의 불교를 받아들인 고구려에선 불교가 전래 초기부터 왕실과 밀착하였고, 국가불교적인 색채가 농후하였다. '왕이 곧 부처'라는 주장은 왕이 천손(天孫), 즉 하늘님의 자손이라는 재래의 관념과 연결되어 쉽게 받아들여지기도 하였다. 그런 면은 삼국 중 상대적으로 후진지역이었던 신라에서 더 현저하게 나타났다. 신라의 왕실이 석가모니 집안의 환생(還生)이라고 하거나, 진흥왕(眞興王)을 정법을 펼치는 위대한 정복군주인 전륜성왕(轉輪聖王)이라고 한 것은 그 대표적인 예이다. 6세기 전반의 법흥왕에서 7세기 전반의 진덕여왕(眞德女王)에 이르는 신라 왕의 이름이 모두 불교식이었다. 신라의 승려들은 당시 가장 앞선 지식층으로서 왕을 수행하며 조언을 하고, 군대에 종군하기도 하였으며, 외교문서를 작성하는 등 정치·군사적인 면에서 주요한 역할을 담당하였다. 또한 사찰에서는 외적으로부터 국가가 보호되고 전사한 이들의 영혼이 왕생극락(往生極樂)하기를 기원하는 백고좌회(百高座會)와 팔관재회(八關齋會)와 같은 법회들을 국가적 행사로 개최하였다. 곧 왕과 국가에 대한 충성심을 불교 교의와 의례를 통해 함양하고 일체감을 도모하였다. 청소년조직인 화랑도에 승려가 배치되어 낭도의 정신적인 교화를 담당하였는데, 그 교화의 내용도 이와같은 차원의 것이었을 것이다. 즉 신라에서 호국(護國)은 호법(護法)과 동일시되었다. 고구려나 백제도 비슷했을 것으로 여겨지는데, 이는 신라의 백고좌회와 팔관재회가 고구려에서 넘어온 승려 혜량(惠亮)에 의해 처음 열렸다는 것을 통해서도 짐작할 수 있다.

불교적 윤리관의 보급

삼국 시기의 불교신앙은 위력과 영험이 있다고 믿는 초월적인 존재에 빌어 치병(治病)과 호국 등을 기원하였으며 신이하고 주술적인 면을 띠었다는 점에서는 재래의 무속신앙과 공통점을 지녔다. 그러나 생활에서 불교적 계율을 준수하는 실천을 통해 기원(祈願)의 구현을 도모하였다는 점에서는, 타력에만 의지하였던 무속신앙과 뚜렷한 차이를 나타내었다. 보편성을 지닌 불교적 윤리관을 내면화하고 생활 속에서 실천함으로써 자신에게 닥쳐올 어떠한 일들을 개선할 수 있다고 여기게 된 점은 인간의 삶에 대한 인식에서 새로운 진전을 이룬 것이라 할 수 있다. 이같은 점은 사후세계에 대한 불교적 관념과 연결되어 널리 퍼져나갔다.

불교 전래 이전 고대인들은 죽음에 의해 인간의 삶이 영원히 끝나는 것이 아니라, 저 세상에서 그 삶이 그대로 계속된다고 믿었다. 내세는 죽은 자의 영혼이 사는 세계라는 점에서 현세와 다를 뿐, 사회구조와 위계질서 및 생활양식은 현세와 동일하다고 여겼다. 오늘날 전해지는 거대한 고분도 그러한 내세관에 따라 축조된 것이다. 즉 현세에서 사자(死者)가 누린 지위와 신분에 걸맞게 저 세상에서도 그것을 누릴 수 있는 유택(幽宅)으로 큰 무덤을 짓고 많은 부장품과 때로는 사람도 함께 묻었던 것이다. 그런데 불교의 교의에서, 내세는 현세의 삶이 무대를 바꾸어 그대로 이어지는 것이 아니다. 죽은 자는 현세에서 행한 자신의 업(業)과 공덕(功德)에 따라, 즉 인과응보(因果應報)로 내세에서 어떤 형태로 윤회전생(輪廻轉生)하거나 왕생극락한다는 것이다. 이러한 윤회전생설은 현세의 삶에 대한 사람들의 태도에 양면적으로 영향을 끼쳤다. 한편으로 현세의 사회적 지위와 화복(禍福)이 과거세(過去世)의 업의 소산이라고 보는 것은 기존의 질서를 근본적으로 긍정하는 것이었기 때문에, 사람들이 이것을 거부하기보다 숙명적으로 받아들이게 되었다. 다른 한편으로는 내세의 삶은 현세의 질서와는 다른 차원에 의해 결정되며, 왕생하게 될 극락세계는 모든 이에게 열려 있는 가능성의 세계라고 봄에 따라, 사람들은 내세에 대해 좀더 적극적인 사고를 할 수 있게 되었다. 나아가 그러한 사고는 인간의 본원적 평등에 관한 의식을 내재하는 것이기도 하였다. 또 비단 내세에서 일어날 일뿐만 아니라, 현세에서 일어난 일도 앞서 있었던 자신의 행위의 인과응보로 이해하게 되었다.

이러한 인식은 개인들로 하여금 현세와 내세에서의 화복은 타력에 의해 결정되는 것이 아니라 결국 자기 자신에 의해 만들어지는 것이라는 생각을 가지게 하였던바, 이에 사람들은 자신의 행위를 불교의 계율에 입각해 성찰하게 되었다. 그에 따라 불교적 가치관은 당대인의 생활 속에 실천윤리로서 깊숙이 자리잡아갔다. 삼국 시기에 불교 교리 중 당대 사람들에게 가장 광범한 영향을 끼친 것은 인과응보설과 윤회

전생설이었다.

미륵신앙의 성행

삼국말기에는 전륜성왕의 치세에 미래불인 미륵이 하생(下生)하여 설법으로 중생을 구제해주기를 기원하는 미륵하생신앙(彌勒下生信仰)이 유행하였다. 해를 거듭하는 전쟁의 와중에서 고통과 불안의 나날을 보내던 당대 사람들 사이에 새로운 세상의 도래를 기원하는 의식이 퍼져나간 것은 자연스런 현상이라 할 수 있다. 당시 많이 만들어진 미륵반가사유상(彌勒半跏思惟像)은 그러한 소망을 담은 것이었다. 신라인들은 청소년들에게 거는 내일에 대한 자신들의 기대를 표현하여, 화랑을 미륵에 비유하기도 했다. 백제에서는 무왕(武王)대에 대사찰 미륵사가 창건되었다. 이런 미륵하생신앙과 함께, 수행을 통해 죽은 후 미륵불이 주재하는 도솔천에 태어나 미륵의 설법을 들어 해탈할 것을 추구하는 미륵상생신앙(彌勒上生信仰)도 일부에서 유행했고, 그것은 통일기에 들어서면서 더욱 널리 퍼졌다. 전자가 타력에 좀더 의지하는 측면을 지녔고 현세에서 낙원을 구현하려는 욕구를 강하게 담고 있다면, 후자는 좀더 종교적으로 승화된 형태로서 자신의 노력을 통해 내세에서의 해탈을 추구하는 측면이 강하였다. 그런데 이 시기 미륵하생신앙에서는 현재의 왕이 전륜성왕으로 상정되어, 미륵의 하생 때 도래할 새로운 세상은 현 지배층의 주도 하에 이루어질 것이라고 주장되었다. 이러한 점에서, 신라 하대의 혼란기 때 새 세상에 대한 개벽(開闢)의 열망을 담고 있어 일반 민중들 사이에서 널리 믿었던 미륵신앙과는 차이가 있었다.

불교학의 진전

불교 수용 이후 시간이 흐름과 함께, 점차 불교 교리에 대한 연구가 진전되었다. 고구려와 백제에서는, 모든 존재는 인연에 따라 일어나는 것일 뿐이고 독자적인 존재성(存在性, 自性)은 없다고 보아 만유

(萬有)의 실상은 '공(空, sunya-ta)'이라고 주장한 삼론학(三論學)이 많이 연구되었다. 계율학(戒律學)은 백제에서 깊이 연구되었다. 이같은 연구는 일본에 전해져 영향을 끼쳤다.

삼국말기에는 일체 중생은 누구나 부처가 될 수 있는 불성을 지녔다고 주장한 『열반경(涅槃經)』이 전래되었다. 특히 고구려의 승려 보덕(普德)이 이 경전에 밝았다. 그는 7세기 중반 백제로 이거(移居)하였는데, 그의 제자들은 통일신라기 불교계에 큰 영향을 주었다.

7세기에 들어서 상당수의 승려들이 중국과 인도에 유학하였고, 불교 각 유파의 교리에 대한 연구가 본격적으로 이루어졌다. 그것은 다음 시기인 통일신라기 불교사상이 만개(滿開)하는 데 토대가 되었다.

불교와 한국 고대문화

불교는 다른 종교도 그러하듯, 신앙을 핵으로 하여 사상·미술·음악·건축·무용·의술·문학·언어 등이 결합된 거대한 하나의 문화체(文化體)로서 전래되었다. 따라서 불교의 수용은 비단 종교·사상적인 면뿐 아니라 문화 전반에 심대한 영향을 주었다. 승려들은 새로운 선진문화를 이해하고 보급하는 당대 최고의 지식인 집단이었다. 그들은 실제 정치와 군사 분야에서 상당한 활동을 하였고, 새로운 의술과 예술의 보급에 중요한 역할을 하였다. 그리고 저수지의 축조와 도로 건설 등에서도 승려가 큰 역할을 하였음이 확인된다. 이는 불교 승려의 사회봉사활동이라는 측면에서 이해할 수 있으며, 또 이를 통해 당시 선진적인 토목·건축기술이 승려에 의해 전해졌음을 알 수 있다.

불교가 전래된 시기가 삼국이 본격적으로 중앙집권적인 국가체제를 확립해나가던 때였기에, 바꾸어 말하면 한국 고대문화가 성숙되어간 시기였기에, 이 무렵 수용된 불교문화는 그 뒤까지 한국문화의 주요 기반이 되었다. 동시에 불교문화는 한국을 포함한 동아시아 문화권의 형성에 주요한 한 요소가 되었다.

(3) 유교와 도교

유 교

중국문물의 본격적인 수용과 더불어, 삼국에 유학이 보급되었다. 그것은 주로 교육기관을 통해 이루어졌다. 고구려의 경우, 수도에는 태학이 있어 상류층 자제를 가르쳤고, 지방에는 경당이라는 큰 집을 세워 평민 자제에게 서책과 궁술을 익히게 하였다. 당시 고구려에선 유교(儒教) 경전, 사서(史書), 옥편(玉篇) 등의 사전, 문선(文選)과 같은 문학서 등이 읽혔다.

백제에서도 6세기 중엽 남중국의 양나라에 사신을 보내 『시경(詩經)』과 『예기(禮記)』에 밝은 사람을 구하는 등 유교의 이해에 상당한 열의를 가지고 있었다. 박사(博士) 제도가 있었음을 볼 때, 유교 경전은 교육기관에서 교습한 것으로 여겨진다. 한편 백제는 일본에 한학과 유학을 전해주었다. 특히 『논어(論語)』와 『천자문(千字文)』을 전한 왕인(王仁)은 고대 일본인으로부터 널리 추앙을 받았다.

신라에선 학교가 세워지지 않았으나, 화랑도가 청소년 교육에서 주요한 역할을 하였다. 당시 화랑도에서 강조한 덕목은 원광(圓光)의 세속오계(世俗五戒)에 압축적으로 반영되어 있는데, 충(忠), 효(孝), 신(信), 전투에 임하여 용감할 것, 살육을 함에 신중할 것 등이 그것이다. 이 중 앞의 세 항목은 유교에서 강조하는 기본 윤리로, 당시 사회에서 요구된 것을 유교의 덕목으로 표현한 것이다. 진흥왕순수비에서는 왕도정치 이념을 표방한 기술도 보인다.

그러나 삼국 모두에서 유교 정치이념은 실제 널리 받아들여지지는 못하였고, 유교의 도덕·윤리 또한 사회의 기층에까지 영향을 미치지는 못하였다. 유학은 사상적 측면이 중요시되었다기보다는, 중국문물을 수용함에 있어 수단이 되는 한문을 수업하기 위한 방편으로 인식된 측면이 강하였기 때문이다.

도 교

도교(道教)는 중국의 잡다한 민간신앙을 신선술을 중심으로 체계화한 것이다. 그에 비해 도가사상(道家思想)은 만물의 근원인 도(道)와의 합일을 추구하는 노자(老子)와 장자(莊子)의 사상을 중심으로 형성된 것이다. 도교에서 노자를 신격화하여 숭앙하고 도가사상을 교리정비에 많이 이용하였으나, 양자가 일치하는 것은 아니다. 중국의 북위 때 정비된 종교 형태로서의 도교는 삼국말기에 이 땅에 전해졌다. 그러나 그 이전에도 삼국에서는 도교에 포괄된 요소들에 대하여 상당한 이해가 있었다. 한국 고대의 민간신앙에는 도교의 내용에 비길 수 있는 요소가 많았기 때문에, 도교는 삼국에 전래되어 큰 마찰 없이 수용되었고, 한국의 민간신앙과 결부되어 이해되었다. 5세기 이후의 고구려 고분벽화에 여러가지 모습의 신선이 등장한 것으로 미루어보아 이 무렵에는 도교가 상당히 퍼져 있었음을 알 수 있다. 그리고 도홍경(陶弘景)의 『신농본초(神農本草)』에서는 고구려의 유명한 약재로 인삼과 함께 금설(金屑) 즉 금가루를 정제한 일종의 연단(煉丹)을 진약(珍藥)으로 소개하였는데, 이 역시 연단의 복용을 통해 장생불사(長生不死)의 신선이 되고자 하는 도교신앙이 고구려에 존재했음을 말해준다. 그러나 그때의 도교는 교리체계나 조직을 갖춘 것은 아니었다. 7세기 중엽에는 연개소문이 불교 사찰을 빼앗아 도관(道館)으로 삼고 도사(道士)를 우대하는 등 도교진흥책을 취함에 따라, 교단 조직을 갖춘 도교가 등장하였다. 그러나 이러한 그의 정책은 불교측의 반발을 불러일으켜 갈등을 야기하였다.

백제의 경우 도교 교단은 존재하지 않았다. 하지만 불로장생(不老長生)의 신선사상(神仙思想)은 6세기 후반 이후 지배층 사이에 상당히 퍼졌다. 신라에서도 교단은 없었으나 재래의 산신숭배신앙(山神崇拜信仰)이나 샤머니즘과 결합되어 도교의 신선사상이 널리 퍼졌다. 그런데 도교에서 추구하는 장생불사의 도를 신비한 단약(丹藥)의 제조와 복용을 통해서 이루려고 하기보다는, 스스로 수련하고 공덕(功德)을 쌓음으로써 터득하려는 측면이 강하였다. 이는 화랑도의 수행과도 결부된 점이 있었고, 그것은 통일기에도 이어졌다. 화랑을 국선(國仙)이라 한 것도 그러한 일면을 보여준다.

한편 4세기 이래 노장(老莊)의 도가사상에 대한 이해도 진전되었다. 불교의 교의를 도가사상의 개념에 의거해 풀이하기도 한 중국의 격의불교(格義佛敎)도 도가사상을 이해하는 데 일정한 역할을 하였다. 아무튼 도가사상은 당시 귀족층의 생활과 철학에 상당한 영향을 주기도 했는데, 삼국에서 주요 인물들이 노자의 『도덕경(道德經)』의 한 구절을 인용하여 자신의 의견을 피력한 사례가 보이는 것은 그러한 점을 말해준다. 도가사상에 대한 이해는 불교·유교에 대한 그것과 함께 삼국말기 당시 최고 지식인들의 교양을 가늠하는 주요한 한 부분이었다.

3. 미 술

현존하는 삼국 시기의 미술품은 크게 두 부류로 나누어볼 수 있다. 하나는 고분에서 출토된 유물과 벽화이고, 다른 하나는 불상과 탑 등 불교미술품이다.

고분벽화는 고구려의 것이 대부분이고 백제·신라·가야의 것은 많지 않다. 4세기 이후 출현한 고분벽화는 처음에는 죽은 이의 생시의 생활상을 담은 것이 많았으며, 이어 불교신앙을 강하게 반영한 것이 나타났다. 6세기 이후에는 점차 신선도(神仙圖)와, 사방을 진호(鎭護)한다고 여긴 상상의 동물인 청룡(靑龍)·백호(白虎)·주작(朱雀)·현무(玄武) 등을 그린 사신도(四神圖)가 중심이 되어갔다. 초기에는 무덤의 돌방〔石室〕의 벽면과 천장에 흰 회를 바르고 그 위에 그림을 그렸으나, 후기에는 벽면의 돌을 잘 다듬은 뒤 그 위에 직접 그렸다.

백암성
중국 요령성 등탑현(燈塔縣) 소재

화려하고 강열한 채색과 약동하는 힘을 담은 고구려 고분벽화는 같은 시기 동아시아 회화 중에서 빼어난 예술성과 역사성을 지닌 것으로 평가된다.

고분 출토 유물로는 금관을 비롯해서 다양한 금속공예품과 유리제품·토기 등이 있다. 그중 신라 금관은 그 양식이 시베리아의 샤먼의 관과 통하는 점을 지니고 있어, 불교 수용 이전 시기 신라문화의 성격의 일면을 전해주고 있다. 유리제품은 유리의 질과 제품의 양식이 서남아시아 지역의 것과 연결되며, 토기 양식 중에도 그러한 요소가 보인다. 이런 유물들을 통해 삼국 시기의 문화가 지닌 국제성을 구체적으로 살펴볼 수 있다.

삼국 시기의 불상은 양식 면에서 북중국의 그것으로부터 큰 영향을 받았는데, 점차 이를 주체적으로 소화하여 개성적인 면을 보여주게 되었다. 이 시기의 다양한 불상 중, 신비의 미소를 머금은 채 한쪽 다리를 무릎에 올려놓고 사색에 잠긴 모습으로 앉아 있는 「금동미륵반가사유상(金銅彌勒半跏思惟像)」은 빼어난 걸작품이다. 또한 서산에 있는 백제 마애삼존불(磨崖三尊佛)의 소박하고 티없이 해맑은 웃음은 보는 이로 하여금 아늑하고 포근한 느낌을 갖게 한다.

탑은 초기엔 다층의 목탑이었는데, 7세기 이후로 이 땅에 풍부한 화강암을 재료로 한 5층과 3층의 석탑이 세워졌다. 익산에 있는 미륵사 다층석탑은 목탑의 구조를 그대로 지닌 석탑으로서, 목탑에서 석탑으로 넘어가는 과도기의 면모를 잘 보여준다.

삼국 시기의 주요 건축물로서 성을 빼놓을 수 없다. 성은 당시 사람들이 가장 많은 노력을 기울인 구조물이었다. 삼국의 영역 내에 현전하는 성만도 수백개에 이른다. 당시의 성에는 평지성과 산성이 있었는데, 대부분은 자연지세를 이용해 산의 능선을 따라 축조한 산성이며, 쌓은 재료에 따라 석성(石城)과 토성(土城)으로 나누어진다. 현존하는 일부 석성의 위용을 통해, 당시 발달한 토목·건축기술의 일면을 살펴볼 수 있다.

5

통일신라와 발해의 정치와 사회

1. 신라의 반도 통일과 발해의 건국

(1) 통일전쟁의 전개

해를 이어 계속되던 삼국간의 전쟁은 7세기 중반에 접어들면서 급박하게 전개되었다. 642년 백제는 신라를 공격하여 그 서부지역을 유린하였다. 이 난국을 타개하기 위해 신라의 김춘추가 고구려의 평양성을 방문하여, 그해에 쿠데타로 집권한 연개소문과 담판을 벌였다. 양국간의 상쟁을 종결하고 관계개선을 도모하자는 것이었다. 이 회담은 연개소문의 대외 강경책으로 결렬되었고, 오히려 신라에 대한 고구려의 공세가 강화되었다. 645년에는 당나라 군사가 고구려에 대규모로 침공을 해왔으나, 안시성(安市城) 전투에 패배하여 퇴각하였다. 이후 김춘추가 당나라에 건너가 신라와 당나라의 동맹을 적극적으로 추진하였다. 당나라 역시 고구려에 대한 침공이 실패한 이후 고구려의 남부국경에 제2전선을 구축하기를 열망하고 있었으므로 신라와 손을 잡게 되었다. 이에 신라와 당나라를 연결하는 강력한 군사동맹이 성립하였으니, 6세기 말 이후 고구려를 사이에 두고 각각 전개되어오던, 삼국간의 상쟁의 물결과 통일된 중국 왕조와 고구려 간의 전쟁의 파고(波

아프라시압 궁전 벽화(부분)와 고구려 사신의 그림(우측)

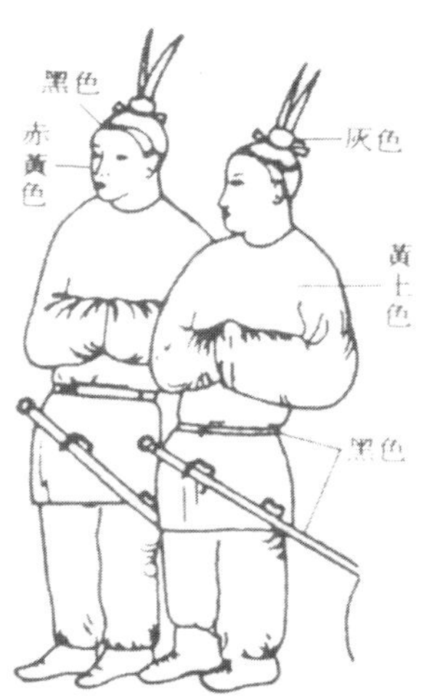

高)가 이제 직접적으로 결합하게 되었다. 그 물결은 동북아시아 지역의 기존 정세를 근본적으로 뒤흔드는 것이었다.

신라와 당나라 간의 이런 움직임에 대항하여 고구려와 백제는 협력을 추구하였고, 고구려는 다른 한편으로 몽고 고원의 유목민국가 설연타(薛延陀)와 중앙아시아 싸마르깐뜨(Samarkand) 지역에 있던 강국

(康國) 등에 사절을 보내 동맹을 모색하였다. 당시 강국(康國)을 방문한 고구려 사절의 모습이 그려진 벽화가 근래 발견되었다. 이런 시도는 당나라를 다른 측면에서 견제하기 위한 노력이었다. 한편 백제는 일본과의 연결을 강화하였다. 7세기 중반 동북아시아의 정세는 한반도를 가운데 두고 동서의 동맹축과 남북의 연결축이 교차하여 대립하는 형세를 보였다. 그런데 전자에 비해 후자는 결속 정도가 완만하였다.

마침내 660년 신라와 당나라의 연합군이 백제를 공격하여 수도를 함락시켰다. 당나라는 백제지역을 그 영토로 삼았다. 이에 대항해 곧이어 백제부흥운동이 각지에서 일어났으나, 663년 신라와 당나라의 연합군이 백제부흥군과 일본군을 금강 하구에서 격파한 것을 고비로 소멸되어갔다.

백제 멸망 후 움직임이 좀더 자유로워진 신라군의 지원을 받으면서 당군은 빈번히 고구려를 공격하였다. 고구려의 전략적인 위치는 크게 약화되었다. 그런 가운데 오랜 전란으로 피폐해진 고구려에서는, 연개소문의 사망 후 그의 아들간에 내분이 일어났다. 이를 이용한 신라와 당나라 연합군의 대공세로 고구려는 마침내 668년에 멸망하고 말았다. 당나라는 평양에 안동도호부(安東都護府)를 설치하고 고구려지역을 자신의 영역으로 삼았다.

고구려가 멸망하자 그간 내연(內燃)해오던 신라와 당나라 간의 갈등이 전면에 표출되었다. 신라와 당나라는 비록 동맹을 맺어왔지만, 전후(戰後)에 있을 여(麗)·제(濟) 양국 영토의 귀속 등을 둘러싸고 처음부터 상용(相容)될 수 없는 근본적인 이해관계의 상충점을 지니고 있었다. 공동의 적인 고구려가 멸망하자 그것이 표면화된 것이다. 그것을 예상하고 대비해온 신라측이 669년부터 당군을 공격하고 고구려부흥운동군을 지원함에 따라 양국간에 전단(戰端)이 열렸다. 이후 8년에 걸쳐 신라와 당나라 간에 전쟁이 벌어졌다. 당나라는 신라 귀족층의 내부 분열과 이탈을 꾀하고, 수차례 대군을 파견하여 공세를 취했다. 이에 대응해 신라 조정은 친당(親唐) 귀족들을 숙청하고, 여·제의 귀족들에게 관작을 주고 일부 고구려 유민집단을 지금의 익산지역인 금마저(金馬渚)에 옮겨 살면서 자치국을 형성하게 하는 등 여·제 유민에 대한 포섭에 힘쓰면서, 당군과 장기전을 벌여나갔다. 그리고 한편으로 일본과의 관계개선을 도모하여, 있을지도 모르는 배후로부터의 위협을 방지하는 데 힘을 기울였다. 전쟁의 추이는 675년 신라군이 당나라의 육군 20만을 지금의 서울 북쪽 양주지역인 매초성(買肖城)에서 대파하고, 이듬해 전세를 만회하고자 서해안으로 침공하려는 당나라의 수군을 금강 하류지역인 기벌포(伎伐浦)에서 격멸함으로써 대세가 결정되었다. 이에 당나라가 안동도호부를 요동으로 옮기고 한반도에서 전면 퇴각함에 따라 양국간의 전쟁은 종결되었다.

중국의 왕조가 한반도를 침공해 이 땅에 통치기구를 설치한 첫번째는 기원전 108년 한제국이 1년여에 걸친 공방전 끝에 위만조선을 멸하고 평양지역에 낙랑군을 설치한 것이다. 낙랑군은 그 뒤 400여 년간 지속되었다. 그 두번째가 당제국이 고구려를 멸하고 평양에 안동도호부를 설치한 것이다. 그러나 고구려의 평양성을 함락시키는 데에는 수와 당 두 왕조에 걸쳐 70여년의 세월이 소요되었고, 그나마 신라의 도움을 받아 비로소 가능하였다. 그 안동도호부도 불과 8년 만에 신라에 의해 밀려나게 되었다. 이는 우연한 것이 아니라, 삼국 시기를 거치면서 고대 한국사회가 여러 방면에서 이룩한 성장의 결과였다.

(2) 9주 5소경제의 확립

676년 이후 신라의 주요과제는 대동강 이남의 여·제 지역과 그 주민을 중앙집권적인 체제 내로 통합하고, 이를 위해 필수적으로 요구되는 대외적 안정을 위해 국제적인 분쟁을 피하고 평화를 유지하는 일이었다.

676년 이후 신라와 당나라 사이에는 불편한 관계가 지속되었다. 당나라는 신라가 대동강 이남의 여·제 지역을 통합한 것을 인정치 않았으며, 여·제의 왕손을 각각 '고려조선군왕(高麗朝鮮郡王)' '백제대방군왕(百濟帶方郡王)'으로 봉해 자기 나라 수도에 머물게 하고, 기회가 되면 이들을 앞세워 다시 신라를 공격할 의도를 견지하였다. 한편 신라와 일본 간에도 표면상 국교가 재개되었지만, 양국 사이에는 여전히 긴장이 내재되어 있었다. 이런 상황에서 신라 조정은 밖으로부터의 위협에 대한 경계를 늦추지 않으면서, 한편으로는 당나라와의 관계개선을 위해 조공사를 보내는 등 외교적인 노력을 하였고, 다른 한편으로는 국내의 통합과 집권력 강화에 주력하였다.

신라 조정은 옛 백제와 고구려 지역을 주(州)·군(郡)·현(縣)으로 편제하였다. 이 과정에서 고구려 유민집단의 자치국이었던 보덕국(報德國)은 해체되었다. 주·군·현으로의 편제 작업은 신문왕(神文王) 5년(685) 전국을 9주로 정비함으로써 일단락되었다. 9주는 곧 천하를 의미한다. 9주를 설정한 이유는 옛 삼국의 영역에 각각 세 개의 주를 둔다는 것이었다. 이는 삼국을 아우른 통일국가의 면모를 갖추기 위함이었고, 그 당시 제기된 일통삼한의식(一統三韓意識)의 반영이었다. 즉 같은 한족(韓族)의 세 나라를 합쳐 하나의 국가를 건설하였다는 의식이 그것이다. 여기서 삼한은 삼국을 뜻하며, 삼국의 주민으로 구성된 아홉 개의 중앙군단인 9서당(九誓幢)도 그러한 의식을 반영하고 있다. 이는 바로 삼국의 주민을 아우른 차원의 동족의식을 나타내는 것이었다.

통일국가의 수도로서 경주가 국토의 동남쪽에 치우쳐 있는 약점을 보완하기 위해 소백산맥 외곽에 소경(小京)을 두었다. 5소경제 역시 신문왕 5년에 완비되었다. 이 소경에 중앙귀족의 일부와 가야·고구려·백제 등 신라에 병합된 국가의 귀족들을 옮겨 살게 하였다. 소경은 정치적으로뿐 아니라 문화적으로도 주요한 지역거점이 되었다.

한편 여·제의 일부 귀족들에게 관등을 주었다. 그간 중앙관등인 경위(京位)는 원칙적으로 신라 6부의 사람에게만 주어져왔는데, 통일전쟁 기간중 신라의 지방민에게도 경위가 주어졌으며, 통일 후에는 여·제 유민들에게도 문호가 개방되었다. 이제 경위와 외위의 구분이 의미가 없어졌다. 이 역시 중앙집권적인 통일국가를 지향하는 일련의 노력 가운데 하나였다. 불교계에 대해서도 백제의 고승 경흥(景興)을 수도에 초치하여 우대하는 등의 조치가 있었다.

중앙관서의 확충도 686년 공부(工部)에 해당하는 예작부(例作部)의 설치를 끝으로 일단락되었다. 이에 앞서 신문왕 원년(681) 김흠돌(金欽突)의 난을 진압하면서 귀족세력에 대한 숙청이 이루어졌다. 680년대 중반에 이르러 통일전쟁에 따른 파동이 수습되고, 강력한 왕권을 정점으로 하는 중앙집권적인 체제가 확립되어 안정된 면모를 갖추게 되었다.

(3) 발해의 건국

676년 이후 옛 고구려지역은 몇 부분으로 나누어졌다. 대동강 이남지역은 신라에, 요동지역은 당나라의 영역에 귀속되었다. 그밖의 만주 중·동부와 한반도의 북부지역은 어느 나라의 힘도 미치지 못하였다. 이 지역에서 말갈족(靺鞨族)의 여러 부족들과 고구려유민들이 소집단으로 나누어져 각지에서 자치생활을 영위하고 있었다. 7세기 말 이러한 상태에 큰 변화가 일어나게 되었다.

696년 요하 상류지역에 거주하던 거란족(契丹族)이 당나라의 압제에 대항하여 봉기하였다. 그에 따라 요서지역에 대한 당나라의 지배력이 크게 흔들리게 되었다. 그 기회를 이용해 요서의 영주(營州)지역에 강제 이주되었던 고구려인과 말갈족 집단이 당나라의 지배에서 벗어나 동으로 이동하였다. 대조영(大祚榮)이 이끄는 이들 집단은 추격해오는 당군을 격파한 뒤, 지금의 돈화현(敦化縣) 영승(永勝)인 동부만주 목단강 유역에 도읍을 정하고 발해(渤海)를 세웠다. 건국 직후 발해는 신라와 몽고 고원의 돌궐에 사신을 보내어 통교하였다. 이는 있을지도 모르는 당나라의 공격에 대비하기 위한 외교적 노력으로 여겨진다. 그런데 당나라는 거란족의 반란 여파를 수습하는 데 급급하여 발해에 대해 더이상의 공세를 취할 수 없었고, 인근의 다른 국가들도 마찬가지였다. 당시 동부 만주지역은 일종의 국제적인 힘의 공백지대였던바, 별다른 뚜렷한 토착세력이 없던 상황에서 새로운 힘의 구심점이 형성되자, 각지에 흩어져 있던 고구려 유민집단들과 말갈족의 여러 부족들이 이를 중심으로 급속히 통합되었다. 719년 2대 무왕(武王)이 즉위한 이후에도 대외적인 팽창을 계속하였고, 한편으로 독자적인 연호를 사용하면서 국가체제의 면모를 갖추어나갔다.

그런데 720년대 중반 당나라의 세력이 재차 동북아 방면으로 진출해오자, 발해와 당나라 사이에는 긴장이 조성되었다. 당나라는 발해의 배후에 있던 흑수말갈(黑水靺鞨)에 세력을 부식하면서 발해를 압박하였다. 이에 발해는 흑수말갈을 공격하면서 강력히 반발하는 한편 일본에 사신을 보내어 우호관계를 맺음으로써 국제적인 고립에서 벗어나고자 하였다.

한편 발해의 세력이 남으로 뻗쳐내려오자 위협을 느낀 신라는 당나라와의 군사동맹을 재차 적극적으로 추진하였다. 이는 발해의 위협에 대처함과 동시에 그간 불편하였던 당나라와의 관계개선을 도모하고, 나아가 이를 7세기 후반처럼 또다른 국가적 팽창의 기회로 활용하고자 하는 의도에서였다. 733년 신라군이 북진하였으나 전과를 올릴 수 없었다. 신라군은 발해군의 방어와 추위로 패퇴하였으며, 당군의 진격도 저지되었다.

733년의 전쟁 후 발해는 당나라와 우호관계를 수립하고자 하였고, 당나라도 이에 응함에 따라 양국간에는 국교가 재개되었다. 735년 당나라는 신라가 통합한 대동강 이남 지역을 인정하였다. 당나라는 이제 동북아지역으로의 팽창을 포기하고, 발해와 신라 사이의 상호 견제와 대립을 유도하여 현상유지를 하는 데 주력하게 되었다. 신라 또한 당나라와의 관계개선에 만족하는 수밖에 없었다. 이후 발해는 동부 만주지역의 개발에 주력하였다. 특히 3대 문왕(文王)의 장기간에 걸친 치세 하에서, 발해는 문물제도를 정비하였다.

7세기 이후 격동하던 동북아시아 지역에, 이제 당나라를 축으로 신라·발해·일본 등이 공존하는 비교적 안정된 국제관계의 틀이 정립되었다. 각국간에는 사신왕래가 빈번해졌고 민간 차원의 교류도 늘어났다. 그런 가운데 신라와 발해 및 일본은 당나라의 선진 문물을 받아들이면서 자국의 발전에 힘써 귀족문화를 꽃피워갔다.

2. 통일기 신라의 정치와 사회

(1) 통치조직과 정치운영

통일기에 접어들어 나타난 두드러진 변화의 하나는 민(民)에 대한 국가의 지배력이 강화되었다는 점이다. 삼국후기부터 지방 통치조직이 확대됨에 따라 전국의 민과 토지에 대한 국가의 지배력이 점차 강화되었는데, 이는 통일기에 들어서 제도적으로 정비되었다.

이 시기 신라 행정조직의 말단 단위는 촌(村)으로, 이는 자연적인 경계에 따라 형성된 촌락이었다. 이런 촌을 단위로 3년마다 경작지의 면적, 호구, 가축, 과실수, 뽕나무 등이 조사되어 문서가 작성되었고, 그 기간 내에 변동한 사항도 그때마다 보고되어 문서에 추기(追記)되었으며, 이를 바탕으로 매년 조세와 역역(力役)이 부과되었다. 각 촌의 위에는 이같은 자연촌락 몇개가 묶인 행정촌이 있었으며, 거기에는 촌주 한 명이 있어 행정업무를 도왔다. 촌주는 현지인이 되었는데, 삼국 시기와는 달리 그 세력이 크게 약화되었다. 각 행정촌은 상급기관인 현에 귀속되었으며, 현은 군에 속하였다. 그리고 소경과 군에 직접 귀속된 촌들도 있었다. 군의 상급기관이 주였고, 주와 소경은 조정에 직속되었다. 업무에 따라 중앙에서 군에 직접 하달하고 군에서 중앙으로 직접 보고하는 경우도 있었다. 이밖에 부곡(部曲)과 향(鄕)이 있었다. 이들의 성격에 대해선 일반 군·현의 주민과는 달리 천민 신분에 속하는 이들이 거주하던 지역을 특수 행정단위화한 것이라고 보는 설이 있어왔는데, 근래에는 군·현으로 편제하기에는 규모가 작은 지역을 부곡과 향으로 삼았다는 설이 제기되었다. 각급 지방관은 중앙에서 파견하였고, 주와 군에는 각각 감찰관을 따로 파견하였다. 그리고 10정(十停)이라 하여, 전국의 주요 지점 열 곳에 군영을 설치하고 군대를 상주시켰다. 그밖에 지방민의 신앙과 의례(儀禮)의 대상이 되어온 전국의 주요 산과 하천에 대한 제사도 정비하여 중앙에서 간여하였다. 이들 제사는 지방민의 결집에 구심점이 될 수 있는 것이었으므로 이를 통제하고자 한 것이다.

중앙의 각급 관서들도 확충되었다. 그중 왕 직속의 집사부(執事部)가 행정의 중심기관이 되었다. 또 감찰기구인 사정부(司正府)가 강화되었는데, 이는 확충된 관료기구를 효율적으로 통제하기 위한 것이었다. 중앙군의 핵심으로 9서당을 두었고, 왕실의 경호를 맡는 시위부(侍衛府)를 개편 강화하였다. 이들 기구는 왕권과 중앙권력을 뒷받침하는 핵심적인 물리력이었다.

삼국 시기 이래 관리들에 대한 주된 보수지급 방법은 녹읍(祿邑)을 주는 것이었다. 녹읍은 촌 이상의 단위로 주어졌고, 녹읍의 거주민들이 국가에 내야 하는 조세를 관리가 대신 받아가게 하였다. 이같은 녹읍은 7세기 후반 신문왕대에 폐지되고, 대신 관리들에게 녹봉(祿俸)이 매달 지급되었다. 이는 녹읍지의 민으로부터 관리가 직접 조(租)를 받는 데 따른 민에 대한 경제외적 침탈을 막기 위한 조치였을 것이다. 이 역시 귀족들의 세력을 억제하고 중앙집권력을 강화하기 위한 조치였다. 그런데 757년 다시 녹봉제가 폐지되고 녹읍제가 부활하였다. 이는 행정적인 번거로움과 함께 귀족세력의 반발 등에 기인한 것으로 여겨진다.

이렇듯 일단 외형상 고도로 중앙집권화된 통치조직이 정비되어 국가

권력이 촌락 내부에까지 깊숙이 뻗쳤다. 하지만 국가권력이 촌락사회에 작용한 정도는 아마도 지역에 따라 차이가 있었을 것이다. 아무튼 삼국 시기와 비교할 때 집권력이 현저하게 강화되었음은 분명하다. 이처럼 정비된 통치조직을 바탕으로 왕은 강력한 권력을 행사하였다. 귀족회의는 존속하였으나 권능이 크게 약화되었고 왕은 전제군주의 면모를 지녔다. 유교적 정치이념이 전면에 내세워졌고, 충과 효가 주요한 덕목으로 강조되었다. 왕호도 유교식이어서, 6세기에서 7세기 중반까지의(中古期) 불교식 왕명과 차이를 보였다. 『삼국사기』에서는 신라사를 시기 구분하면서 태종무열왕(太宗武烈王) 김춘추에서부터 그의 직계 후손이 왕위를 이어간 통일기의 1백여 년간의 시기를 중대(中代)라 하였다. 이런 구분은 의미를 지니는 것이라 할 수 있다.

그런데 이처럼 관료조직이 정비되고 왕권이 전제화되었지만, 중대의 집권체제는 일정한 한계를 지니고 있었다. 먼저 관료제는 그 실제 운영에 있어 신분제에 의한 제약을 강하게 받고 있었다. 관리들은 출신 신분에 따라 관직의 임용에서 차별을 받았고, 비진골 신분의 인사들이 승진하는 데는 제도적 한계가 있었다. 중요 관서의 장은 진골귀족만이 취임할 수 있었으므로, 자연 권력은 소수의 진골귀족 출신에 집중되었다. 그리고 관리의 선발은 보편적인 제도 없이 궁술(弓術)과 추천에 의거해서 이루어졌다. 활이 주요 병장기였던 고대초기에는 궁술이 개인의 능력을 나타내주는 기준으로 생각된 적이 있었으나, 이 시기에 들어서는 초급장교를 선발하는 데 기준이 될 정도의 의미밖에 없었다. 결국 관리가 되는 주된 길은 귀족의 천거를 받는 것이었다. 천거를 받을 수 있는 기회는 제한된 것일 수밖에 없었으니, 자연 중앙정부에 참여할 수 있는 길은 매우 좁았다. 이런 관리선발 방식은 왕권과 중앙정부의 정치적 지지기반을 근원적으로 취약하게 하였고, 한편으로는 진골귀족들의 정치권력을 증대시켜주는 결과를 가져왔다. 7세기 후반 통일전쟁과 새로운 체제의 정비 과정에서 이루어진 귀족층에 대한 대규모 숙청으로 귀족세력이 크게 약화되었지만, 점차 시간이 흐름에 따라 진골귀족들의 세력이 재차 강화되었으니, 이는 신라 중대의 지배체제를 기저에서부터 위협하는 것이었다.

(2) 사회와 경제

골품제

신라의 독특한 신분제로 골품제(骨品制)가 있다. 골품제에서 각 신분은 원래 8등급으로 나누어졌으나, 그중 제일 윗등급인 성골(聖骨)은 7세기 후반 이후 소멸하였다. 3두품 이하도 통일기에선 의미를 상실하여, 실질적으로 골품은 진골·6두품·5두품·4두품으로 구성되었다. 골품은 부모 양측의 혈통에 의해 출생과 함께 정해졌다. 부모 중 어느 한 쪽의 신분이 낮으면, 낮은 쪽의 신분이 아이에게 주어졌다. 정치적인 요인 등으로 신분이 강등되는 예도 있었고, 공로에 의해 특별히 높은 관직을 받아 신분이 상승하는 경우도 있었으나, 전체적으로 보아 신분간의 유동성은 적었다. 관직의 임용과 승진에서부터 가옥·수레·장신구·의복 등의 크기와 모양에 이르기까지 사회생활 전반에 걸쳐 신분에 따른 차등성이 법제화되었다. 진골(眞骨)은 왕족인 김씨와 전 왕족으로서 왕실과 혼인관계를 맺고 있던 박씨 및 가야계의 신김씨(新金氏)에 한정되었다. 이들 성씨 중에서도 왕실의 먼 방계이거나 오랜 기간 정치적으로 미약한 집안의 경우 신분이 하락해갔다. 진골이 정치적인 주요 지위를 독점하였으며, 6두품 이하는 중·하급 관료가 되거나 전문직에 종사하였다.

그런데 골품제는 전국의 주민을 포괄하는 신분제는 아니었다. 그것은 주로 수도와 소경 등에 거주하면서 중앙 통치조직과 연관을 갖고 생활하던 이들을 대상으로 한 것이며, 지방 유력자들의 경우는 중앙의 골품제에 준하여 사회적 지위를 인정받았던 것 같다. 당시 전국의 주민 중 4두품 이상의 골품을 지닌 이는 소수였고, 대다수는 평민과 노비였다. 일반 평민이 하급 골품을, 예컨대 4두품을 받을 기회가 제도적으로 폐쇄되어 있었던 것은 아니다. 그러나 상위 골품으로 신분이 상승할 수 있는 길은 제한되어 있었고, 진골 신분으로의 상승은 불가능하였으며, 진골과 비진골 간의 신분적 격차는 현격하였다.

농민의 생활

평민의 대다수는 농민이었고, 소수는 상업과 수공업에 종사하였다. 농민은 촌락 단위로, 연령에 따라 6등급으로 구분되었다. 정(丁)과 정녀(丁女)인 20세에서 59세 사이의 남녀를 중심으로, 그 이하의 사람들은 조자(助子)·조여자(助女子), 추자(追子)·추여자(追女子), 소자(小子)·소여자(小女子)로, 그리고 60세 이상은 제공(除公)·제모(除母), 노공(老公)·노모(老母)로 분류되었다. 이런 분류에 따라, 노동력 징발 시 각 촌에 부과될 인원이 정해졌다. 촌락 내에 있는 농민의 토지는 논과 밭으로 구분되어 각각 결부법(結負法)에 의해 면적이 조사되었으며, 이에 따라 조세부과량이 정해졌다. 결부법은 절대면적을 기준으로 해서 조세부과량을 산출하는 것이 아니라, 기본적으로는 수확량을 기준으로 하는 것이었다. 결부법에서의 계산 단위는 결(結)·부(負)·속(束)·파(把, 握)이다. 파는 한 움큼의, 속은 한 묶음의, 부는 한 짐의 곡식 줄기를 각각 의미하며, 100부가 1결이었다. 나아가 각 단위는 곧 그만큼의 수확을 내는 토지면적을 가리킨다. 아직 비료를 사용하지 않았던 시대이므로 농토에 따라 비옥도의 차이가 컸고, 산과 계곡이 많은 자연지형이었으므로 절대면적을 기준으로 한 농토의 측량이 여의치 않았던 조건에서, 비교적 손쉽게 면적을 산출할 수 있고 조세 부과에 나름의 합리성을 지닌 방법으로 고안된 것이 결부법이었다. 통일기에 들어서 이같은 결부법에 의거한 양전사업(量田事業)이 널리 이루어졌다. 이 이후 결부법은 농업기술의 발달과 농업생산력의 증대에 따라 면적 산정 방법이 수차에 걸쳐 보완되면서 19세기까지 계속 사용되었다. 당시 농토는 전반적으로 상경화(常耕化)가 이루어지지 않았다. 농토, 특히 그중 밭의 경우는 2~3년에 한번 경작되었다. 농민들은 조세를 내고 부역을 지는 외에 그 지역에서 나는 특산물을 현물세로 내야 했다.

토지는 국유제가 표방되었고, 722년에 백성에게 토지인 정전(丁田)를 지급했다는 기록이 있다. 그러나 이때 황무지와 같은 일부 토지를 농민에게 분여하였을 수는 있겠지만, 전국적인 토지 분급이 행해졌다고는 생각되지 않는다. 서원(西原, 지금의 청주) 소경 부근의 네 개의 촌락에 관한 기록을 담은 장적문서(帳籍文書)에서는 '연수유전답(烟受有田畓)'이라 하여, 농민이 가지고 있는 땅을 모두 국가에서 분급한 것처럼 표현하고 있으나, 이는 전국의 모든 땅은 왕의 것이라는 왕토사상(王土思想)에 따른 표현일 뿐이다. 왕토사상은 국가에서 조세 수취의 정당성을 내세우기 위한 명목이었고, 실제로는 토지의 사적 소유가 널리 행해졌다. 단 농민의 토지소유가 어느 정도였는지에 대해선 구체적으로 알려진 바가 없다.

노 비

당시 일반 농촌에는 노비가 많지 않았다. 위의 장적문서를 보면, 전체 인구 462명 중 노비가 25명뿐이었다. 그리고 노비 중 정과 정녀가 19명이었고, 3년간 태어난 노비의 수는 매우 적었다. 이러한 점을 볼 때, 노비가 자신의 호(戶)를 이루며 정상적인 가정생활을 하였다고 보기는 어렵다. 이들은 외거노비(外居奴婢)가 아닌 솔거노비(率居奴婢)였을 것이며, 당시 일반 농촌에서 노비의 노동력은 보조적인 역할에 머물렀을 것이다.

노비의 주된 소유층은 진골귀족들이었고, 왕실이 최대의 노비소유자였다. 숫자가 과장된 감이 없지 않지만, 『신당서(新唐書)』에서는 신라의 재상가(宰相家), 즉 진골귀족들이 노비를 3천명이나 소유하고 있었다고 하였다. 당시 귀족들은 각지에 농장과 목장을 가지고 있었는데, 자신이 소유한 노비를 부려 그곳에서 경작과 가축 사육을 한 것으로 여겨진다. 그 경우 노비의 예속 형태는 외거노비였다. 지역적으로 노비가 제일 많이 있었던 곳은 역시 수도였다. 수도에는 서른다섯 개의 금입택(金入宅)과 같은 귀족들의 대저택들이 있었고, 그런 집에는 다수의 노비들이 있었다. 수도에 사는 귀족의 노비들은 가내노동과 귀족의 사치생활을 유지하는 데 필요한 일들에 종사하였고, 일부는 수공업품 생산에도 종사한 것으로 보인다. 왕실과 사찰이 소유한 노비의 경우도 예속 형태가 비슷하였을 것이다.

수공업과 상업

신라의 국가체제 정비와 함께 종래 재지(在地) 수장층(首長層)이 소유하고 있던 수공업 생산수단과 기술 인력이 국가와 왕실 및 일부 귀족에 귀속되었다. 지방 장인(匠人)들의 경우 생산품을 특산물 현물세〔調〕의 형태로 공납하였고, 중앙에선 이들을 통제하였다. 이러한 면은 통일기에 들어서 더욱 강화되었다.

통일기 신라의 수공업은 장인들의 소속처에 따라, 내성(內省) 산하의 궁실수공업, 주요 관서에 귀속되었던 관영수공업, 귀족들의 사영수공업 등으로 나누어볼 수 있다. 각 장인들의 처지는 국가의 통제 하에서 신분화되었다. 장인들 중 하급 관등을 받아 골품을 지닌 이들이 있었고, 기술 노역만 제공한 평민도 있었다. 노비로서 생산에 참여한 이들도 있었는데, 이들은 궁실수공업의 주된 노역자였다. 궁실 및 관영 수공업은 국가와 왕실에 소요되는 물품을 할당받아 생산하였다. 귀족의 사영수공업도 주로 골품제의 의례에 필요한 각종 물품을 생산하는 등 귀족집안 자체의 수요에 부응하는 형태였다. 이와같이 수공업은 시장을 상대로 한 상품생산의 형태로 나아가지는 못하였다. 이외에 일반 농민의 가내수공업은 농업과 함께 결합되어 농민층 자신의 수요를 충당하는 형태였다.

그런데 통일 이후 시간이 지남에 따라 점차 상업이 발달해갔다. 긴 평화기가 지속되는 가운데 농업생산이 늘고 계층분화가 진전되었으며, 지역간의 교류가 활발해짐에 따라 인구의 이동이 있게 되고 수도의 인구가 크게 늘어났다. 그런 가운데 상업에 종사하는 이들이 늘어나고, 상품에 대한 수요가 커졌으며, 일부 상품의 질도 고급화하였다. 통일기 초기 당나라와의 조공무역에서 신라가 보낸 물품은 주로 자연산 특산품이었는데, 이후 점차 고급 비단과 금속공예품 등이 많아졌다. 일본과의 교역에서는 금속제품과 모직물 등을 수출하고, 풀솜과 견직물을 수입하였다. 당시 고급 물품은 주로 수도의 궁실 및 귀족에 소속된 공장(工匠)들이 만든 것으로 여겨진다.

신라 조정도 상업을 장려하여, 수도에 시장이 두 곳 더 개설되었다. 당시 상업에서 주요 교환매체였던 견포(絹布)의 길이를 정하는 등의 조치는, 상업 발달에 일정한 기여를 하였다. 한편 불교계에서도 승려의 상행위는 금지하였지만 일반 신도들의 상업활동은 긍정하였다. 그리고 유가론(瑜伽論)의 '공교명사상(工巧明思想)'이 유포되었는데, 이는 배우고 익힌 기술로 적은 노력을 들여 많은 재보(財寶)를 만들어 모아, 이것을 여러 중생에게 베풀어 이익을 줄 것을 강조한 사상이었다. 이는 승려들이 장인으로 활동하는 것을 정당화해줄 수 있는 논거로 받아들여졌고, 나아가 장인들에 대한 사회적 인식을 제고하는 데 기여하였다. 실제 당시 유명한 승장(僧匠)이 적지 않았고, 불교 사원에서도 수공업이 행해졌던 것으로 생각된다.

특히 8세기 후반 이후 집권체제에 동요가 생기고 국가의 통제가 약화됨에 따라, 상업활동이 한층 활발해졌다. 해외무역은 조공무역 외에 점차 민간인들이 행하는 사무역이 성행하게 되었다. 새로운 부원(富源)을 찾아, 그리고 좀더 자유로운 인간관계 하에서 더 나은 삶을 추구하기 위해 많은 이들이 바다로 나가 활동하였다. 또한 많은 수의 신라인들이 당나라에 건너가 해안지대 각지에 신라방(新羅坊)이란 집단적인 거류지를 형성하였다. 신라 상인들에 의한, 신라와 당과 일본을 연결하는 중계무역도 성행하였다. 남부 중국의 무역항을 거쳐 수입된 동남아시아와 서남아시아산 사치품들이 수도의 귀족층들 사이에서 애용되었고, 신라 상인들이 아랍 상인들과 직·간접으로 접촉하기도

하였다. 신라에 대한 지식이 아랍 지역에 알려진 것도 이 시기였다.

이렇듯 무역이 성행함에 따라, 이를 바탕으로 한 새로운 세력이 서부와 남부 해안지역에서 대두하기 시작하였다. 그들 중 일부는 신라 하대에 기존의 국가질서를 위협하는 존재가 되기도 하였다

3. 발해의 통치조직과 주민구성

(1) 제도의 정비

당나라 및 신라와의 관계가 안정된 730년대 중반 이후, 발해는 동부 만주지역의 개발과 체제 정비에 주력하였다. 고구려 유민집단과 말갈의 여러 부족들의 연합체로 성립한 발해는 점차 이들 집단의 자치력을 통제하여 이들을 중앙집권적인 통치조직 아래 재편성하는 작업을 진행하였다. 교통로를 중심으로 주요 거점에 주를 설치하고 지방관을 파견하였으며, 주 아래 현을 두고, 이들 행정거점을 연결하는 교통로에 다수의 역참(驛站)을 두었다. 다시 주 위에 부(府)를 설치하여 광역의 행정구역을 관할케 함으로써, 부—주—현으로 이어지는 행정체계를 세웠다. 중요한 지역에 설치한 큰 부는 특별히 경(京)이라 하였는데, 수도를 포함해 전국의 주요 지점에 다섯 개의 경을 두었다. 이러한 지방 통치조직의 틀은 장기간에 걸친 문왕의 치세기간(737~93) 중에 정립되었다. 문왕 사후 발해의 조정은 상당기간 정치적 분란에 휩싸였다. 이를 수습하고 등장한 선왕(宣王)의 치세기간(818~30)에 재차 대외적인 팽창을 하여 송화강 하류지역을 병합하였으며, 요동평야 지역에도 세력을 뻗쳤다. 선왕대에 5경 15부 62주의 지방통치제도가 정립되었다. 이외에 전략적 요충지에 설치한 세 개의 독주주(獨奏州)는 직접 조정의 통할을 받았다.

한편 중앙 통치조직으로서 당의 제도를 모방하여, 3성(三省)과 6부

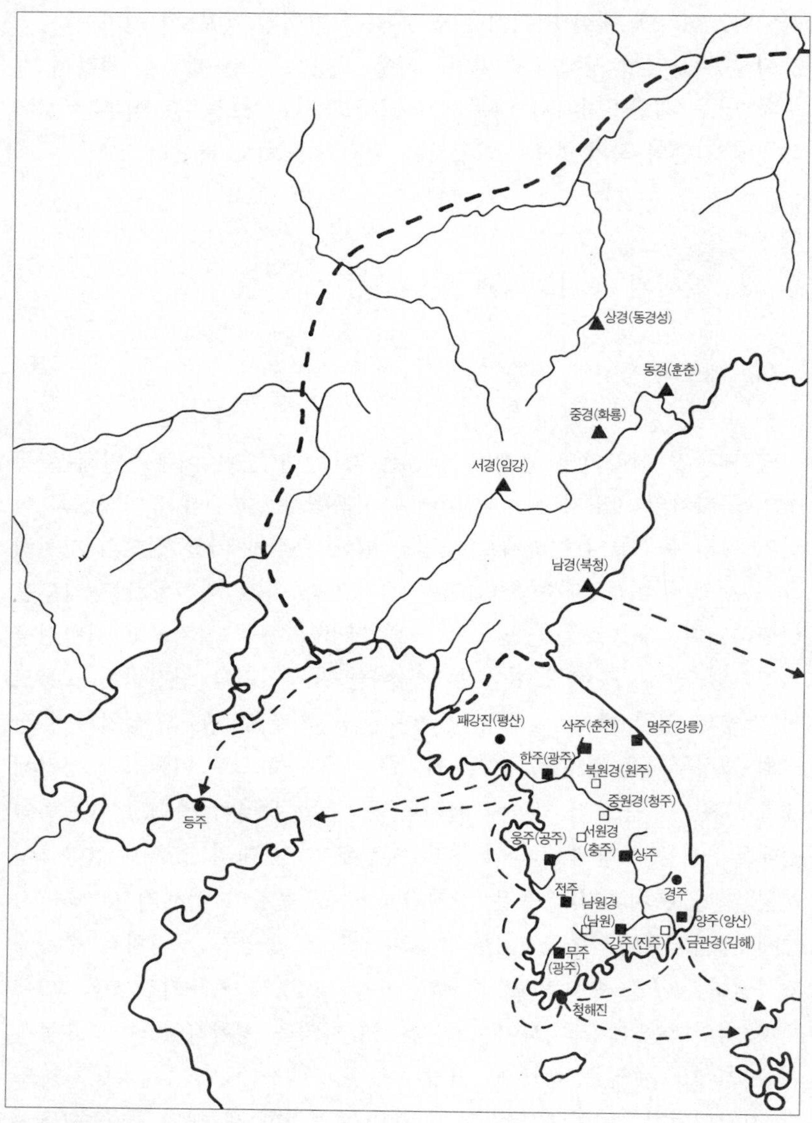

9세기 전반 신라와 발해의 판도

(六部)가 설치되었고, 그밖에 감찰기구인 중정대(中正臺)와 궁정 일을 관장하는 전중시(殿中寺) 및 교육기관인 주자감(胄子監) 등의 기관이 설치되었다.

군사조직으로 중앙에는 10위(十衛)라 하여 열 개의 병단이 있었다. 지방의 주요 지점에도 군사기관을 두었는데, 그것은 중앙의 10위 아래에 예속된 것으로 추정된다.

수도는 처음 자리잡은 돈화현의 영승 지역이 협소했기 때문에, 8세기 중엽 두만강 유역의 중경(中京) 현덕부(顯德府, 지금의 중국 吉林省 和龍縣 西古城子)로 일시 옮겼다가, 이어 상경(上京) 용천부(龍泉府, 지금의 중국 黑龍江省 寧安縣 渤海鎭)로 천도했으며, 다시 동경(東京) 용원부(龍原府, 吉林省 琿春縣 八連城)로 옮겼다가, 8세기 말 상경 용천부로 재차 천도한 이후 이곳이 말기까지 수도가 되었다. 이같은 잦은 천도는 주목되는 점이나, 천도의 구체적인 이유는 아직 명확치 않다. 현재 동경성(東京城)이라 불리는 상경 용천부 자리에는 잘 짜여진 도시계획에 의거한 대규모 성곽과 궁전 유지(遺址)가 남아 있다.

발해의 통치제도는 외형상으로는 당나라의 그것을 방불케 할 만큼 매우 세련되고 잘 조직된 것이다. 그러나 그 운영은 반드시 그렇지만은 않았던 것 같다. 특히 지방제도의 실상을 보면 그러하였다. 이는 발해국의 주민구성이 지닌 특수한 사정과 연결된다.

(2) 발해의 주민구성

발해의 주민은 여러 계통의 족속들로 구성되어 있었는데, 그중 절대다수를 차지한 것이 고구려계와 말갈계 주민이었다. 건국을 주도한 집단도 그러하였다. 그런데 말갈계와 고구려계 중 어느 족속이 발해를 이끌어나가는 데 주도적인 역할을 하였느냐에 대해선 그간 논의가 분분하였으며, 이는 발해사의 성격을 이해하는 데 핵심적인 쟁점이 되어왔다. 말갈족이 중심이었다고 보는 이들은 발해사를 중국사나 만주지역사의 일부로 파악하였고, 고구려계 주민이 중심이었다고 보는 이들은 발해사를 한국사의 일부분으로 보았다. 이렇듯 논란이 분분한 것은 발해인이 남긴 사서가 전해지지 않고, 신라와 당나라 측의 단편적인 기록에선 발해 왕실의 기원에 관해 말갈족이라 한 서술과 고구려인이라 한 것이 모두 전해지고 있기 때문이다.

8세기 전반 발해를 방문하였던 일본 사신이 남긴 기록은, "발해는 고구려의 옛터에 자리잡고 있다. …그 백성은 말갈이 많고 토인(土人)이 적으며, 주가 설치된 큰 촌락의 촌장은 모두 토인이 되었다"고 전한다. 여기서 토인은 고구려계 주민을 의미한다. 일본에 보낸 발해의 국서(國書)에서 발해 왕이 스스로 고려 왕이라 칭한 예가 있으며, 일본측에서도 일본에 온 발해인을 고려인으로 표현하기도 하였다. 반면 발해인이 스스로 말갈족이라고 표현한 일은 보이지 않고, 오히려 그것을 부정하는 사례는 보인다.

또한 10세기 초 발해가 멸망한 뒤 요(遼)나라의 지배 아래 놓인 옛 발해의 주민들은 두 족속으로 나누어져 파악되었다. '발해인'과 '여진인(女眞人)'이 그것이다. 발해인과 여진인은 존재양태에서 상당한 차이를 보였다. 여진인의 생활에선 부족 및 부락 단위의 공동체적 요소가 강하게 작용하고 있었던 데 비해, 발해인의 경우는 이미 사회분화가 깊이 진행된 상태였다. 그래서 발해인은 한인(漢人)과 동일하게 주·현으로 편제되어 요나라 지방관의 직접적인 통치를 받았고, 한법(漢法)이 적용되었다. '여진인'은 추장의 주도 하에 부족 단위로 자치를 행하며, 요나라의 간접적인 통치를 받았다. 발해인과 여진인은 집단적인 귀속의식에서도 차이를 보였다. 고려 조정에서도 발해 멸망 후 고려로 넘어온 발해의 주민들을 발해인과 여진인으로 구분하여, 그들을 요나라의 경우처럼 각각 달리 대하였다. 여진인은 말갈족의 후예였고, 발해인은 주로 고구려계 주민의 후예였다.

이런 점으로 볼 때 발해는 고구려계 사람들이 중심이 되고 말갈족이 이에 합류하여 이룩한 나라로 볼 수 있다. 이러한 점과 함께, 발해 멸망 후 그 유민의 일부가 고려로 넘어왔고, 고려 이후 한국인들이 발해사를 한국사의 일부로 여겨왔다는 사실에 의해 발해사가 한국사의 일부분이라는 객관적 논거가 마련된다.

발해의 주민구성에서 보이는 이중성은 지방제도의 운영에도 반영되었다. 외형상 전국의 모든 지역과 주민이 주현제(州縣制)로 편제되어 일원적으로 통치된 것처럼 보이지만, 실제에 있어선 일부의 주민은 부족 및 부락 단위로 추장인 '수령(首領)'의 휘하에서 자치생활을 영위하면서 지방관의 간접적인 통제를 받았고, 또 다른 일부의 주민은 주·현의 지방관의 직접적인 통치를 받았다. 다수의 말갈족이 전자의 경우에 해당하며, 이들은 발해 멸망 후 '여진인'으로 불렸다. 후자에 속하는 사람들이 '토인'이며, 발해 멸망 후 '발해인'으로 불린 이들이다. 이들은 주·현이 설치된 지점을 중심으로 그 인근지역에 주로 거주하였고, 요나라가 옛 발해의 주민들을 요동지역으로 대규모 강제 이주시켰을 때 주된 대상이 된 이들이기도 하다. 발해의 지방제도는 주현제와 부족제(部族制)가 함께 작용하였던 것이다.

발해를 주도해나가던 주민은 주현제 하에 있던 이들이다. 이들은 귀족과 평민 및 부곡민(部曲民)·노비 등의 예속민으로 구성되었다. 이들의 숫자는 부족제 하에 있던 말갈족보다 소수였다. 이 점은 발해의 지배구조를 불안정하게 한 요소였으며, 그 문화기반이 상대적으로 협애함을 나타내게 한 요인이기도 하다.

6

호족의 대두와 후삼국의 정립

1. 귀족세력의 발호

대내외적으로 안정된 체제를 유지하던 신라는 8세기 후반에 들어 정치적 혼란이 일어났다. 혜공왕(惠恭王)대에 일어난 수차례의 귀족들의 반란으로 왕이 피살된 이후 신라 말까지, 유력한 진골귀족들에 의한 반란이 빈번하게 발생하였다. 약 150년 사이에 20명의 왕이 즉위하였으며, 그중 상당수가 피살되었다는 사실은 이 시기 혼란한 정치상의 한 단면을 말해준다. 왕위계승에서 태종무열왕의 후손들은 배제되었고, 방계에서 등장한 이들이 왕위를 이어가게 되었다. 780년 이후 시기를 『삼국사기』에선 하대(下代)라 하였다.

이렇듯 8세기 후반 이후 귀족세력이 발호하게 된 원인으로는 앞에서 언급했듯이 신라 중대의 강력한 왕권을 정점으로 하는 집권체제가 지닌 자체의 한계를 일차적으로 지적할 수 있다. 골품제에 의해 권력은 소수의 진골귀족이 독점하였으며, 그에 따라 녹읍·농장·목장·노비 등 막대한 부가 진골귀족들에게 집중되어갔다. 그리고 과거제와 같이 보편성을 지닌 인재등용제도가 없는 상황에서 관직에 나아가려는 이들은 자연 추천을 받기 위해 귀족과 사적인 관계를 맺게 되었다. 특히 긴 평화기가 지속되는 가운데 사회분화가 진전되고 지역간의 교류가 활발해짐에 따라, 생존과 입신을 위해 많은 수의 지방민들이 귀족의 문하를 찾게 되었다. 다수의 문객(門客)들은 귀족의 정치적 기반의 하나가 되었다. 이렇게 귀족의 세력이 점차 비대해지자, 이를 억제하려는 왕권과 귀족 간에 충돌이 발생하였고, 나아가 진골귀족 상호간에도 분쟁이 발생하였다. 그것이 혜공왕대에 일어난 일련의 내란이었다.

신라 하대에 일어난 빈번한 왕위계승 분쟁에서, 어느 한 파가 결정적인 승리를 얻지는 못하였다. 정권은 사병을 거느린 유력한 진골귀족들간의 타협에 의해 성립된 일종의 연립정권적인 성격을 지녔다. 왕권은 약화되었고, 귀족회의의 의장 격인 상대등(上大等)의 지위가 상대적으로 강화되었다. 빈번한 분쟁으로 인해 집권 귀족세력의 구체적인 인적 구성에서는 변화가 있을지라도, 진골귀족층의 세력 자체는 오히려 커져갔다. 귀족은 잦은 논공행상(論功行賞)과 고리대(高利貸) 등을 통해 부를 축적하였고, 각지에 대농장을 소유하였다. 일부 중앙정계에서 밀려난 귀족들은 지방에 정착하여 새로운 세력을 구축하기도 하였다. 그런 가운데 귀족의 문객은 자신의 장래를 보장해줄 귀족과의 사적인 주종관계를 왕과의 군신관계에 우선하게 되었다. 귀족은 그 문객의 일차적인 충성의 대상이었다. 대신 귀족은 문객에게 장래를 보장해주어야 계속 그들의 충성을 확보할 수 있었다. 이는 또다른 정변을 촉발하였다.

정치적 혼란을 수습하고 기존 체제의 모순을 지양하기 위한 개혁방안이 거듭 제기되었다. 그러나 그것은 진골귀족층의 기득권을 근본적으로 위협할 수도 있는 것이었으므로, 집권세력에 의해 받아들여지지 않았다. 9세기 전반에는 오히려 골품제를 강화하여 신분에 따라 사회생활 전반을 엄격히 통제함으로써 질서를 재확립해보려는 시도가 행해졌다. 그러나 그것은 고식적인 현상유지책에 불과하였다. 6두품 이하의 신분층과 새롭게 등장하는 지방 호족(豪族)들은 점차 신라라는 국가의 틀 바깥에서 그들의 내일을 모색하기 시작하였다.

서서히 해체되어가던 신라왕조에 결정타를 가한 것은 9세기 말 전국 각지에서 일어난 농민봉기였다.

2. 호족의 대두와 후삼국의 정립

진성여왕(眞聖女王)대에 터진 농민봉기의 직접적인 계기는 과도한 조세 수취였다. 신라 하대의 조정은 시간이 지날수록 만성적인 재정궁핍 상황에 처하게 되었다. 귀족의 장원이나 사원전(寺院田)과 같은 면세지의 확대와 행정체계의 이완으로 국가의 조세수입은 줄어들었고, 잦은 정란(政亂)과 해이해진 사회기강 속에서 만연한 사치·향락풍조로 재정지출은 계속 늘어났다. 자연 부족한 조세액이 다른 농민층에 덧붙여져 중세(重稅)가 부과됨으로써, 농민층의 생활은 위협을 받게 되었다. 한편 귀족과 사원의 대토지 소유가 확대됨에 따라 소농민층의 몰락이 진행되었다. 이러한 점들이 상승작용을 하여, 농민의 유망(流亡)이 빈번히 일어났다. 그것이 다시 국가 재정원(財政源)의 축소를 가져오는 악순환이 되풀이되다가, 마침내 농민봉기가 폭발하였다.

각지에서 일어난 농민봉기는 순식간에 신라의 기존 통치체제를 뒤흔들어놓았다. 치안과 행정은 마비되고, 조정은 수도권을 중심으로 한 반도의 동남부지역 일부에서만 간신히 지배력을 유지할 수 있었다. 무장세력들이 각지에 웅거하면서 상호간에 무력항쟁을 벌여나갔다. 전란 속에서 농민들은 지역사회의 새로운 강자인 호족의 휘하에 귀속됨으로써 자신들의 안전을 도모하였다. 호족들은 이들 농민들에게 조세와 역역을 부과하면서, 지배조직과 무력을 지닌 독자적인 정치세력으로 성장해갔다.

이 시기 등장한 호족들은 몇가지 유형으로 나누어볼 수 있다. 하나는 해상(海商)세력이다. 장보고(張保皐)는 해상세력 중 이른 시기에 등장한 한 예이다. 하층민 출신인 그는 남해안의 완도에 청해진(淸海鎭)이라는 거점을 구축하고 당나라 및 일본과 무역을 하여 부를 축적하였고, 휘하에 독자적인 무력을 키웠다. 그는 9세기 중반 중앙정계의 왕위계승 분쟁에 깊이 개입하고, 자신의 딸을 왕비로 삼게 하려는 등 기존의 골품제의 틀에 도전하다가 피살되었다. 이후 청해진은 해체되었다. 고려왕조(高麗王朝)를 세운 왕건(王建) 집안도 예성강 하구 일대에 자리잡고 당나라와의 무역을 통해 부를 축적하면서 호족으로 성장한 예이다.

호족의 다른 한 유형은 수륙(水陸)의 요충지에 설치되었던 군진(軍鎭)세력 출신이다. 청해진도 그런 군진의 하나였다. 이들 군진은 무력을 보유하고 있었기 때문에 신라 말의 혼란기에 주요한 정치세력으로 부각되었다. 그중 황해도 평산(平山)에 설치된 패강진(浿江鎭) 세력은 유명하였는데, 이들은 고려를 건국하는 데 주도세력의 하나로 참여하였다. 가난한 농민 출신으로서 군인이 되어 서남부지역에 주둔하고 있었던 견훤(甄萱)은 군대를 기반으로 삼아 봉기하여 후백제(後百濟)를 건국하였다.

이른바 '초적(草賊)'이라고 불린 농민 출신도 다수 있었다. 북원(北原)의 양길(梁吉)이나, 그의 휘하의 무장이었다가 뒤에 태봉(泰封)을 세운 궁예(弓裔)가 이 범주에 속한다.

호족의 다수를 차지한 이들은 재지(在地) 토착세력가들이었다. 이들 중에는 진골이나 6두품 출신으로서 중앙정계에서 물러나 지방에 자리잡고 세력기반을 닦은 이들도 있었고, 재래의 촌주 출신도 많았다. 이들은 혼란기에 자신의 지역에서 성을 쌓고 사병을 길러 스스로 '성주'나 '장군'이라 칭하며 독자적인 세력이 되었다.

이밖에 상당한 경제력과 인력을 지니고 있던 큰 불교 사원들도 주요한 지방세력이 되었다. 이들 사원은 승군(僧軍)도 보유하고 있었다.

9세기 말의 농민봉기 이후 각지에 등장한 호족세력들은 서로 치열한 상쟁을 벌였다. 그중 견훤과 궁예가 강자로 부상해서 다른 호족세력들과 연합하여 각각 후백제와 후고구려(後高句麗, 뒤에 태봉으로 개칭)를 건국하였다. 이에 이들 두 나라와 신라가 정립하는 후삼국(後三國) 시기가 전개되었다. 이어 태봉 왕 궁예의 부하 장군이었던 왕건이 왕위를 찬탈하여 고려를 세웠다. 신라는 이미 쇠잔한 상태였으므로, 그 후 후삼국간의 관계는 주로 후백제와 고려가 천하의 패권을 놓고 각축전을 벌여나가는 형상이었다.

3. 발해의 멸망

후삼국이 정립될 무렵 동아시아 국제정세는 혼란 상태였다. 중국에선 당나라가 망하고 각지에 지방정권이 성립해 상쟁을 벌였다. 몽고와 만주 방면에선 거란(契丹)이 흥기하여 급속히 세력을 확대하였는데, 거란이 요하를 넘어 동진함에 따라 요동평야의 지배권을 둘러싸고 발해와 거란 간에 충돌이 벌어지게 되었다. 이러한 새로운 국제정세 하에서, 후삼국은 거란·발해와 각기 관계를 맺으며 상호 연결을 모색하였다.

한편 10세기 초 발해의 지배체제가 이완되자, 일부 피지배 말갈족은 이탈하여 독자적인 행동을 취해나갔다. 그리고 지배층 사이에서 분열상을 노출하였다. 925년 예부경(禮部卿)과 공부경(工部卿) 등의 고위 귀족을 포함한 일단의 발해인들이 고려로 내투(來投)한 사건도 그러한 내분에 따른 여파였다. 이런 발해의 약점을 포착한 거란은 926년 기습공격을 감행하였다. 거란군이 진격을 시작한 뒤 채 한 달이 되지 않아서 발해의 도성이 함락되고 발해 왕이 항복하여 나라가 망하였다. 이렇게 짧은 기간에 발해가 멸망한 것은, 거란군의 주력인 기병대의 신속한 작전이 크게 유효했던 것도 사실이지만, 거란인 스스로 "발해인들의 분열을 틈타 출격하였기에 싸우지 않고 이겼다"고 표현했듯이 발해 자체의 내분이 가장 주된 이유였다. 지배층 내부의 분열은 발해가 안고 있던 근원적인 약점인 주민구성의 이원성과 결부되어 국가 조직을 와해시키고 무력화하였던 것이다.

발해의 멸망 후 그 유민인 '발해인'들의 저항이 각지에서 일어났으나, 구심력이 약하고 분산적이어서 효과를 거두지 못하였다. 이런 발해인들의 저항을 원천적으로 봉쇄하기 위해 거란은 발해인들을 요하 유역으로 대규모 강제 이주시켰다. 926년 이후의 이러한 일련의 파동 속에서 많은 수의 발해인들이 고려로 넘어왔다.

230여 년간 존속한 발해는 예맥계 종족이 만주지역에 세운 마지막 나라였다. 발해의 멸망과 그에 따른 발해인의 이주로 중동부 만주지역 주민의 종족구성에는 근본적인 변화가 나타났다. 예맥족 계통 대신 말갈—여진으로 이어지는 만주족이 이 지역의 주된 족속이 되었고, 그들에 의해 금(金)나라가 뒷시기에 등장하게 되었다.

7
통일신라와 발해의 문화

1. 신라 불교의 발전

(1) 교리상의 진전: 불성론의 전개와 '공'·'유' 논쟁

삼국후기 이래로 진전되어오던 불교 교리에 대한 연구는 통일기에 들어 깊이를 더해갔다. 원효(元曉)·의상(義湘)·경흥(憬興)·태현(太賢) 등의 승려들에 의해 수많은 저술이 이루어져 일대 장관을 이루었다. 교리 연구의 진전은 한편으로 교리상의 대립을 가져왔고, 그것을 어떻게 극복할 것인가가 주요한 과제로 되었다.

통일기에 들어서 교리상의 문제로 제기된 것 중의 하나가 불성론(佛性論)에 대한 것이었다. 삼국말기에 『열반경』이 전해진 이후, 모든 사람들은 불성을 지녀 부처가 될 수 있다고 이해되기 시작했다. 그런데 7세기 중엽 당나라에서 성립한 신유식(新唯識)의 영향을 받으면서, 사람 중 부처가 될 수 없는 이가 있다는 주장이 제기되었다. 이런 입장에선 부처의 가르침은 어디까지나 부처가 될 가능성이 있는 사람들에게 국한하여야 한다는 견해를 취하였다. 이에 불성론을 둘러싼 양측간의 논쟁이 전개되었는데, 모든 이들에게 부처가 될 가능성을 개방한 측의 주장이 점차 대세를 이루어갔다. 모든 이는 자신이 지니고 있는 불성에 의거해 사물을 이해하고 해탈을 추구하여야 한다는 점이 강조되었다.

그러한 개방적인 불성론은 불교 승려들이 대중을 상대로 하여 적극적으로 포교를 해나갈 수 있는 교리상의 기저를 확고히해주었다. 원효의 대중교화사업은 그러한 점을 잘 대변해준다. 그에 따라 불교가 전국 각지와 기층사회 내부에까지 깊숙이 보급되어나갔다.

한편으로 불교는, 삼국통일 후 여·제의 유민과 신라의 지방민에게 경위를 개방하고 전국을 9주 5소경제로 편제하는 등의 일련의 조치를 취해 삼국 주민간 그리고 왕경과 지방에 거주하는 이들간의 차별을 완화하여 융합을 도모하던 당시 신라 조정의 정책을 뒷받침하였다. 즉 통일기에 진전된 삼국 주민의 융합은 불교의 보급과 이를 통한 개방적인 인간관의 확대에 크게 힘입은 것이다. 물론 이러한 불성론이 신분제와 같은 사회의 수직적 질서를 부정하는 데까지 나아가지는 않았던 바, 현세의 왕법을 준수해야 함이 강조되었다.

통일기 초 신라 불교계에서 제기된 또다른 교의상의 문제는 중관파(中觀派)과 유식파(唯識派) 간의 '공(空)'·'유(有)'의 대립을 어떻게 지양하느냐였다. 중관파에선 모든 존재는 인연에 따라 생겨날〔緣起〕 뿐이고 그 자체 영속성을 지닌 어떤 독자적인 존재성(存在性) 즉 자성(自性)은 없다고 보아, '일체의 모든 현상은 공(空)'이라고 하였다. 이는 현상은 끊임없이 변화하는 것임을 강조하여 어떤 하나에 집착하는 것을 배격하는 입장이라 할 수 있다. 그에 대해 모든 것을 무상하고 변화하는 것이라고 부정만 할 경우 허무주의에 빠질 수 있음을 지적하며, 변화하는 가운데서도 불변하는 어떤 것이 존재한다는 것을 내세워 중관론의 입장에 대한 반론을 제기한 것이 유식론이었다. 유식론에선 인간의 의식현상은 물론이고 객관적인 세계의 모든 사물현상들은 오직 하나의 근본의식〔阿賴耶識〕의 산물이라고 보아 '일체의 모든 현상은 식(識)'이라고 하였다. 즉 모든 현상을 자성이 없는 것이라고 부정하더라도 마지막까지 부정할 수 없는 것은 그것을 인식하는 어떤 것은 존재한다는 것이다. 이런 주장에 대해, 중관파에선 고유한 어떤 것의 존재를 상정할 경우 아집에 빠지게 된다고 비판하였다.

이런 '공'·'유'의 대립은 인도 불교에서는 일찍이 있어왔던 것으로, 신라에선 당나라의 신유식이 수입되면서부터 본격화하였다. '공'·'유' 대립의 지양과 극복은 비단 신라만의 문제가 아니라 그 시기 동아시아 불교계에 공통된 교의상의 주요 과제였던 것이다. 이에 대해 원효는 중관론과 유식론 모두 한편으로 치우쳐 있다고 비판하고, '세계는 오직 한마음〔一心〕'이라는 독자적인 견해를 제시하였다. 그는 '한마음'은 절대적 본체인 진여문(眞如門)과 상대적이고 현상적인 면을 나타내는 생멸문(生滅門)이라는 두 측면으로 구성된다고 하였다. 여기서 진여문은 본체론적인 중관사상에, 생멸문은 현상론적인 유식사상에 각각 대응된다. 그는 이러한 '한마음'의 모순적 측면인 진여문과 생멸문의 관계를 '하나이면서 둘이고 둘이면서 하나'라고 하였다. 이 두 측면의 상호작용에 의해 일체의 현상들이 발생·발전하고 운동·변화한다고 보았다. 그래서 세계에 존재하는 모든 것은 한마음의 운동이고 발현이며 자기발전이라고 주장하여, '공'·'유'의 대립을 지양·종합하고자 하였다. 이러한 원효의 주장은 신라 불교계뿐 아니라, 당나라의 법장(法藏) 등에게도 영향을 주어 중국 화엄학(華嚴學)의 성립과 발전에 선구적인 역할을 하였다.

불성론과 '공'·'유'의 문제를 둘러싼 신라 불교계의 논쟁은 불교 교리에 대한 이해를 심화하였다. 그것은 인간이 모든 현상을 인식하는 주체임을 확실히하여, 인간 중심의 세계관이 형성되는 데 큰 기여를 하였다.

(2) 정토신앙과 관음신앙의 유행

모든 이에게 부처가 될 수 있는 문이 열려 있다지만, 경전 공부와 수행 등 자력에만 의거한 해탈은 아무래도 소수의 식자층에게만 가능한 것이었고, 대중들에게는 타력에 의존할 수 있는 좀더 평이한 신앙이 필요하였다. 통일기에 들어 정토신앙(淨土信仰)이 유행한 것은 그런 욕구에 부응한 것이다. 이 시기 정토신앙에는 미륵신앙(彌勒信仰)과 아미타신앙(阿彌陀信仰)이 있었는데, 그중 후자가 중심이었다. 아미타신앙은 불교의 깊은 교리를 몰라도 극락세계를 주재하는 아미타불에 귀의한다는 뜻의 염불인 '나무아미타불(南無阿彌陀佛)'을 지극한 정성으로 외는 것만으로도 극락정토에 왕생할 수 있다는 것이다. 이처럼 정토신앙은 빈부귀천이나 남녀노소의 구별 없이 일체의 중생이 평등하게 구제될 수 있다는 것이었으므로 널리 신봉되었다. 특히 통일기에 들어와, 전란은 그쳤지만 엄격한 신분질서 하에서 소외되고 핍박받던 이들에게 호소력을 지녔다. 정토신앙은 현세를 고해(苦海)로 여기고 내세인 극락에 왕생할 것을 기원하는 신앙인만큼, 다분히 염세적이고 도피적인 일면도 지녔다.

한편 현실 속에서 질병이나 재해 등 인간생활에서 부딪히는 고뇌를 해결해주는 것으로 기대되어 널리 신봉된 것이 관음보살(觀音菩薩)에 대한 신앙이었다. 관음보살은 아미타불에 이어 부처가 될 보처보살(補處菩薩)로서, 정토신앙과 함께 관음신앙(觀音信仰)도 널리 유포되었다. 아미타불·미륵보살·관음보살 등에 의거하는 이러한 서민불교는 오늘날까지 한국 불교신앙의 주요 부분을 구성하고 있다.

(3) 종파불교의 형성

통일기 불교가 삼국 시기의 불교와 다른 점의 하나는 종파가 형성된 것이었다. 하나의 종파는 시조(始祖), 소의경전(所依經典) 즉 교리상의 특성, 교단조직 등 세 가지 요소를 갖추어야 성립된다. 통일기에 종파를 뚜렷이 형성한 것은 의상을 시조로 하는 화엄종이었다. 의상은 당나라에 유학하여 지엄(智儼)의 문하에서 중국 화엄학 승려인 법장과 함께 수학하였으며, 귀국 후에는 부석사를 중심으로 포교와 수행을 하였다. 그의 제자들은 전국의 주요 화엄종 사찰들을 이끌어나가, 하나의 종단을 형성했다. 의상의 대표적 저술은 「화엄일승법계도(華嚴一乘法界圖)」이다. 여기서 그는 '하나가 곧 다수이며, 다수가 곧 하나〔一卽多 多卽一〕'라는 『화엄경(華嚴經)』의 종지(宗旨)를 담은 구절을 중심으로 해서, 우주의 다양한 현상은 결국 일심(一心)에 의하여 통섭(統攝)된다는 그의 화엄사상을 함축적으로 서술하였다.

이외에 유식학 계통의 법상종(法相宗)도 하나의 종파를 형성하였다는 주장이 제기되고 있는데, 이에 대해선 아직 확실치 않은 점이 있다.

종파불교가 본격적으로 전개된 것은 신라 말 선종(禪宗)이 대두한 이후이다. 종파성이 강한 선종의 흥륭(興隆)에 자극을 받아 교종(敎宗)의 각 유파들도 종파를 형성하게 되었고, 이는 고려 불교계로 이어졌다.

(4) 선종의 흥륭

선종은 9세기 초 이후 유행하였다. 선종은 경전에 대한 공부와 교리연구를 통한 수행을 강조하는 교종과는 달리, 복잡한 교리에서 벗어나 심성을 도야하는 데 치중한바, '문자에 의존하지 않고, 자기 내면의 불성을 깨달아 부처가 됨〔不立文字 見性成佛〕'을 추구하였다. 선종은 구체적인 수행방법이 조용히 사색을 하는 선(禪)이었으므로 개인주의적인 성향이 강하였다.

신라 말 고려 초의 이른바 선종 9산문(九山門)을 처음 연 승려들은 대부분 6두품 출신이고, 그들을 지원한 이들은 그 지방의 호족들이었다. 이는 선종의 간결한 논리와 수행방법이 소박한 무인적 기질을 지닌 지방 호족들의 성향에 부합했기 때문으로 보인다. 자연 9산문은 그들을 후원한 유력한 호족의 근거지와 가까운 곳에 위치하였다. 선종 사찰은 지방사회의 정신적 중심지가 되었고, 수도를 중심으로 한 기존

질서에 비판적인 성향을 지녔다.

선종에서는 각 승려의 수행 즉 깨달음의 정도를 측정하는 객관적인 기준을 설정하기 어렵다. 그 기준이란 스승이 인정하는 것이었다. 그에 따라 스승과 제자로 이어지는 계보가 한층 중시되었고, 자연 각 산문별로 종파성이 강하였다.

이러한 성향을 지닌 선종의 흥륭은 신라 하대의 지방분권화 경향을 가속화하였고, 선종 사찰은 다수의 승려를 두고 넓은 농장을 소유하여 그 자체가 하나의 지방세력이 되어갔다.

2. 유교의 대두

통일기에 들어서면서 유교가 한학을 익히는 방편이라는 차원을 넘어 독자적인 사상으로 대두하기 시작하였다. 신문왕 2년(682) 국학(國學)이 설립되어 유교사상을 보급하였다. 설총(薛聰)은 유교 경전에 우리말 토를 달아 읽는 방법을 체계화하였다. 이는 유교 경전 공부를 용이하게 하였을 것이다. 통일기 사회에서는 유교사상 가운데, 군주에 대한 충이 강력한 왕권과 집권국가체제를 뒷받침하는 이념으로서 강조되고, 혈족 단위의 분화가 진전되어 부부를 중심으로 한 소가족이 사회의 기본 생활단위가 되어감에 따라 효가 생활윤리로서 강조되었다. 당시 국학에선 수학 단계를 3등급으로 나누었고, 교육 과목으로 유교 경전과 문선(文選) 등이 있었는데, 『논어』와 『효경(孝經)』이 필수과목이었다는 사실은 이같은 점을 말해준다. 군주는 아버지이고 관리는 어머니이며 백성은 어린 자식이니, 부모·자식이 각기 본분을 다하면 국가가 평안해질 것이라는 뜻을 담아 노래한 「안민가(安民歌)」라는 향가는 이 시기 유교 사상에 대한 이해의 한 단면을 보여준다.

그런데 국학에서 수학하는 학생은 6두품 이하의 신분층 출신이었다. 원성왕(元聖王)대 이후 국학을 수료한 이들을 평가하여 중·하급 관리로 임용하는 독서삼품과(讀書三品科)가 시행되기도 하였으나, 관리 임용의 주된 길은 아니었다. 진골귀족이 주도하는 엄격한 신분제 하에서, 국학을 수료하거나 그밖의 방법으로 유교를 공부한 이들은 관계(官界)에서 대체로 실무행정을 담당하는 직임을 맡는 존재에 불과하였다. 그들은 몇차례 유교 이념에 입각한 개혁을 주창하였지만, 골품제의 높은 벽 앞에 번번이 좌절하였다. 그런 가운데 자연히 유교적 윤리와 도덕의 보급 또한 한정된 범위에 머물게 되었다. 유교가 불교에 대항하면서 그와 대등한 사상과 이념으로 확실히 사회에 뿌리내리게 되는 것은 고려 시기에 들어와서였다.

3. 시가와 미술

(1) 향 가

삼국 시기의 초기 향가는 아마도 가야의 「구지가(龜旨歌)」와 같은 성격의 노래가 그 시초형태였던 것 같고, 따라서 민요적인 소박성을 지녔으며, 주술적 기원을 담은 주가(呪歌)의 요소를 지녔다고 여겨진다. 통일기의 향가에도 그런 전통이 이어지는 면이 보이나, 주술적 기원을 불교신앙을 빌려서 행하는 측면이 두드러지게 나타났다. 그런 점에서 향가는 신라인의 우아하고 숭고한 이상과 기원을 담은 아름다운 종교문학이라고 할 수 있다. 다음 소개하는 「제망매가(祭亡妹歌)」는 그러한 한 예이다. 여기서 작가인 승려 월명사(月明師)는 젊은 나이에 죽어간 누이와의 사별(死別)을 서러워하면서, 내세에 아미타불의 서방 극락정토에서 다시 만날 것을 기약하여, 인생의 덧없음을 극복하고자 하는 지극한 신심을 표현하였다.

생사(生死)의 길이란

여기 있으려나 있을 수 없어
나는 간다는 말씀도
못다 이르고 갑니까.
어느 가을 이른 바람에
여기저기 떨어지는 나뭇잎처럼
한 가지〔枝〕에 나고
가는 곳 모르는구나.
아아, 미타찰(彌陀刹)에서 만날 것이니
도(道) 닦아 기다리리라.

——「제망매가」

또한 이 시기 향가 중에는 종교성을 벗어나 짙은 서정성(抒情性)을 담아 노래하거나, 「처용가(處容歌)」처럼 남녀의 성 문제를 해학적으로 읊은 것도 등장하여, 그 내용과 문학성이 더욱 풍부해졌다.

향가의 형식은 원래 4구체(四句體)였던 것 같다. 통일기에도 4구체 향가는 여전히 남아 있었으나, 이 시기 다수의 향가는 10구체(十句體)의 정형시로서 완성된 모습을 보여주었으며, 8구체(八句體)의 향가도 지어졌다. 이러한 향가는 9세기 말 진성여왕대에 편찬된 『삼대목(三代目)』에서 집대성되었다. 하지만 이 책은 전해지지 않고, 『삼국유사』에 향가의 일부가 전해지고 있다.

이 시기 한시로서는 최치원의 작품이 대표적이다. 최치원은 유(儒)·불(佛)·선(仙) 삼교(三敎)에 깊은 소양을 지닌 빼어난 문장가로서, 한시뿐 아니라 변려체(騈儷體)로 된 다수의 글을 남겨 신라 한문학의 최고봉을 이루었다.

(2) 미 술

통일기 신라의 미술은 불교미술이라 할 수 있다. 이 시기 미술은 사실적 기법을 사용하고 있지만, 그것은 실물 그대로를 표현하려는 것이 아니라 이상적인 미의 세계를 구현하려는 것이었다. 무르익은 기교로써 사실성과 이념성이 어우러진 조화의 미를 창조하려 한 것이 특징이다.

이 시기 미술의 대표적인 것은 8세기 중엽에 세워진 불국사(佛國寺)와 석굴암(石窟庵)이라 할 수 있다. 불국사는 귀족 김대성(金大成)의 원찰(願刹)로 처음 지어졌는데, 그 목조건물들은 임진왜란(壬辰倭亂) 때 불타버렸다. 현존하는 건물은 17세기 중엽과 근래에 각각 복원된 것이다. 정문인 자하문(紫霞門)으로 올라가는 구름다리 층계와 석축은 신라 당대의 것으로, 주변의 자연경관과 어우러져 아름다운 자태를 보여주고 있다. 중문 안을 들어서면 석가탑(釋迦塔)과 다보탑(多寶塔)이 대웅전 앞의 좌우에 서 있다. 이 중 석가탑은 통일기 신라 탑의 일반형인 3층석탑의 대표적인 것이다. 통일기 초에 등장한 3층석탑인 감은사탑이나 고선사탑에선 웅장하고 강건한 품격을 보여주었는데, 그것이 석가탑 단계에 오면 극도로 세련된 미적 감각과 절제된 균형미가 무르익어 조화의 극치를 보여준다. 3층석탑은 이 단계를 지나면서 세련미가 과도해져 유약한 모습을 띠게 되었다. 이 역시 신라 귀족사회의 전반적인 기풍의 변화와 유관한 것이다. 다보탑은 신라 석탑의 특수형에 속하는 것 중에서 대표적인 작품이다. 화려한 모습과 복잡한 구조를 지니고 있으면서 전체적으로 안정된 균형미를 과시하고 있다. 이밖에 1966년 석가탑을 수리하던 중 탑에 봉안된 『무구정광대다라니경(無垢淨光大陀羅尼經)』이 발견되었다. 석가탑이 세워진 751년에 간행된 이 불경은 현존하는 것으로서는 세계에서 가장 오래된 인쇄물이다. 당시 불경 등의 서적이 보급됨에 따라 제지술과 인쇄술이 발달하였음을 보여주는 구체적인 사례이다.

불국사에서도 보이듯이, 탑은 쌍탑식(雙塔式)이 일반적이었다. 탑은 이 시기의 사원 구조에서 중심적 위치를 차지하지 못하고, 부처를 모신 금당(金堂)의 좌우에 배치되어 그것을 장식하는 부속물의 성격을 지녔다. 이는 통일기에 들어서 불교 교리에 대한 이해가 깊어짐에 따라, 그 신앙 형태에서도 삼국 시기의 사리신앙(舍利信仰)과 같은 신비적인 요소가 약화되어간 점이 반영된 것이다. 이처럼 사원 구조에서는 부처를 모신 금당과 부처의 가르침을 설법하는 강당이 중심을 이루었다. 선종이 대두한 이후에는 새롭게 승려의 수련처인 승방(僧房)의 비중이 커졌다.

석불사(石佛寺) 즉 석굴암은 석굴사원의 양식을 취하였는데, 인도와 중국의 그것이 자연암벽에 동굴을 파서 조영한 것인 데 비해 신라의 것은 인공으로 석굴을 만들어서 불상을 모신 점에서 차이를 보인다. 석굴암은 방형(方型)의 전실과 원형의 후실로 구성되어 있다. 전실의 벽에는 금강역사(金剛力士)와 사천왕(四天王) 등이 부조되어 있어, 후실을 지키는 의미를 지닌다. 후실에는 본존불(本尊佛)이 중앙에 자리잡고 있으며, 그 둘레의 벽면에 부조된 보살과 나한의 상들이 이를 옹위하고 있다. 이들 전·후실과 거기에 새겨진 조각들은 본존불을 중심으로 완벽한 통일과 조화를 이루어, 이상적인 부처의 세계를 재현하고 있다. 마치 돌을 갓 지난 어린아이의 그것과 같은 해맑고 유족한 본존불의 얼굴과 그 장중한 풍체는 보는 이로 하여금 따듯함과 경건함을 동시에 느끼게 하는 신라 불교미술의 정화이다. 이 석굴암과 불국사는 최근 유네스코(UNESCO)에서 보존해야 할 인류문화재의 하나로 지정되었다. 통일기 불교미술품으로 빠뜨릴 수 없는 것이 특색있는 양식을 지닌 범종으로, 일명 에밀레종이라고도 불리는 봉덕사종은 대표적인 것이다. 신라 종은 빼어난 소리와 아름다운 문양으로 중국이나 일본의 종이 도저히 따라갈 수 없는 미를 간직하고 있다.

4. 발해의 문화

(1) 유교와 한문학

발해인들이 남긴 기록이 거의 없고 연구도 적어, 발해의 문화는 그간 구체적인 면모가 거의 알려지지 못했다. 그러나 근래 발해의 유적지에 대한 조사가 진전됨에 따라 구체적인 면모들이 점차 밝혀지고 있다.

발해에서 유교가 상당히 성했다는 것은 주요 중앙관청인 6부의 명칭이 유교적 색채를 띤 충부(忠部)·인부(仁部)·의부(義部)·예부(禮部)·지부(智部)·신부(信部)였다는 사실이 단적으로 말해준다. 이는 또한 근래 발견된, 3대 문왕의 두 딸의 묘지(墓誌)에서 유교 도덕을 강조하고 있는 데서도 확인된다.

당나라의 문물을 수용하고 또 많은 수의 발해인들이 당나라에 유학을 가는 등 당나라와의 교류가 빈번해짐에 따라 한문학이 발달하였다. 당나라와 일본에 보낸 외교문서와 양국에 간 발해 사신이 남긴 글들을 통해 당시 발해 한문학의 일면을 살필 수 있다. 일본에 사신으로 갔던 양태사(楊泰師)가 이웃집 아낙네가 다듬이질하는 소리를 들으면서 문득 떠오르는 고향의 아내에 대한 그리움을 읊은 「밤에 다듬이질 소리를 들으며(夜聽擣衣聲)」라는 시는 부부간의 애틋한 정을 담고 있어, 지금도 읽는 이의 가슴을 적셔준다.

이밖에 위에서 말한 두 공주의 묘지가 유려한 변려체 문장으로 서술되어 있어, 발해의 한문학 수준을 짐작할 수 있다.

(2) 불 교

불교에 관한 발해인의 저술이 남아 있지 않아, 그 불교사상의 내용

에 대해서는 구체적으로 알려진 것이 별로 없다. 그러나 수도였던 상경 용천부에서만도 십여 곳의 절터를 확인할 수 있는 등 발해 영역의 주요 도시에서 절터가 발굴되고 있어, 당시 흥성했던 불교의 일면을 더듬어볼 수 있다. 신라 등 인접한 다른 여러 나라와 다름없이 발해에서도 불교가 주된 종교였다.

발해의 불교는 왕실 등 지배계급과 밀착하여 지배체제를 합리화하고 이를 장엄하게 수식하는 등 귀족불교적인 성격이 상당히 강하였던 것으로 여겨진다. 문왕(文王)은 '금륜성법대왕(金輪聖法大王)'이라 칭하였는데, 이는 곧 문왕이 불교의 정법(正法)을 널리 펴 세상을 구제하는 위대한 정복군주인 전륜성왕이라는 의미로서, 당시 불교의 그러한 일면을 반영하고 있다. 또한 발해의 왕은 왕권의 정통성의 근거로서 신성한 혈통을 내세워 스스로 천손(天孫)이라 하였다. 이런 의식이 불교의 윤회설과 쉽게 결부될 수 있음은 고구려나 신라의 경우를 통해서 짐작할 수 있는 바이다. 그럴 때 불교신앙 또한 신비적이고 주술적이며 현세기복적인 성격을 강하게 띠었을 것이다.

(3) 예 술

건 축

발해인이 남긴 가장 큰 유적은 수도였던 상경의 도시 유지(遺址)이다. 지상건물은 없어졌지만, 궁전과 절 등 주요 건물의 유지와 성곽을 통해 당시의 면모를 파악해볼 수 있다. 상경은 정연한 도시계획에 따라 건설되었다. 성곽으로 둘러싸인 도시의 전체 둘레는 16km로, 당시 동아시아에서 당나라의 장안성 다음으로 큰 도시였다. 성내에는 왕성(王城)이 있고, 그 정문에서 남으로 뻗은 큰 도로를 중심으로 좌우에 관청들이 늘어서 있었으며, 그 바깥에 민가들이 있었다. 주요 건물의 유지에선 온돌이 확인된다. 온돌이 고구려의 전통을 이은 것임은 물론이다. 상경보다 규모는 작지만 이와 유사한 구조의 도시 유지는 중경과 동경의 옛터에서도 확인된다.

회 화

발해 지배층의 무덤은 돌로 무덤 칸을 만들고 그 위에 흙을 덮은 석실봉토분(石室封土墳)이다. 이런 무덤에서 벽면에 회칠을 하고 그 위에 그림을 그린 벽화가 발견되고 있다. 이 역시 무덤 양식과 함께 고구려의 전통을 이은 것이다. 8세기 종반 이후에는 벽돌을 사용하여 만든 무덤이 나타나는데, 이중에도 벽화가 그려진 것이 있다. 그중 유명한 것이 정효공주(貞孝公主) 무덤의 벽화이다. 이런 무덤 양식은 당나라 문화의 영향을 받은 것이며, 인물화가 중심인 벽화의 기법도 그러하다.

이밖의 발해 예술품으로 석등과 사자상 등의 석조물과, 대부분 소형인 불상이 전해진다. 그리고 삼채색(三彩色)의 도자기와 연꽃무늬의 기와 등이 있다.

제2장
고 려

1. 고려의 건국과 체제의 정비
2. 고려전기 정치 · 사회제도와 문화
3. 무신의 집권
4. 원세력 침투의 극복과 개혁

1

고려의 건국과 체제의 정비

1. 새로운 통일왕국의 성립

(1) 고려의 건국

신라의 붕괴로부터 후삼국시대를 거쳐 고려의 통일에 이르는 장기간의 격동기에 사회와 문화는 크게 변동하였다. 중앙의 신라 지배층이 쇠락해가는 동안 지방에서는 호족들이 사회의 새로운 주도세력으로 등장하였다. 고려를 건국한 왕건(王建)도 한반도 중서부의 예성강 유역에 위치한 송악(松嶽, 지금의 개성)지방의 호족 출신이었고, 고려의 지배층으로 참여한 세력들의 대부분도 각 지역의 호족 출신이었다.

왕건은 떠돌이 무장(武將)세력이었던 궁예(弓裔)가 중부지역에서 세력을 키우자 그 휘하에 들어갔으며, 궁예가 송악을 도읍으로 삼아 후고구려를 건국한(901) 이후에는 그 조정에서 활동하였다. 궁예는 그 후 국명을 마진(摩震)과 태봉(泰封)으로 두 차례 고치고, 도읍을 송악에서 철원(鐵原)으로 옮겼으나, 혹심한 학정으로 민심을 잃은 것으로 전해진다. 태봉의 대신이던 왕건은 918년에 지지세력들의 추대를 받아, 궁예를 몰아내고 새 왕조를 개창하였다. 태조(太祖) 왕건은 국호를 고려(高麗)라 하고, 연호를 천수(天授)라 하였다. 태조는 생소

태조 왕건 현릉(顯陵)
경기도 개성시 송악동

해서 불편을 주던 태봉의 관제 일부를 익숙한 신라의 관제로 바꾸어 사용하였고, 919년에는 도읍을 철원에서 송악으로 옮겨 개경(開京)이라 하였다.

(2) 후삼국 통일

후삼국의 통일에 이르기까지 무기력한 신라를 놓고 고려와 후백제의 각축이 계속되었다. 견훤(甄萱)은 무력을 앞세워 후삼국의 다른 나라들에 대해 적대적이고 공격적이었다. 견훤은 927년에는 한때 신라의 수도를 기습 점령하여 왕과 신료들을 살해하고 약탈하였다. 반면 왕건은 신라에 대해 유화적인 정책을 펴는 한편, 민생의 안정을 추구하여 내치(內治)에 힘썼다. 고려와 후백제의 세력대결에서 태조 15년(932)까지는 대체로 후백제 쪽이 우세했으나, 그후에는 형세가 역전되었다.

고려의 국력은 점차 강성해진 반면, 신라와 후백제는 자체의 문제를 해결하지 못하고 스스로 무너져갔다. 후백제는 내부의 분열과 갈등이 증폭되어, 태조 18년(935) 6월에 아들에게 왕위를 빼앗긴 견훤이 고려에 망명해 왔다. 같은 해 11월에 신라의 군신(君臣)들은 더이상 왕조의 존립이 불가능함을 인식하고 스스로 나라를 들어 고려에 귀부(歸附)해 와서 통합되었다. 태조 19년(936) 6월에 견훤이 후백제를 쳐서 부도덕한 아들을 벌해줄 것을 요청하자, 고려 태조는 그해 9월 견훤과 함께 후백제 정벌에 나섰다. 후백제는 고려에 대항하여 대군을 동원했지만, 분열과 대의명분 상실로 사기가 떨어진 후백제군은 일격에 무너지고 군신이 모두 항복하였다. 이로써 30여 년간 대치해오던 후삼국이 통일되고, 반세기에 달하는 전란이 수습되었다.

고려의 통일은 옛 삼국지역 주민들의 융합이 신라의 통일 때보다 한 단계 더 진전하는 계기가 되었다. 고려와 후고구려, 후백제라는 후삼국의 국명은 고구려와 백제의 계승을 표방한 것으로, 이는 신라가 통일을 이룬 이후에도 고구려계와 백제계 주민들에게 강하게 남아 있던 유민의식이 국명에 반영된 결과였다. 고려의 후삼국 통일 후 삼국의 유민의식은 해소되어갔고, 통일된 국가사회는 왕조를 넘어서 계속되었다.

(3) 발해유민의 통합

당시 10세기 전반의 동북아시아 각국들의 정세는 한반도의 상황과 흡사하였다. 중국은 당나라가 붕괴한 후 5대(五代) 왕조들의 교체가 거듭되는 혼란기였고, 그 북방에서는 거란이 일어나 발해를 멸망시키고 5대의 왕조들과 대치하고 있었다. 이러한 국제정세 속에서 후삼국의 통일은 외세의 방해를 받지 않고 이루어질 수 있었다.

고려의 후삼국 통일은 7세기 후반에 이루어진 신라의 통일과는 달리 외세의 힘을 빌리지 않고 자체의 힘으로 달성되었고, 영토나 주민 등의 손실도 없었다. 오히려 후삼국의 각축이 진행되는 동안 서경(西京,

지금의 평양) 방면과 동북 지역의 옛 영토가 일부 회복되었다.

태조는 거란에 망한 발해를 '친척의 나라'로서 각별하게 생각하여, 그의 치세중 발해유민을 대규모로 받아들여 통합하였다. 또 이런 발해유민의 적극적 수용과 병행하여, 거란에 대해 단호한 태도를 취하였다. 태조는, 화친의 약속을 저버리고 갑자기 발해를 공격하여 멸망시킨 거란을 믿을 수 없는 무도(無道)한 나라로 보고, 거란의 사절 일행을 유배 보냄으로써 거란과 국교를 단절하였다.

발해유민의 유입은 집단을 이루어 계속되었다. 태조 17년(934)에는 발해의 세자 대광현(大光顯)이 수만명을 인솔하여 고려로 왔다. 태조는 그를 우대하여 그에게 왕실의 성을 내리고 이름을 왕실의 계보기록인 종적(宗籍)에 올리게 하였으며, 그의 신료들과 군사들에게도 관작(官爵)과 전택(田宅)을 내렸다. 그후에도 고려로 들어오는 발해유민들의 행렬은 간헐적으로 계속되었다. 특히 경종(景宗) 4년(979)과 현종(顯宗) 21년(1030)에는 대규모의 유민이 고려로 들어왔으며, 소규모 집단별 발해유민의 유입은 12세기 초까지도 있었다. 이로써 신라의 불완전한 통일로 별도의 왕국을 세운 고구려계 주민들의 상당수가 고려에 통합되었다.

2. 고려 초의 호족세력과 개혁정치

(1) 호족세력과 정치제도

태조는 지방사회의 새로운 지배세력인 호족들을 포섭하고 국가체제 안으로 끌어들이기 위해 노력하였다. 그는 즉위 초에 각지의 호족들에게 사신을 파견하여 그들을 포섭하려 하였다. 그는 왕실 및 중앙세력과 지방의 대호족세력 간의 정략결혼을 통해 긴밀한 관계를 구축하려 하였다. 새로이 귀부해 오는 호족들에게는 관계(官階)나 장군(將軍)

칭호 등을 수여하였고, 유력 호족들에 대해서는 왕실의 성인 왕씨를 사성(賜姓)하였다. 그의 치세에 책봉된 3천명이 넘는 많은 공신들 가운데 다수가 각지의 호족들이었다. 그는 이러한 조치를 통해 각지의 호족들이 중앙과 관계를 맺고 중앙정계에 참여할 수 있는 길을 열어놓는 한편, 호족들과 그 지배 아래 있는 지방사회에 대해서는 국가적 의무를 점차로 부과해나갔다.

당시 중앙에 진출한 대호족 출신 세력가들은 대개 높은 관계(官階)를 지녔다. 관작적(官爵的)인 성격이 강한 고려 초의 관계는 중앙의 관리들만이 아니라 지방의 호족들에게도 주어졌는데, 대호족들에게는 대개 높은 관계가 수여되었다.

태조는 다른 한편으로 유능한 문인 학자들을 등용하여 문치(文治)를 펴나가기 위해서도 노력하였다. 그는 즉위 직후부터 정치를 위해서는 현인(賢人)의 등용이 급선무임을 강조하였는데, 이는 독자적인 세력기반이 없는 문사(文士)들도 발탁되어 점차 중요한 정치적 역할을 맡는 계기가 되었다. 태조 13년(930)경에는 문사들이 주축이 된 내의성(內議省)이 신설되었다. 국왕에 대한 정치적 자문과 간쟁(諫諍)의 기능을 가졌던 내의성은 그후 기능이 확대되어, 태조대 말에는 태봉 때부터 있었던 광평성(廣評省)·내봉성(內奉省)·순군부(徇軍部)·병부(兵部) 등과 함께 핵심적인 정치기구로 자리잡았다.

국왕의 권위가 확립되지 않은 태조의 재위 초기에는 반란과 이탈이 발생했지만, 점차 태조의 정치적 영향력과 권위는 확고하게 되어갔다. 태조와 그 추종세력들이 당시의 주요한 문제들에 대해 취한 정책과 조치들은 대부분 관철되어 그의 재위 후반에는 중요한 제도들로 정착되었다. 강력한 태조의 통치력의 이면에는 고려 조정을 구성하고 있던 다수의 호족 출신 세력들이 존재하였고, 지방에도 호족세력들이 건재하였다. 이들 세력의 추종과 지지가 태조의 통치력의 중요한 부분을 이루면서, 태조의 강력한 영도력과 호족세력들의 자치적인 독자성은 공존하였다.

당시 중앙정부는 지방의 중요 군사거점에 군대를 파견하여 주둔시켰으나, 지방관의 파견은 이루어지지 않았다. 금유(今有)와 조장(租藏)이라는 징세를 담당한 순회관이 있었을 뿐, 지방의 문제는 대부분 호족들의 자치에 맡겨졌다. 지방 호족들의 휘하에는 지배조직이 편성되어, 지방 단위의 재정이나 군대를 관장하는 부서들이 있었다. 그들에 대한 중앙정부의 행정적 통제는 내용과 수단 모두 제한된 것이었다.

지방 호족들은 충성을 약속하는 의미에서 그들의 자제를 '기인(其人)'이란 명목으로 중앙정부에 보냈다. 기인은 일종의 인질로 기능하여 지방 호족의 이탈을 억제하는 수단이 되었는데, 중앙정부는 기인을 통해 지방을 파악하기도 하였다. 한편 기인제도는 호족의 자제가 중앙관리로 진출하는 계기가 되기도 하였다. 신라를 통합한 이후부터 중앙정부에서는 왕경(王京)의 공신이나 고관들로 하여금 출신지방의 사심관(事審官)을 겸임하게 하여, 그 지역의 실정이나 요구를 파악하고 호족 출신 향리들을 통제하는 일을 담당하게 하였다. 그러나 사심관의 통제도 가장 높은 향리인 호장(戶長)의 직무에는 미치지 못하였고, 부호장(副戶長) 이하에게만 국한되었다.

(2) 세제의 개편과 역분전

태조는 즉위 다음달에 농민들을 경제적으로 안정시키기 위해 태봉 때의 과중한 수취율을 3분의 1로 낮춘 십일세(什一稅)를 공포하였다. 이 세는 대다수의 농민을 포함한 농토의 소유자에게 부과되는 것으로, 생산물의 10분의 1을 정부나 정부가 지정한 대상에게 내는 것이었다. 이 10분의 1 수취율은 둔전(屯田) 등의 국유지에 적용되는 4분의 1의 수취율과, 타인의 토지를 빌려 경작할 경우 적용되는 2분의 1의 수취율과 함께 토지를 기준으로 한 것이었는데, 이는 고려시대로 들어오면서 토지를 기준으로 한 수취제가 확립되어감을 의미한다.

토지를 기준으로 한 수취제는 토지의 휴한기간이 길고 불규칙한 단계에서는 성립하기 어려운 것으로, 이러한 수취제가 발달한 것은 농지의 휴한기간을 2년 이내로 단축하는 농업기술이 보편화한 데 기인한다. 그에 따라 고려시대에는 논밭을 각각 2년 휴한, 1년 휴한, 연작(連作)하는 토지로 등급을 나누어 재역(再易), 일역(一易), 불역(不易)이라 하는 제도가 성립하였다.

새롭게 시행된 세제는 점차 정착되어갔다. 복속된 호족들이 지배하는 지역의 일부는 국가의 수취지로 접수되고, 그 나머지는 호족이나 호족 출신 관리들에게 녹읍의 형태로 주어져 기득권이 인정되었다. 이러한 호족들의 녹읍에 대한 통제수단이 확보되지 않은 상태에서 십일세와 같은 혁신적 제도는 전면적으로 시행되기 어려웠으므로, 중앙정부의 힘이 강하게 미치는 지역부터 시행되었다. 십일세가 공포된 후에도 농민들에 대한 과도한 수취가 계속되어 그에 대한 농민들의 불만이 제기되는 지방도 있었다. 중앙정부의 힘이 강화된 태조 17년(934)에 태조는 예산진(禮山鎭)에 행차하여 농민들에 대한 수취의 법적 한도를 준수할 것을 강력히 명하고 위반하는 자를 엄벌할 것을 선포하였다.

종전에는 지역 단위로 할당된 녹읍(祿邑)에서 높은 비율로 생산물이 수취되었고, 녹읍민의 역역(力役)이 징발되기도 하였다. 따라서 녹읍에 대한 수취가 생산물의 10분의 1로 제한되는 변화는 사실상 녹읍제도 자체의 소멸과 수조지(收租地)제도로의 이행을 의미하였다. 934년의 조령(詔令) 이후 녹읍은 점차 사라졌고, 후삼국을 통일한 후인 940년에는 전결(田結)을 단위로 하여 수조지를 지급하는 역분전(役分田)제도가 시행되었다.

역분전제도는 통일을 이룬 후 신하와 군사들에게 공로 등에 따라 수조지를 지급한 것이었으나, 지역 단위가 아니라 좀더 세분된 농지면적 단위로 수조지를 지급했다는 점에서 경종대에 처음 실시되는 전시과(田柴科)제도(976)의 선구가 되었다. 전시과제도가 성립한 이후에도 십일세는 중요한 세제로서 계속 시행되었다.

(3) 광종의 개혁정치

새로운 질서를 수립해가던 고려는 태조의 사망(943) 후 정치적 통제를 벗어난 대호족 출신의 공신들이 왕위계승에 관여하는 권력싸움에 봉착하였다. 새로운 국왕 혜종(惠宗)은 한반도 중부지역의 대호족 출신인 왕규(王規)로부터 신변을 위협받기까지 하였다. 정치적 어려움을 겪던 혜종이 즉위 2년 만에 병사하자(945), 혜종의 이복동생들간에 왕위계승을 둘러싸고 충돌이 일어났다. 왕규의 난으로 불리는 이 사건의 결과 왕규 일파가 제거되고 정종(定宗)이 즉위하였으나, 정종대에도 공신세력들에 대한 통제는 어려웠다. 정종은 새로운 돌파구를 찾기 위해 서경으로의 천도를 계획하다가 돌연 병사하고 말았다(949).

정종의 아우로서 왕위를 계승한 광종(光宗)은 집권기반을 안정시킨 후 개혁에 착수하였다. 광종 7년(956)에는 부당하게 노비가 된 자들을 조사하여 이들을 양인 신분으로 환원시키는 노비안검법(奴婢按檢法)이 실시되었다. 그 결과 자신이 부당하게 노비가 되었다고 상전을 고발하는 자들이 속출하였다. 공신세력들의 불만과 반대를 억누르고 실시한 이 법으로 인해 공신세력들은 정치·경제적으로 타격을 입었으나, 국가로서는 양인의 수가 증가함으로써 이익이 되었다. 또한 많은 공신들이 정치적 명분에 손상을 입은 반면, 광종은 민심을 얻어 정치적 주도권을 장악하게 되었다.

광종 9년(958)에는 중국 오대 왕조의 하나인 후주(後周)에서 귀화해 온 쌍기(雙冀)의 건의에 따라 과거제도가 실시되었다. 문인적 소양에 따라 관리를 선발하는 이 제도가 실시됨으로써 신진세력들이 정치적으로 진출하는 계기가 되었고, 신진세력의 진출로 공신세력들은 정치적 타격을 입게 되었다. 그에 이어 광종은 관리들의 위계 등급별로 관복의 색을 달리하게 한 백관공복(百官公服)을 제정하여(960) 정치적 위계질서를 강화하였으며, 국왕의 시위군(侍衛軍)을 크게 늘려서 무력

통제수단을 강화하였다.

광종의 개혁정치가 진행됨에 따라 공신세력들을 비롯한 호족 출신들은 기득권이 제한되고, 좀더 관료화되었다. 이러한 과정에서 공신세력들의 불만이 고조되었는데, 광종은 이들 개혁의 반대세력을 대대적으로 숙청하였다. 이 과정에서 강력한 정치적 주도권이 확보되자 광종은 국왕의 권위를 제도적으로 확립하려 하였다. 광종은 황제를 칭하였으며, 개경을 황도(皇都)라 하고 서경을 서도(西都)라 하였다. 또한 태조대처럼 광덕(光德)·준풍(峻豐) 등 독자적인 연호를 제정하여 사용하였다. 이후 부분적 변동은 있으나 황제국으로서의 국가예법은 대체로 13세기 말까지 계속되었으며, 국가의식용 악곡(樂曲)들에서도 고려의 국왕은 황제나 천자(天子)로 불렸다.

광종에 이어 경종이 즉위하자(975) 일부 공신 계열의 인물들이 집정(執政)이란 관직을 차지해 실권을 장악한 반면 광종대의 정치 주역들은 제거되었으나, 광종대의 개혁이 백지화되지는 않았다. 그들은 개혁된 제도들의 대부분을 수용하는 한편 자신들의 기득권을 일부 만회하는 선에서 타협하였다.

경종 원년(976)에 제정된 시정(始定)전시과제도는 전국가적 관인층에 대한 수조지 분급제도로서, 광종대의 개혁정치와 연결되는 면도 있지만, 경종대의 정치적 상황이 반영된 면도 있었다. 즉 이같은 수조지의 분급은 백관공복제에 따른 관인층의 위계서열을 기준으로 하는 한편, 각 공복별로는 '인품(人品)'이라는 기준에 따라 개인별 등급이 크게 달라지게 함으로써, 기득권을 어느정도 인정한 것이었다.

3. 10세기의 문화

(1) 새로운 사조의 확산

지방세력이 성장한 이면에는 지방문화가 발달하고 있었다. 신라의 난숙한 귀족문화는 지방으로 확산되어 지방문화의 발달을 가져온바, 호족들이 주도하고 지방민들이 참여하는 지방 단위의 문화활동이 전개되어, 지방사회 단위의 불사(佛事)들이 추진되고 지방학교들이 세워졌다. 9~10세기경 지방에서 만들어진 불상이나 석탑 등은 왕경(王京)에서 파견된 일류 장인들이 만들어낸 이전 시기의 작품만큼 균형잡히고 세련되지는 못하였으나, 지방별로 소박하고 꾸밈없는 개성미를 보여준다.

지방 출신들의 지적 수준도 향상되었다. 소경(小京)과 같은 지방의 중심지들에서는 일찍부터 저명한 학자들이 배출되었으며, 신라 말에는 학식을 갖춘 문인의 저변이 크게 확대되어 있었다. 그리하여 고려 초에 이르면 태조 왕건을 비롯한 지방 출신 지배층들은 이전 시대의 모순을 비판하고 새로운 정책을 제시할 정도로 유교 경전에 대한 이해나 정치이념에 있어 체계를 갖추고 있었다. 고려 관인층의 다른 한 부류인 신라 6두품 출신의 문인들보다는 수준이 낮았지만, 호족 출신들도 대개는 기초적인 문인적 소양을 갖추었고, 그것은 계속 향상되어갔다. 고려 초 이래로 호족 출신들은 문인적 소양을 갖춘 관인집단의 주된 구성원이었다.

새로운 시대적 상황은 인간관과 신분관의 변화와 함께 지배자로서의 관인(官人)에 대한 관념의 변화를 가져왔다. 불교가 하층민에까지 확산되고, 보편적 개체로서의 인간의 본성에 대한 깨달음의 중요성을 강조하는 선종(禪宗) 교단이 번창함에 따라 새로운 인간관이 확산되었다. 왕족을 신성족(神聖族)으로 표방한 건국신화나 왕족이 전생에 부처의 혈통이었다는 진종설화(眞宗說話)와는 대조적으로, 8세기 중엽의 설화에서는 노비와 같은 하층민도 깨달음을 얻어 해탈할 수 있는 존재로 이야기되었다. 새로운 사조에 따른 인간관이 확산되면서 혈통별 신분 차이를 극도로 강조하는 골품제에 입각한 인간관이 붕괴함에 따라, 새로운 사회질서의 출현이 요구되었다. 골품제의 폐쇄성에 대한 비판은 일찍부터 제기되어, 고려 초에는 학식이 높은 현인을 관인으로 등용해야 한다는 인식이 널리 퍼졌다. 태조 왕건이 즉위 직후 발표한 정치적 급선무의 하나도 현인의 등용이었다. 그러한 이상이 실현되지 못한 경우도 많았지만, 그것은 사회적 공론으로서 그리고 관리 인사의 이상적 원칙으로서 확고하게 자리잡았다. 혈통에 따른 신분의식은 남아 있었지만, 그에 따른 제약과 폐쇄성은 크게 약화되어 이전 시대와는 근본적으로 다른 방식으로 작용하였다. 고려의 법제에서는 골품제와 달리 지배층조차 신분별로 세분하여 관등의 상한을 두거나 관직을 제한하는 신분적 편협성이 제거되었고, 학식의 정도를 기준으로 하는 과거제도가 새로이 중요한 관리등용 제도가 되었다.

고려시대 문화의 근간을 이룬 것은 유교, 불교, 음양설과 결합된 풍수지리설(風水地理說), 그리고 팔관회(八關會) 등의 국가적 제전(祭典)과도 결합된 전통적 토속신앙이었다. 유교는 지배층의 정치이념으로서 중요한 기능을 한 반면, 불교·토속신앙·풍수설은 하층에서 상층까지 사회 전반의 생활문화로 자리잡고 있었다.

지배층의 문인적 소양은 호족 출신들이 관직체계 속에 편입됨에 따라 좀더 깊어져갔으며, 그와 함께 유교 정치이념도 지배층 내에서 더욱 확산되었다. 광종대에 시작된 과거제는 이를 더욱 가속화하는 계기가 되었다. 고려 초 유교 정치이념은 새로운 체제가 모색되는 상황에서 중요한 개혁이념으로 작용하여, 새로운 군신관계의 정립, 정치제도의 제정, 십일세의 제정 등 중요한 정책들의 밑바탕이 되었다.

(2) 불교의 재정비와 토속신앙

고려 초에도 불교나 음양설에 의지하지 말고 유교 정치이념으로 통치할 것을 건의하는 유신(儒臣)이 있었으나, 태조나 지배층 일반에서는 유교 정치이념과 불교 등이 서로 배치되는 것이라고 보지 않았다. 그리고 하층민부터 상층까지 대다수 사람들의 사고와 생활에 절대적인 영향을 미치고 있는 불교나 토속신앙은 정치적으로도 소홀히할 수 없는 대상이었다. 유교 정치이념에 따른 정책이 추구되는 가운데 많은 불교의식들이 국가적으로 거행되었다. 도읍지나 건축지의 산천의 형세가 국가나 개인의 화복(禍福)과 성쇠를 좌우한다는 풍수설에 따라 건국을 합리화하는 설화가 나타나고 또 그에 따라 건축물이 만들어졌다. 또한 태조는 불교의식과 습합되어 전래되어온 토속신앙의 제전인 팔관회와 연등회(燃燈會)를 국가적 제전으로 확립하였다.

태조대에도 유교 정치이념이나 중국의 제도 등 발달된 외래문화에 대해 개방적이었다. 그러나 태조가 후대의 왕들에게 남긴 훈요십조(訓要十條)에서 주장하였듯이, 고려 나름의 독자성을 지켜나가는 가운데 중국문화의 수용이 시도되었고, 전통적인 제전 등과 더불어 전통문화도 존중되었다.

불교는 철학적인 면에서 사조(思潮)를 이끌었으며, 현세에서의 기복과 호국신앙으로서도 지배층과 피지배층 대다수에게 중요한 기능을 하였다. 불교는 토속신앙이나 풍수지리설과 융합되었으며 그에 따라 다른 계통의 신앙이나 사상을 지닌 부류들도 신도로서 폭넓게 흡수하였다. 지방공동체 단위의 종교적 결사체인 향도(香徒)에는 토속신앙에 뿌리를 둔 선랑(仙郞)과 불교 승려가 함께 참여하였으며, 승려가 당대 풍수설의 대가로 등장하기도 하였다.

종교로서의 불교의 권위는 절대적이었고, 국가권력은 초기부터 불교 교단조직에 깊이 관여하였다. 9~10세기경에는 선종과 교종(敎宗)

이 대립하였을 뿐만 아니라, 교종의 다섯 종파와 선종의 아홉 선문(禪門) 등 교·선 양종 내부의 여러 종파들도 대립하였다. 이러한 경쟁·대립과 함께 화엄종의 남·북악파(南北岳派)와 같이 종파 내부의 계파간에도 대립이 있었다. 이러한 경쟁과 대립은 불교철학에 대한 다양한 논쟁과 모색의 계기가 되기도 했으나, 속세와 연결된 교단간의 세력대결을 불러일으키기도 하였다. 불교 교단의 안정은 사회의 안정에도 필요하였다. 태조는 즉위 초부터 여러 종파들에 대해 고른 관심을 기울였으며, 훈요십조에서도 선종과 교종을 균등하게 언급하고, 종파별 사원쟁탈을 금지할 것을 지시하였다.

광종의 불교 정책은 좀더 적극적이었다. 그는 승려들의 자질을 시험하는 승과(僧科)제도와 승려들의 위계(位階)인 법계(法階)제도를 제정하였다. 승려들은 국가에 의해 관리되어 승적에 등록되었다. 또한 법계와는 별도로 최고의 승직인 국사(國師)·왕사(王師)가 있어 국왕의 종교적인 고문 역할을 담당하였다.

광종은 불교 교단과 사상 문제에도 깊이 개입하였다. 그는 교종에 대해서는 균여(均如)로 하여금 귀법사(歸法寺)를 창건하여 교종의 중심적 교단인 화엄종의 분열을 통합케 하였고, 선종에 대해서는 중국에서 새로이 법안종(法眼宗)을 받아들여 여러 선문들을 정리하게 하였다. 그리고 법안종과 천태종(天台宗)을 일으켜 교·선의 대립을 해소하고자 하였다. 이 두 종파들은 각각 선종과 교종을 중심으로 다른 쪽의 교리를 절충적으로 수용하여 양종의 통합을 지향하였다. 특히 그 무렵 고려의 천태학은 상당한 수준에 달하여, 중국 오월국(吳越國)왕의 요청을 받고 파견된 제관(諦觀)은 그곳의 천태종 발달에 크게 기여하였고, 고려 출신의 승려 의통(義通)은 중국 천태종의 제13조가 되기도 하였다. 그러나 광종 사후 개혁정치가 후퇴함에 따라, 법안종과 천태종을 일으키려던 움직임도 쇠퇴하면서, 교·선 양종의 대립은 계속되었다.

2

고려전기 정치·사회제도와 문화

1. 정치제도의 정비와 중앙집권화

(1) 중앙관제의 개편

경종의 뒤를 이어 즉위한(981) 성종(成宗)은 유신들의 보좌를 받아 중국의 제도들을 참고한 새로운 제도들을 수립하고, 유교이념에 따른 중앙집권화 정책을 폈다. 당·송제(唐宋制)에 따른 중앙관제의 개편, 중앙군의 개편, 국자감(國子監)의 설치, 과거제의 확대 실시, 외관(外官)의 설치, 향리제(鄕吏制)의 개편, 오복제(五服制)를 비롯한 중국식의 새로운 의례(儀禮)의 실시 등과 같은 국가제도의 기본틀이 되는 제도의 시행이 그의 치세에 이루어졌다.

중앙관제의 핵심기구로는 당제의 3성(三省)·6부(六部)와 송제의 중추원(中樞院)을 도입하였다. 당·송제가 도입되긴 했어도 고려의 제도는 나름의 체계를 가지고 있었다. 중요 기구들로 도병마사(都兵馬使)나 식목도감(式目都監)과 같은 고려의 독자적인 기구들이 만들어졌고, 당·송의 관제를 참고한 기구들도 재구성되어 다른 형태를 가졌다.

고려에서는 3성 중 중서성(中書省, 內史省)과 문하성(門下省)이 통합적으로 운영되어 중서문하성(中書門下省)으로 함께 불렸는데, 이 중서문하성은 최고의 관부로서 그 장관인 문하시중(門下侍中)이 수상이었다. 문하시중 이하 그 상층 관원인 재신(宰臣)은 백관을 통령하고, 3성의 다른 한 기구인 상서성(尙書省) 소속의 6부의 판사(判事)도 겸직하였다. 나라의 일을 여섯 가지로 나누어 담당한 6부에는 상서(尙書)라는 나름의 장관들이 있었으나, 재신들은 판사가 되어 상서 위에서 6부를 관할하였다.

중서문하성에 버금가는 정치기구인 중추원은 군기(軍機)의 관장과 왕명의 출납을 맡았다. 그 상층 관원인 추신(樞臣)은 재신들과 함께 재추(宰樞)라고 합칭되었는데, 이들은 최고의 대신들로서 국정을 의논하였다.

재추들은 국방과 군사문제를 다루는 도병마사와, 법제를 제정하고 각 관청별 세칙들을 총괄하는 식목도감에 참여하였다. 이들 기구의 회의는 '의합(議合)'이라 불린 만장일치제에 의해 운영되었다. 재추의 정원은 17명 이내였는데, 11세기 초 문벌층이 형성됨에 따라 문벌 출신들이 재추직의 대다수를 차지하면서 국가정치를 주도하는 위치에 서게 되었다.

(2) 정치적 비판·견제기구의 발달

중앙정부기구에서 이전 시대와 달라진 점 가운데 또다른 중요한 하나는 정치적 비판과 견제를 주된 소임으로 하는 기구가 발달하여 낭사(郎舍)와 어사대(御史臺)로 자리잡은 것이다. 낭사는 중서문하성의 재신들 아래의 관리들로 구성되었는데, 이들은 정치의 잘못을 비판하고 시정을 요구하는 간쟁·봉박(封駁)을 맡아 간관(諫官)으로도 불렸다. 어사대는 백관의 비리를 규찰하는 것을 주된 소임으로 하는 관부였으나, 낭사와 공동으로 간쟁을 하는 경우가 많았다. 그런 까닭에 어사대와 낭사의 관리들은 별도의 관부에 속해 있으면서도 대간(臺諫)

이라고 함께 불렸다.

이들의 정치적 비판과 견제 역할은 제도적으로 보장되었으며, 더 나아가 이들에게는 강력한 견제를 가능하게 하는 서경권(署經權)도 부여되었다. 서경권이란 법의 제정이나 개폐 또는 문무관리의 임명을 위한 문서에 서명으로 동의하는 권한이었는데, 대간이 서경을 거부할 경우 그 문서는 발효될 수 없었다. 대간들의 서경 거부와 간쟁으로 법제에 어긋난 국왕의 인사 조치가 좌절되는 경우도 있었다. 대간들이 비판과 견제의 역할을 제대로 수행하지 못할 경우 그들을 독려하는 비판이 제기되곤 하였다. 그만큼 대간제도는 지배층의 공론이 폭넓게 정치에 반영되는 통로이기도 하였다.

재추들이 당대의 원로대신들이었던 반면, 대간들은 비판의식이 왕성한 당대의 유능한 소장 관원들이었다. 국왕과 재추와 대간의 정치적 역할분담이 균형을 이루어 대간의 비판과 견제 기능이 제대로 발휘되었던 시기에는 정치적 모순이 줄어들 수 있었지만, 그렇지 않은 시기에는 정치적 모순이 누적되어 반란이나 민란 등이 빈발하였다.

고려시대의 대간제도는 이전 시대에 비해 한 단계 발전한 정치제도로서 주목되지만, 조선시대의 정치적 비판·견제기구에 비하면 쉽게 그 기능이 위축될 수 있는 제도적인 약점이 있었다. 즉 대간들에 대해 직접적인 인사권을 가진 국왕이나 대신들이 이를 행사하여 거북한 인물을 타부서로 옮겨가게 함으로써 비판과 견제가 봉쇄되기도 하였다.

(3) 중앙집권화의 진행

중앙정부기구의 개편과 함께 지방에 대한 직접적인 지배가 점차적으로 추진되었다. 성종 2년(983)에는 지방행정의 중심지인 12목(十二牧)에 외관이 파견되었고, 그후 지방관이 파견된 곳이 점차 증가하여 현종 9년(1018)경에는 그 수가 110여 곳에 이르렀다.

이러한 중앙집권화 정책은 지방의 지배자였던 호족 출신 향리들에 대한 격하 정책과 병행되었다. 성종 2년에는 중앙정부의 관명을 방불케 하던 향리 직제(職制)의 명칭이 개정되어 격하되었다.

한편 새로운 관계(官階)제도에 의해서도 향리층은 격하되었다. 국초 이래로 중앙의 관리들과 호족 출신 향리들에게는 동일하게 삼중대광(三重大匡)에서 중윤(中尹)에 이르는 16등급의 관계가 수여되었다. 그런데 성종 14년(995)에는 광종대에 시도된 중국식의 문·무산계제(文武散階制)가 전면적으로 시행되고, 국초의 관계는 기능이 축소되어 향직(鄕職)으로 불리게 되었다. 이 문·무산계제는, 중국의 경우 각기 문관과 무관을 대상으로 했던 것과는 달리, 문산계가 문무품관을 대상으로 하고 무산계는 향리·노병(老兵) 등을 대상으로 하였다. 이로써 중앙의 문무품관층과 향리층은 관계제도에 의해서도 구별되게 되었다.

지방세력들 휘하의 군사력도 중앙정부의 통제 아래 들어가게 되었다. 정종 2년(947)에 거란의 침공에 대비하여 편성된 '30만'의 광군(光軍)은 지방세력들에 의해 조직되고 통솔된 지방 단위의 병력들을 기반으로 한 것이었다. 각 지방에는 병부(兵部)라는 기구가 있어 지방 단위의 병력을 관장하였는데, 그 명칭은 중앙정부의 군관계 최고 관부명과 같았다. 성종 2년에는 그 병부가 사병(司兵)이라는 명칭으로 격하되었고, 성종 6년(987)에는 주(州)·군(郡)의 무기가 수거되어 농기구로 만들어졌다.

한편 성종 14년경에는 6위(六衛)가 정비되어 중앙군조직이 성립하였고, 그후 2군(二軍)이 추가되었다. 2군 6위로 편성된 고려의 중앙군에는 1천명을 단위로 하는 45개의 영(領)이 있었다. 또한 현종대에는 지방 단위의 광군이 해체되어 주현군(州縣軍)으로 편성됨으로써 중앙군의 지휘를 받게 되었다.

이처럼 중앙집권화와 함께 지방세력들의 자치적인 권력은 축소되었지만, 지방세력들이 중앙관리로 진출할 기회는 확대되었다. 과거제가 확대 실시되어, 성종대 후반 이후에는 단위기간중에 선발된 급제자가 그 전에 비해 3~4배나 되었다. 소수 정예만을 선발하던 때에 비해 급제자 수가 몇배나 늘어남으로써, 교육 여건이 상대적으로 뒤지던 지방세력 출신들도 급제할 수 있는 기회를 갖게 되었다. 한편 성종은 지방세력들의 자제를 뽑아 개경의 학교에서 교육을 받게 하고, 지방에 경학박사(經學博士)와 의학박사(醫學博士)를 파견하여 지방 교육을 지원하였다. 이러한 국가적 교육정책이 시행되는 가운데 성종 11년(992)에는 일종의 종합대학인 국자감이 설립되었다.

중앙집권화에 따라 중앙정부와 민생(民生)의 관계가 더 긴밀해져, 그와 관련된 제도적 정비가 이루어졌다. 성종대에는 고리대의 이식(利息)이 제한되고, 철전(鐵錢)이 주조되었으며, 흉작의 정도에 따라 세금을 감면하는 재면법(災免法)이 실시되었다. 또한 흉년이나 춘궁기에 농민에게 양곡과 종자를 대여해주는 의창(義倉)이 각 지방에 설치되고, 고려의 경제규모를 어림잡아 쌀〔米〕과 베〔布〕로 물가조절용 기금을 마련한 상평창(常平倉)이 개경과 서경 및 12목에 설치되었다.

(4) 지방사회의 편제

고려시대 지방사회의 편제는 신라나 조선 시대와 큰 차이가 있었다. 나말(羅末)·여초(麗初)의 혼란 속에 재편성된 지방사회는 그 지역에 대두한 호족들의 지배와 보호 아래 자위체적인 공동체를 형성하여 전란과 약탈에 대처하였다. 고려는 건국 후 반세기가 넘도록 지방관이 파견되지 않은 상황에서 지방 호족들이 자치적으로 지배하는 지방 단위들을 주·부·군·현 또는 향·부곡 등의 지방 행정구역으로 편성하였다.

그 결과 주·부·군·현 등 각 지방행정 등급의 크기의 편차는 매우 컸으니, 성종대의 규정을 보면 같은 등급이라도 큰 것은 작은 것의 50배 이상에 달할 수 있었다. 또 작은 규모의 지방 행정단위들이 많이 만들어져, 지방 행정단위의 전체 숫자도 크게 증가하였다. 군·현 이상의 지방 행정구역의 수는 신라 통일기에 420~440개였으나, 10세기 말 성종대에는 600개에 가까웠고, 11세기 전반경 지방제도가 재정비된 상태에서는 510여개가 되었다. 또한 향(鄕)·부곡(部曲)·소(所)·장(莊)·처(處)·진(津)·역(驛) 등의 종속구역(從屬區域)은 신라 시기에는 소수만이 확인되나, 고려시대에는 대폭 증가하여 890여개에 달하였다. 지방 행정구역 수의 증가는 북변지역이 수복되어 편입된 데에도 원인이 있지만, 주로 지방사회들이 재편성되면서 세분화된 데 기인한다.

이러한 지방 단위들은 중앙정부에 의해 종종 집단적으로 포상받거나 처벌받았다. 포상에 의해 향·부곡 등이 군·현으로 승격되기도 했으며, 처벌을 받아 군·현 등이 종속구역으로 강등되는 경우도 있었다. 한편 군·현 단위의 주민이 공동으로 참여하는 종교적 조직인 향도가 결성되었는데, 이러한 향도에는 토속신앙에 바탕을 둔 선랑을 비롯한 선임된 임원들이 있었고, 불교 승려나 지역의 지배층 등도 주민과 함께 참여하였다.

군·현·향·부곡 등이 각각 공동체적 성격을 지닌 반면, 지역생활권은 보통 이들 몇개가 모여 이루어졌다. 나말·여초에 대두한 자위적 집단들 대부분이 인근 집단들과 정복전을 치르거나, 경쟁과 함께 공조를 추구하는 가운데, 상·하의 세력관계가 형성되고 하나의 지역권이 이루어졌다. 이러한 지역권은 제반 여건에 따라 지역별로 크기의 편차가 컸으나, 그 내부의 구성원리에는 공통점이 있었다. 대체로 하나의 지역권은 주도적인 집단을 중심으로 하여 나름대로 대등한 권리를 유지하며 그에 소속된 집단들과, 공적·사적 권리의 상당 부분을 박탈당한 종속된 집단들로 구성되었다. 그러나 지역권에 따라서 포함된 소속집단과 종속집단의 수는 편차가 컸다.

고려 중앙정부에 의한 지방행정 체계의 편성에서도 대체로 이러한 지역권의 편제가 반영되었다. 우선 주도집단 아래의 종속집단들은 향·부곡·소 등의 종속구역으로 편제되었고, 그 주민들을 구속하는 조건들이 제도화되었다. 초기에는 주도집단과 소속집단의 관계가 지역권 내부의 자치에 맡겨졌으나, 성종대 이후 점차 지방관이 파견될 때에는 대체로 주도집단은 지방관이 파견되어 주군현(主郡縣)으로 되고, 소속집단들은 주군현의 행정적 관할 하에 편입된 속현(屬縣)으로 편제되는 형태로 지역권 사회의 행정체계가 성립되어갔다.

그러나 지역권 사회의 편성이나 주속(主屬)관계가 중앙정부에 의해 변동된 경우도 있었다. 중앙정부에 적대적이었던 강력한 지방집단이 평정된 후 향·부곡 등의 종속구역으로 전락하기도 한 반면, 충성스러운 지방집단이 중앙정부의 지원을 받으며 지역권의 중심으로 부상하기도 하였다. 또한 일부 소속집단이나 종속집단이 다른 지역권으로 옮겨진 경우도 있었다. 속현도 그렇지만, 부곡 등의 종속집단의 확보는 주군현 집단이 세력이나 경제력을 확대하는 데 특히 중요하였으므로 주군현들간에 이를 확보하려는 경쟁이 벌어지기도 하였다.

지방관이 파견된 주군현이 중심이 되고 속현 및 종속구역이 포함된 지역권은 생활권인 동시에 행정적으로도 중요한 단위를 이루었다. 또한 고위 향리들을 중심으로 한 자치적 지방행정의 적용 범위가 넓은 반면, 중앙정부에서 광역 행정구역을 거쳐 하위 행정단위로 내려가는 계통적인 지배망은 구축되지 않았다. 상위의 지방행정 편제로는 14개소의 경(京)·도호부(都護府)·목(牧)을 계수관(界首官)으로 하는 구역이 있었으나, 계수관이 과거응시자의 선발이나 지방 형사범의 상급심(上級審) 등의 제한된 기능만을 수행하였기 때문에 각지의 지방관들은 중앙정부와 행정적으로 직접 연결되었다.

도(道)라는 단위도 있었으나, 순시관을 파견하는 구역이었고, 편제도 자주 바뀌었다. 변경지대인 북부지방의 양계(兩界)에는 군사적 필요에서 병마사(兵馬使)가 파견되었는데, 양계는 11세기경부터는 광역 행정기구로서도 기능하였다. 남부지방인 5도에는 구역 내를 순회하는 안찰사(按察使)가 파견되어 12세기 말경부터 지방장관의 기능을 부분적으로 담당하였으나, 통일신라의 주(州)와 같은 광역 지방행정기구로서 5도가 자리잡게 되는 것은 14세기 이후였다.

2. 고려전기의 사회계층

(1) 문벌과 중소지배층

고려 초 이래로 중앙정부의 문무품관은 신라 6두품 출신의 문인들도 있었으나, 대다수는 호족 출신들이었다. 호족 출신들은 지방에서 고위 향리층으로 있으면서, 과거제 등을 통해 지속적으로 다수의 중앙품관을 배출하였다.

11세기 전반 현종대 무렵부터는 품관으로 진출한 사람들의 후손 가운데 누대에 걸쳐 재추를 비롯한 5품 이상의 고관을 배출한 문벌층(門閥層)이 형성되었다. 이들은 왕실과도 통혼하며 폐쇄적인 통혼층을 이루고 인척관계와 내외족관계로 서로 얽히게 되었다. 문벌은 명문법(明文法)으로 규정된 신분은 아니었으나 사회현실에서 이들의 존재는 기정사실화되었고, 정치적인 제도들은 이들이 누대에 걸쳐 고관신분을 유지하는 것을 가능하게 하였다.

문벌 출신은 유리한 교육상의 여건으로 다수의 과거 합격자를 배출하였다. 또한 이들은 과거에 합격하지 못하더라도 고관이나 공신이었던 선대의 덕택으로 관직을 받을 수 있는 여러가지 음서(蔭敍)의 기회가 있어, 관리로의 진출이 사실상 보장되었다. 과거든 음서든 일단 하위관리로 진출한 문벌 출신은 고려 조정의 최고위 관리들인 내외 친속들의 비호를 받으며 쉽게 고관으로 승진할 수 있었다.

하위의 지배층 출신은 과거에 우수한 성적으로 합격하고 관리로서 치적을 쌓아도 낮은 품관직에서 정체되는 경우가 있었고, 어렵게 고관이 되어도 다음 세대에 거듭 고관을 배출하기는 극히 어려웠다. 그렇지만 하위의 지배층에서도 소수나마 재추 등의 고관이 배출되었으며,

극소수는 문벌층과 통혼하며 문벌층으로 상승해가는 경우도 있었다. 이러한 문벌층으로의 상승과 그로부터의 몰락은 문벌층의 구성을 장기간에 걸쳐 조금씩 달라지게 하였다.

성씨와 관련하여 보면 박(朴), 김(金), 가야계인 신김(新金) 등 소수의 성씨집단으로 구성된 신라 진골귀족의 경우와는 달리, 고려 문벌은 저명한 성씨만 해도 10여개에 달하였고 각 성씨가 성씨집단을 이룬 것도 아니었다. 개인들이 정치적으로 성공하여 문벌층으로 진출하면 그 직계후손들만이 거기에 속하였으니, 동일 성씨를 갖는 사람들 중에서도 대개 일부 소수만이 문벌층에 포함되었고, 소수인 이들이 몰락하며 어떤 성씨의 인물이 문벌층에서 사라지는 경우도 있었다. 그렇기 때문에 진골층의 성씨들이 장기간 고정적으로 유지된 것과 달리, 문벌층에서는 소수의 성씨별 인물들의 상승과 몰락에 따라 새로운 성씨가 더 나타나기도 하고 기존 성씨가 빠지기도 하는 변동이 완만하게 계속되었다.

지방에 남은 호족들과 그 후예들은 중앙집권화에 따른 차별화정책에 의해 품관층과 구별되면서도 하위의 품관층과 긴밀히 연결되어 있었다. 각 지방 호족 출신들은 그 예하 지배조직의 구성원들과 함께 지방의 이(吏)라는 의미에서 향리(鄕吏)로 편제되었으며, 성종대부터는 품관과 구별되어 무산계(武散階)의 대상이 되었다. 그러나 호족 출신들은 향리 중에서도 가장 높은 호장·부호장을 대대로 배출하는 지방의 지배층으로 자리잡았고, 통혼(通婚)관계나 과거 응시자격에서도 하위의 향리층들과 구별되었다. 이들은 계층 내에서 폐쇄적으로 혼인하는 계급내혼적(階級內婚的) 단위를 이루는 한편 중앙의 하위 품관들과도 통혼하였다. 또한 이들은 예전처럼 중앙의 품관과 마찬가지로 향직을 받는 대상이었으며, 과거 등을 통해 계속 중앙의 품관으로 진출해갔다.

지배층과 피지배층 사이에는 지배기구의 말단 종사원들이 존재하였다. 궁궐의 잡무를 맡는 남반(南班), 직업군인인 군반(軍班), 말단

이속(吏屬)인 잡류(雜類), 지방의 하층 향리나 역리(驛吏) 등이 그들이다. 이들도 세습적으로 직역(職役)을 물려받았고, 그에 상응하는 수조지를 받았다. 간혹 남반·군반·잡류의 후손 중에서 품관으로 진출하는 이들이 있었으나, 그들에게는 승급에 제한을 두는 한품제(限品制)가 적용되는 것이 원칙이었다.

(2) 평민과 종속구역민

피지배층은 공민(公民)인 양인(良人) 중의 평민층, 공적·사적 권리의 일부가 박탈되어 어느정도 천민(賤民)같이 대우받은 향·부곡 등의 종속구역민, 공민으로서의 자격이 완전히 박탈된 천민 등 세 가지 신분층으로 구성되었다. 자유로운 신분인 양인의 대다수는 농민으로, 이들은 직역이 없는 백정(白丁)이었다. 이들은 자기 소유의 소규모 농지를 경작하거나 타인의 토지를 빌려 차경(借耕)하였다. 차경을 하는 경우 이들은 지주에게 수확물의 2분의 1을 지대로 물었으며, 자신의 토지를 경작하더라도 조(租)로서 생산물의 10분의 1을 국가기관이나 전시과제도에 의해 지정된 수조권자(收租權者)에게 물어야 했다. 백정층은 이외에도 지방별로 할당된 물품을 징수하는 공부(貢賦)와 노동력을 징발하는 역역(力役)을 부담해야 했다.

백정농민층은 법제적으로는 과거시험 중 명경과(明經科)와 잡과(雜科)에 응시할 자격을 가졌고, 수조지를 받는 군인 등으로 선발될 수도 있었다. 한편 양인 수공업자와 상인들은 백정농민보다 천시되어, 문무의 관직에 나가는 것이 원칙적으로 허용되지 않았다. 그러나 이들도 양인으로서 공부와 역역의 의무를 졌다.

양인층보다 하층에는 신분적으로 양인에 가까우면서도 천민과 같은 신분적 제약이 일부 가해진 향·소·부곡이나 역·진 등의 종속구역민이 존재하였다(이들 종속구역민들을 천민이나 양인 어느 한쪽에 속하는 것으로 보는 견해들도 있다). 군현민과 달리 천시되고 차별받은 이들은 거주가 소속집단 내로 제한되어 다른 지역으로 이주하는 것이 원칙적으로 금지되었고, 문무 관직을 갖는 것도 원칙적으로 허용되지 않았다. 이들에게는 종속구역을 벗어나 일반 군현에 나가 살게 해주는 것이 국가적 포상이 되곤 하였다. 또한 종속구역 주민들의 전공(戰功) 등에 대한 포상으로 종속구역 자체를 군현으로 승격시켜주는 경우도 있고, 반대로 반란을 일으킨 군현지역을 집단적으로 처벌하여 부곡 등으로 강등하는 경우도 있었다. 이들 지역의 주민은 자신의 출생지역에 긴박되어 집단적으로 정해진 생산이나 임무에 종사해야 했다. 향·부곡·장·처의 주민은 농업생산에, 소의 주민은 수공품이나 광산품의 생산에, 역과 진의 주민은 각각 육로교통과 도선(渡船)의 임무에 종사하였다.

(3) 천 민

천민의 대다수는 노비였고, 유기(柳器)를 만들어 팔거나 수렵을 하며 유랑생활을 하는 화척(禾尺, 일명 楊水尺), 광대인 재인(才人) 등도 천민으로 대우되었다. 천민에게는 일반 양인에 부여된 공민으로서의 권리가 인정되지 않았고, 공민으로서의 의무도 부과되지 않았다.

노비는 사인(私人)에 예속된 사노비(私奴婢)와 국가기관에 예속된 공노비(公奴婢)가 있었다. 노비의 신분은 세습되어 노비의 자식들도 노비가 되었는데, 부모 중 하나만 노비인 경우도 자식은 노비가 되었다. 노비는 매매·증여·상속의 객체가 되어 주인에게 예속되었다. 또한 생계가 어려워진 양인이 재물을 받고 타인의 노비가 되기도 하였고, 반란을 꾀한 지배층의 가족들이 형벌로 노비가 되기도 하였다. 간혹 권세가들이 법질서의 혼란을 틈타 불법적인 방법으로 힘없는 양인들을 노비화하기도 하였는데, 10세기 중엽 광종대에 실시된 노비안검법은 그에 대한 개혁조치였다.

노비들의 다수는 독립된 농가를 이루고 농경에 종사하면서, 정해진 액수의 재물을 상전이나 관청에 납부하는 외거노비(外居奴婢)였다. 이들은 상전이 아닌 타인의 토지를 빌려 차경하기도 하고, 자신의 토지를 갖고서 부를 축적할 수도 있는 독립된 경제생활을 영위하였다. 한편 사노비 중 솔거노비(率居奴婢)는 상전의 집에서 숙식하며 잡일을 돌보았고, 공노비 중 공역노비(供役奴婢)는 관청의 잡역에 종사하면서 급료를 받아 생활하였다. 공노비는 60세가 되면 종사 의무가 면제되었다.

노비는 상전에게 중요한 부의 원천이 되었으나, 단순한 재물로 간주되지 않고 인격체로서 법의 보호를 받았다. 노비들은 상전으로부터 사적 체벌의 위협을 받았지만 그들의 생명은 법으로 보호되었고, 국가가 국민들을 대상으로 작성하는 호적에 등재되었다. 외거노비는 독립된 호(戶)를 이루며 노비 자신이 호주가 되었고, 솔거노비는 상전의 호적에 등재되었다. 이러한 고려시대 노비들의 사회·경제적 상태는 노예나 농노와도 달랐다. 수조권제는 고려 지배층이 농민의 소유권에 부분적 제한을 가해 토지에 대한 수취권을 사적으로 장악하는 수단이었고, 노비제는 민(民)의 인격을 극히 축소시켜 인정한 상태에서 노동력을 사적으로 장악한 방식이었다.

3. 전시과제도

국초에 호족 출신들이 가지고 있었던 녹읍은 역분전제도가 시행되면서 토지의 면적단위인 결(結)을 기초로 지급되는 수조지로 전환되었으며, 경종 원년(976)에는 시정전시과(始定田柴科)제도가 성립하였다. 호족 출신들이 가졌던 지방 농민들의 농토에 대한 수조권은 일단 국가에 회수되는 형식을 거쳐 일부는 국가에 귀속되어 국고의 수입원으로 되고 일부는 직역자들에게 전시과의 과전(科田)으로 지급되었다.

호족 출신들이 고려 지배층의 주축으로 전환되고, 시정전시과가 그 지배층을 비롯한 직역자(職役者)들에 대한 경제적 급부제도로 성립됨으로써, 시정전시과제도는 자연히 호족 출신들의 기존 경제적 기반을 조정하여 이를 다시 분급해주는 의미를 지녔다. 시정전시과의 등급을 관품(官品)보다도 개인 신상과 관련된 '인품(人品)'에 따라 차등을 두어 수여한 것은 그러한 기득권을 어느정도 반영해주기 위한 것으로 추정된다. 그러나 일단 직역체제와 전시과제도가 성립한 후에는 신분과 함께 직역이 일반적으로 대를 이어 유지됨에 따라 목종(穆宗) 원년(998)에 개정된 전시과제도부터는 관직 내지 직역만을 기준으로 하여 등급이 정해졌다.

전시과제는 수조권의 대상이 되는 전지(田地)와 땔감 채취지인 시지(柴地)를 등급〔科〕별로 차등을 두어 지급한 제도였다. 국유지 성격의 임야에 설정된 시지와 달리 수조권의 대상인 전지는 사유지였다. 전시과의 수조권은 토지의 이용·매매·상속·기증 등의 제반 권리를 수반하는 소유권이 개인에게 있는 민전(民田) 위에 설정되었다. 민전은 지배층도 소유하였으나 그 대부분은 인구의 절대다수를 차지하는 백정농민들이 대대로 상속받은 것이었다. 민전의 소유자는 생산물의 10분의 1을 국가에 내거나 국가가 지정한 수조권자에게 내야 했다. 자신의 소유지를 수조지로 할당받았을 경우는 그 수조액만큼을 면제받았다. 전시과의 수조지들은, 징수된 조(租)가 국방상의 경비로 충당되는 양계지방을 제외한 전국의 토지를 대상으로 하여 분급되었다.

전시과의 수조지의 경우는 대개 지방관에 의해 생산이 독려되고 조의 징수가 이루어졌으며, 그에 따른 통제가 백정농민들에게 가해졌다. 수조권자들에게는 소정의 권리증서가 수여되었고, 직역 내지 관인 신분이 세습적으로 유지됨에 따라 수조지 역시 세습적으로 보유되었다. 군인전(軍人田)의 경우는 군인의 직역과 함께 친속(親屬)에게 직접 승계되었다. 문무관리들의 수조지도 대대로 이어지는 관인 신분과 함께 자손에게 승계되는 것이 보통이었고, 이 때문에 영속적인 '가업(家業)'이라는 의미에서 '영업전(永業田)' '조업전(祖業田)'으로 불리기도 하였다. 수조권은 시초 단계에서부터 지배층의 기득권과 밀접히 연관되어 있었고, 국가의 공적 통제를 받는 가운데서도 사적 권리에 준하는 성격을 지녀 그 세습적 보유가 제도적으로 밑받침되고 있었다. 12세기 말 이후 수조지에 연계되어 있던 직역 봉사의 의무와 그에 대한 국가적 관리가 유명무실해지자, 수조지의 사적 권리에 준하는 성격은 더욱 두드러지게 되었다.

이러한 가운데 지배층과 연결된 수조권을 소유권보다 우위에 놓는 경향이 있었으니, 수조권자를 '전주(田主)'라 하는 한편, 그 대상 토지의 소유자를 '전객(佃客)'이라 하였다. 피지배층인 농민들은 자신의 소유지를 경작하는 자영농이라 해도 '전객'으로서의 제약을 받을 수밖에 없었다.

수조권적인 토지지배는 14세기 말 과전법(科田法)이 제정됨으로써 일차로 크게 축소되고, 그후 직전법(職田法)을 거쳐 사실상 소멸되어 갔으나, 고려시대 전반에 걸쳐 주축을 이룬 토지지배 방식이었다. 타인의 소유지를 빌려 경작하고 생산물의 반을 지대로 내는 차경(借耕)도 고려 초부터 존재하였지만, 당시의 인구상황과 농업생산력의 제약으로 크게 확대되지는 못한 것으로 보인다.

고려의 인구는 1120년대 무렵의 상황을 반영하는 것으로 보이는 기록에 210만으로 나타나는데, 오차를 감안하여 실제 인구를 그 두 배로 잡는다 해도 아주 적은 인구가 천리장성 이남의 고려 전역에 걸쳐 살고 있었던 것이다. 당시의 글들에 따르면, 원시림과 같은 깊은 숲과 자연상태의 황무지들이 국토의 대부분에 펼쳐져 있는 가운데 고을과 촌락들이 해안과 내륙의 하천을 따라 크고 작은 섬처럼 흩어져 존재하였다. 그만큼 개간 가능한 토지가 많았던 한편, 경작되지 않고 방치되는 농토의 발생률도 높았다. 이러한 상황에서 2분의 1 지대라는 무거운 부담을 지는 차경이 확대되는 데는 제약이 따를 수밖에 없었다. 상경농법이 확대되는 고려말기 이후와 비교하면, 휴한을 하는 등 농업생

은병과 건원중보(乾元重寶, 996년)

산력이 한계를 지닌 당시의 상황에서 2분의 1 지대는 농민들에게 몹시 과중한 것이었다.

생산력의 제약 속에 소수의 대읍(大邑)들을 제외한 지역에서는 지방 장시가 아직 발달하지 못하였다. 선상(船商)들이 하천을 따라 나루터가 있는 지역들로 상품을 팔러 다니고, 육로로도 상인들이 상품을 유통시키고 있었지만, 지방 단위의 상품유통은 여러 지역에 장시가 발달할 정도로 활발하지는 못하였다. 이러한 상황은 전시과체제 하에서 화폐경제가 발달하는 것을 어렵게 만든 요인이 되었다. 교환수단으로는 고려 초 이래로 쌀·베와 함께 고가의 은병(銀甁)이 물품화폐로 사용되었다. 성종 15년(996)에 철전을 주조하고 숙종(肅宗) 2년(1097)에 주전관(鑄錢官)을 설치하는 등 두 차례에 걸쳐 화폐의 유통을 추진했지만, 이는 모두 10여년을 넘기지 못하고 실패로 끝났다. 화폐유통의 시도는 관리들과 중앙군인들에게 화폐를 나누어주고 시전(市廛)의 거래를 중심으로 사용하게 하는 정도에 그칠 수밖에 없었다. 세금의 납부나 조(租)의 수취에 화폐를 사용하게 하는 근본적인 화폐유통책은 시도할 수 없었는데, 당시 지방의 경제가 자연경제적인 상황을 크게 벗어나지 못한 상태여서 그러한 시도가 사실상 실효를 거둘 수 없었기 때문이다. 이러한 가운데 세금의 납부와 수조권에 따른 조의 납부를 위해서는 개경에서 먼 오지들에서도 무겁고 부피가 큰 물품을 힘들게 운송하여야 했다.

4. 고려전기의 문화와 국제교류

(1) 10세기 말의 제도정비와 전통문화

10세기 말 성종대에 최승로(崔承老) 등의 유신(儒臣)들에 의해 추진된 일련의 제도정비는 중앙집권적인 통치체제를 정비하는 데는 큰 진전을 이루었으나, 중국 중심의 화이론적(華夷論的) 세계관과 중국문화에 경도된 측면이 있었다. 그들은 전통적인 습속이나 제례(祭禮) 등을 비속한 것으로 배척한 대신 중국의 유교적인 제도를 수용하였다. 상례(喪禮)인 오복제(五服制)를 비롯하여, 왕실의 조상에 대한 제례를 행하는 종묘(宗廟), 천지(天地)의 신명(神明)에 대해 국왕이 제례를 행하는 사직(社稷), 권농(勸農)의 의미를 담은 의례인 적전(籍田) 등은 유교 예법을 바탕으로 하여 성립한 것이다. 이러한 유교적 제도들은 오복제처럼 실생활의 전통적인 관습이나 예법과 심하게 불일치할 경우에도 부분적으로 변경되는 데 그쳤다. 이처럼 성종대의 제도정비는 합리성을 내세운 유교 이념에 치중하여 이루어진만큼, 그와 어긋나는 전통문화를 부정하는 경향을 띠었다. 그리하여 성종과 최승로 등은 유교적 예법에 어긋나고 경제적 소모가 크다는 이유로 당시 가장 큰 국가적 제전이었던 팔관회와 상원(上元) 연등회까지 폐지하였다.

이 양대 제전, 특히 팔관회는 토속신앙에 뿌리를 두고 불교의식이 일부 결합된 제전이었다. 토속적 제전의 제사대상은 대부분 고대로부터 내려오는 신들이었고, 이 성스러운 신들이 존재하는 우리나라는 천하의 신성한 중심지라는 세계관이 고대로부터 내려오고 있었다. 중화론적인 세계관과는 정반대되는 이러한 세계관은 사회 일각에서 그대로 이어지기도 했지만, 전통과 연결되어 새로운 천하관이 나타나기도 하였다. 지리적으로 구분하여, 중국 중심의 천하도 존재하지만 고려 중심의 천하도 존재한다는 다원적 천하관이 그것이다. 이렇게 전통에 뿌리를 둔 천하관과 연결된 이들 제전은 자주의식(自主意識)을 고취하고, 각종 놀이로 국인(國人)들이 함께 즐기는 과정에서 공동체 의식과 결속을 다지는 기능을 하였다. 특히 팔관회는 역대의 전쟁영웅들과 함께 전몰(戰歿)병사들을 기리는 제의가 포함되어, 외적에 대한 저항정신을 북돋우는 의미도 있었다.

이러한 두 제전을 폐지한 중화론적인 문화정책은 우선 자주의식을 약화시키고 국제정세에 대해서도 균형감각을 잃게 만들었다. 성종대에는 전대에 행해지던 황제국으로서의 예법들을 유교적 명분론에 따라 제후국의 예법으로 낮추어 고쳤다. 또한 당시의 정권 담당자들은 중국에 편향된 나머지, 급격히 성장한 거란과 같은 이방의 세력에 대해서는 주의를 기울이지 않았고 그에 대한 대비에도 소홀하였다. 거란의 침공에 대비하여 전국적인 광군(光軍)을 조직한 정종대보다도 거란세력이 크게 확대된 상황에서 성종 6년(987)에는 지방의 무기들을 수거하여 농기구로 만들게 하였다. 또한 전통적인 제전을 폐지함으로써 국인들의 결속을 손상시키고 사기를 침체시키는 결과를 가져왔다. 성종 12년(993)에 거란의 소손녕(蕭遜寧)이 이끄는 대군이 침공해 오자, 고려 조정은 전투도 해보기 전에 위축되어 항복할 것부터 논의했다. 중신(重臣)들로 하여금 군대를 이끌고 거란 진영에 출두하게 하여 항복하자는 주장과 거란의 요구대로 서경 이북의 땅을 떼어주자는 주장이 나오자, 성종은 후자의 의견을 따르려 하였다.

이러한 나약한 대응의 위태로운 점을 통렬히 비판하고 적극적인 담판과 항전을 주장한 것은 중국문화에 경도된 정책을 반대한 이지백(李知白)·서희(徐熙) 등의 신료들이었다. 이들도 당대의 유신이었으나, 전통문화와의 조화 속에 선진 외래문화를 수용할 것을 추구하였다. 이

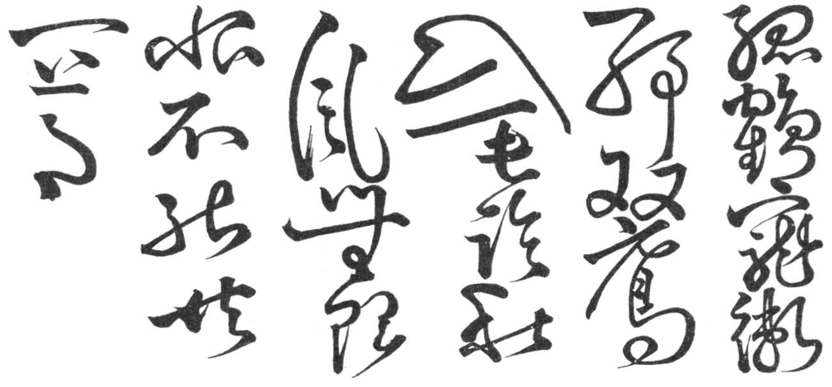

강감찬의 글씨
『해동역대명가필보(海東歷代名家筆譜)』 상권 수록

들은 전통적인 제전의 부활을 통해 국인들의 사기와 결속을 회복시켜 거란과의 일전에 대비하는 한편, 적극적인 외교담판을 벌일 것을 주장하였다. 결국 서희의 외교적 활약에 의하여 거란은 압록강까지 확대된 고려의 영토를 인정하고, 대신 고려는 송나라와의 관계를 끊고 거란과 교류할 것을 약속함으로써 거란군은 퇴각하였다. 이 일은 전통문화존중론 쪽의 세력들이 정치적으로 성장하는 계기가 되었다. 그러나 선대로부터 내려온 팔관회·연등회·선랑 등을 부활시키자는 그들의 주장이 성종대에 실현되지는 않았다.

(2) 팔관회와 동아시아의 국제질서

팔관회와 연등회는 요(遼, 거란)나라와 다시 군사적 대결을 하게 된 현종 원년(1010)에 부활되었다. 고려는 송나라를 누르고 아시아의 강자로 등장한 요나라의 세 차례에 걸친 전면적 대규모 침공을 모두 막아내었으며, 특히 1018년의 3차 침공 때는 강감찬(姜邯贊)이 지휘한 고려군이 귀주(龜州)에서 10만 요군을 완파하고 대첩(大捷)을 거두었다. 고려의 전쟁피해도 적지 않았지만, 세 차례의 침공에서 막대한 손실을 본 요나라는 더이상 무리한 요구를 하지 못하고 타협적으로 평화를 받아들이게 되었다.

귀주대첩 이후 동아시아에서 고려의 국제적 지위는 크게 높아졌다. 송나라와의 공식적 교류는 한동안 단절되었으나, 1071년 이후 교류가 재개되자 송나라는 고려에서 파견한 외교사절의 의전상 격을 제후국들의 조공사(朝貢使)가 아니라 송나라와 대등한 국가의 외교사절인 국신사(國信使)로 하였으며, 1115년에는 사절 영접을 담당하는 부서의 등급을 요나라와 같은 등급으로 높였다. 이는 고려를 통해 강대국 요나라를 견제하려는 의도가 있는 조치였으니, 이 무렵 동아시아의 국제정세는 고려·요·송 삼자의 세력이 균형을 이룬 상황이었다.

고려에서 팔관회가 개최될 때는 여러 주변국들의 상인이나 여진(女眞) 추장 등이 방물(方物)을 바치고 답례품을 받아가는 형식의 교역이 성행하였다. 팔관회는 고려를 중심으로 한 성대한 국제적 행사의 모습을 띠게 되었다.

(3) 11세기 문벌 주도 문화의 융성

거란과의 전쟁 후 장기간 평화와 번영이 지속되는 가운데 상층부의 문화는 좀더 세련되어지고 철학적으로 심화되어갔다. 11세기 후반 문종(文宗)대에는 고려의 관제·법령·토지제도 등 전반적인 문물·제도들이 체계적으로 정비되어 완숙된 단계에 들어섰다. 문종대 이후 최충(崔冲)의 문헌공도(文憲公徒)를 비롯한 12도(十二徒)의 사학(私學)들이 발달하여, 과거에 응시하려는 지배층의 자제들이 모여들었다. 최충의 구재학당(九齋學堂)은 그 명칭이나 9경 등의 교과목에서 종래의 훈고학(訓詁學)으로부터 송대의 유학에 접근하는 면이 보인다. 또한 이미 12세기 전반에는 고려에서 송나라 유학자들의 여러 저술들이 읽혀졌다.

국가의 역사와 기록은 관장기구인 사관(史館, 뒤의 春秋館)을 설치하여 체계적으로 관리하였다. 현종 때 거란의 침입으로 역사기록들이 불타버리자 황주량(黃周亮) 등은 즉시 남은 기록을 수습하여 태조부터 목종에 이르는 7대의 『실록(實錄)』을 편찬하였다.

목판인쇄술의 발달은 서적의 간행과 보급에 큰 진전을 가져왔고, 지식층의 확대에도 큰 기여를 하였다. 이 무렵 고려에서는 많은 전적(典籍)을 수집하여 보유하고 재간행하기도 하였으니, 송나라에서 전적들을 구해가기도 하였다.

불교서적으로는 11세기 초 요나라와의 전쟁기간중에 발원되어 시작된 대장경(大藏經)의 목판인쇄 간행사업이 선종(宣宗) 4년(1087)에 완성되었다. 이 대장경은 13세기 고종(高宗)대에 재조(再雕)된 대장경과 구분하여 초조(初雕)대장경이라 불린다. 당시 고려 불교학의 역량이 집적된 초조대장경은 6천 권에 달하는 불교 전적을 집대성한 것으로, 송나라와 요나라의 대장경들을 모두 입수하여 대조한 후 간행되었다.

불교도 번창하여 많은 사찰들이 왕실과 문벌들에 의해 창건됨으로써 개경에는 2800칸이 넘는 흥왕사(興王寺)를 비롯하여 큰 사찰이 70개에 달하였다. 국가에 의한 대규모의 불교행사도 빈번하게 개최되었다.

공예에서는 송나라의 도자기로부터 영향을 받고 신라 토기의 전통과도 연결된 고려청자(高麗青磁)의 독특한 아름다움이 완성됨으로써, 고려청자는 고려시대의 대표적인 도자기로 자리잡았다. 고려청자는 신비스러운 아름다움을 간직한 비취빛 색조, 세련되고 우아한 무늬와 그릇 모양으로 유명하다. 특히 고려에서 창안된 상감(象嵌)기법에 의한 상감청자는 고려 자기의 백미였다.

문화의 융성기에 다른 한편에서는 문벌층의 형성에 따른 문제점이 점차 나타났다. 11세기 후반 이후 문벌층의 유교 정치이념은 편협한 보수성을 띠게 되었다. 문벌의 정치 주도가 현저해지고, 문반(文班)

을 우위로 하는 문·무의 차별이 심화되었다. 하층 출신들에 대해서는 더 차별적이었으니, 군인·잡류 등 각종 하층 출신의 내외손들로 관리가 되려 하거나 관리가 된 자들에 대해 과거응시 제한, 한품(限品) 등의 제약을 가하는 여러 규정들이 만들어졌다. 사학들이 문벌과 학맥으로 얽히며 번창한 반면, 공적 교육기관인 관학(官學)은 현저히 위축되었다.

왕실과 귀족들이 토지나 재물을 헌납하고, 농민들이 투탁(投託)함으로써 사원의 경제규모는 비대하여졌다. 교종인 법상종과 화엄종이 왕실 및 문벌들의 비호를 받으면서 융성해지고, 선종은 점차 지방으로 밀려났다. 법상종과 화엄종 교단은 교리상으로 대치했을 뿐 아니라, 속세에서도 세력경쟁을 벌이면서 대립하였다. 11세기 말 왕실 출신 승려 의천(義天)은 여러 불교 종파의 교리에 대해 연구하고 이전 시대의 불교철학을 재정리한 것을 토대로 하여 화엄종을 중심으로 법상종을 비롯한 교종의 여러 종파를 융합하고, 나아가 천태종을 일으킴으로써 선종까지 통합하려 하였다. 이러한 의천의 노력은 왕실의 지원 아래 성과를 거두었으나, 그가 사망한 후 천태종은 쇠퇴하고 선종도 다시 대두하였다.

(4) 12세기 문벌 주도 문화의 명암

11세기 말 이후에는 국내외 상황에 대한 위기의식이 고조되면서 새로운 방향이 모색되었다. 국내에서는 문벌 주도 체제에 대한 내부항쟁의 조짐이 나타나기 시작하였다. 1095년 이자의(李資義)의 난이라는 정치세력간의 충돌이 일어났고, 그 결과 어린 나이로 즉위한 헌종(獻宗)이 물러나고 그 숙부 숙종이 즉위하였다. 정란(政亂)의 여파가 가시지 않은 가운데 개경의 지덕(地德)이 쇠하였다는 주장이 제기되어 남경(南京, 지금의 서울)으로의 천도가 논의되다가 남경에 별도의 도성이 세워졌다. 지방에서는 유민들이 발생하고, 군인전의 경작자 확보가 원활하지 못하게 되었다. 국외에서는 요나라의 세력이 약화되고, 여진의 세력이 완안부(完顔部)의 발흥(勃興)과 함께 강성해져, 북방 지역의 국제정세가 불안하게 되었다.

문화적인 면에서는 우선 왕실의 주도로 유학이 진흥되고 새로운 사상적 탐구가 추진되었다. 숙종은 요 및 송나라와의 외교관계에서 송나라에 더 큰 비중을 두고 그 문물의 도입을 더욱 확대하였다. 숙종은 유교 경전과 제자백가서·역사서의 정리와 간행, 보급에도 힘썼으며, 송나라에서 새로이 편찬된 역사서인 『자치통감(資治通鑑)』과 1천 권 분량의 백과사전적 서책인 『태평어람(太平御覽)』 등 중요한 서적들을 들여왔다. 공자의 묘인 문선왕묘(文宣王廟)에 그 제자들과 유현(儒賢)들을 제사대상으로 새로이 안치하고, 1102년에는 공자보다 앞선 인물인 기자(箕子)로부터 우리나라의 유교전통이 시작되었다 하여 평양에서 구전되던 기자의 묘를 찾아 기자사당(箕子祠堂)을 세웠다.

예종(睿宗)은 즉위하자 침체된 관학의 부흥을 꾀하고, 군신이 함께 경사(經史)를 강론하는 경연(經筵)을 시작하였다. 이러한 노력은 유학진흥의 분위기를 한층 고취하여, 당시에 "삼강오상(三綱五常)의 교(敎)와 성명도덕(性命道德)의 이치가 사방에 충만하였다"는 평도 있었다. 지방에서도 유학이 진흥되어, 한반도 동남부인 밀주(密州, 지금의 밀양)와 같은 곳은 12세기 후반의 글에서 교통과 물산이 홍한 가운데 유자(儒者)들이 많고 예의에 밝은 고장으로 묘사되었다.

유학의 내용에서도 달라진 면이 나타나게 되었다. 『주역(周易)』과 『중용(中庸)』에 대한 관심이 높아져 두 책이 경연에서도 자주 강론되었고, 윤언이(尹彦頤)는 『역해(易解)』를 지어 『주역』에 대한 독자적 해석을 시도하였다. 이 두 경전은 성리학의 형이상학적 사상을 이루는 우주론과 존재론 및 심성론(心性論)의 기초가 된 중심적 경전으로, 이에 대한 논의가 활발해진 것은 송나라의 성리학에 대한 높은 관심과 관련하여 주목된다. 그 무렵 고려에서는 송나라 서책들을 비교적 폭넓게 검토하면서 유학을 연구하여, 주희(朱熹) 이전의 중요 성리학자로서 당시 송나라 조정에서 인정받지 못하던 양시(楊時)에 대해서 관심을 기울이기도 하였다.

이 시기 새로운 사상적 모색의 또다른 일면은 송나라에서 크게 번성하던 도교(道教)가 수입된 것이다. 송나라에서 도사가 와서 강론을 하기도 했으며, 고려인으로 송나라에 가서 도교를 공부하고 돌아와 활동한 인물도 있었다. 노자의 『도덕경』이 국왕과 유신들이 모인 자리에서 강론되기도 했다. 예종은 도교에 크게 심취하여 도교의 사원(道觀)인 복원궁(福源宮)을 세우고 빈번히 초제(醮祭)를 거행하였다.

예종대의 문화적 동향은 모화적(慕華的)인 것으로 비판받기도 하는데, 중국문물의 도입이 적극적으로 추진된 반면에 국가 단위의 전통적 제전인 팔관회에 국왕이 참관하는 일은 크게 줄어들었다. 한편 의천의 불교 교단 재정비가 그의 이른 사망과 함께 무산되고, 불교는 계속 일반 대중과 유리되는 가운데 문벌세력과 뒤얽혀 내부 모순이 커져갔다. 이에 세속과 얽힌 법상종·화엄종 중심의 종파불교에 대한 회의가 일어났으며, 도교의 영향을 받는 가운데 선(禪)을 개인적으로 수행하는 은둔적이고 고답적인 경향의 거사불교(居士佛教)가 문벌 사이에 유행하였다. 문벌의 주도 속에 문화의 융성이 구가되는 이면에서는 문화의 기풍이 진취적이고 건실한 데서 보수적이고 관념적인 경향으로 바뀌고 있었다.

숙종대에는 강성해진 여진과의 무력충돌이 일어났는데, 보병을 위주로 한 여진 정벌군은 기병의 열세로 크게 패배하고 말았다. 이에 고려에서는 전국적인 규모로 군대를 징발하여 별무반(別武班)을 편성하였고, 예종 2년(1107)에는 윤관(尹瓘)이 이끈 17만의 고려군이 여진을 정벌하여 동북방 지역에 9성을 쌓았다(9성의 위치에 대해서는 함흥평야 일대로 보는 견해와 두만강 북쪽에까지 확대하여 보는 견해가 있다). 이는 고려를 부모의 나라로 섬기던 여진이 강성해져 침략해 오는 것에 대한 응징이기도 하였다. 그러나 여진 정벌에 대해 윤관이 남긴 글을 보면 냉철한 현실인식보다는 관념적인 문화적 우월감에 도취된 면이 나타나 있다. 결국 9성 지역의 지리적 조건 등에 대한 기초적 사전 형세판단의 잘못으로 여진 정벌은 예상치 못한 큰 난관에 부딪히게 되었다. 게다가 서북쪽의 거란에 대비하기 위해 동북방에서의 전투를 장기화할 수 없는 부담과 국론분열로 인해 9성 지역을 그대로 여진에게 내어주고 말았다. 실패로 돌아간 여진 정벌은 막대한 인력과 물자의 허비로 경제적 어려움을 남겼고, 여진 정벌 추진세력과 반대세력 간에 격화된 대결은 지배층의 분열과 대립을 심화시켜 정치에도 어두운 그림자를 남겼다.

1122년에 어린 나이로 인종(仁宗)이 즉위하자, 외척인 이자겸(李資謙) 일파가 권력을 장악하고 토지를 탈점하는 등 부정을 자행하였다. 이자겸은 잘못을 비판하는 신진관리들을 제거하고, 1126년에는 왕위를 노려 반란을 일으켰다. 이러한 가운데 여진이 세운 금(金)나라가 요나라를 멸망시키고 압력을 가해오자, 이자겸 일파는 여러 신료들의 반대를 무시하고 금나라에 대해 칭신(稱臣)하는 사대외교(事大外交) 관계를 결정하였다(1126).

이자겸의 난이 평정된 후, 궁궐의 대부분이 불타 황폐해지는 사태에 이르게 한 기존 정치에 대한 비판적 분위기와 금나라에 대한 사대외교를 향한 비판여론 속에서 정지상(鄭知常), 승려 묘청(妙淸) 등의 서경 출신 세력들이 등장하였다. 이들은 고려가 천하의 중심으로, 천하에서 유일하게 신성한 곳이라는 고대적 천하관의 계승자들이었다. 그들은 대내적으로는 서경으로의 천도(遷都)와 내정의 개혁을 주장하였고, 대외적으로는 황제를 칭하고 연호를 제정할 것〔稱帝建元〕과 금국(金國)과 대결할 것을 주장하였다. 이들은 묘청 등의 미신적인 지리도참설(地理圖讖說)과 음양비술(陰陽祕術)에 많이 의존하였는데, 묘청이 지덕(地德)이 쇠한 개경에서 지덕이 왕성한 서경으로 천도하면 국력이 왕성해져 금나라도 항복할 것이며 다른 나라들도 조공을 바치게 될 것이라 하자, 서경에 새로운 궁궐이 세워지기에 이르렀다. 그러나 오히려 자연재해가 잇따르면서 서경 천도에 대한 회의론이 일어났으며, 그것을 만회하려는 묘청의 속임수가 탄로나자 비판론이 크게 고조되었다. 문벌세력을 필두로 한 조정 신료들의 거센 비판에 몰린 묘청 등은 인종 12년(1135)에 서경에서 반란을 일으켰으나 1년 만에 평정되었다.

서경 반란의 평정을 맡았던 김부식(金富軾) 일파가 권력을 장악하자 문벌 중심의 체제는 더욱 경직되고 사대외교도 지속되었다. 김부식은 또한 국가의 공식적 역사서를 편찬하는 최고 책임자가 되어 『삼국사기(三國史記)』를 만들었다. 이에 앞서 고려 초에 만들어진 『구삼국사(舊三國史)』가 있었으나, 『삼국사기』는 유교이념과 유교사관에 치중하여 전통적인 토속문화를 부정적으로 보는 관점에서 앞시대의 역사를 다시 편찬한 것이었다.

3
무신의 집권

1. 무신란의 발생과 무신정권

(1) 무신란과 초기의 혼란

고려 제1, 제2의 도시인 개경과 서경을 크게 파괴한 이자겸의 난과 묘청의 난은 문벌 중심 정치체제의 모순이 폭발한 결과였다. 묘청의 난이 김부식 일파에 의해 진압된 후 문벌체제의 정치적 경직성과 모순은 더욱 확대되어갔다. 그러한 가운데 차별대우로 불만이 고조되어 있던 무신(武臣)들이 의종(毅宗) 24년(1170) 8월에 반란을 일으켰다. 군대의 통솔을 맡은 무신들이 일으킨 이 반란에는 고된 역에 시달리면서도 경제적 급부를 제대로 받지 못하던 일반 군인들이 적극 가담하였다.

정중부(鄭仲夫) 등 무신들은 명종(明宗)을 옹립하고(1170) 정권을 장악하였으나, 이후 4반세기 동안 정치는 혼란 속에 빠졌다. 명종 3년(1173)부터 3년간에 걸쳐 김보당(金甫當)의 난, 조위총(趙位寵)의 난, 귀법사(歸法寺) 승려들의 난 등 무신정권을 전복하려는 문신세력 계열의 반란이 연이어 일어났고, 정치적 혼란 속에 지방민에 대한 수탈이 자행됨에 따라 각 지역에서 민란도 빈발하였다.

무신정권 내부에서도 분쟁과 무력정변이 거듭 일어나 집권자인 무인 집정이 여러 차례 바뀌었다. 초기의 무신정권에서는 무신들의 최고 회의기구인 중방(重房)을 통해서 통치함으로써 일반 무신들도 중방을 통해 무신정권에 참여하였고, 그만큼 무인집정의 권력에 도전하는 다른 무신 세력들이 빈번하게 출현하였다. 무신란 초에는 정중부·이의방(李義方)·이고(李高)가 공동으로 정권을 잡았으나, 1171년에 이고가 제거되고 1174년에는 이의방이 제거됨으로써 정중부가 단독으로 집권하게 되었다. 명종 9년(1179)에는 경대승(慶大升)이 그를 제거하고 집권하였으나 1183년 병사하였고, 그후 이의민(李義旼)이 집권하였다.

(2) 최씨 무신정권

명종 26년(1196)에는 최충헌(崔忠獻)이 이의민을 제거하고 집권하였다. 그의 집권기에도 정쟁이 있었으나 점차 정치적 혼란은 수습되었고, 이후 그의 후손인 최우(崔瑀, 후에 이怡로 개명)·최항(崔沆)·최의(崔竩)로 이어지는 최씨정권이 62년간 계속되었다.

집권 초 10개 조항의 정치개혁안을 국왕에게 올려 재가를 받은 최충헌은 정치개혁을 표방하면서 전반적인 정치권력을 장악하였다. 그는 무반의 최고직인 상장군(上將軍)과 문반의 최고 요직을 겸하고 인사권과 감찰권도 장악하였다. 또한 그는 자신이 옹립한 희종(熙宗)에 의해 진강후(晋康侯)로 책봉되었다.

최충헌은 기존의 정부기구들을 형식적으로만 기능하게 하고, 최고 집정기구인 교정도감(敎定都監)을 새로이 설치하여 관리들에 대한 감찰을 비롯해 모든 정사를 총관하였다. 그는 이 기구의 수장인 교정별감(敎定別監)이 되었고, 그후의 무인집정들도 이를 물려받았다.

최씨 무신정권은 권력의 기반이 확립됨에 따라 사회 각 세력들에 대한 대응에도 변화를 보였다. 최충헌은 무력을 동원하여 도처에서 빈발하던 민란을 철저히 진압하였다. 처음부터 거듭 무신정권에 반기를 든 교종 계통의 사원들은 최씨정권의 억압으로 타격을 받았다. 한편 최씨정권은 문벌체제 아래에서 빛을 보지 못한 선종 계열의 사원을 지원하고 그와 연결하려 하였다. 또한 최충헌은 무신집권 이후 취해져온 문인들에 대한 억제정책을 바꾸어, 그들을 등용함으로써 그 행정적인 능력을 활용하였다.

고종(高宗) 6년(1219) 최충헌이 사망한 후 그 뒤를 이어 그의 아들 최우가 집권하였다. 최우집권기에는 무인집정의 통치기구가 더욱 정비되었다. 문무관리의 인사를 관장하는 기존의 이부·병부와 별도로 정방(政房)이 설치되어 무인집정에 의한 인사권의 행사가 제도화되었다. 또한 최우는 문신들의 등용을 확대하고, 서방(書房)을 설치하여 재능있는 문사들로 하여금 숙위(宿衛)하면서 정치적 자문을 담당하게 하였다.

최씨정권은 무인집정의 호위병인 사병을 크게 확대하였다. 초기 무인집정들이 신변의 호위를 위해 양성한 소규모 사병은 경대승 집권기에 좀더 조직화되어 도방(都房)이라는 명칭으로 존재하다가 폐지되었는데, 최충헌은 이를 대폭 확대하여 재건하고, 그 구성원들로 하여금 6번(六番)으로 교대하며 숙위하게 하였다. 그후 도방은 더욱 확대되어, 최항 대에는 36번으로 교대하기에 이르렀다. 사병의 중추를 이룬 것은 무인집정들의 문객들이었는데, 최충헌의 경우는 문객이 3천명에 달했다고 한다. 문객들은 유력자와 사적인 주종관계를 맺고 그들에게 문·무의 재능으로 충성을 바치는 추종자들이었는데, 이들은 자신들이 섬기는 권세가의 비호 아래 출세의 길을 열었다.

최우는 도방과 별도로 삼별초(三別抄)를 조직함으로써 병권도 완전히 장악하였다. 별초는 특수 선발부대를 의미하는 것으로, 삼별초는 처음에 야별초(夜別抄)라는 이름의 치안유지 부대였다가 조직이 확대되어 삼별초로 된 것이다. 이들은 유명무실화한 기존 군대의 기능을 대신하였으며, 몽고군과의 항전에서 큰 활약을 하였다. 이들은 국고에서 녹봉을 받는 공적인 군대였음에도 불구하고, 그 지휘권이 무신정권에 의해 장악됨으로써, 사병과 함께 무신정권을 유지하는 중요한 기반이 되었다.

2. 무신집권기의 사회

(1) 지배층의 재편성

무신란은 문벌과 문신들의 주도와 무신에 대한 차별에 반기를 든 정변으로, 무신들이 근본적인 사회개혁을 추구한 것은 아니었다. 그러나 무신란 이전부터 고려사회는 상층으로부터 하층사회에 이르기까지 서서히 변화하고 있었으며, 무신란 이후에는 그 변화가 더욱 현저해졌다.

무신들의 집권이 확고해지자, 무신과 문신 간에 공존을 위한 타협이 진행되면서 통혼이 이루어졌다. 특히 집권 무신세력들과 기존의 문벌들 사이에서 적극적으로 통혼이 추진되었다. 이는 집권 무신세력들로서는 문벌층의 권위를 끌어들이는 것이었고, 문벌층으로서도 집권세력과의 연결을 통해 자신들의 지위를 유지해나가는 길이었다.

이로써 지배층의 상층부는 집권 무신세력들을 중심으로 기존의 문벌층이 재편성되는 양상을 띠었다. 이처럼 변화된 지배층 상층부는 전기의 문벌층에 비해 혈통적인 가문의 권위가 약화되었지만, 그 전통은 일부 남아 후기 지배층의 상층부를 이루는 권문세족(權門世族)과 같은 양상을 띠었다. 최고의 지배층이 이루는 계급내혼적인 단위에는 급격히 권세를 잡게 된 하층 출신들이 상당수 새로이 포함되었는데, 그 내부 구성원들의 상승과 몰락이 빈번한 와중에서 이러한 신흥세력의 비중은 서서히 확대되었다. 또한 정권을 장악한 정치세력 가운데서도 중심적인 인물들은 무인집정과 같은 신흥세력들이 주류를 이루었다.

지배층의 하층부에도 지방의 하층 출신들이 장기간의 정변과정에서 대거 유입되었다. 특히 군인에서 하급무관으로 진출하는 부류들이 많았고, 그중에는 무인집정 이의민이나 김준(金俊)처럼 노비의 피가 섞인 하층 출신으로 당대의 최고권력에까지 접근한 인물들도 있었다. 무신들이 사회 전반을 주도하는 가운데 문신들의 역할은 오직 문장에 능하고 실무행정을 잘 수행하는 이른바 '능문능리(能文能吏)'로 축소되었다. 무반들이 문반직을 겸직하는 것이 확대되고, 지방 향리층의 문반직 진출도 증가하였다.

(2) 농민봉기와 종속구역의 변화

토지질서의 붕괴는 농민들의 생활을 위협하였다. 12세기 초 이래 토지겸병에 따른 수취의 증가, 빈번해진 이상기후에 따른 흉작, 전란 등은 기근을 불러왔고, 경제적 파탄으로 유망민이 발생하였다. 이러한 상황은 무신란 이후 정치적 혼란 속에서 더욱 악화되었다. 무신집권기에는 권세가들의 토지겸병으로 농장이 발달하였으며, 전시과제도가 유명무실해지게 되었다. 최고 권력층으로부터 하급 지방관에 이르기까지 수탈을 자행하여 하층민의 항거와 지배질서로부터의 이탈이 이어졌다.

하층민의 봉기는 무신집권 초부터 30년간 집중적으로 발생하였다. 명종 2년(1172)에는 서북지방의 성주(成州) 등 3개 주에서 주민들이 수령의 횡포와 수탈에 항거하여 민란을 일으켰고, 명종 4년에 일어난 서경유수 조위총의 난에는 서북지방 40여 성의 주민들이 대거 동조하였다. 특히 후자는 진압 후에도 난이 두 차례 재발하여 5년간이나 지속되었다.

명종 5년경부터는 남부지방에서도 큰 세력을 이룬 지방민의 봉기가 일어났으며, 명종 6년에는 공주에 속한 종속구역인 명학소(鳴鶴所)에서 망이(亡伊)·망소이(亡所伊)가 주동한 봉기가 발생하였다. 망이·

망소이는 관군의 회유로 일단 항복했으나, 다음해에 재차 봉기하여 공주를 비롯한 충청도 대부분의 군현들을 점령하며 기세를 떨치다가 관군의 대대적인 토벌에 의해 진압되었다. 충청도지역에서는 명종 12년(1182)에도 수령의 탐학에 저항한 농민봉기가 있었다.

같은 시기에 전라도에서도 산발적인 지방민 봉기가 있었는데, 전주에서는 군인들과 관노들이 봉기를 일으켰다. 명종 23년(1193)에는 경상도지역에서 민란이 일어나 경상도 전역을 위협하다가 정부군에 의해 진압되었다. 그러나 신종(神宗) 2년(1199) 동해안 중·남부지역에서 민란이 다시 발생하여, 신종 3년에는 진주와 합주(陜州, 지금의 합천)로 확대되었다. 이들 민란세력은 신종 5년 경주를 중심으로 연합전선을 형성하여 경상도 일대에 위세를 떨쳤으나, 다음해 최충헌이 파견한 토벌군에 의해 진압되었다.

무신집권기에 발생한 양민·천민·종속구역민 등 하층민의 봉기는 가혹한 수탈에 몰려 일어난 저항이었으나, 일부 봉기에서는 정권과 체제에 저항하는 양상도 나타났다. 신종 원년(1198) 만적(萬積)이 주동이 된 개경지방 사노들의 반란모의에서는 노비문서인 천적(賤籍)을 불태워 삼한에서 천민을 없앨 것이 표방되었고, 더 나아가 정권의 탈취가 기도되었다. 특히 종속구역민이나 천민층의 경우 제도적으로 부과되는 부담이 과중하였으므로, 이들의 봉기는 체제에 저항하는 측면이 강했다. 망이·망소이의 난에 대한 정부의 회유책에 명학소를 현으로 승격하는 조치가 포함된 것은 그러한 요구에 대한 미봉적 대응이었다.

최씨정권이 들어서면서 강력한 토벌로써 하층민의 봉기를 억제하였으나, 변화의 흐름을 막을 수는 없었다. 그 현저한 것은 종속구역민들의 변화였으니, 이들 구역에서는 주민의 이탈이 잇따랐다. 그리하여 890여개에 달하던 종속구역이 12세기와 13세기를 거치는 동안 대부분 사라지고, 일부 남은 것들도 대부분 그 성격이 일반 군·현 또는 그 속의 일반 촌락과 같은 것으로 바뀌게 되었다.

지눌 초상
전남 승주군 송광사 국사전

3. 무신집권기의 문화

(1) 불교계의 변화와 조계종의 성립

12세기 말에는 문벌 주도 문화에 대한 비판·반성과 함께 새로운 문화적 움직임이 일어났다. 불교에서는 문벌체제와 밀착되어 있던 교종 교단들이 무신집권에 반발하다 탄압을 받고 침체에 빠진 반면, 선종은 부흥되었다. 한편 지방에서는 새로운 신앙운동을 추구하는 결사(結社)들이 만들어졌다.

보조국사(普照國師) 지눌(知訥)은 당시 불교계가 종파별 교리에 집착하는데다가 세속에 물들었다고 비판하면서, 선종을 중심으로 하고 교종의 장점을 흡수한 선교일치(禪敎一致)의 새로운 교리를 완성했다. 그는 새로운 신앙운동을 정혜사(定慧社, 뒤의 修禪社)라는 결사를 통해 이끌면서, 선종 산문들을 하나로 묶고 이후 한국불교의 중심적 교단을 이루게 되는 조계종(曹溪宗)을 성립시켰다.

지눌은 통념을 넘어서서 기존의 정통적 다수설에서 벗어나 있던 불교사상들까지도 새로이 평가함으로써 불교사상 체계의 지평을 넓힌 것으로 평가된다. 지눌은 기존 불교 교단에 대한 철저한 반성을 통해 고려 선종의 전통을 계승하면서도, 각 교파 별로 전승된 법통에 얽매이는 풍조에서 탈피하여 자유로운 지적 탐구를 수행하였다. 지눌은 선종 계열에서 일반적으로 극히 싫어하는 선(禪)에 대한 지적 이해의 문제에 있어서도 그러한 시도를 한 승려들의 사상을 원용하였으며, 교종의 화엄학에서는 주류에서 벗어나 있던 이통현(李通玄)의 화엄사상에 공감하여 이를 받아들였다. 또한 지눌은 구복적 성향의 정토사상(淨土思想)에 대해서도 서방정토(西方淨土)와 아미타불(阿彌陀佛)이 별개로 존재하는 것이 아니라 마음속에 내재하는 것이라 하여, 선과 정토의 관계에 대한 체계적인 이해를 추구하였다.

지눌의 선에 대한 지적 탐구와 교학적인 면의 적극적 도입은 선대 선사(禪師)들의 화두(話頭)를 연구하며 수행하는 참선의 방식인 간화선(看話禪)의 철학적 기초를 수립하는 것으로 이어졌다. 그리하여 중국 임제종(臨濟宗)에서 도입된 간화선은 지눌에 의하여 나름의 철학적 체계를 갖추면서 선종의 수행방식으로 자리잡기 시작하였으니, 선종과 교종의 통합이란 면에서도 중요한 사상적 진전이 이루어지게 되었다.

지눌의 뒤를 이은 진각국사(眞覺國師) 혜심(慧諶)은 지눌의 불교사상을 계승하면서 더욱 구체화하였다. 그는 간화선적인 경향을 부각한 역저인 『선문염송(禪門拈頌)』을 편찬하였다. 선가(禪家)의 고화(古話)들과 그에 대한 선승들의 말을 채록한 이 책은 이후 한국 선문의 기본학습서가 되었다. 지눌에 이어 혜심은 인간의 심성에 대한 지적 이해를 추구하는 작업에도 힘을 기울였다.

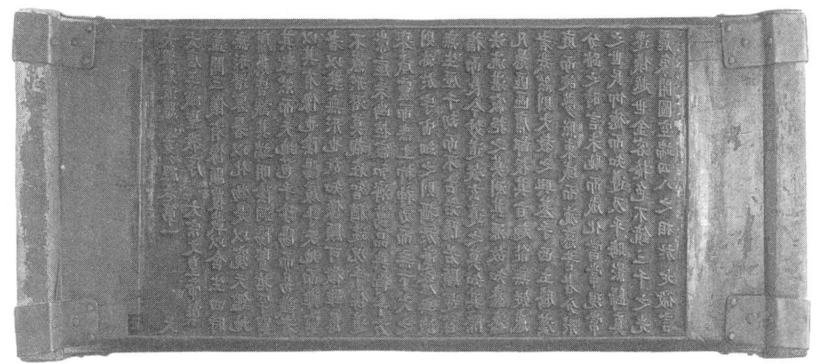

대장경판(1236~51년, 69.6×24.0cm)과 해인사 경판고

세속과의 관계에서 수선사는 혜심 대에 최씨 무신정권과 긴밀한 관계를 가지며 더욱 번성하였다. 수선사와 최씨정권은 후대로 가면서 더욱 밀착된 관계를 맺었다. 그 교세가 확장됨에 따라 수선사의 새로운 불교사상은 지식인들의 사조에 큰 영향을 주었는데, 지눌이나 혜심의 심성론(心性論)은 철학적인 면에서 13세기 말 이후 성리학의 수용에 밑거름이 되었다.

천태종에서도 원묘국사(圓妙國師) 요세(了世)가 이끄는 백련사(白蓮社)가 조직되어 새로운 불교신앙운동을 벌여나갔다. 요세는 한때 기존의 천태종에 실망하고 지눌의 권유로 정혜결사에 참여한 후, 천태종의 교의(敎義)를 새로이 수행할 것을 결심하여 백련사를 결성하였다. 그는 천태종의 법화사상(法華思想)을 바탕으로 하면서 참회(懺悔)와 정토신앙을 강조하였다. 죄업(罪業)으로부터의 구원을 위해 참회하고 정토왕생(淨土往生)을 염원하는 것이 수행방식이었던 백련사는 하층민들도 포용하는 대중성을 지닌 것으로 평가된다. 백련사는 뒤에 최우정권과 밀접한 관계를 갖게 되었으며, 수선사와 함께 대몽항쟁을 지원하기도 하였다.

이 시기 불교는 29년간에 달하는 오랜 항몽전의 정신적 지주로서도 일익을 담당하였으니, 그와 관련된 신앙활동의 한가지가 몽고군 격퇴의 염원과 함께 추진된 재조대장경(再雕大藏經), 즉 팔만대장경(八萬大藏經)의 판각(板刻)이었다. 현재 해인사(海印寺)에 소장되어 있는 이 대장경판은 자체(字體)가 미려하고 목판제작이 정교한 것으로 유명하며, 6800여 권에 달하는 방대한 불교 전적들의 교정이 정확한 것으로도 정평이 나 있는 세계적인 문화재이다.

(2) 문인들의 동향과 문학

문인들은 무신정권 아래서 문필과 행정사무의 기능인으로서 벼슬을 구하거나 그 문객(門客)이 되어 무인집정의 환심을 사기 위해 시나 문장을 짓곤 하였다. 그들은 개인적인 창작에서도 정치와 사회에 대한 견해를 지극히 조심스럽게 표명하였다. 사상 면에서 보면 고려전기 유학 발전의 여파로 임춘(林椿)과 같은 인물에서는 새로운 유학인 성리학(性理學)에 대한 소양이 발견된다. 그러나 그가 벼슬길에도 나아가지 못하고 가난에 시달리다 끝내 젊은 나이로 죽고 말았듯이, 새로운 사상이 뻗어나갈 수 있는 상황이 아니었다. 이규보(李奎報)는 최씨정권 아래서 재상의 직위에까지 오른 바 있지만, 재정 지원이 없어 국학이 유명무실해진 현실을 탄식하며 국학의 부흥에 기약 없는 희망을 갖는 데 머무를 수밖에 없었다.

이러한 상황에서 한문학에서는 시화(詩話)·고사(故事)·전설 등을 소재로 하여 이를 소일거리 이야기 형태로 표현한 글들이 유행하였다. 이인로(李仁老)의 『파한집(破閑集)』, 최자(崔滋)의 『보한집(補閑集)』, 이규보의 『백운소설(白雲小說)』 등이 대표적인 작품이었는데, 이러한 작품들의 작자는 당대의 손꼽히는 문필가로서 최씨정권에 발탁되어 활동한 인물들이었다.

이 작품들은 비록 한담 식의 글들이지만, 그 속에는 무신정권을 정면으로 거스르지 않는 범위에서나마 종종 작자 나름의 생각이 담기곤 하였다. 특히 고사를 다룬 글들 중에는 『삼국사기』에서 소홀히 다룬 전통문화에 대한 사실들에 주목하여, 새로운 역사인식을 모색하는 면도 엿보인다. 그러한 역사인식은 다른 형태로도 저술되었으니, 이규보는 서사시 「동명왕편(東明王篇)」에서 고대 신화에 대해 부정적인 김부식의 역사이해에서 벗어나, 고대 문화에 내재된 기상과 활력을 새로이 발견하고 긍정적으로 평가하였다.

무신정권의 기반이 확고해진 이후 문인들은 무신들이 주도하는 현실에 순응하면서도, 억눌린 현실로부터 무언가 변화를 꿈꾸었다. 이러한 가운데 경기체가(景幾體歌)라는 새로운 유형의 문인 시가(詩歌)가 등장하여, 이후 고려후기와 조선전기에 걸쳐 유행하였다. 최씨집권기에 지어진 「한림별곡(翰林別曲)」은 당시 문인들의 문필 재능과 지식

금속활자
13세기, 1.0×1.0×0.7cm, 국립청주박물관 소장

을 과시하는 것으로 시작하여, 당시 문인들의 주변에서 높게 평가되거나 애호되는 것들을 호쾌한 기분으로 노래한 것이다.

(3) 금속활자의 발명과 의학의 발달

기술문화에서는 우선 인쇄술의 발달을 들 수 있으니, 특히 우수한 종이 제조기술, 금속 주조·세공기술 등을 바탕으로 세계에서 처음으로 금속활자〔鑄字〕가 발명되어, 고종 21년(1234)에는 인종대에 편찬된 『상정고금예문(詳定古今禮文)』이 금속활자로 인쇄되었다. 현존하는 오래된 금속활자본으로는 1297년경의 『청량답순종심요법문(淸凉答順宗心要法門)』과 1377년의 『직지심경(直指心經)』이 알려져 있다. 당시의 금속활자인쇄는 활자를 고정시키는 기술의 제약으로 다량의 인쇄를 할 때는 목판인쇄보다 효율이 떨어졌지만, 적은 수량의 책을 간행할 때는 대단히 효율적이었다. 당시의 인쇄물들은 발행부수가 적은 경우가 많았기 때문에 활자인쇄의 효용은 컸다.

종래의 목판인쇄술도 정교하게 발달하여, 현재 해인사에 소장된 대장경판과 같은 걸작이 만들어졌다. 인쇄 후 활자판을 해체하여 활자를 다시 사용하는 금속활자인쇄와 달리 목판인쇄의 경우는 판목을 보관해 두고 필요할 때마다 인쇄할 수 있는 장점이 있었으므로, 금속활자의 발명 후에도 계속 이용되면서 그 기술이 발전하였다. 10여년에 걸친 작업으로 1251년에 완성된 재조대장경의 8만 1천여 매에 달하는 판목은 변형이나 부식 등을 방지하는 가공기술과 미려한 판각기술에 의해 제작됨으로써 7백년이 더 지난 현재에도 훌륭히 인쇄를 해낼 수 있다.

의학은 국초부터도 중요시되어 학교에 의학박사가 있었으며 과거에는 의과가 설치되었다. 10세기 말 성종대에 지방에 파견된 교육관 중에도 의학박사가 경학박사와 함께 들어가 있었다. 또한 개경과 서경에는 일찍부터 동서대비원(東西大悲院)이 설치되어 의료사업과 의탁할 곳이 없는 사람들의 구제를 맡았고, 예종 7년에는 혜민국(惠民局)이 설치되어 백성들에게 의약을 보급하는 등 국가적인 의료사업을 시행하였다. 그러나 신라 이래 그간의 의술은 대개 중국으로부터 도입된 것이어서 약재도 대부분 수입품이었다. 그런데 점차 의학이 발달함에 따라 12세기 후반 이후에는 중국의 의술로부터 나름의 체계를 세우려는 노력이 이루어져 의서들이 편찬되었는데, 대표적인 것이 고종 23년에 편찬된 『향약구급방(鄕藥救急方)』이다. 이 책은 우리나라에서 편찬된 의서 중 현전하는 가장 오래된 것으로, 향약은 중국에서 수입되는 약재인 당약(唐藥)에 대해 토산약재를 일컫는 말이다. 이 책은 50여 종에 달하는 질병에 대해 값비싸고 구하기 어려운 수입약재 대신 180종의 토산 약재들을 사용한 처방과 치료법이 세 권으로 정리되어 있다. 이는 의료혜택의 범위를 넓히는 데 중요한 역할을 하였고, 한국 전통 의술의 발달에 중요한 계기가 되었다.

4. 몽고와의 전쟁

(1) 장기 항전과 지방민의 활약

13세기 초에 몽고가 일어나 금나라를 치게 되자, 그 여파는 고려에도 밀려왔다. 고종 3년(1216)에는 금나라의 치하에서 반기를 들었다가 패퇴한 거란의 집단이 고려로 밀려와 북변을 침구하였다. 이들은 고려군에게 쫓겨 여진 지역으로 물러났다가 재차 침구해 왔으나 다시 고려군에 몰렸고, 그 주력부대는 평양 근처의 강동성으로 들어가 버티게 되었다(1218. 9).

이 해 12월에 고려와 몽고의 첫 접촉이 이루어졌는데, 극동에까지 세력을 뻗치게 된 몽고군은 거란 무리를 함께 공격할 것과 몽고와 화친을 맺을 것을 고려에 요구해왔다. 이 요구가 고려에 의해 받아들여져 다음 달에 여·몽군이 함께 공격하니, 거란 무리는 곧바로 평정되었고, 여·몽 사이에는 형제의 맹약이 맺어졌다.

고종 8년(1221)부터 몽고의 사신이 고려에 왕래하였는데, 고종 12년(1225)에는 몽고의 사신이 돌아가는 길에 여진이 출몰하는 국경지대인 압록강변에서 피살되는 사건이 발생하였다. 몽고는 이에 대한 고려의 해명을 받아들이지 않고 이를 구실로 삼아 고종 18년(1231)에 고려를 침입하였다(1차 침공). 사르타이(撒禮塔)가 이끄는 몽고군은 북계의 귀주성(龜州城)과 자주성(慈州城) 등에서 강력한 저항을 받아 결국 이들 성을 후방에 남겨둔 채로 남하하여 개경을 포위하였다. 이때 고려에서 화의를 요청하자, 몽고군은 서북면 점령지역에 민정감찰관인 다루가치(達魯花赤)를 배치한 후 요동으로 철수하였다.

화의는 성립되었지만 그후 몽고의 조공 요구가 감당하기 어려울 정도로 과다하고, 파견된 몽고 관리의 내정간섭과 횡포가 심하여, 고려 군신들의 분노를 사게 되었다. 몽고는 그들이 일반 정복지역에 적용하는 것과 동일한 사항들을 고려에 요구하였는데, 이러한 조건도 고려로서는 받아들이기 어려운 일이었다. 이에 최우는 몽고에 대한 항전을 결정하고, 고종 19년(1232)에 방어에 유리한 강화도로 천도함으로써 그 침입에 대비하였다. 한반도 중부 한강 어귀에 위치한 강화도는 서해안에서 1km도 안되는 거리에 있어 임시도성의 기능을 수행할 수 있었으며, 육지와의 사이에 바다를 해자처럼 두르고 있어 수전에 약한 몽고병을 막는 데는 매우 유리한 천연의 요새였다.

천도에 대한 반대의견도 많았으니, 그중에는 천도로써 조정 즉 정권은 전란에 대비하겠지만 방어에 대한 확고한 대책이 없는 백성들의 희생이 클 것이라는 지적도 있었다. 이러한 반대론은 최우의 강압에 눌리고 말았으나, 그후 장기간 지속되는 전쟁의 실상을 잘 예견한 것이었다. 승승장구하면서 유라시아대륙의 상당부분을 제패한 몽고군의 거센 공격을 끝까지 막아낸 것은 지방공동체들의 집적된 힘이었던바, 지방민들은 각 성을 거점으로 하여 불굴의 투지로써 헌신적으로 항전해나갔다. 무신정권은 지방의 항몽전을 독려하며 이끌어나갔으나, 1차 침공 때 대규모 방어군을 편성하여 몽고군의 주력부대에 맞서려 한 것을 제외하면 대체로 강도(江都, 지금의 강화)의 방어에만 급급하였다. 다만 소규모 별초군이 파견되어 곳곳에서 몽고군을 기습하는 활약을 보였다.

몽고군은 1232년에 사르타이의 지휘 하에 2차 침공을 해왔다. 이들은 공격이 어려운 강화를 그대로 두고 고려 전역을 유린하는 전략을 세워, 그 부대 가운데 하나는 현재의 대구 근처까지 내려갔으니, 고려의 초조대장경이 소실된 것도 이때였다. 이러한 몽고군 일부의 이동은 고려의 각 지역민들이 거점으로 삼아 국지적 방어전을 벌이는 성과 성 사이를 몽고군이 통과한 것이었다. 한편 사르타이가 이끄는 주력부대는 한반도 중부의 광주(廣州)를 공격하다 실패하고, 남쪽으로 옮겨서 처인성(處仁城, 지금의 용인)을 공격했으나 참전한 승려 김윤후(金允侯)에 의해 사르타이가 사살되는 위기를 맞았다. 이에 몽고군은 서둘러 퇴각함으로써 2차 침공은 끝이 났다.

몽고는 그후에도 고종 22년(1235)부터 5년간에 걸쳐 3차 침공을 해오는 등 침공과 퇴각을 거듭하여, 고종 46년(1259)에 강화(講和)가 성립되기까지 전쟁은 29년이나 계속되었다. 그간 고려의 조정에서는 여러 차례 몽고와 강화교섭을 하였으나, 사실상의 완전 항복과도 같은 몽고 쪽의 요구조건에 걸려 성사되지 않았다. 그간 전쟁포로만도 20만명에 이르는 등 고려의 전쟁피해는 막대한 것이었으나, 고려의 각지 지방민들의 결사적인 항전에 몽고도 적지 않은 손실을 입었다.

(2) 몽고와의 강화와 무신정권의 종말

항몽전이 장기화되자 무신정권은 재정도 악화되고, 통솔력의 유지도 점차 어려워졌다. 최우의 아들 최항은 집권 8년 만에 병사하였고(1257), 그 뒤를 이은 최의는 다음해인 고종 45년(1258)에 그 수하 김준에 의해 제거됨으로써 최씨정권은 막을 내렸다.

고종 44년 몽고에서 강화교섭의 요구조건을 양보해오고, 고려에서도 다음해에 대몽항쟁을 주도해온 최씨정권이 무너짐으로써 강화교섭은 진전을 보게 되었다. 또한 때마침 일어난 몽고의 제위(帝位) 계승분쟁으로 강화교섭이 급진전되었으니, 고종 46년에 파견된 태자(뒤의 元宗)는 몽고의 헌종(憲宗)이 죽은 직후 그 아우 쿠빌라이(忽必烈, 世祖)를 만나 강화를 성립시켰다. 제위 계승을 놓고 형제간에 무력충돌을 하게 된 쿠빌라이는 그토록 완강한 항전을 벌여온 고려가 자신에게 화의를 요청해온 것에 큰 정치적 의미를 부여하였고, 고려에 대해 전과 다른 호의를 보였다. 그는 고려측에서 강화의 조건으로 제시한 고려왕국의 존속 보장과 몽고군의 즉각적인 철수 등과 관련된 여섯 개 조항의 요구를 모두 수락하였다.

강화는 성립되었으나, 1264년 몽고에서 고려의 국왕이 몽고에 올 것을 요구하자, 무신들을 중심으로 반몽 여론이 다시 일어났다. 더욱

이 몽고가 일본원정을 위해 군대와 물자를 지원해줄 것을 고려에 요구함에 이르러서는 반몽 여론이 크게 고조되어, 원종(元宗)을 중심으로 한 강화론과 충돌하게 되었다. 이 사이에 새로운 무인집정 김준이 살해되고 임연(林衍)이 들어섰으며, 원종 10년(1269)에는 임연이 독단으로 원종을 폐위한 사건이 발생하였다. 당시 몽고에 가 있던 태자(뒤의 忠烈王)가 몽고에 요청하여 지원을 받음으로써 원종은 복위되었는데, 이는 결과적으로 몽고가 고려의 내정에 깊이 간섭하게 만든 사건이 되었다.

복위 직후 몽고에 간 원종은 태자와 몽고 공주의 혼인을 제의하고, 무신정권의 제거를 위해 병력 지원을 요청하였다. 원종 11년(1270) 2월 궁지에 몰린 임연이 원종의 귀국 직전에 병사하였으나 그의 아들 임유무(林惟茂)가 무인집정이 되어 반몽노선을 고수하였다. 그는 강도로부터 개경으로의 환도를 명하는 원종과 대립하다가 살해되었다(1270. 5). 이로써 무신정권은 끝이 나고 왕정이 복고되었으며 개경으로의 환도가 결정되었다.

그러나 강도에서 항몽세력의 주축을 이루었던 삼별초는 개경 환도에 반대하여 반기를 들었다. 배중손(裵仲孫)이 이끈 삼별초는 원종의 아우 온(溫)을 왕으로 옹립하고, 진도(珍島)로 거점을 옮겨 남부를 지배하며 항몽전을 전개했다. 그러나 정부군과 몽고 연합군에 의해 진도가 함락되자(1271), 그 일부가 제주도로 옮겨 저항하다가 원종 14년(1273)에 모두 평정되었다.

4

원세력 침투의 극복과 개혁

1. 원나라의 내정간섭과 고려왕조의 지탱

원(元, 1271년 이후 몽고의 개정된 국호)나라의 도움으로 삼별초의 항쟁이 진압된 다음해에 원종의 청혼에 따라 고려 태자와 원나라 세조(世祖)의 공주가 혼인하였다. 고려 왕실은 원나라 왕실과 긴밀한 관계를 갖게 되었고, 원나라는 고려의 내정에 깊이 간여하게 되었다.

충렬왕(忠烈王) 원년(1275)에 원나라는 고려의 관제가 황제국인 자국의 관제와 같아서는 안된다고 하여 관부명을 개정하게 하였다. 그리하여 중서문하성과 상서성이 통합되어 첨의부(僉議府)가 되는 등 중앙관서들의 명칭이 변경되었다. 또한 원나라는 고려의 왕실 용어와 예법도 황제의 그것과 같을 수 없다 하여, 제후국에 해당하는 것으로 격을 낮추어 고치게 하였다.

충렬왕 즉위년(1274)과 7년(1281)의 두 차례 일본원정에서 원나라는 고려에 군선(軍船)의 건조와 군사 및 물자의 동원을 강요하였다. 또한 제2차 일본원정을 준비하기 위해 1280년에 설치한 정동행성(征東行省)을 상당기간 존속시켜 고려에 폐해를 끼쳤다.

원나라는 또한 고려 영토의 일부를 빼앗아 자국의 지방관부를 설치하였으니, 고종 45년(1258)에는 고려의 동북지역인 화주(和州, 지금의 영흥)에 쌍성총관부(雙城總管府)를, 원종 11년(1270)에는 서경 일대 이북에 동녕부(東寧府)를, 또한 원종 14년에는 제주도에 탐라총관부(耽羅總管府)를 설치하였다. 이 중 동녕부와 탐라총관부는 고려의 요구에 따라 충렬왕 16년(1290)에 반환되었으나, 쌍성총관부는 반환되지 않아 공민왕(恭愍王) 5년(1356)에 무력으로 수복되었다.

원나라는 수시로 금·은·베·양곡 등이나 인삼·약재·매〔海東青〕 등의 특산물을 요구하여 고려 하층민들의 부담을 가중시켰다. 그밖에도 일부다처제(一夫多妻制)인 원나라는 동녀(童女)를 요구하여 고려인들을 괴롭혔다. 원나라 고위층 중에는 고려의 지배층 여인과의 결혼을 원하는 자들이 있어, 고려의 하층민뿐만이 아니라 지배층들도 동녀 요구의 대상이 되곤 하였다. 또한 원나라에 들어간 사람들 중에는 그곳에서 크게 출세한 후 고려정부에 각종 청탁을 하는 경우가 있었고, 고려에 사는 그 친족들은 부원세력(附元勢力)이 되어 문제를 일으키는 경우가 많았다. 공녀 출신 중 원나라 순제(順帝)의 제2황후가 된 기씨(奇氏)와 그 일족은 대표적인 경우였다.

원나라의 내정간섭은 고려사회의 구조적 모순을 급격히 증폭시켰다. 원세력이 침투함에 따라 고려를 배반하고 이에 붙어 출세와 이익을 도모한 부원세력이 준동하였는데, 이들 중 일부는 원나라 조정의 일각에서 추진된 입성책동(立省策動)에 앞장서기도 하였다. 고려의 주권을 빼앗고 원나라의 지방관부를 세워 직접 지배하려는 입성책동은 고려 관리들의 즉각적인 대응으로 좌절되었으나, 이들의 망동은 그치지 않았다. 그들이나 그 친척들은 고려에서 토지겸병 등 여러가지 부정을 저질렀으며, 그에 대해 처벌을 하면 원한을 품고 사단을 일으키곤 하였다. 이들의 이러한 행태는 개혁이 절실하게 필요한 상황에서도 그 추진을 어렵게 한 장애요인의 하나가 되었다.

이러한 원세력의 침투에 휘말리는 가운데 고려 지배층은 정치의 원칙을 상실하게 되었고, 법질서는 혼란에 빠졌다. 법과 제도에 의한 정부조직의 정치기능은 제대로 발휘되지 못하였다. 고려 지배층은 사적인 이해관계에 따른 대립에 빠져 정치적 합의와 결속을 이룰 수 없었고, 정치는 국왕과 그를 가까이 따르는 일부 측근 신료들을 중심으로 파행적으로 운영되었다.

2. 사회모순과 농장의 발달

최고지배층인 권문세족으로는 고려전기의 일부 문벌의 후예와 무신집권기에 대두한 세력들이 있었고, 여기에 원세력 침투 이후 이루어진 파행적인 정치 속에서 새로이 고위 관직을 얻어 권세가가 된 부류들이 포함되었다. 이들에게는 전기의 문벌과 같은 명문으로서의 전통이 별 의미를 지니지 못하게 된 반면, 현재의 관직이 좀더 큰 의미를 갖게 되었다. 이들은 계급내혼에 의해 인척관계로 뒤얽혀 서로 끌어주고 비리를 은폐해주는 기득권층으로, 새로이 권세를 얻고 지위가 높아진 자들은 그들과 통혼하여 인척관계로 얽힘으로써 권문세족이 될 수 있었다.

권문세족의 상당수는 원나라의 내정간섭에 대해서 문제의식을 결여한 채로 타협하고 안주하는 친원적인 성향을 지녔다. 그들은 경제적으로는 대개 대규모의 농장(農莊)을 보유하였는데, 그 대부분이 불법적인 점탈에 의한 것이었다.

토지겸병은 수조권과 소유권 모두를 대상으로 진행되었고, 국고수조지까지 잠식하며 농장이 발달하였다. 어떤 수조지는 중복된 토지겸병으로 인해 수조권자인 전주(田主)가 여러 명이었는데, 이 때문에 농민들은 2~3중의 수탈을 당하였다. 또한 사회적인 혼란과 가중된 수탈을 견디지 못한 농민들이 권세가에게 몸을 투탁하여 전호(佃戶)가 됨으로써 농장에 인구가 집중되었다. 투탁한 농민들은 권세가들에 의해 은닉되어 국가에서 공민으로 파악할 수 없었기 때문에, 이들은 국가에 대한 공부와 요역의 의무를 부담하지 않는 대신, 농장주에게 그에 해당하는 것을 수취당하였다. 이러한 농장은 왕실과 사원도 보유하였는데, 왕실은 가장 많은 농장을 보유하였다.

토지겸병의 진행과 농장의 발달로 인해 국고수조지가 감소됨으로써 국가의 재정은 고갈되었다. 전시과제도는 이미 무인집권기에 그 기능이 마비되었고, 국고 수입에서 지급되던 관리들의 녹봉도 제대로 지급될 수 없게 되었다. 원종 12년(1271)에는 부실한 녹봉제를 보충하기 위한 녹과전제(祿科田制)가 실시되었다. 그것은 주로 경기지역의 새로운 개간지를 대상으로 하여 수조권이 분급된 것이었으나, 만연한 토지겸병으로 인해 그 시행이 어려웠다.

3. 원세력의 축출과 개혁 추진

고려사회의 문제를 바로잡기 위한 개혁정치는 원세력을 축출하기 전에도 시도되었으나 성과를 거둘 수 없었다. 1298년에 충렬왕으로부터 선위(禪位)를 받은 충선왕(忠宣王)은 즉위교서를 통해 인사행정 및 토지겸병의 문제 등 국정 전반에 대한 개혁의 의지를 천명하였다. 그는 정방을 폐지하고 사림원(詞林院)을 설치하여 개혁정치를 추진하는 한편 전반적인 관제도 개정하였다. 그러나 부원세력이 중심이 된 기득권세력의 책동과 원나라의 내정간섭에 의해 그가 퇴위하고 충렬왕이 다시 즉위함으로써 개혁정치는 실패하고 관제 개혁도 원점으로 돌아가고 말았다. 충목왕(忠穆王) 즉위(1344) 후에는 개혁 전담부서인 정치도감(整治都監)이 설치되어 개혁이 추진되었으나(1347), 역시 부원세력의 방해와 원나라의 간섭으로 실패하고 말았다.

중앙정부의 정치는 표류하고 있었지만, 사회적으로는 새로운 사회주도층인 신흥사대부층(신흥양반)이 성장하고 있었다. 가중되는 수탈로부터 살아남기 위한 농민들의 자구 노력이 기울여지는 가운데 신흥사대부들의 새로운 농서(農書)의 편찬 등에 힘입어 농업기술의 발달이 이루어짐으로써 농업생산이 증가하였다. 지방에 생활기반을 둔 중소 지주층이었던 신흥사대부들은 농업생산력의 증가로 새로운 경제적인 힘을 갖게 되었다. 신흥사대부들은 선대가 지방의 향리 출신인 경우가 많았다. 그들은 과거에 급제하거나 군공(軍功)을 쌓아 문무품관직을 획득하였으며, 사상적으로는 신유학(新儒學) 즉 성리학의 소양을 갖춘 지식층이었다. 이들은 점차 중앙에 진출하여 세력이 확대되고 있었고, 사회문제의 개혁을 열망하였다.

1351년 공민왕이 즉위하여 원세력을 축출하면서 개혁은 본격화되었다. 공민왕은 정방을 혁파함으로써 인사행정을 정상화하고 신흥사대부들을 기용하였다. 또한 그는 전민변정도감(田民辨整都監)을 설치하여 토지겸병과 양민의 불법적인 노비화를 바로잡는 개혁에도 착수하였다. 공민왕 5년(1356)에는 기철(奇轍) 등의 부원세력들이 처단되고, 정동행성의 이문소(理問所)가 혁파되었으며, 쌍성총관부 지역이 무력으로 수복되었다. 또한 원나라의 압력으로 변경된 관제의 대부분이 3성·6부 등 본래의 관제로 일단 복구되었다. 공민왕은 이처럼 원나라에 정면으로 맞서는 한편, 원나라에 반기를 들고 새로이 일어난 명(明)나라에 사신을 파견하여 친명정책을 취하였다.

원세력의 축출은 이루어졌지만, 토지겸병과 양민의 불법적인 노비화 등에 대한 개혁은 권문세족의 반발로 인해 성공을 거두지 못하였다. 그리고 이 시기에 고려는 원나라에서 반란을 일으켰다가 패퇴한 홍건적(紅巾賊)의 두 차례에 걸친 침구(1359·1361)를 격퇴하고 원나라의 침공도 물리쳐내긴(1363) 했지만, 공민왕이 개혁을 추진하는 데는 이 또한 부담이 되었다.

공민왕은 재위 14년(1365)부터 기득권층과 연결되지 않은 한미한 출신의 승려 신돈(辛旽)을 기용하여 과감한 개혁정치를 추진하였다. 권신들이 정권에서 축출되고, 신흥사대부 출신들이 대거 기용되었다. 또한 다시 설치된 전민변정도감이 활성화되어 권문세족이 탈점한 토지들이 원래의 주인에게 반환되고, 노비로서 억울함을 호소하는 이들이 양민으로 해방되기 시작하였다. 그러나 개혁을 이끌던 신돈이 권문세족들의 반발과 자신의 실책으로 제거되고, 공민왕마저 의문의 시해를 당함으로써(1374), 이 개혁도 실패로 끝났다. 이처럼 공민왕의 내정개혁은 실패로 돌아갔지만, 그 과정에서 신흥사대부들이 중앙정계에 대거 진출하여 세력을 키움으로써 다음 단계 개혁의 밑바탕이 되었다.

4. 14세기 말 개혁의 진행

권신(權臣)인 이인임(李仁任)이 10세의 우왕(禑王)을 옹립함으로써(1374) 권력은 다시 권문세족의 손에 들어갔다. 이인임 일파는 신흥사대부들을 억압하고 노골적으로 토지겸병을 자행하였다. 반원정책도 수정되어, 원나라와 명나라에 대한 등거리 외교가 추구되었다.

우왕대 초의 최대 현안은 14세기에 들어와 급격히 창궐하게 된 왜구(倭寇)를 퇴치하는 것이었다. 왜구는 도처에서 잔혹하게 노략질을 하여 세곡(稅穀) 수송망인 조운(漕運)까지 마비시킬 정도였다. 고려 조정은 일본 바꾸후(幕府)에 왜구의 노략질을 근절해달라고 요구하였으나, 내란에 처한 바꾸후가 지방을 통제할 수 없었기 때문에 별 성과가 없었다. 우왕 3년(1377)에 최무선(崔茂宣)의 노력으로 화통도감(火㷁都監)이 설치되어 화포(火砲)가 제작되었다. 우왕 6년에는 금강 입구에 침구해 온 왜구의 5백여 척의 대선단에 화포 공격을 하여, 배를 모두 불태워 퇴로를 차단하였고 내륙으로 침투한 왜구들도 이성계(李成桂) 등의 토벌군이 완전 소탕하였다. 이로써 왜구들은 기세가 꺾이기 시작하였는데, 창왕(昌王) 원년(1389)에는 박위(朴葳)가 이끄는 고려군이 왜구의 소굴인 대마도(對馬島)를 정벌하였다.

왜구 문제가 어느정도 수습된 후인 우왕 14년(1388) 1월에는 토지겸병으로 악명 높은 권문세족인 이인임 일당이 대대적으로 숙청되었다. 이 숙청은 권문세족 출신이지만 청렴하고 강직하기로 이름난 최영(崔

瑩) 장군이 우왕과 상의하여 집행하였고, 신흥세력인 이성계 장군이 그에 조력하였다. 이로써 권문세족의 기세가 꺾이고 신흥 사대부들이 본격적으로 정치활동을 시작하게 되었다. 그러나 미온적인 정책을 추진하던 최영과 적극적인 개혁을 원하는 신흥사대부 간에는 틈이 있었다.

같은 해에 명나라가 철령위(鐵嶺衛)를 설치하겠다며, 쌍성총관부 지역을 내놓으라고 강압적인 통보를 해오자, 최영은 북으로 밀려난 원나라에 명나라를 협공할 것을 제의하고 명나라의 동북 방면 전진기지인 요동에 대한 정벌을 추진하였다. 이에 대해 이성계는 군사적 난점을 들어 반대를 하였으나 받아들여지지 않았다. 조민수(曺敏修)와 함께 원정군을 이끌고 출병한 이성계는 압록강 가운데에 있는 위화도(威化島)에서 머물면서 지휘권을 장악한 다음 군사를 개경으로 돌려 최영을 제거하고 정권을 장악하였다(1388. 6). 요동 정벌은 중도에 그쳤으나, 이후 명나라의 철령위 설치 기도도 중지되었다.

이성계 일파의 집권 후 신흥사대부들은 권문세족이나 사원이 보유한 농장 등을 몰수하고 새로운 토지제도를 실시하기 위해 사전(私田)개혁을 추진하였다. 권문세족들의 세력은 크게 약화되었으나, 반발도 작지는 않았다. 폐위된 우왕의 아들 창왕이 이성계 일파의 반대에도 불구하고 어렵게나마 왕위를 이을 수 있을 만큼 구세력도 명맥을 유지하고 있었다. 그렇지만 이성계 일파가 창왕마저 폐위하고 공양왕(恭讓王)을 옹립하자(1389. 11), 정치는 완전히 신흥사대부들에 의해 주도되었다. 사전개혁도 본격화되었다. 전국의 토지에 대한 측량이 시작되어 공양왕 2년(1390)에 완료되자 종래의 공사전적(公私田籍)이 모두 불태워졌다. 사전개혁에 의해 국가의 세수(稅收) 대상 토지가 확보됨으로써 국가재정이 확충되고, 관료들에게도 경제적 급부로서 과전(科田)이 지급될 수 있었다.

공양왕 3년 전시과제도와 마찬가지로 수조지인 과전을 분급하는 과전법(科田法)이 공포되었다. 그러나 전시과제도 그대로 복구된 것은 아니었으니, 과전법의 수조지 분급 대상지역은 경기지역에 한정되도록 축소되었고, 분급대상도 대체로 현직관리들을 중심으로 한 범위에 제한되었다. 이러한 수조지제도의 대폭적인 축소는 소유권에 의한 토지지배가 확대되고 수조권에 의한 토지지배가 축소·쇠퇴되어가는 시대적 상황이 반영된 것이다.

신흥사대부들은 정치와 사상 등의 면에서도 새로운 질서를 추구하며 개혁을 확대하였다. 그리하여 마침내 조준(趙浚)·정도전(鄭道傳) 등 급진적 개혁을 추구하는 역성혁명파(易姓革命派)가 온건한 개량을 주장하는 이색(李穡)·정몽주(鄭夢周) 등의 반대파를 꺾고 이성계를 왕으로 옹립함으로써 고려에서 조선(朝鮮)으로 왕조가 바뀌게 되었다.

고려에서 조선으로의 왕조 교체는 국가사회로서는 연속성을 가졌던 것이었으니, 왕조만이 아닌 기존 국가사회 자체가 멸망하여 영토와 국민이 크게 변동하였던 앞시대의 삼국에서 통일신라·발해로의 변화나, 통일신라에서 후삼국을 거쳐 고려에 이르는 왕조의 변화와는 다른 성격을 가졌다. 고려에서 조선으로의 변화는 왕실과 왕조로서는 종말과 새로운 개창이었으나, 영토와 국민로서는 연속이었으며, 고려 말 당시 국가체제 안에 포괄된 지배층 내에서의 정권교체라는 성격을 강하게 갖는 것이었다. 그리고 그 정권교체의 이면에서는 고려후기 이후 광범한 사회변동 속에서 암중모색되던 개혁이 확고한 방향을 잡고 새로운 체제를 구체화시키는 결실을 보고 있었다.

5. 14세기의 문화

(1) 불교의 쇠퇴

13세기 말에서 14세기 중반에는 고려사회의 기본적 원칙과 정신이 원나라의 내정간섭으로 무너지는 한편 원나라의 문물들이 비판적 검증

신안 해저유물선 복원 모형
14세기 고려와 원나라 사이를 왕래한 선박, 국립해양유물 전시관 소장

을 거치지 않고 흘러들어왔다. 자주성의 손상에 따른 이러한 현상은 문화의 여러 부문에 걸쳐 전통과의 단절로 이어졌고, 원나라 형률(刑律)들의 무원칙한 유입으로 인해 나타난 것처럼 혼란과 방향상실을 초래하였다.

선종 승려들 사이에서는 원나라로부터 당시 선종의 주도적 종파였던 임제종(臨濟宗)을 새로이 수입하는 것이 유행하였다. 당시의 대표적 승려로서 공민왕 5년(1356)에 왕사(王師)에 임명된 보우(普愚, 호 太古) 같은 승려는 간화선(看話禪)과 함께 원나라 임제종의 법통을 전수받았음을 특별히 내세웠지만 발전된 새로운 불교사상을 가진 것이 아니었고, 또 간화선을 내세우면서도 수선사의 불교 전통과는 단절되어 있었다. 지눌처럼 간화선의 철학적 기초를 마련하기 위한 노력이나, 혜심처럼 관련 서책을 편찬하는 것과 같은 작업은 찾아볼 수 없었다.

기존 불교 결사체들 역시 변질되었고, 각 종파의 교단들도 타락의 늪에 빠져들고 있었다. 최씨정권과 밀착되었던 수선사는 원의 내정간섭을 받는 가운데 상대적으로 위축되었으며, 백련사는 왕실의 원찰(願刹)인 묘련사(妙蓮社)로 변하였다. 수선사는 공민왕대에 다시 대두하여 두 명의 왕사를 배출하고 '동방제일도량(東方第一道場)'으로 일컬어질 정도로 선종의 중요한 한 갈래로는 유지되고 있었지만, 고려 불교계를 주도할 정신적 힘을 갖지는 못하였으며, 결사정신의 퇴색과 함께 명칭도 송광사(松廣寺)로 바뀌었다.

사상적인 빈곤 속에서 명리(名利)에 따라 승려들의 이합집산이 이루어지고, 그들간에 파벌싸움이 치열하게 전개되었다. 공민왕 5년에 원융부(圓融府)를 세워 보우로 하여금 요속(僚屬)을 두고 승직(僧職)의 임명 등 승정(僧政)을 관장하게 하자, 사찰의 주지 자리를 청탁하는 자들이 그에게 몰려드는 사태가 일어났다. 당시 다투어 보우의 문도가 된 승도들은 수를 셀 수 없을 지경이었다고 하는바, 그의 문도들이 소속했던 교단은 거의 모든 종파와 선문들이 망라되어 있었다.

본래 승정은 승록사(僧錄司)에서 관장하여, 불교 교단 내의 질서가 법과 제도에 의해 유지되고 있었다. 그런데 부(府)를 세워 특정 승려로 하여금 승정을 관장하게 한 것은 법과 제도에 의한 승정이 근본적으로 흔들리게 되었음을 의미하는 것으로, 이는 고려후기의 정치가 법과 제도에 의해 운영되기보다는 국왕이 신임하는 측근에 의해 파행적으로 운영된 것과 같은 양상이었다.

불교 교단의 기본적 질서가 와해되자 분열과 분쟁도 극심해졌다. 교리의 차이나 수행상의 기풍 차이와 무관한 파벌싸움이 조계종의 9산선문(九山禪門)들 사이에서 그리고 조계종·화엄종·법상종·천태종·시흥종(始興宗) 등 모든 종파 사이에서 전개되었다. 또한 각 종파 사이에 사찰을 차지하려는 쟁탈전도 치열하였다. 사원들은 왕실 및 권문세족들과 밀착해 막대한 농장을 보유하고, 고리대나 양주(釀酒)로 부를 축적하기도 하였다. 사원의 비리와 승려들의 비행이 만연하였지만, 불교 교단에서는 이를 수습할 정신적 역량을 갖추고 있지 못하였다. 그 결과 불교는 새로이 등장하는 사대부층으로부터 거센 비판을 받으면서, 지배층의 이념의 한 부분을 차지하며 사회를 이념적으로 이끌던 위치에서 밀려나게 되었다.

(2) 성리학의 대두

불교가 지배적인 이념에서 밀려나는 한편 기존 유교이념을 대체하며 성리학이 대두하였다. 13세기 말부터 원나라에 왕래한 안향(安珦)·백이정(白頤正) 등에 의해 성리학 서적이 집중적으로 연구되기 시작하였고, 원나라 성리학자들과 활발히 교유한 이제현(李齊賢) 이후 성리학 연구는 더욱 심화되어갔다. 그러나 성리학을 쉽게 이해하고 그것에 공감할 수 있게 하는 사상적 기초가 형성된 것은 오래 전이었다.

최충의 단계에 이미 심성론과의 관련성이 엿보이고, 12세기부터는 송나라 유학자들의 서적이 고려에서 널리 읽혀져 인종이 송나라 사신에게 중요 성리학자의 안부를 물을 정도로 성리학적 사조에 대한 관심도 확대되고 있었다. 사서(四書)와 삼경(三經) 가운데 성리학에서 중요시하는 『중용』과 『주역』이 주목을 받아 경연에서만도 여러 차례 강론이 되었다. 이러한 가운데 이미 무신집권기에는 임춘 등의 유자(儒者)들이 부분적이나마 성리학적인 소양을 지니고 있었다. 불교계의 심성론이나, 근본적인 것과 파생적인 것 또는 본체와 현상에 해당하는 체(體)와 용(用)에 대한 철학적 논의도 불교철학의 영향을 받은 성리학이 이해되고 확산될 수 있는 사상적 배경이 되었다.

현실적으로는 당시 고려사회의 정치적 혼란과 도덕적 타락이 심화되면서 개혁을 원하는 지식층들이 성리학에 매력을 느꼈다. 불교나 훈고학적(訓詁學的)인 기존 유교와 달리, 정주성리학(程朱性理學)은 이러한 현실 사회문제에 대해 나름의 대응책을 제시해주는 사상이었다. 특히 고려에 들어온 원나라의 성리학은 형이상학적이고 사변적인 경향을 지닌 남송(南宋)의 성리학과는 달리 실천적이고 경세론적(經世論的)인 성격이 강하였다. 인간의 심성에 대한 이론체계에서 출발하여 일관된 원칙인 도의(道義)와 그 실천형식인 예(禮)로써 개인의 삶에서부터 가족생활, 국가정치 및 천하의 안정에 이르는 질서와 가치체계를 제시한 성리학은 개혁을 원하는 새로운 사회주도층인 사대부들로부터 실천적 경세론으로서 공감을 얻었다.

성리학적 개혁은 고려후기에 지속적으로 사회 전반에 대해 추구되면서 그 대상이 확대되고 수준이 심화되어갔다. 성리학자들은 먼저 무신집권기 이래 재정 지원을 받지 못해 유명무실해진 국학(國學)의 진흥을 꾀한바, 안향은 기금을 설치하고(1304) 국학의 중흥에 힘썼다. 그 후 공민왕대에 성균관(成均館)이 이색·정몽주 등의 대표적인 성리학자들의 노력에 힘입어 성리학을 진흥시키는 기구로 자리잡게 되었다. 토지겸병 등으로 나타난 토지제도의 혼란과 부패상에 대해서는 이른바 '경계(經界)를 바르게 하는 것이 인정(仁政)의 시작'이라는 기치 아래 개혁이 강도를 높이며 거듭 추구되었는데, 그 결과 토지제도를 개혁한 과전법의 제정에 이르게 되었다. 국왕의 측근들인 권세가들에 의해 파행적으로 운영되는 정치에 대해서는 법과 제도에 의한 정치가 강조되었다. 성리학적 수양과 학식을 갖춘 새로운 관인상(官人像)이 표방되었으며, 일각에서는 제도적으로 재상(宰相)을 중심으로 이루어지는 정치가 주장되기도 하였다. 이러한 개혁의 시도들은 진퇴를 거듭하면서도 점차 확대되어 고려에서 조선으로의 왕조 교체에까지 이르게 되었다.

성리학자들은 수신(修身)과 가족생활의 문제에까지 새로운 운동을 추진하여, 주자(朱子)의 실천덕목에 대한 저술인 『소학(小學)』과 가족생활의 예의규범인 『주자가례(朱子家禮)』를 보급하였다. 개인의 성리학적 수양과 학식을 추구하는 수신은 비교적 쉽게 확산되어 사대부(士大夫, 선비와 官人)의 기초적인 조건으로 자리잡았다. '효'의 이념은 가족생활의 기초이념으로 다시 확립되게 되었다. 그러나 성리학적 가족생활 예법의 수용이 크게 진전되는 것은 이 뒤에도 1~2세기 이상의 시간이 소요되어야 했고, 그후에도 그것이 전통적 친족제도를 완전히 대체할 수는 없었다. 고려의 전통적인 가족생활의 예법은, 부계의 종법제(宗法制)에 입각하고 있는 성리학의 가족생활 예법과는 근본적으로 다르게, 남녀의 성별로 계보관계에 거의 차등을 두지 않는 가운데 촌수의 원리가 작용하면서 생활 속에 깊이 뿌리박고 있었으므로, 강고한 성리학적 이념으로도 그러한 것을 개편하기가 어려웠기 때문이다. 예컨대 고려의 전통적인 관습인 자녀간의 균분상속과, 혼인 초에 남자가 처가에 들어가 살다가 분가하고 종종 처가 지역에 그대로 거주하는 남귀여가혼(男歸女家婚)의 경우 그 변화는 수세기에 걸쳐 이루어졌다. 이러한 제도들을 성리학적인 아들 중심, 장자 중심의 상속제와 여자가 남편집으로 시집와서 사는 친영제(親迎制)로 바꾸는 문제는 성리학자들간에 거듭 논의되는 가운데 17세기 이후에 변형된 형태로 사회 속에 점차 자리잡을 수 있었다.

불교의 타락현상과 기복행위에 치중하는 미신적인 요소도 성리학자들의 중요한 개혁 대상이었다. 초기의 성리학자들은 불교의 타락현상만을 비판하였을 뿐 불교 자체를 근본적으로 부정하지는 않았다. 이색 같은 유학자는 불교철학의 일부 개념으로 성리학을 이해하려 하였다. 그러나 불교에 대한 비판론이 점차로 고조되어, 고려 말 정도전은 『불씨잡변(佛氏雜辨)』에서 불교철학 자체를 비판·부정하는 이기철학(理氣哲學)을 본격적으로 전개하였다. 그리하여 불교는 사대부들 사이에서 사상적 정당성 자체가 부정되면서 타파대상으로 지목되기에 이르러 이후 급격히 위축되었으며, 그 사상적 발전도 어려워지게 되었다.

성리학적 이념의 개혁이 확산되는 동안 성리학은 사회의 지배적인 사조로 그 위치를 확고히 굳혀나갔다. 그 과정에서 불교의 도통론(道統論)보다도 엄격한 성리학의 도통론 이념이 점차 강화되어갔다. 그것은 당시로서는 개혁이 좀더 철저히 추진되어간다는 발전적 의미를 갖는 것이기도 했으나, 한편으로 성리학이 그 이념과 다른 이질적 사상이나 문화에 대해서 경직성을 갖게 되는 것이기도 하였다. 그 결과 이미 전통문화에 깊이 뿌리 내린 불교나 토속적인 제전 등이 극단적으로 부정되기에 이르렀고, 유학 자체에서도 정주성리학만을 유일하게 정당한 것으로 여기는 사상적 경향이 형성되어나갔다.

(3) 역사서의 편찬

13세기 말의 역사서들에서는 일찍부터 동아시아에서 중국과 나란히 또 하나의 문명국가를 이루어온 본국의 역사전통을 부각하는 역사인식들이 나타났다. 이러한 역사인식은 장기간에 걸쳐 세력을 침투시키며 입성책동 등으로 고려왕조의 존립을 위협한 원나라에 맞서 고려의 관인들이 왕조의 독자성을 지켜나가는 정신적 힘이 되었다.

13세기 말 이승휴(李承休)는 역사를 운문체로 서술한 『제왕운기(帝王韻紀)』에서 요동(遼東) 이동(以東)이 중국과는 다른 별도의 세계였다고 밝히고, 중국사와 본국 역사를 전설시대로부터 당대에 이르기까지 병렬적으로 대비해 서술하였다. 또한 그는 본국의 역사서술을 단군조선(檀君朝鮮)에서부터 시작하였고, 『삼국사기』와는 달리 신라 중심의 역사인식에서 탈피하여 발해사를 본국 역사에 포괄하였다.

이보다 조금 앞서 승려 일연(一然)도 『삼국유사(三國遺事)』에서 중국의 전설적 성군(聖君)인 요·순(堯舜)의 시대에 해당하는 단군의 시대를 본국 역사의 시작으로 서술하였다. 특히 일연은 김부식이 『삼국사기』에서 유교적 합리성과 덕목을 강조하면서 변개하거나 누락한 고대의 신화나 습속 및 기록 들을 풍부하게 수집하여 고대의 전통문화를 좀더 원자료에 충실하게 서술하였다. 『삼국유사』가 불교사에 큰 비중을 두고 서술된 것은 일연이 승려였던 까닭도 있으나, 불교문화 및 그와 습합된 토속문화가 고대문화에서 차지하는 비중을 그가 긍정적으로 이해했기 때문이기도 하다.

14세기 이후 사회문제의 개혁이 중요한 과제가 되면서, 고려 당대의 문물을 정리하고 비판적으로 검토한 역사서들이 편찬되었다. 충렬왕대에 정가신(鄭可臣)은 『천추금경록(千秋金鏡錄)』을 편찬하였고,

충선왕대에 민지(閔漬)는 『본조편년강목(本朝編年綱目)』의 찬술에 착수하여 충숙왕(忠肅王) 4년(1317)에 완성하였다.

특히 당시 성리학의 정통론(正統論)과 명분론(名分論)에 입각한 새로운 사관(史觀)이 점차 정립되어, 새로운 관점에서 역사를 정리하는 작업이 활발하게 전개되었다. 기존 편찬사서들을 고치고 보충하여 펴내는 개찬작업이 많았던 것도 새로운 사관의 성립과 무관하지 않았다. 어느 시대나 역사의 이해는 곧 현재를 이해하는 기초적 틀이 되기 때문에, 국내외 정세의 변화 속에서 개혁을 모색한 당시로서는 새로운 관점에서 좀더 보완된 역사이해가 요구되었던 것이다. 권보(權溥)는 민지와 함께 정가신의 『천추금경록』을 증보하여 『세대편년절요(世代編年節要)』를 편찬하였는데, 이 책은 공민왕 20년(1371)에 이인복(李仁復)·이색 등에 의해 『본조금경록(本朝金鏡錄)』이란 이름으로 다시 한번 증수되었다. 민지의 『본조편년강목』도 30년 정도가 지난 시점에서 이제현·안축(安軸)·이곡(李穀) 등의 성리학자들에 의해 증보되었다.

증보·개찬만이 아니라 새로이 역사를 편찬하는 작업도 추구되었으니, 이제현은 당대의 역사를 서술한 『충헌왕세가(忠憲王世家)』를 편찬하였고, 공민왕 6년(1357)에 왕명을 받고 이인복은 『고금록(古今錄)』을 편수하였다. 이제현 등은 고려 역사의 대대적인 정리를 시도하여 기전체의 『국사(國史)』를 편찬하는 데 착수하였으나 완성을 보지는 못하였다. 그러나 이제현의 일부 저술과 각 왕대에 대한 논평인 사찬(史贊)은 조선 초의 『고려사(高麗史)』 등에서 대부분 비중있게 인용될 만큼 새로운 사조의 사관을 담고 있었다. 그의 사론은 명분론과 정통론의 관점에 서서 각 왕대의 역사를 평가하였으며, 현실에 대한 개혁과 국가질서의 회복을 지향하는 의식을 담고 있었다. 그러나 고려사회의 모순에 대해서는 대내적인 문제만을 지적하는 데 국한되고, 대원(對元)관계에서 기인한 모순에 대해서는 거의 지적하고 있지 않은데, 이는 원나라의 압력으로 자유로운 서술이 제약을 받은 시대적 한계로 인한 것이었다. 하지만 그가 고려전기의 자주적이고 적극적인 대외관계의 활동에 대해서까지 부정적인 평가를 내린 것은 사대적인 사조의 영향이었다.

개혁과 새로운 사회체제가 추구되는 가운데 새로운 역사인식을 정립하기 위한 노력 역시 고려후기 이후 장기간 추구되었으나, 당시에는 완결적인 의미를 갖는 역사서를 만들어내지 못하였다. 이러한 고려시대 역사에 대한 정리작업이 일단락되는 것은 조선 초 새로운 체제가 자리를 잡게 되기까지 기다려야 했다.

제3장

조선

1. 양반 관료국가와 양반문화
2. 16세기 사림의 성장과 왜란
3. 조선왕조의 중흥
4. 조선후기 문화의 중흥
5. 19세기 전반기 서울과 지방의 갈등

1

양반 관료국가와 양반문화

1. 양반의 등장

고려(高麗)에서 조선(朝鮮)으로의 이행은 단순히 왕씨(王氏)국가가 이씨(李氏)국가로 바뀐 것이 아니라 사회 전반과 학문·사상의 변화를 수반하였다. 그런 점에서 조선왕조(1392~1910)의 등장은 한국사 시대구분의 중요한 기점이 되고 있다.

조선왕조는 여러가지 측면에서 고려왕조와 차이점을 드러냈다. 중앙집권체제의 강화는 가장 중요한 차이점이다. 전국의 모든 군(郡)·현(縣)과 주민이 중앙정부의 직접적인 관할 하에 들어간만큼, 주민에 대한 지방 권력자의 영향력은 약화되었다. 지방 권력자의 영향을 받고 있던 부곡의 하층민들이 평민으로 해방되었고, 그들이 소유하고 있던 노비들 가운데에서 평민으로 상승한 이도 적지 않았다.

평민의 확대는 자연히 국가의 재정이 확대되고 군사력이 커지는 결과를 가져왔으며, 나아가 거대한 농장을 소유한 대지주(大地主)의 몰락을 가져왔다. 조선왕조 건국을 전후하여 실시된 일련의 토지개혁은 대지주가 몰락하는 결정적 계기가 되었다. 조선시대에도 대지주가 전혀 없었던 것은 아니지만, 크게 보면 조선은 중소지주층이 주도한 사회였다고 할 수 있다.

대지주에서 중소지주로의 세력교체는 자연히 학문·사상의 변화를 수반하였다. 불교의 급속한 쇠퇴와 성리학(性理學, Neo-Confucianism)의 확산이 그것이다. 이는 정치이념 속에 자리잡고 있던 신비주의와 종교적 관념론이 크게 후퇴하고, 이성과 합리적 세계관 그리고 개체의 주체성이 한층 고양된 것을 의미한다. 조선시대 정치·사회의 발전은 이러한 학문·사상의 변화에 의하여 밑받침되었다.

조선시대의 문화는 한국적 개성을 더욱 짙게 풍기면서도 동아시아세계의 보편성을 공유하였으며, 17세기 이후로는 서구세계의 문명과 교류의 폭을 넓히면서 근대문명을 싹틔워갔다. 민족적 개성과 세계적 보편성의 동시적 추구와 양자의 조화로운 발전이 성리학의 틀 속에서 이루어진 것임을 주목할 필요가 있다. 조선의 성리학은 주자학이 교조적으로 적용된 것이 아니라, 주자학이 중심이 되고 여기에 양명학·도교·불교·천주교 등 다양한 사상조류들이 절충되면서 탄력성 있게 전개되어갔다. 바로 이러한 탄력성이 조선왕조가 장수한 비결이었던 것이다. 송(宋)나라의 성리학이 민간성리학이라면, 조선의 성리학은 국가경영과 직결된 국가성리학이었다.

고려는 34명의 왕이 474년의 역사를 이끌어갔으나, 조선은 27명의 왕이 518년의 역사를 엮어갔다. 더 적은 수의 왕들이 더 긴 역사를 이끌어간 것은 그만큼 정치의 안정성이 높았다는 것을 의미한다. 그리고 정치의 안정성은 바로 사회의 안정성을 반영하는 것이다. 부패하고 독재적인 정권이 장기간 지속하는 예는 없다.

조선왕조를 주도해간 계층은 이른바 양반(兩班)이었다. 고려시대에 문반(文班)과 무반(武班)의 구별이 확연해지면서 이 둘을 합쳐 양반이라고 불렀지만, 조선시대의 양반은 고려시대의 양반과 성격이 달랐다. 첫째, 고려의 양반은 음서(蔭敍)의 혜택을 받고 국가로부터 토지를 하사받아 세습적인 귀족가문을 형성하는 경우가 많았으나, 조선의 양반은 세습적 귀족이 아니었다. 조선의 양반은 음서와 토지 지급의 혜택이 크게 축소되고 본인의 학문 능력에 따라 출세가 좌우됨으로써 성취신분의 성격이 강하였다. 과거를 비롯한 각종 시험을 거치지 않고 관리가 되는 길은 거의 봉쇄되어 있었던 것이다. 그러므로 양반과 평민 사이에서는 부단히 계층이동이 일어났으며, 양자간에는 뚜렷한 법제적 차별이나 구별이 없었다.

조선의 양반은 뚜렷한 벼슬이 있거나, 학문(유학의 교양)과 도덕성이 높을 경우에만 사회적 존경을 받았다. 또한 경제력이 반드시 양반의 조건이 되는 것은 아니었으니, 가난한 양반도 학문과 도덕성이 높으면 국민의 존경을 받았다.

양반은 사대부(士大夫) 혹은 선비로도 불렸다. 특히 선비는 독서를 업으로 하는 사람을 가리키며, 중국의 사(士)에 해당한다. 선비는 관직이 없더라도 존경의 대상이 되었고, 국가로부터 군역을 면제받는 경우가 많았다.

학자-관인(scholar-official)의 특성을 지닌 양반이 성장하기 시작한 것은 13세기 중엽이다. 1세기간 계속된 무신집권시대가 끝나면서 문인 학자들의 역할이 커졌는데, 그들은 원(元)나라로부터 성리학을 적극적으로 받아들여 이를 바탕으로 고려를 자주적이고 도덕적인 국가로 중흥시키고자 왕과 긴밀히 협력하였다. 그들에게는 무신정권이나 원나라와 연결된 특권귀족들을 도태시켜 중앙집권적 관료국가를 재건하는 일과 원나라에 의해 손상된 고려의 위신을 회복하는 일이 가장 중요한 과제였다.

13세기 중엽 이후의 고려 왕들은 원나라의 황녀(皇女)와 결혼하여 혈통상으로는 몽고족의 피를 받고 태어났으면서도 정신적으로는 고려왕으로서의 자존심을 잃지 않고 개혁운동에 앞장섰다. 특히 14세기 중엽에 왕위에 오른 공민왕은 원나라가 쇠퇴하고 명(明)나라가 등장하는 기회를 이용하여 반원적이고 반귀족적인 개혁을 단행하였으며, 유교 교육의 중심기관으로서 성균관(成均館)을 부활시켜 유학(신유학)을 크게 장려하였다. 공민왕의 개혁은 개혁추진세력이 미약하여 부분적인 성공에 그치고 말았지만, 공민왕이 길러낸 유학자들은 그가 죽은 지 20년도 안 되어 마침내 새 왕조를 건설하고 그의 유업을 완성하였다.

2. 조선왕조의 건국과 발전

조선왕조는 신흥유학자(신흥양반)들이 창건하였으나, 그들의 대표자로서 왕위에 오른 것은 무장 출신의 이성계(李成桂)였다. 구세력을 제거하고 개혁을 성공시키기 위해서는 무력이 필요하였고, 그 무력은 왜구토벌 과정에서 국민적 영웅으로 인기를 얻었던 이성계가 뒷받침하였다.

당시 신망이 높던 무장 중에는 최영(崔瑩)도 있었지만, 그는 끝까지 고려왕조에 충성을 바치려 하였다. 이에 반해 이성계는 고려 변방인 함흥지방에서 성장하였고, 고려 중앙정부에서 높은 벼슬을 한 조상도 없었다. 이렇게 뿌리가 약한 가정배경은 그가 개혁세력과 쉽게 손잡을 수 있는 조건이 되었다.

개혁파 유학자들의 지지를 받은 이성계는 1388년 요동 정벌을 포기하고 되돌아와 병권을 장악하고 왕을 무력화한 다음, 1391년 역사적인 토지개혁을 단행하여 구(舊)귀족의 경제력을 약화시킴으로써 일반민중의 광범한 호응을 얻어냈다. 1년 뒤인 1392년 이성계는 개혁파 관료의 추대를 받아 왕위에 오르고, 이 정권교체를 유교 경전의 정신을 빌려 민심과 천심에 순응한 '역성혁명(易姓革命)'이라고 천명하였다.

한국 역사상 유교 경전에 보이는 '혁명'사상을 빌려서 왕조를 개창한 경우는 이성계가 처음으로서, 이는 단순히 무력정복에 의해서 정권이 교체되던 종래의 관례에서 크게 벗어난 것이다. 조선왕조는 출발부터 유교의 이상을 따르기 시작했다.

조선왕조는 건국된 지 2년 뒤인 1394년에 수도를 예성강 입구의 개성(開城)에서 한강 유역의 한양(漢陽)으로 옮겼다. 한반도의 중앙에 위치한 한양은 남쪽에 한강을 끼고 있어서 교통이 매우 편리할 뿐 아니라, 높은 산들이 주변을 둘러싸고 있어서 방위에 유리하였다. 더욱이 이곳은 1~4세기에는 백제의 수도였으며, 11세기 이후로는 고려의 남경(南京)으로서 인구집중이 이루어져 있었으므로, 쉽사리 새 수도로 추진될 수 있었다. 이러한 지리조건 때문에 고려중기 이후로 풍수가들 사이에서는 한양 명당설이 파다하게 퍼졌고, 이곳에 도읍을 옮기면 한강의 물고기들이 사해(四海)로 뻗어나가고, 사해의 물고기들이 한강으로 모여들며, 전세계가 조공을 바치게 된다는 주장이 일어났다. 말하자면 한양이 세계의 중심지로 떠오른다는 이야기로, 한양이 새 수도로 정해진 데는 이러한 민심의 흐름도 작용하였다.

새 왕조는 한양에 둘레 17km의 성곽을 둥글게 쌓고, 그 안에 궁궐·종묘·사직·관청·시장·학교 등을 건설하였는데, 평원에 위치한 중국의 도시와는 도시 건설 방법상 차이가 많았다. 궁궐이 도시 중앙에 위치하지 않고 북쪽 산기슭에 자리잡은 것이 그 예이다. 한양은 처음에는 인구가 약 10만 정도였으나, 조선후기에는 상업의 발달에 따라 인구유입이 늘어나 약 20만 정도의 인구를 유지하면서 행정·경제·문화의 중심지로서뿐만 아니라 상업도시로서의 면모를 띠고 발전해갔다.

새 왕조는 국호를 조선(朝鮮)으로 정했다. 한국 최초의 국가였던 단군조선과 기자조선의 영광을 계승하겠다는 의미가 담긴 것이었다. 단군조선은 천손의 후예인 단군이 중국의 요(堯)와 같은 시기에 나라를 세운 것이 자랑스럽고, 기자조선은 홍범(洪範)의 뜻을 이어받아 8조교와 정전제(井田制)를 실시하고, 시(詩)·서(書)·예(禮)·악(樂) 등을 일으켜 중국과 동등한 문명국가를 이룩한 것이 또한 자랑스럽다는 것이었다. 다시 말해, 조선이라는 국호에는 자주적이고 도덕적인 국가를 중흥시키겠다는 의지가 담긴 것으로, 새 왕조의 건국이념이 함축되어 있었다.

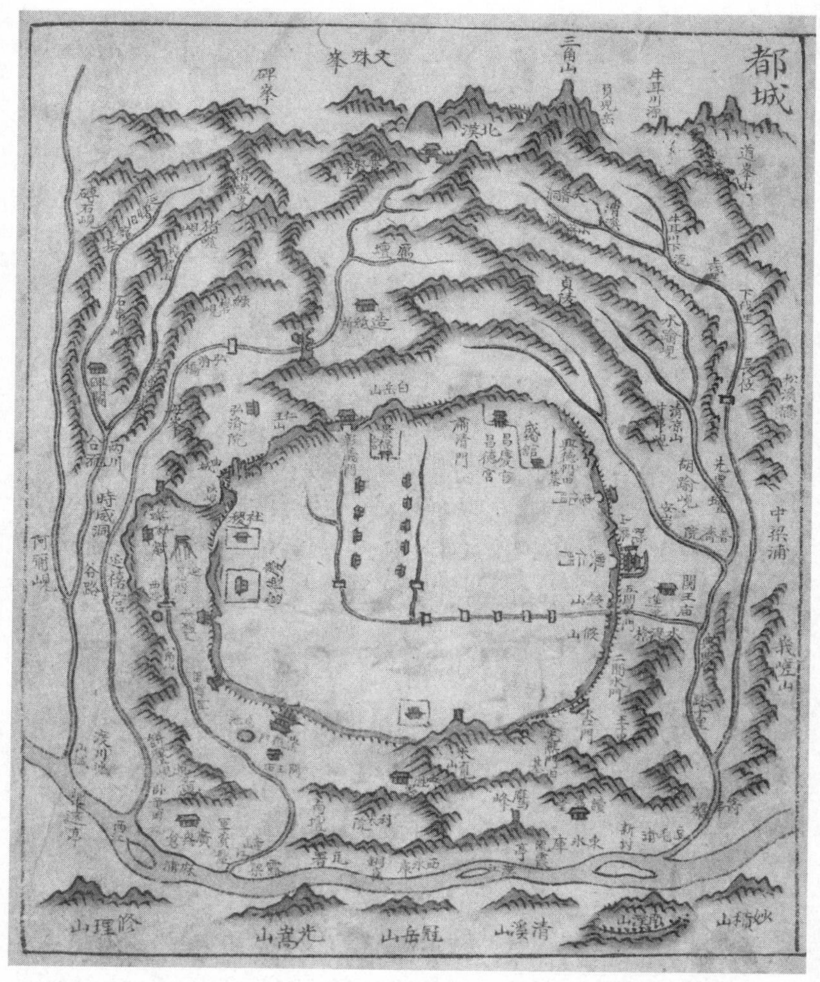

도성도(都城圖)
필사본, 1720년대, 19.3×27.8cm, 성신여자대학교 박물관 소장

수도와 국호를 바꿈으로써 면모를 일신한 새 왕조는 태조(太祖)에서 9대 성종(成宗)에 이르는 1세기간에 걸쳐 정치·경제·사회·문화 전반을 개혁하여 조선 고유의 특색을 지닌 새 질서를 구축하였다. 태조시대에는 탁월한 성리학자이자 혁명가인 정도전(鄭道傳)의 노력으로 새 왕조의 통치규범이 확립되고, 불교에 대한 성리학의 우위성이 이론적으로 정립되었다. 특히 그는 중국 고대의 이상국가론인 『주례(周禮)』를 모델로 하여 『조선경국전(朝鮮經國典)』이라는 헌법 초안을 만들었는데, 이를 토대로 15세기 말에 『경국대전(經國大典)』이 편찬됨으로써 조선왕조의 기본헌법이 확립되었다.

태조 때에 제시된 국가통치의 기본방향에 따라 정치·경제·사회의 제도적 개혁을 추진한 이는 태종(太宗)과 세종(世宗)이었다. 특히 15세기 중엽의 세종은 '동방의 요·순'이라고 불릴 만큼 현명한 군주로서, 집현전(集賢殿)이라는 학술기관을 만들어 유능한 인재를 길러내고 중국과 우리나라의 역대 문화를 정리하여 편찬하게 하였다. 한국역사상 르네쌍스에 비유될 만한 이 시기에 조선왕조는 군사력과 경제력이 충실해지고 영토가 압록강·두만강 선으로 확장되었으며, 고려말 이래로 해안지방을 노략하던 왜구의 침략도 잠재웠다. 현재 한국인이 쓰고 있는 국문자인 훈민정음(訓民正音)이 이때 왕과 집현전 학자의 노력으로 창제된 것도 특기할 만한 일이다.

세종의 유교정치를 충실히 계승하여 조선왕조의 문물제도를 최종적으로 완성한 이는 성종으로, 그의 치세에 기본법전인 『경국대전』, 우리나라 전체 역사를 정리한 『동국통감(東國通鑑)』, 우리나라 문학의 정수를 모은 『동문선(東文選)』, 그리고 우리나라 지리지를 집대성한 『동국여지승람(東國輿地勝覽)』 등이 완성되었다.

조선왕조는 성종대에 완성된 문물제도를 골격으로 하고, 이를 시대의 변화에 따라 부분적으로 수정·보완하면서 통치질서를 유지해갔다.

3. 정치구조

조선왕조는 전국을 8도(八道)로 나누고, 도 밑에 약 350개의 군·현을 두었으며, 각 군·현에는 왕명을 대행하는 수령(守令)을 파견하여 그로 하여금 행정·사법·치안의 책임을 지고 직접 주민을 통치하게 하였다. 고려시대에 지방 주민들을 지배하는 위치에 있었던 향리(鄕吏)들은 단순히 수령을 보좌하는 실무자로 격하되었고, 그들이 관리로 출세하는 문호도 축소되었다.

권력이 중앙정부에 모아짐에 따라 왕권은 자연히 강화되었고, 주민에 대한 국가권력의 통제력과 더불어 주민의 공민(公民)으로서의 권리도 커지게 되었다. 조선의 국왕은 명나라의 엄격한 조공제도(朝貢制度) 아래서 제후와 같은 존재로 인정되어 즉위와 더불어 중국의 승인(冊封)을 받게 되어 있었다. 따라서 조선 국왕이 중국의 황제와 같이 '천자'로 행세할 수는 없었지만, 주권국가로서의 독립성은 별다른 제약을 받지 않았다. 중국은 주변의 여러 조공국 가운데 조선을 일등국으로 인정하여 조공사신들의 서열에서 항상 수석에 배치하였다.

조선의 국왕은 대내적으로는 성리학의 명분론에 따라 천명(天命)을 대행하는 자로서 무한권력을 소유하였다. 『경국대전』에는 국왕의 권한에 관해 아무런 언급이 없는데, 이는 국왕의 권한이 제한이 없음을 의미한다. 그러나 국왕의 무한권력은 중앙정부가 소유한 공권(公權)의 권위를 높이기 위한 상징적 의미를 지녔을 뿐이며, 실제로는 국왕의 독재를 견제하고 정치의 투명성을 보장하기 위한 제도적 장치가 거미줄처럼 짜여 있어서 국왕은 일거일동을 마음대로 할 수 없었다. 실제로 조선왕조의 통치구조는 입헌군주제에 가까웠다.

먼저, 왕권의 전제화(專制化)를 막는 권력장치로서 의정부(議政府)가 있었다. 의정부에 소속된 세 사람의 재상(정승)과 네 사람의 고관, 그리고 행정을 집행하는 6조(六曹, 吏·戶·禮·兵·刑·工)의 장관인

판서들과의 합의를 거치지 않고는 왕이라도 마음대로 정책을 결정하지 못했다. 더욱이 조선왕조는 대소 관리와 일반 주민들의 언로를 크게 열어놓고 정책에 대한 건의와 비판을 자유롭게 하도록 하여 관료와 주민의 자율성은 크게 신장되었다.

활성화된 언론은 정치운영의 부패를 방지하고 공론(公論)을 정책에 투입하는 중요한 제도적 장치였다. 언론 전담기구로서 사간원(司諫院)이 독립된 것도 전에 없던 일이며, 여기에 감찰기관인 사헌부(司憲府)와 학술기관인 홍문관(弘文館)에까지도 언론의 권한이 부여됨으로써 조선의 정치는 치열한 언론의 감시와 비판 속에서 이루어질 수밖에 없었다.

군주는 매일 조정의 학문 높은 대신들과 중국의 고전이나 우리나라의 역사를 읽고 토론하면서 정책의 바른 길을 협의하고, 주요한 국가 정책을 옛날의 경험에 비추어가며 결정하였다. 이를 경연(經筵)이라 하였다. 경연을 성실하게 수행하는 군주는 성군(聖君)으로 칭송받았지만, 이를 게을리하는 임금은 부도덕한 군주로 치부되어 역사에 불명예스러운 임금으로 기록되었다. 그러므로 군주는 하루도 고전을 읽지 않으면 자리를 지킬 수 없는 강요된 학자 생활을 계속하지 않으면 안 되었다.

군주의 말과 행동은 하나하나가 옆에 붙어 있는 사관(史官, 藝文館 관원)에 의해 기록되어, 한가지라도 유교의 법도에 어긋나는 일이 있으면 역사의 심판을 받아야 했다. 조선왕조는 세계 역사상 가장 많은 궁정기록과 정부기록을 남긴 왕조이며, 이 모든 기록들은 정치의 투명성과 공정성을 보증하기 위한 제도장치에 의해 생산된 것들이다.

다시 말해 제도와 관념상으로는 국왕이 전제권을 가진 존재였지만, 실제의 정치는 군신공치(君臣共治)의 유교적 명분론에 의해 신민(臣民)의 자율성이 보장되는 형태로 전개되었다. 국왕의 측근인 환관내시(宦官內侍)의 권한이 축소되고 왕의 가까운 종친은 관리가 될 수 없었으며 국왕의 사유재산 소유도 원칙적으로 인정되지 않아, 국왕은

'외로운 독재자'에 지나지 않았다.

조선왕조는 중앙정치의 도덕성을 높여 공권력의 공정성을 과시하면서 전국민을 중앙정부의 일원적 지배 아래 두기 위해 지방에 포진한 향리 등 토호세력을 견제해나가는 한편, 지방민에 대한 지배권을 군주의 분신인 수령에게 위임하였다. 전국을 대략 350개의 군·현으로 나눈 데는 군주가 하루에 하나의 군·현을 다스림으로써 1년이 지나면 전국을 모두 다스린다는 계산이 깔려 있었다. 그리고 수령의 자질을 높이고 수령의 비행을 감시하기 위한 제도적 장치로서 감사(관찰사)제도가 마련되었는데, 상설적인 감사가 8도에 배치된 것은 전에 없던 변화였다.

4. 경제·사회구조

조선초기의 경제구조는 통제경제와 시장경제를 혼합한 형태였다. 이는 통제경제로써 국가수입을 확보하고 약자를 보호하면서, 시장경제로써 생산과 유통의 활성화를 가져온다는 조선왕조의 목표가 반영된 것이었다.

국가경제와 국민경제의 근간이 되는 토지는 이미 고려 말에 과전법(科田法)으로 불리는 전제개혁을 통해 분배구조의 모순이 시정되었으며, 이를 통해 국가의 재정수입과 농민의 수익이 함께 증진되었다. 과전법 아래서 토지는 사유(私有)가 인정되어 매매와 상속이 가능했고 그 경영도 개인의 자율에 맡겨졌다. 그러나 관념상으로 모든 사유지는 공전(公田)이었기 때문에 필요에 따라 국가가 관리할 수 있었다. 이는 국가가 토지에 대한 소유권을 갖는다는 의미가 아니라, 국가가 토지로부터 세금을 거둘 수 있는 명분을 확보하고, 나아가 토지분배가 정의롭지 못할 때에는 언제든 공권력을 투입해 소유권을 이동시킬 수 있는 권한을 유보시킨다는 것을 의미한다.

과전법은 15세기 말에 현직 관리에게만 토지를 지급하는 직전법(職田法)으로 바뀌었다가 16세기 중엽에 그마저 폐지되고 말았지만, 토지를 공전으로 간주하는 관념은 오래도록 지속되어 토지소유의 편차가 커지는 시기에는 언제나 공전제의 부활이 논의되곤 하였다.

상업·수공업·광업·임업·수산업 등도 규모가 큰 것은 국가에서 관리했고, 사소한 것은 개인의 자율에 맡겨졌다. 상업의 경우는 서울과 주요 도시에 시전(市廛)이라는 규격화된 연쇄상가를 조성하여 여기에서 90여 종의 전문적인 물종을 독점적으로 판매하게 하면서, 물가나 도량형 등은 국가의 통제를 받도록 하고, 반드시 국가에 상업세(관청수요품)를 내도록 하였는데, 이는 유통구조의 부정을 막고 국가의 세수입을 늘리기 위함이었다. 수공업의 경우도 수요가 큰 물종은 국가에서 제조와 유통을 통제하면서 그 전문성을 높임으로써, 국가의 수요와 장인의 생계를 동시에 안정시켰다. 15세기에 종이·무기·도자기 등 우수한 제조품이 생산되어 국내외에서 사랑을 받게 된 것도 이러한 수공업체제의 결과였다.

통제와 자율이 혼합된 경제구조 하에서 조선왕조가 성립된 지 반세기도 안된 15세기 중엽에 국가재정은 고려말기에 비하여 몇배로 불어났고, 일반관료들도 국가로부터 경기도 땅의 조세 수입권을 부여받고 녹봉도 정상적으로 받아 생계의 안정을 이루었다. 예를 들어 세종 시기에 국가의 예비재정이라고 할 수 있는 비축 곡식이 수백만 섬에 이르러 국가는 몇년간의 국가경비를 감당할 만한 여유를 갖게 되었으니, 이것이 세종 시기의 문예부흥을 가져오는 물적 토대가 되었다.

일반 농민을 비롯한 상인·수공업자들의 생활도 크게 개선되었다. 농민들은 자작농의 경우에는 수확의 약 10분의 1을 국가에 바치고 나머지는 자기 소유로 하였으며, 병작농(竝作農)의 경우에는 수확의 절반을 지주에게 바쳤다. 그러나 병작을 주는 것은 원칙적으로 3~4결 이하의 지주로서 홀아비, 과부, 고아, 독자, 병든 사람 등 노동력이 없는 사람에게만 허용되었고, 병작을 받는 사람은 이웃이나 친지에 국한되었다. 이는 토지의 황폐화를 막고, 지주가 작인에게 불법적인 수탈을 하지 못하도록 하는 이중의 효과를 거두기 위한 것이었다. 만약 대지주가 넓은 땅을 소유하여 가난한 농민을 모아들여 병작을 하는 경우에는 불법으로 간주되어 국가가 그 토지를 몰수하여 작인에게 주었다. 15세기에는 1~2결 정도를 가진 자작소농(自作小農)들이 절대다수를 차지하였고, 그들의 비교적 안정된 경제생활을 기초로 하여 국가의 재정과 국방력이 유지될 수 있었다.

농민들이 잉여생산물을 매매하던 곳은 군·현의 읍에서 5일마다 열린 장시(場市)였는데, 이곳에서는 보부상(褓負商)이라고 불린 전문적인 지방상인들이 생활용품들을 짊어지고 다니면서 팔기도 하였다. 장시는 농민들이 물건을 팔고 사는 장소이기도 했지만, 마을사람들끼리 정보를 교환하고, 외식을 즐기며, 광대나 놀이패들의 묘기·춤·노래 등을 감상할 수 있는 오락의 장소이기도 하였다.

조선초기(15세기)의 전국 인구는 대략 5백만명에서 1천만명 사이로 추정된다. 국가는 3년마다 호구(戶口)조사를 실시했는데, 약 4백만명 정도를 파악하고 있었다. 세금을 피하기 위하여 숨어사는 인구가 많았던 까닭이다. 전국 인구 중에서 노비가 약 3분의 1을 차지했고, 나머지는 공민권을 가진 양인(良人)이었다. 노비는 국가기관에 소속된 공노비(公奴婢)와 개인에 소속된 사노비(私奴婢)로 구분되는데, 사노비가 월등 많았다. 노비는 재산처럼 매매·상속되고 벼슬길에 나갈 수 없는 비자유민이었지만, 자기 재산을 소유할 수 있었고 가족과 함께 사는 것이 허용되었다. 공노비는 독립된 가옥에 살면서 일정기간 국가기관에 나아가 무보수로 노동을 제공하거나 국가에 신공(身貢, 몸값)을 바쳤으며, 사노비는 주인과 같은 집에서 살기도 하고 별거하기도 하면서 주인을 위해서 농사와 가사 등을 돌보고 주인으로부터 의식을 제공받았다. 주인과 노비 사이에는 유교적 군신관계가 적용되었는데, 이 또한 전에 비해 노비의 인격이 높아진 것을 의미한다. 따라서 주인이 함부로 노비에게 사형(私刑)을 가하거나 그들을 죽이는 것은 법으로 금지되어 있었다.

공노비 중에는 궁중에서 음악을 연주하고, 정원을 가꾸고, 요리를 하고, 의복을 제조하는 등의 기술을 가진 경우가 많았으며, 이러한 일을 맡은 노비에게는 유외잡직(流外雜職)이라는 벼슬이 주어졌다.

그러므로 조선시대의 노비는 서양 고대의 노예와 달랐고, 고려시대의 노비보다도 지위가 개선되었다.

노비가 아닌 일반 평민들은 공민권이 있어서 교육과 관직을 가질 수 있는 자격이 있었다. 국가는 이들의 교육기회를 높이기 위하여 전국의 모든 군·현에 공립학교인 향교(鄕校)를 설립하였으며, 서울에도 4부학(四部學)이라 하여 네 개의 학교를 세워 이들을 관비(官費)로 교육시켰다. 그리고 최고학부로서 서울에 성균관을 두어 정예 유학자를 양성하였다.

공립학교 이외에도 각 기관별로 외국어·법률·수학·그림·천문학 등을 가르치는 교육기관이 부속되어 있었고, 시골에는 기초적인 한자와 유학을 가르치는 서당(書堂)이 마을마다 있었다. 그리고 16세기 이후에는 각 고을에 그곳 출신의 유명한 유학자를 추모하면서 고급 유학교육을 시키는 일종의 사립학교인 서원(書院)들이 세워져서 조선조 후기에는 1천여 개소에 이르렀다. 서원의 확산은 지방문화의 발전에 지대한 기여를 하였다.

여성들에게는 학교 입학이 허용되지 않았지만, 양반집 여자들은 가정에서 선생을 불러 유학을 공부하면서 지식과 교양을 쌓았다. 왕비가 특정한 귀족집안에서 선발되지 않고 일반 사대부 가문에서 선택될 수 있었던 것은 사대부 여자들의 높은 교양을 왕실이 인정한 까닭이었다. 조선시대에 여류문인들이 많이 배출된 것은 이러한 가정교육의 결과였다. 심지어 기생 중에도 황진이(黃眞伊)나 이옥봉(李玉峰) 같은 유명한 시인이 적지 않았다.

교육을 받은 사람이 관직에 나아가는 길은 거의 고시제도로 일원화되었다. 교육의 발달이 고시제도를 부추기고, 고시제도의 발달이 거꾸로 교육열을 부추겼다.

고시제도에는 하급 실무관리를 뽑는 취재(取才)와 고급 문무관을 뽑는 과거(科擧)가 있었다. 취재는 시험에 합격하기는 쉬워도 승진의 제한이 있었고, 과거는 매우 어려운 관문이지만 일단 합격하면 출세의 길이 빨랐다. 과거는 다시 생원(生員)과 진사(進士)를 뽑는 소과(小科)와 고급 문관을 뽑는 문과(文科), 그리고 고급 무관을 뽑는 무과(武科)로 나뉜다. 생원(經學)·진사(文學)가 되면 성균관 입학이 허용되고, 문과 응시가 가능하며, 작은 관직을 얻는 경우도 있었다. 그러나 생원·진사만 문과 응시자격이 있는 것이 아니고, 학교를 졸업한 자나 현직 관리도 가능하였다. 그리고 국가에서는 관직을 성적순에 따라 차등을 두어 제수(除授)하였다.

과거는 3년마다 정기적으로 시행되었지만, 그밖에도 국왕이 성균관에 가거나 국가의 경사가 있을 때 수시로 시행되었다. 이같은 과거는 조선시대 지식인 청년들에게는 인생의 성패를 좌우하는 꿈같은 등용문이었으며, 성공의 사다리였다. 그래서 과거시험을 보러 가는 것은 관광(觀光)이라고도 불렀다. 조선의 양반은 이 사다리를 학문으로 뚫고 올라간 지배계급이었지만, 그의 아들도 똑같은 방법으로 올라가야만 양반의 가문을 유지할 수가 있었다.

5. 양반문화

(1) 성리학의 토착화와 종교

조선왕조 개창의 주역을 맡았던 신흥양반은 고려 말에 성리학을 공부한 학자들이었다. 이들의 정치적 성공은 당연히 성리학을 조선왕조의 지배적 이데올로기로 만들었다. 원래 송나라의 민간학문으로 발생한 성리학은 조선에 와서 국가성리학으로 변용되었으며, 여기에서 조선 성리학은 중국의 성리학과는 다른 모습을 갖게 되었다.

조선왕조의 설계자 역할을 맡았던 정도전은 『불씨잡변(佛氏雜辨)』(19편)을 써서 불교(佛教)를 허학(虛學)이라고 맹렬히 비판하고 성리학만이 실학(實學)이라고 하면서 그 철학적 우위성을 강조하였는데, 이에 대한 승려의 비판은 거의 나타나지 않았다.

크게 보아 조선왕조가 성리학 시대를 열어놓기는 했지만, 세밀히 관찰하면 여파(與派)와 야파(野派) 간에 성리학을 받아들이는 시각의 차이가 나타났다. 집권여파는 성리학의 형이상학과 치인(治人)의 측면을 받아들여 정치·사회개혁의 수단으로 이용하였는데, 특히 경제개혁과 관련해서는 성리학보다도 『주례』와 한·당(漢唐) 유교의 정신을 받아들이는 경향이 있었다.

한편, 야파 성리학자들은 성리학의 수기(修己)의 측면을 강조하고, 가족제도와 향촌조직을 성리학의 명분론(名分論)에 따라 개편하고자 하였다. 이들은 조선 건국을 반대하고 향촌에 내려가 후학을 가르쳐서 성리학이 향촌에 뿌리내리게 하는 데 기여하였다. 흔히 사림(士林)이라고 불리는 이들이 중앙정계에 영향력을 행사하기 시작한 것은 조선왕조가 건국된 지 1세기가 지난 뒤부터이며, 이들은 그후 1세기간에 걸친 여파 성리학자들과의 정치투쟁기를 거쳐 16세기 말에 정치적 지도력을 장악하였다. 그리하여 17세기 이후부터 18세기 중엽까지 사상계의 주도권을 성리학이 차지하고 성리학이 만개하는 시대가 열렸다.

성리학이 발달한 조선시대에는 자연히 불교와 도교의 영향력이 크게 후퇴하였다. 승려가 정치에 간여하는 일은 거의 없어졌으며, 승려와 사원, 그리고 막대한 사원의 농장도 크게 줄어들어 국가의 재정기반이 크게 확대되었다. 그러나 남성 위주의 성리학에 매력을 갖지 못한 왕실과 민간의 부녀자들은 여전히 불교를 믿어 불교의 종교로서의 기능은 그대로 유지되었다. 도교(道教)도 국가의 억제정책으로 크게 쇠퇴하였으나, 하늘에 대한 제사인 초제(醮祭)는 그대로 유지되었으며, 특히 민족의 시조 단군(檀君)이 하늘에 제사를 지냈다고 전해지는 강화도 마니산에서의 초제는 오래도록 전승되었다.

대외적으로 명(明)나라 황제의 제후로서 조공을 바치는 위치에 있던 조선의 국왕들은 도교와 민간신앙(샤머니즘)의 하늘 숭배를 국가신앙으로 받아들여 자신들이 중국 황제와 비슷한 하늘의 아들〔天子〕임을 보여주고자 하였다. 민간신앙에 의하면, 환인(桓因, 하느님)의 아들 환웅(桓雄)이 웅녀와 결혼하여 단군을 낳고, 단군이 우리 민족 최초의 국가인 조선(朝鮮)을 기원전 2333년에 건국했다고 한다. 이는 일연의 『삼국유사』에 기록되어 있지만, 민간에서는 환인·환웅·단군을 이른바 삼신(三神, 혹은 三聖)이라 하여 삼신일체적 신격(神格)으로 숭앙하는 풍습이 오래 전부터 있었다. 조선왕조는 개국 직후부터 삼신을 모시고 있는 황해도 구월산의 삼성사(三聖祠)에 제사를 지내고, 단군이 조선의 수도로 삼았다고 알려진 평양에 단군사당(檀君祠堂)을 따로 지어 제사를 지내는 한편, 중국 사신이 이곳을 지날 때 참배하도록 조치하였다. 이는 우리나라가 하늘의 후손이 세운 나라임을 중국 사신에게 알려주기 위함이었다.

국가의 권위를 높여주는 삼신신앙이 국가행사로 받아들여진 것과는 대조적으로 민간에서 질병 치료의 수단으로 행하는 샤머니즘(무당의 굿)은 극도로 억제되었다. 지나친 미신행위로 백성들의 재산이 탕진되는 것을 막기 위함이었다. 그러나 샤머니즘은 좀처럼 없어지지 않았고, 불교와 더불어 일반 민중의 종교생활에 큰 영향을 주었다.

(2) 훈민정음 창제와 편찬사업

우리나라는 일찍부터 중국의 한자를 사용해왔으나 말과 글자가 다른 데서 오는 불편이 많았다. 특히 전문적인 유학 교육을 받지 못한 일반 서민과 부녀자들은 한자 해득이 어려워 문맹자가 적지 않았다.

조선왕조에 들어와서 일반 서민의 경제생활이 개선되고 문자생활의 욕구가 커지면서 정부에서도 국민의 문맹률을 줄이는 것이 중앙집권체제의 강화에 도움이 된다는 것을 깨달았다. 배우기 쉽고 쓰기 쉬우며 우리 말을 자유롭게 구사할 수 있는 국문자를 만드는 데 앞장선 것은 세종으로서, 그는 집현전을 궁중에 설치하고 젊은 학자들과 더불어 오랫동안 동양의 음운(音韻)과 문자(文字)를 연구한 끝에 국문자 창제에 성공하였다. 1446년(세종 28)에 반포된 새 문자를 훈민정음(訓民正音)이라 한다.

표음문자인 훈민정음은 표의문자인 한자와 달리 어떤 발음이든지 마음대로 표현할 수 있으며, 5행을 상징하는 자음과 음양을 상징하는 모음이 결합되도록 만들어져 문자구성이 과학적이며 철학적인 특징을 지녔다. 원래 대중적이고 세계적인 문자를 만들려는 노력은 원(元)나라에서 시도하여 동양 각국의 문자를 연구한 바 있었으나, 성공을 거두지는 못했다. 세종은 집현전을 통해 동양 각국의 전통문화를 전반적으로 정리하는 가운데, 마침내 세계 문자사상 가장 우수한 문자를 창조하는 데 성공하였다.

훈민정음 창제를 계기로 부녀자와 서민의 문자생활이 가능해져 우수한 문학작품이 나타나게 되었고, 한문으로 씌어진 많은 고전들이 국문으로 번역·출간됨으로써 민중들의 교양수준도 그만큼 높아지게 되었다. 조선왕조의 교육혁명은 문자 제정으로 큰 추진력을 얻었으며, 이에 더하여 금속활자(metal type)의 개량과 인쇄술 및 제지술의 발달은 교육혁명을 가속화했다.

이미 독일의 구텐베르크(Johannes Gutenberg)보다 2백년 앞선 13세기 초에 세계 최초의 금속활자를 만든 한국인들은 15세기에 들어와 이를 더욱 개량하여 계미자·갑인자 등 새로운 활자를 만들고, 활판인쇄술을 발전시켜 단기간에 대량의 책을 찍어낼 수 있게 되었다. 책의 원료가 되는 종이는 예로부터 중국인의 애호품으로 사랑을 받아왔는데, 조선시대에는 닥나무 이외에 20여 종의 종이 원료가 새로 개발되어 가죽처럼 질기고 거울처럼 매끈한 종이가 대량으로 생산되었다.

15세기에는 이러한 인쇄술과 제지술의 발달에 힘입어 국가사업으로 대량의 중국 고전과 우리나라 고전들을 간행했는데, 세종 때 찍은 『자치통감』이 30만 권, 세조 때 찍은 『대장경(大藏經)』이 46만여 권에 이르렀다. 15세기 초의 관료인 변계량(卞季良)이 쓴 글에 의하면, "간행되지 않은 책이 없고, 독서하지 않는 사람이 없다"고 할 만큼 출판문화가 발달하였다. 당시 국가의 출판소인 교서관(校書館)에는 약 150명의 전문 인쇄공이 소속되어 있었는데, 이는 당시로서는 세계 최대의 규모에 속하는 것이었다.

15세기의 중앙정부는 수많은 학자-관인들을 동원하여 우리나라의 역사·지리·음운·문학·법률·군사·농업·역법(曆法)·의학·약학·음악 등 모든 분야를 총정리하여 동아시아문화권 속에서 한국문화의 정체성(正體性)을 확립해놓았다.

먼저 고려시대 역사와 우리나라의 통사를 새롭게 편찬한바, 문종 때 정인지(鄭麟趾) 등이 『고려사(高麗史)』(139권, 1451)를, 성종 때 서거정(徐居正) 등이 『동국통감』(56권, 1485)을 각각 왕명으로 편찬하였는데, 전자는 현재 고려시대 연구의 기본자료로 이용되고 있을 만큼 내용이 충실하다. 『동국통감』은 단군조선에서 고려 말까지의 역사를 편년체로 서술한 것으로, 삼국을 대등한 시각에서 서술함으로써 고려시대까지 남아 있던 삼국유민의식(三國遺民意識)이 청산되는 데 기여하였다. 이밖에도 조선초기에는 고대사를 정리한 권근(權近)의 『동국사략(東國史略)』(일명 『三國史略』)과 노사신(盧思愼) 등의 『삼국사절요(三國史節要)』 그리고 고려시대 역사를 편년체로 정리한 김종서(金宗瑞)의 『고려사절요(高麗史節要)』 등이 편찬되어 역사편찬의 중흥기를 이룩하였다.

한편, 태조가 죽고 그 다음 왕대에 『태조실록(太祖實錄)』이 편찬되었는데, 이러한 관행은 조선조 말까지 지켜져서, 1300여 권에 달하는 조선왕조 518년간의 실록이 지금 고스란히 전해지고 있다. 실록은 춘추관(春秋館)에서 매일 기록한 시정기(時政記)와 사관이 기록한 사초(史草) 그리고 여러 관청의 기록을 바탕으로, 실록청(實錄廳)에서 날

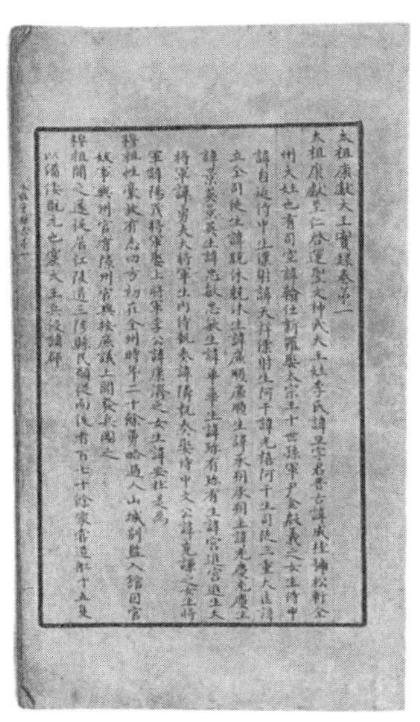
太祖康獻大王實錄卷第一

태조실록
첫부분, 서울대학교 규장각 소장

짜별로 그날의 중요한 정치적 사건을 정리한 것이다. 실록은 초초(初草)·중초(中草)·정초(正草)의 세 단계를 거쳐 작성되었는데, 실록청에서는 이를 네 부 만들어 지방의 깊은 산골에 보관하였다. 조선왕조의 실록은 중국의 실록에 비해 내용이 충실하여 조선시대 연구의 기본자료가 될 뿐 아니라 조선시대의 정치수준을 한눈으로 볼 수 있는 귀중한 문화유산이다.

역사편찬이 민족문화의 시간적 정리라면, 지리서(地理書)는 이를 공간적으로 정리한 것이다. 조선왕조는 개국 후 각 도별 지리서를 편찬하다가 15세기 말에 이를 집대성하여 전국을 망라한 『동국여지승람(東國輿地勝覽)』(성종·燕山朝·中宗代)을 편찬하였는데, 여기에는 각 군·현의 연혁·지세·인물·풍속·성씨·고적·인구·토지·산물·교통 그리고 주요 고적에 붙인 시문(詩文) 등이 자세히 수록되어 있어 당시 지방에 대한 국가의 조사가 철저했음을 알 수 있다.

한편 지도제작에 있어서도 뛰어난 성과가 나타났다. 이미 태종 때

김사형(金士衡)·권근 등 의정부 대신들이 주도하여 세계지도인 「혼일강리역대국도지도(混一疆理歷代國都之圖)」(1402)를 제작했는데, 이 지도에서 중국과 유럽, 아프리카 지역은 중국지도를 참고했으나, 한반도지역은 직접 제작하여 첨가하였다. 특히 한반도의 모습이 현재 지도를 보는 것처럼 정확하여 당시의 지도 수준이 얼마나 높았던가를 짐작케 한다. 세조와 성종 때에는 양성지(梁誠之)·정척(鄭陟)과 같은 뛰어난 지리·지도 학자가 나와서 『동국지도(東國地圖)』라는 방대한 지도집을 편찬하였다고 하는데, 유감스럽게도 이는 지금 전하지 않는다.

『동국여지승람』과 거의 같은 시기에 우리나라 역대 시문의 정수를 모은 『동문선(東文選)』(성종대)이 서거정 등에 의해서 왕명으로 편찬되었다. 이 책의 서문에는 "우리나라의 글은 송·원·한·당의 글이 아니라, 곧 우리나라의 글일 따름"이라고 밝혀져 있는데, 이는 우리나라의 문학이 비록 한자를 빌려서 쓴 것이지만 중국과 다른 독자의 개성이 있음을 천명한 것이어서 주목된다.

병법(兵法)에 있어서는 한국 현실에 맞는 전술이 개발되어 『병장도설(兵將圖說)』이 편찬되었고, 우리나라 전쟁사를 정리한 『동국병감(東國兵鑑)』도 편찬되었다. 우리나라 현실에 맞는 농법(農法)을 정리한 『농사직설(農事直說)』이 편찬되고, 우리 풍토에 맞는 약재와 치료방법을 정리한 『향약집성방(鄕藥集成方)』과 『의방유취(醫方類聚)』가 편찬된 것도 매우 중요한 업적이다. 이러한 의학·농학의 기술발전은 15세기의 농업생산력 향상과 인구증가에 큰 영향을 주었다.

한편 음악 분야에서는 15세기 말 성현(成俔) 등이 국악을 비롯한 동양음악을 이론적으로 정리하여 『악학궤범(樂學軌範)』을 편찬하였다. 농업과 긴밀한 관계를 가진 역법 분야에서도 우리나라 실정에 맞는 새로운 달력이 편찬되었으니, 중국과 아라비아 달력을 참고한 『칠정산(七政算)』이 그것이다. 이 달력은 오늘날 쓰고 있는 달력과 계산법이 비슷하다.

(3) 과학기술과 예술

15세기의 과학기술에는 교육과 농업, 그리고 국방과 관련된 분야에서 특징적인 성과가 나타났다. 먼저 교육과 관련해서는 금속활자가 한층 개량되어 계미자·갑인자 같은 견고하고 정교한 활자가 만들어져 출판수준이 향상되었고, 농업과 관련된 기술로는 각종 시계, 천체관측기, 측우기(測雨器), 그리고 토지측량기구의 제작에서 현저한 성과가 나타났다.

시계로는 해시계인 앙부일구(仰釜日晷), 물시계인 자격루(自擊漏) 그리고 일종의 물시계인 옥루기륜(玉漏機輪)이 세종 때 만들어졌는데, 특히 옥류기륜은 매시간마다 인형이 나타나 북과 징을 치면서 시간을 알렸다.

혼의(渾儀)·간의(簡儀) 등도 만들어져 해·달·별 등 천체의 관측이 이루어졌는데, 천문학은 정치와 천문을 통일체로 보는 시각 때문에 특별히 중요시되었다. 세계 최초로 측우기가 만들어져(1442) 전국 각지의 강우량이 측정되고, 인지의(印地儀)와 기리고차(記里鼓車) 그리고 범철(泛鐵, 나침반)이라는 토지측량기구가 만들어져 삼각측량이 가능해진 것도 특기할 일이다. 이로써 토지조사사업과 지도제작이 정밀해질 수 있었다.

국방과 관련된 무기 분야에서는 화차(火車)에 1백개의 화살을 장전하고 이를 화약의 힘으로 발사하는 신기전(神機箭)이라는 일종의 로켓포가 제조되고, 사정거리가 약 1km에 이르는 대포가 제작되어 왜구토벌에 큰 위력을 발휘했다. 당시 일본은 이러한 대포를 만들지 못하여 그 기술을 배우려고 사신을 보내 물어오기도 하였다. 15세기 초에는 돌격용 배로서 거북선이 제조되었는데, 이 배는 임진왜란 때 이순신에 의해 더욱 개량되어 일본해군을 놀라게 하였다.

15세기의 예술은 국가사업의 일환으로 발전한 것이 특색이다. 검소함과 자연스러움을 숭상하는 유교의 영향으로 건축·회화·공예 등 모든 예술은 사치와 장식성이 줄어들고 극히 편안하고 평화스러운 아름다움을 보여주었다. 지금 서울에 남아 있는 숭례문(崇禮門, 남대문)과 창경궁(昌慶宮)의 홍화문(弘化門)은 15세기 건축의 아름다움을 보여주고 있으며, 비색의 청자 대신 유행한 백자(白磁)의 깨끗함에서 궁중생활의 검소함을 엿볼 수 있다. 강화도에서 주로 생산된 화문석(花紋席, 그림무늬 돗자리)은 중국에 수출되어 많은 사랑을 받았다.

그림 분야에서는 세종 때의 궁정화가인 안견(安堅)이 뛰어난 솜씨를 발휘하여 『몽유도원도(夢遊桃源圖)』 같은 걸작을 남겼는데, 이 그림은 조선초기 걸작품이 대부분 그러하듯이 지금 일본(天理대학)에 보관되어 있다. 15세기 그림은 특히 일본의 무로마찌(室町) 미술에 큰 영향을 주었는데, 쿄오또(京都) 소오꼬꾸사(相國寺)의 승려화가 슈우분(周文)은 조선화풍의 영향을 많이 받았다.

2

16세기 사림의 성장과 왜란

1. 부의 편중과 지방사회의 불안

토지소유의 편중을 완화하고 관료와 농민생활을 어느정도 안정시키는 데 기여한 공전제도(과전법)가 16세기에 들어와 무너지면서 토지겸병 현상이 나타나 지주층이 다시 성장하였다. 위로는 왕실과, 아래로는 중앙관료, 지방의 토호, 상인 들이 토지를 개간하거나 사들여 사유지를 확대해갔다. 장리(長利)라고 불린 일종의 고리대로 농민들에게 채무를 씌우고 땅을 빼앗는 방법도 널리 행해졌다. 16세기에 들어와 국내적으로는 전국에 장시(場市)가 생겨 상품유통이 활발해지고, 국제적으로는 명나라 및 일본과의 무역이 성하여 상업자본이 축적된 것도 토지집중을 가져온 한 요인이 되었다.

왕실은 최대의 지주로서 약 1만결의 토지와 1만명의 노비를 소유했고, 중앙의 고급관리는 서해안의 바닷가 땅을 간척하여 자기 소유지로 만드는 일이 많았다. 지방의 토호들이나 큰 상인들은 개울에 둑을 쌓아 농지를 개간하고 이를 노비나 이웃농민들에게 병작을 주어 경작케 하는 것이 관행이 되었다. 지주와 경작인이 수확의 반을 나누는 병작제도는 원래 노동력이 부족한 지주에게만 허용된 것이었으나, 16세기에는 보편적인 토지경영 방법으로 정착되었다.

16세기 농민들에게 가장 부담스러운 것은 50%의 지대보다도 국가에 바치는 공납(貢納)과 군포(軍布)였다. 각 가호를 대상으로 부과된 공납은 원래 지방 토산물을 바치는 것이었으나, 왕실 및 중앙정부의 수요가 커지면서 공납량이 늘어나고 수납과정의 절차가 까다로웠기 때문에 여러가지 폐단이 생겨났다. 이런 폐단을 시정하기 위해 국가에서 서리(胥吏)나 상인으로 하여금 공납품을 미리 바치게 하고 농민들로부터 그 대가를 받아내게 하는 수납방법이 유행하였는데, 이를 방납(防納)이라 한다. 이 방법은 정부에는 편리했으나 서리와 상인의 농간으로 농민들의 부담은 가중되었다. 조식(曺植) 같은 학자는 16세기 초 서리망국론(胥吏亡國論)을 내세우면서 그 시정을 요구하였고, 이이(李珥)·조헌(趙憲) 같은 명망있는 유신들은 공납을 쌀로 대신 내게 하는 수미법(收米法)을 주장하기도 하였는데, 이러한 주장들은 17세기에 들어가 대동법(大同法)이 실시되면서 비로소 실현되었다.

16세기에는 국제관계가 안정되면서 군역(軍役)의 형태가 노역(勞役)으로 바뀌고, 대립제(代立制)가 유행하였다. 그러나 다른 사람에게 대가를 지불하고 그로 하여금 군역을 대신 지게 하는 대립제는 비용이 많이 들어 농민들의 부담이 매우 컸다. 국가에서는 이를 시정하기 위해 16세기 중엽부터 모든 장정에게 무명 두 필의 군포를 받아내고, 그 수입으로 군대를 모집하는 모병제(募兵制)를 채택하였다. 이 제도는 농민의 군역 부담이 다소 완화되는 효과를 가져왔으나 군대의 질이 저하되고 국방력이 약화되는 결과를 초래하였다. 16세기 말에 일어난 왜란을 맞이하여 정부군이 고전한 이유의 하나가 여기에 있었다.

이밖에도 16세기에 농민을 괴롭힌 것에는 환곡(還穀)이 있었다. 원래 춘궁기에 빈민에게 식량을 빌려주고 가을에 원곡(元穀)만을 회수하는 제도로서 의창(義倉)이 있었으나 15세기 말에 폐지되고, 물가조절을 맡은 상평창(常平倉)이 이러한 역할을 대신하면서 원곡의 10%를 이자로 받았다. 이 제도를 환곡이라 하는데, 환곡은 실제로는 이자

조광조 적려유허비
전남 화순군 능주면

가 10% 이상인 경우가 많아 점차 고리대로 변해갔다.

이같은 분배구조의 모순으로 16세기의 농촌사회는 불안이 고조되었고 반란을 꾀하는 무리와 도적떼가 각지에서 나타났다. 유교적 통치규범을 어기고 사치와 방탕으로 국가재정을 낭비하던 연산군(燕山君)이 16세기 초 신하들의 쿠데타로 쫓겨난 것은 중앙에서의 반란이 일단 성공을 거둔 사례였다. 연산군의 뒤를 이어 즉위한 중종(中宗)이 조광조(趙光祖) 등 지방의 깨끗한 젊은 유신(士林)들을 등용하여 조선왕조는 일시 안정을 되찾았으나, 이들이 서울의 보수세력(勳戚)의 반발로 밀려나면서 16세기 중엽 이후로는 왕조 자체를 전복하려는 혁명운동이 민중 사이에서 일어났다. 16세기 중엽 서울과 황해도를 연결하는 주요 교통로를 장악하고 3년간이나 정부군과 대적하여 싸운 임꺽정(林巨正) 일당의 폭동은 뚜렷한 이념을 내세우지는 않았지만, 몰락한 양반, 평민, 노비 그리고 백정(白丁, 도살꾼) 등의 광범한 지지를 받았다. 당시 정부는 이들을 단순한 도적떼로 인식하였지만, 이들의 지도자인 임꺽정은 미천한 백정이면서도 민중들 사이에 전설적인 의적으로 전해오고 있다.

16세기 말에 이르러 혁명적 기운이 한층 높아지면서 민간에서는 정씨(鄭氏)의 새 왕조가 선다는 이른바 『정감록(鄭鑑錄)』이라는 예언서가 널리 퍼졌고, 실제로 선조 때의 젊은 선비 정여립(鄭汝立)은 전라도와 황해도의 승려·평민·천민 들을 모아 비밀결사를 조직하고 모반을 꾀하다가 탄로가 나 처형되었다(1589). 그는 신하가 두 임금을 섬길 수 없다고 하는 충절의식을 거부하면서 역성혁명을 지지하여 세상을 놀라게 하였다. 명망 높은 학자-관인인 이이는 16세기 말의 사회를 담과 지붕이 무너져가는 중쇠기(中衰期)라고 표현하고 변법경장(變法更張)을 역설하였으나 실현되지 않았다.

2. 사림의 성장과 사화·당쟁

조선왕조는 성리학을 정학(正學)으로 내세워 불교와 도교 등 종교성향의 학문을 배척하였으나, 실제의 정치에서 성리학 이념이 철저히 반영된 것은 아니었다. 영토의 확장, 중앙집권체제의 강화, 국방력의 강화 그리고 토지개혁과 같은 조선초기의 정책목표는 성리학 이념과 어느정도 거리가 있었다. 이러한 정책목표는 성리학과 방향이 다른 『주례』의 정신에 가까운 것이었고, 이의 실현을 위해 자주 차용된 방법은 법가(法家)의 패도(霸道)였다. 이 역시 성리학의 왕도(王道)이념과는 배치되는 것이다. 또한 가족제도나 풍속, 향촌공동체와 같은 것들이 단기간에 성리학 이념에 맞게 바뀌기도 어려운 일이었다.

15세기 말에 이르러 국가건설이 일단락되고 대외적인 긴장관계도 크게 완화되자, 정치의 민주화와 지방자치를 이루어나가면서 왕도정치(王道政治)를 펴려는 새로운 기운이 점차 조성되었다. 이에 따라 국가주의적 성리학은 16세기에 들어와 민간적인 성리학으로 바뀌면서 가족제도·풍속·향촌공동체 등 사회전반을 규제하는 규범으로 정착되어갔다. 성리학을 한층 심도 깊게 이해하고 실천하려는 정치세력을 보통 사림(士林)이라고 불렀는데, 이 세력은 고려 말의 명망 높은 성리학자로서 조선왕조 건국을 반대했던 정몽주(鄭夢周)의 학풍을 계승하였다. 이들이 중앙정계에 처음 진출한 것은 15세기 말 성종 때로, 경상도·전라도·충청도·경기도 등 남부지방에서 집중적으로 사림이 배출되었다.

사림은 향촌의 지주계급으로서 단단한 경제기반을 가지고 있었으며, 향촌사회에 성리학적 규범과 질서를 뿌리내리게 해 지주와 농민이 공존하는 안정된 농촌사회를 건설하고자 했다.

그러나 사림의 정치적 진출은 15세기의 구질서를 옹호하고 서울에서의 기득권을 지키려는 공신과 왕실 친척 들의 반발을 불러일으켰다. 흔히 훈(勳)·척(戚)이라고 불리는 이들 서울 양반들은 해안지방의 간척이나 명나라와의 무역을 통해 상당한 부를 축적하였고, 또한 북경(北京)의 문물이 변화하는 모습을 예민하게 감지하고 있었다. 국제감각에서 앞섰고 중앙의 정치권력을 장악한 이들은 몇차례에 걸쳐 사림의 도전을 물리치고 16세기 중엽까지 우세한 위치를 점하였다. 1498년(연산군 4)·1504년(연산군 10)·1519년(중종 14)·1545년(明宗 즉위년) 등 네 차례에 걸쳐 사림들이 대거 숙청된 사건을 보통 사화(士禍, Literati purges)라고 부른다. 이들 사건은 현실주의노선을 추구하는 서울 양반과 성리학적 이상주의를 동경하는 시골 양반과의 싸움에서 서울 양반이 승리한 것을 의미한다.

그러나 16세기 중엽의 마지막 사화를 끝으로 결국 사림이 재등장하여 정권을 장악하게 되었으니, 이것이 선조(宣祖)시대의 개막이다.

선조대의 사림정권은 성리학 시대를 활짝 열었다. 중앙에서는 일종의 정당이라 할 수 있는 붕당(朋黨)이 형성되어 이른바 서인(西人)과 동인(東人)의 경쟁구도가 짜여졌으며, 지방에서는 16세기 초에 시도되었다가 실패한 향약(鄕約)이 널리 시행되었다. 제사의식이 『주자가례(朱子家禮)』에 따라 바뀌었으며 성리학 교과서인 『소학』이 널리 보급되었다. 남자와 여자가 비교적 평등한 조건에서 유지되어오던 가족 및 친족제도가 남자 중심, 장자 중심으로 개편되고, 성리학을 가르치는 사림교육기관으로서 서원이 각지에 세워졌다.

중앙의 정계가 서인과 동인으로 나뉜 것은 사림의 분화를 의미하는데, 여기에는 학연과 지연의 차이가 반영되었다. 대체로 서울에 뿌리를 깊이 내린 명문 사림이 서인이 되고, 향촌에 근거를 둔 인사들이 동인이 되었는데, 개성의 서경덕(徐敬德), 경상도의 이황(李滉)과 조식의 문인들이 동인을 구성하였다.

원래 성리학에서는 군자끼리 붕당을 형성하는 것을 좋은 일로 보았으나, 이는 여러 정당이 견제와 균형을 통해 정치를 이끌어야 한다는 근대적인 정당정치 이념과는 다른 것이었다. 따라서 일당정치를 이상으로 생각하는 선비들은 선조대에 이루어진 동·서 분당을 보고 당황해하면서 동인과 서인 간에 타협을 하도록 조정하였다. 그러나 시간이 흐를수록 붕당은 더욱 분화하여 16세기 말에는 동인이 이황을 추앙하는 남인(南人)과 서경덕과 조식을 추앙하는 북인(北人)으로 갈리고, 북인이 다시 대북(大北)·소북(小北)으로 갈렸으며, 17세기 말에는 서인이 노론(老論)과 소론(少論)으로 분화하였다. 사림층이 확산될수록 붕당이 많이 생겨난 것은 필연의 이치였다.

선조시대에는 대체로 서인과 동인이 연립하는 형태로 정치가 운영되다가, 임진왜란(壬辰倭亂, 1592~98)을 전후하여 동인이 득세하였으며, 왜란 후에는 동인 중 북인이 주도하는 광해군(光海君)정권이 성립하였다.

3. 임진왜란

사림정권이 수립되어 성리학적 사회질서가 뿌리를 내려가던 16세기 말 조선사회를 크게 교란시킨 것은 일본 토요또미 히데요시(豐臣秀吉)

의 침략이었다. 100여 년간에 걸친 전국시대의 혼란을 수습하여 전국을 통일한 토요또미는 지방세력가인 다이묘오(大名)의 불만을 해소하기 위하여 조선을 영지로 복속할 계획을 세웠다.

일본인들은 세종 이후로 남해안의 세 항구〔三浦〕를 이용한 무역에만 의존하면서 조선의 쌀과 포목 등을 얻어갔는데, 그 무역량이 제한되었기 때문에 항상 불평을 품어왔다. 중종 때의 삼포왜란(三浦倭亂)과 명종(明宗) 때의 을묘왜변(乙卯倭變)은 그런 이유로 일어난 것이었다. 따라서 조선을 정벌하자는 토요또미의 주장은 다이묘오의 동의를 쉽게 얻었다. 참전한 다이묘오들에게 조선땅을 나누어주기로 시안을 만든 토요또미는 침략의 구실을 찾기 위해, 명나라를 치러 가는 길을 빌려달라는 이른바 '정명가도(征明假道)'를 요구해왔다. 조선이 이 터무니없는 요구를 거절하자, 토요또미는 여러 다이묘오들을 동원하여 20만명의 군대를 조직하고 이들을 1592년 4월 한반도 남쪽 부산포에 상륙시켰다.

당시 조선의 국방력은 수준이 낮은 모병(募兵)에 의해 지탱되고 있었고, 병사 수와 무기의 면에서도 일본에 비해 열세에 있었다. 대포의 성능에서는 조선이 앞섰으나, 일본군은 서양에서 받아들인 총포로 무장되어 있었고, 전국시대를 거치는 동안 많은 전투경험을 쌓았다.

조선은 열세한 인원과 무기로 장렬하게 일본군과 대적하였으나 막아내지 못하고 서울을 내주고 말았으며 이어 평양 이북과 함경도 일대까지 유린당해, 국토의 대부분이 일본군에게 장악되었다. 국왕 선조는 서울을 버리고 압록강 연안의 의주까지 피란하여 나라의 운명이 풍전등화의 형세에 이르렀다.

그러나 시간이 흐르면서 전세는 점차 교착상태에 빠졌다. 이여송(李如松)이 이끄는 명나라의 원군이 압록강을 건너 들어와 일본군을 남으로 밀어냈고, 전국 각지에서 유생들이 농민과 합세하여 자발적으로 의병(義兵)을 조직하여 일본군을 곤경에 빠뜨렸다.

특히 의병들은 유학자들이 많은 경상·전라·충청도 등 남부지방에서 아주 격렬하게 싸웠다. 문(文)을 숭상하는 유교의 발달이 정부를 약하게 만들었지만, 그대신 유교의 충의(忠義)정신은 국민을 강하게 만들어, 조선은 정신적으로 일본을 압도할 수 있었다. 당시 의병장으로 특히 명성이 높았던 이는 곽재우(郭再祐)·조헌(趙憲)·고경명(高敬命) 등이며, 묘향산의 노승 서산대사(西山大師) 휴정(休靜)과 금강산의 사명당(泗溟堂, 혹은 松雲大師) 유정(惟政)은 승병장으로 유명하였다.

유학자나 전직관료·승려·농민뿐 아니라 천민에 속하는 기생들까지도 목숨을 던져 일본군에게 항전하였다. 술자리를 벌이고 있던 왜장을 껴안고 강물에 몸을 던진 진주(晋州) 기생 논개(論介)의 경우나, 서울 근교의 행주산성(幸州山城)에서 치마로 돌을 날라주면서 일본군과 싸운 여인네들의 이야기는 당시 침략군에 대한 조선인의 적개심이 얼마나 강했는지를 말해준다.

의병항전은 조선이 임진왜란에서 승리한 최대의 원동력이 되었다. 여기에 조선 승리의 또하나의 원인이 된 것은 이순신(李舜臣) 장군이 이끄는 조선해군의 눈부신 활약이었다. 원래 일본군은 육군이 먼저 경상도로 진격하고 해군이 조선의 곡창지대인 전라도를 점령하여 식량을 조달하면서 함께 북상하려는 계획을 세웠으나, 해군의 작전은 완전히 실패로 끝났다. 당시 전라도 해안경비의 책임을 맡았던 이순신은 일본의 침략을 예견하여 거북선이라는 거북 모양의 장갑선(裝甲船)을 만들어놓고 해군을 훈련시켰으며, 군량을 저장해두었다. 이러한 치밀한 사전준비 때문에 그는 5월에서 7월에 걸쳐 일본함대를 남해안 여러 곳에서 격파하고 대승을 거두었다. 비격진천뢰(飛擊震天雷)라고 불리는 새로운 대포와 신기전(神機箭)의 위력도 이순신 승리의 큰 요인이 되었다.

이순신이 이끄는 해군의 승리로 곡창지대인 전라도지방이 안전해진 것은 일본육군의 작전에 큰 차질을 초래하였다. 그의 승리는 세계 해전사상 드문 일로서, 많은 사람들은 그를 트라팔가르 해전의 영웅인 영국의 넬슨(Horatio Nelson)에 비유하고 있다.

전세가 불리해진 일본은 휴전을 제의했고, 조선측의 반대에도 불구하고 명나라가 이를 받아들여 일본군은 경상도 해안지방으로 후퇴하였다. 그러나 명나라와 일본 간의 담판은 피차가 승리자임을 다투는 가운데 3년간 끌다가 결렬되었다.

그 사이 토요또미는 전력을 다시 정비하여 1597년(선조 30) 15만명의 군대를 보내 재차 조선을 공격하였다. 그러나 휴전기간 동안 조선측도 전력을 크게 강화하였다. 명나라 척계광(戚繼光)이 지은 『기효신서(紀效新書)』의 병법을 참고해서 포수(砲手)·사수(射手)·살수(殺手)로 편성된 삼수군(三手軍)을 조직하여 전력을 강화하고, 속오법(束伍法)에 따라 지방군을 늘리고 일본이 소유한 조총(鳥銃)도 제조하였다. 그리하여 일본군의 재침략은 남해안 일대를 점령하는 정도에서 저지되고 마침 토요또미가 죽자 모든 일본군 병력은 퇴각했다.

전후 7년간에 걸친 조·일(朝日) 간의 전쟁은 결국 조선의 승리로 돌아갔으나, 조선이 입은 손실은 막심하였다. 토지의 황폐화와 인명의 손상은 물론이요, 수만명의 주민들이 일본으로 끌려가 나가사끼(長崎)의 포르투갈 상인에 의해 세계 각지에 노예로 팔려갔다. 또한 서울의 경복궁(景福宮)을 비롯하여 전국의 주요 문화재가 불타버리거나 약탈당하였다. 동아시아의 문화적 후진국이었던 일본은 조선에서 약탈해간 활자·서적·도자기·그림 그리고 납치해간 유학자와 도공(陶工)을 비롯한 많은 기술자들을 통해 토꾸가와(德川)문화의 비약적 발전을 이루었다. 유학자 강항(姜沆)과 홍호연(洪浩然) 등은 유학을 가르쳐주었고, 도공 이삼평(李參平)은 일본 도자기의 시조가 되었다.

조·일 간의 국교가 재개된 것은 왜란이 끝난 지 9년 뒤인 1607년(선조 40)으로서, 조선은 토꾸가와 바꾸후(幕府)의 간청을 받아들여 통신사(通信使)를 파견하였다. 일본은 한 주(州)의 1년 경비를 쏟아 조선의 통신사를 환영하였으며, 전국이 흥분 속에서 축제의 분위기를 이루었다. 바꾸후 쇼오군(將軍)의 승습(承襲)을 대외적으로 공인받고

통신사 행렬도
부분, 국사편찬위원회 소장

조선의 선진문화를 받아들이고자 하는 것이 일본측의 목적이었다. 그러나 일본 사신은 서울 입경이 불허되어 동래(東萊)의 왜관에서 실무적인 일을 보고 돌아가야 하였다. 조선이 일본에 1811년까지 12차에 걸쳐 통신사를 파견하는 등 양국은 평화관계를 유지하였으나, 외교·문화적으로 조선이 우위를 지켰다.

그러나 평화롭던 조일관계는 18세기 후반부터 일본 지식인 사이에 국학운동이 일어나 반한 분위기가 조성되고, 19세기에 들어와 해방론(海防論)과 정한론(征韓論)이 대두하면서 냉각되어, 마침내 1876년의 운요오호(雲揚號) 사건이 일어나게 되었다.

4. 16세기 사림의 문화

(1) 서원과 향약

조선왕조는 불교를 철저히 배척하고 성리학을 지배이념으로 삼아 건국되었으나, 그것이 지방사회에까지 확산되어 토착화하는 데에는 약 2백년의 세월이 걸렸다.

15세기에는 정치의 도덕성 확립과 부국강병이라는 목표가 동시에 추구된 까닭에 성리학과 한·당 유학이 절충되는 모습을 띠었다. 그러나 그러한 과제가 일단 성취되어 조선이 강력한 국가로 성장한 16세기 이후에는 부국강병에 대한 열망이 자연히 쇠퇴하고 도덕성 확립에 관심이 집중되었다. 16세기에 성리학이 발달하게 된 이유가 여기에 있었다.

사림으로 불리는 성리학 신봉자들은 부국강병을 여전히 신봉하는 중앙 고급관료층과 대결하면서 자신의 학문과 이상을 향촌사회에 줄기차게 확산해갔다. 그들은 향촌에 서원을 세워 지방 청소년들을 교육하고, 그곳에 선배 유학자들을 위한 사당을 두어 학문의 정통성을 세워갔다. 서원은 1543년(중종 38) 주세붕(周世鵬)에 의해서 경상도 순흥에 세워진 백운동서원(白雲洞書院)을 시작으로 전국 각 지역에 확산되어 16세기 말에는 1백여개를 헤아리게 되었으며, 18세기에는 7백여개, 19세기 후반에는 1천여개에 이르렀다.

원래 전국의 군·현에는 관립학교인 향교가 있어서 초등교육을 담당했는데, 서원이 세워진 이후로는 사립학교인 서원에서의 유학 교육이 더 높은 권위를 갖게 되었다. 국가에서는 이들 서원 중 우수한 서원에 토지와 노비 그리고 서적을 내리고 면세와 면역의 특권까지 부여하여 실제로는 관립학교와 다름없는 대우를 하였다.

서원의 확산은 유교 진흥과 향촌문화 발전에 크게 기여하였으며, 조선이 동아시아 세계에서 가장 수준 높은 유교국가가 되게 하는 밑거름이 되었다.

한편, 서원과 더불어 향촌사회에 큰 영향을 미친 것은 향약이었다. 16세기 초에는 송나라의 여대균(呂大鈞)이 만들고 주자가 다시 가다듬은 이른바 『여씨향약(呂氏鄕約)』이 그대로 보급되었으나, 16세기 후반 이후로는 이이와 이황 등 저명한 성리학자들이 우리나라 현실에 맞게 재구성한 향약이 널리 보급되었다. 원래 송나라 향약은 도덕을 서로 권장하고, 과실을 서로 꾸짖으며, 예의와 풍속을 서로 나누고, 재난과 어려움을 서로 도와주는 것 등 네 가지 일을 기본내용으로 하고 있었다.

우리나라 향약은 대체로 송나라 향약의 원칙을 따르면서 우리나라에서 전래되어온 계(契)조직의 취지를 흡수하여 경제적 상부상조를 강조하고, 삼강(三綱)·오륜(五倫)의 도덕 중에서도 특히 효에 관한 것을 가장 으뜸으로 내세운 것이 특징이었다. 이는 가부장적 가족질서의 안정과 농촌경제의 안정에 우선이 두어졌음을 의미한다.

향약은 향촌 교화와 향촌질서 유지에 큰 기여를 하였으나, 다른 한편으로 지방의 유력자들인 양반은 이를 통해 농민을 통제하고 자신의 지위를 유지하기도 하였다. 특히 향약의 간부가 내리는 엄한 상벌 결정은 때로는 지방 수령이 가진 통치권보다도 농민에게 더 위협적이었다. 지방 양반들은 향약을 통해 향촌을 통제하면서, 이와 병행하여 지방 양반의 명부인 향안(鄕案)을 만들어 양반과 양반 아닌 사람을 구별하고, 향회(鄕會)를 조직하여 양반의 여론을 모아 향촌문제를 자치적으로 해결하였다.

조선시대 지방 양반이 지닌 이러한 자율적인 향촌지배권을 보통 향권(鄕權)이라 하는데, 이 향권을 차지하지 않고는 양반 행세를 하기 어려워 18세기 이후에는 향권을 둘러싼 신·구 양반간의 싸움이 자주 발생하였다.

栗谷先生全書卷之十九
聖學輯要一
進箚
弘文館副提學臣李珥伏以小臣將螻蟻之微生荷
天地之洪造恩深河海義重丘山思欲竭智殫誠仰
報萬一而顧惟受氣旣駁用功亦淺以言其才則疎
闊而不適於實用以言其學則荒顚而不見其實效
內叨侍從無以贊煥 王猷外忝岳牧無以宣布
德化百爾忖度歸田之外更無他策只緣愛 君一
念根於秉彝銷鑠不得遲回惓戀已退復進必以蒭
蕘之愚罄陳 冕旒之下少效涓埃之補然後庶獲
栗谷全書 卷十九 聖學輯要一 二
食息之安竊念帝王之道本之心術之微載於文字
之顯聖賢代作隨時立言反覆推明書籍漸多經訓
子史千函萬軸夫孰非載道之文乎自今以後聖賢
復起更無未盡之言只可因其言而察夫理明其理
而措諸行以盡成己成物之功而已後世之道學不
明不行者不患讀書之不博而患察理之不精不患
知見之不廣而患踐履之不篤察之不精者由乎不
領其要踐之不篤者由乎不致其誠領其要然後能
知其味知其味然後能致其誠臣之誦此言久矣嘗
欲裒次一書以爲領要之具上以達於吾 君下以
訓於後生而內省多愧有志未就歲癸酉恭承 特

성학집요

(2) 성리학의 발달

16세기에는 서원을 통해 유교 교육이 확산되면서 전국 각지에서 유명한 성리학자들이 배출되었고, 그들 사이에 심오한 학문논쟁이 일어났다. 또한 군주를 성인(聖人)의 경지로 이끌기 위한 수신교과서가 편찬되어 왕에게 바쳐지기도 하였다. 1568년 이황이 지어 바친 『성학십도(聖學十圖)』와 1575년 이이가 쓴 『성학집요(聖學輯要)』는 그 대표적 저서이다. 이들 저서는 부국강병과 그것을 뒷받침하던 패도를 철저히 배격하고 도덕지상주의적인 왕도정치를 강조한 것이 큰 특색이었다.

학자들은 왕도정치의 출발이 군주의 마음을 정화하는 데 있다고 보아 주로 수기(修己)와 관련된 심학(心學)에 관심을 기울였다. 하지만 국가의 관리선발 시험인 과거에서는 사서(四書)와 오경(五經)이 중심 과목이었으므로 관학교육은 심학에만 치우쳐 있지는 않았다. 그러나 과거나 벼슬을 포기한 많은 지방 학자들은 자신의 도덕 수양에 힘쓰면서, 그와 관련된 심성론과 인식론 그리고 우주의 본체론 등 심오한 철학적 문제들을 탐구하고 서로간에 활발한 논쟁을 전개하였다. 특히 이(理)와 기(氣)의 상호관련 문제, 사단(四端, 仁·義·禮·智)과 칠정(七情, 喜·怒·哀·樂·愛·惡·欲)에 관한 문제 등이 논쟁의 주요 관심사였다.

16세기 철학논쟁에서 중요한 위치에 있던 이는 서경덕·이황·조식·이이 등이었다.

개성의 처사 서경덕(徐敬德)은 기(氣)를 중심에 둔 유기철학(唯氣哲學)을 제시했는데, 그의 학풍은 서울 근교의 도시적 분위기에서 생활하던 학인들에게 큰 영향을 주었으며, 이들은 뒷날 북인파를 형성하였다. 그리고 이 계열의 학자들은 도교에 대해서도 비교적 관용적인 입장을 취하였다.

서경덕의 영향을 받은 토정(土亭) 이지함(李之菡)은 성리학을 배우라는 이이의 권유를 뿌리치고 역술·도교 등 잡술(雜術)을 배웠으며, 그 자신이 직접 상업에도 종사하면서 상업적 이득을 바탕으로 가난한 사람들을 구제하려 하였다. 한강의 큰 나루터인 마포(삼개) 부근에 움막을 짓고 살면서 상인과 가까이 지냈던 그는 서민들 사이에서 전설적 인물로 추앙을 받았으며, 그가 지었다고 전해지는 『토정비결(土亭祕訣)』은 지금까지도 민중들 사이에서 가장 인기있는 예언서로 읽히고 있다.

한편, 이황과 같은 시기의 남명(南冥) 조식(曺植)은 한반도의 남쪽 지리산에 평생 은거하면서 학자들을 길러내어 경상남도 지방의 성리학 발전에 큰 영향을 주었다. 그의 성리학은 의(義)의 실천을 매우 중요시하고 도교에 관용적이었는데, 그의 문인들은 임진왜란중 의병활동에 적극 참여하고, 전후에는 광해군을 도와 부국강병 정책을 강력히 추진하였다.

경상북도 안동지방의 학자 퇴계(退溪) 이황(李滉)은 서경덕과 반대로 형이상의 이(理)를 절대적 우위에 두는 주리철학(主理哲學)을 발전시켰다. 가시적인 현상보다 보편적 원리를 중요시하는 주리론은 인간의 내면적 수양과 도덕규범을 강조한 것으로 경상도를 비롯한 지방 지주 출신의 학자들에게 큰 영향을 주었다. 이황은 송나라 주희의 학설을 더욱 심화하여 '동방의 주자'라고 불렸으며, 그의 학설은 왜란 후 에도(江戶)시대의 일본 주자학 발전에 큰 영향을 주어 그를 숭모하는 학자들이 많이 배출되었다.

서경덕의 유기론과 이황의 주리론이 지닌 양극적 편향성을 지양하여 주리론에 서면서도 이(理)의 절대성을 부인하고 기(氣)의 작용에 따라 이(理)가 선해지기도 하고 악해지기도 한다고 주장하고 나선 이는 율곡(栗谷) 이이(李珥)였다. 개성과 서울의 중간지점인 경기도 파주가 고향인 이이는 도시의 상업문화와 농촌의 농업문화의 갈등을 이 새로운 철학체계로써 극복하려 하였다. 그는 삼강·오륜의 도덕질서를 옹호하면서도 경제생활을 개선하기 위한 여러 개혁안을 제시하였다. 그의 사상은 서울과 그 인접지역인 경기도·충청도 일대의 학자들에게 큰 영향을 주었으며, 그 학설을 추종하는 학인들이 서인(西人)을 구성하여 조선후기 300여 년간 중앙정치를 주도하였다.

(3) 역사·문학

16세기에 향촌 사림은 서원과 향약 등 향촌문화가 발달하는 추세에 맞추어 지방 자제들에게 기초적인 역사지식을 교육하기 위한 교재들을 개인적으로 편찬하였다. 가장 초보적인 역사교재는 박세무(朴世茂)가 쓴 『동몽선습(童蒙先習)』으로서 앞부분에는 삼강·오륜의 기본윤리를 소개하고, 뒷부분에는 중국사와 한국사의 기본줄기를 간략히 서술하였다.

『동몽선습』보다 한 단계 고급 수준의 역사교재로는 박상(朴祥)의 『동국사략(東國史略)』을 비롯해 원나라 증선지(曾先之)의 『십구사략(十九史略)』을 모방한 각종 '사략'형 사서들이 출간되었다. 이 책들은

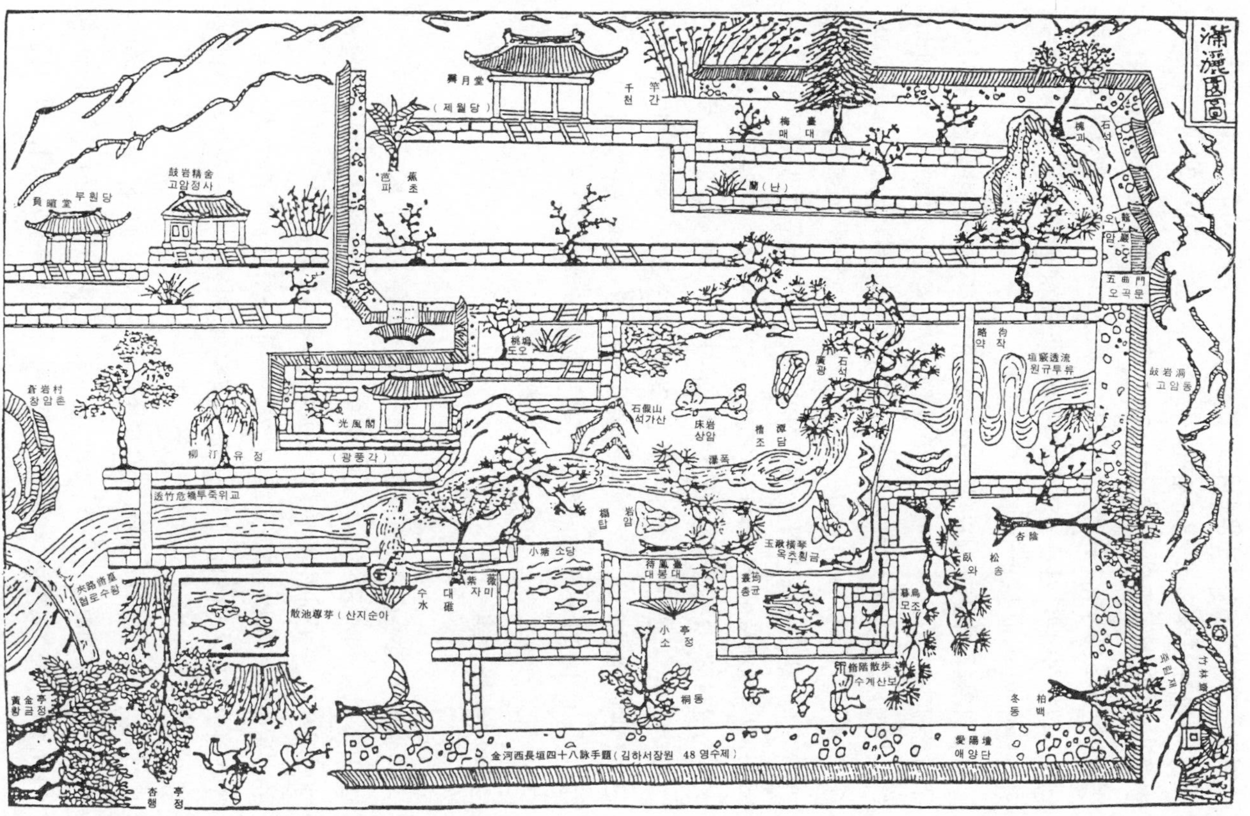

조광조의 문인 양산보(梁山甫)가 고향인 담양에 조성한 소쇄원 그림(1755년)

15세기의 대표적 관찬사서인 『동국통감』을 요약한 것이지만, 한층 엄격한 도덕적 기준 위에서 우리나라 역사를 정리한 것이 특징이었다.

한편, 성리학의 대가였던 이이는 『기자실기(箕子實記)』(1580)를 써서 기자를 공자·맹자에 버금가는 성인으로 추앙하고 우리나라 왕도정치의 기원을 그에게서 찾음으로써 한국 유학의 도통을 토착화하는 데 기여하였다.

모든 문화가 토착화하는 과정에서 우리나라의 역사적 사건·인물·지리·문학·예술 등을 총망라한 일종의 문화백과사전이 처음 편찬된 것도 특기할 일이다. 16세기 말 경상도 학자 권문해(權文海)가 지은 『대동운부군옥(大東韻府群玉)』(20권)이 그것으로서, 이 책은 17세기 초의 『지봉유설(芝峰類說)』과 더불어 조선후기에 유행한 백과사전 편찬의 효시를 이룬다.

우리나라에서는 역사적으로 소설보다는 시가 문학의 주류를 이루었는데, 16세기에는 한시 분야에서 당시(唐詩)를 선호하는 경향이 나타났고, 이와 병행하여 국문으로 씌어진 가사(歌辭)가 널리 유행하여 시문학의 새로운 경지가 열렸다. 특히 전라도 출신 학자 가운데는 빼어난 가사 작품을 쓴 이들이 많았는데, 정철(鄭澈)은 그 대표적 인물이었다.

한편, 정규적인 학교교육을 받지 못한 부녀자들 가운데서도 뛰어난 감성을 발휘한 시인들이 많이 배출되었다. 양반 부녀자뿐 아니라 기생과 같은 천민여자들 중에서도 황진이 같은 유명한 시인이 배출된 것은 16세기에 지방문화가 성장하면서 사회교육과 가정교육이 발달한 결과였다.

3

조선왕조의 중흥

1. 17~18세기의 정치발전

(1) 호란과 반청정책

임진왜란에서 승리를 쟁취한 조선은 전란중에 파괴된 산업을 복구하고 문물을 재정비하면서 왕조체제를 이어갔다. 전란 직후 정권을 담당한 광해군과 그 추종세력은 전쟁의 경험을 살려 국방력 강화에 힘을 쏟고, 되도록 국제적 분쟁에 휘말리지 않기 위해 신중한 외교정책을 폈다.

17세기 초 만주의 여진족은 명나라가 쇠약해진 틈을 타서 세력을 키워나가다가 1616년 마침내 후금(後金)을 세워 명나라에 선전포고를 하는 한편, 조선에까지 압력을 가해왔다. 명나라는 후금을 협공하기 위해 조선의 출병을 요구했으나, 조선은 신중한 중립외교로써 두 나라의 감정을 사지 않고 슬기롭게 위기를 극복하였다.

한편, 광해군정권은 전란중에 노출된 유교정치의 약점을 보완하기 위해 정통 성리학을 비판하고 다소 이단적 경향을 지닌 조식의 학문을 정통으로 내세우는 정책을 썼다. 이러한 변형된 유교정치와 중립적 외교정책은 의리와 명분을 존중하는 성리학자들의 불만을 초래했다. 특히 광해군이 적대세력과의 권력투쟁 과정에서 대비를 폐비시키고 동생을 살해하는 사건이 일어나자 유신들의 반발이 거세게 일어났다.

결국 광해군은 유신들과 무인의 쿠데타로 쫓겨나고 인조(仁祖)가 새 왕으로 추대되었으며(仁祖反正), 성리학을 존중하는 서인과 남인의 정권이 들어섰다. 인조정권은 대외적으로 친명배금(親明排金) 정책을 추구하였다. 이는 임진왜란 때 우리를 도와준 유교국가 명나라에 대한 의리와 존경에서 온 것이었으나 후금의 감정을 자극하여, 1627년 3만 여명의 후금 군대가 압록강을 건너 쳐들어왔다. 당시 후금은 조선을 무력으로 정복할 만한 힘이 부족하여 강화협정을 맺고 외교관계를 수립하는 정도에서 만족했다. 그러나 그후 후금은 요서지방과 내몽고를 정복하여 힘이 커지자 1636년 국호도 청(淸)이라 고치고 조선에 대하여 조공국이 될 것을 요구했다.

조선은 여진족을 예로부터 야만시해왔으므로 청나라의 요구를 오만무례한 것으로 받아들이고 청나라에 대하여 전쟁을 선포하였다. 이에 청나라 태종(太宗)은 1636년 10만명의 군대를 이끌고 압록강을 건너 5일 만에 서울을 점령하였다. 그때까지 왜란의 후유증을 극복하지 못한 조선은 임금인 인조가 남한산성으로 피란하여 45일간이나 저항했지만 결국 청나라의 요구를 받아들이고 평화관계를 수립하였다.

그러나 조선의 온 국민은 청나라의 무력에 굴복한 것을 큰 수치로 여기고 힘을 길러 복수설치(復讎雪恥)할 것을 국가정책의 최고목표로 삼았다. 강경한 주전론을 주장하다가 청나라에 인질로 잡혀가 심양에서 죽은 이른바 삼학사(三學士, 洪翼漢·尹集·吳達濟)는 두고두고 국민 사이에서 존숭의 대상이 되었다. 청나라에 대한 반감은 상대적으로 애국심을 북돋워 우리나라가 동아시아에서 유일한 유교적 문명국가라는 자부심을 키워주었고, 우리나라와 더불어 평화적인 유교문화를 지켜온 명나라에 대한 숭모심을 자극하였다. 18세기 초에 창덕궁(昌德宮) 안에 대보단(大報壇)을 세워 임진왜란 때 원병을 파견한 명나라 신종(神宗)과 명나라 마지막 황제 의종(毅宗)에 대한 제사를 지낸 것은 숭명(崇明)사상의 상징적 사례이다. 또한 일반 사대부들이 청나라의 연호를 사용하지 않고 명나라 의종의 연호(崇禎)를 계속 사용한 것도 같은 의미를 지닌다.

청나라에 대한 복수(北伐)정책은 호란중에 청나라에 인질로 잡혀갔다가 돌아와 왕위에 오른 효종(孝宗) 때부터 본격적으로 추진되어 현종(顯宗)·숙종(肅宗)·영조(英祖) 때까지 근 150년간 지속적으로 이어졌다. 18세기 후반 이후로 청나라 문화가 전성기에 이르면서 그 문물을 배워오자는 이른바 북학(北學)운동이 일어나 복수정책이 완화되었지만, 지방의 지식인들은 조선왕조가 망할 때까지도 반청(反淸)감정을 버리지 않았다.

북벌(北伐)운동은 청나라의 세력이 강성하여 끝내 실천되지는 못했다. 그러나 그러한 정책이 조선인의 분발과 각성을 촉구하여 18세기 영·정시대의 문화융성과 국력신장을 가져오는 정신적 바탕이 되었으며, 그 정신의 연장선상에서 일제시대의 항일운동이 일어난 점은 매우 주목할 만한 것이다.

(2) 붕당정치의 전개

성리학에서는 군자들이 모여서 작은 규모의 정치집단인 붕(朋)을 형성하고, 붕이 모여서 이루어진 당(黨)이 정치를 이끌어가는 것을 긍정적으로 보았다. 따라서 성리학이 널리 퍼진 16세기 말에 붕당이 형성된 것은 자연스러운 추세였다. 17세기 이후에는 성리학이 더욱 보편화함에 따라 붕당은 한층 세분화되고, 대부분의 서울 관료들은 직접 혹은 간접으로 당파와 연결되어 있었다.

붕당은 학자들의 정치집단이었으므로 자연히 학풍에 따라 파가 갈릴 수밖에 없었고, 학풍이 다양해질수록 분파도 많아졌다. 자연히 붕당간에는 학문경쟁과 아울러 정책경쟁도 벌어지게 되었고, 그 과정에서 조선후기의 정치는 역동적으로 운영되어갔다.

왜란 직후인 17세기 초에는 서경덕과 조식의 학풍을 따르는 북인이 집권하여 국방력 강화와 왕권 강화에 주력하고 상업 진흥에도 힘을 기울였으나, 인조반정(仁祖反正) 이후로는 이이의 학풍을 따르는 서인과 이황의 학풍을 따르는 남인이 집권하여 국방력 강화에 주력하면서도 농촌사회의 안정에 많은 관심을 기울였다. 17세기 중엽에 공납제도의 모순을 시정하여 대동법(大同法)을 시행하고, 전세제도를 개혁한 것은 농촌사회 안정을 목표로 한 것이었다. 물론 농촌사회의 안정은 지주층과 지방 양반들의 생활안정과 신분적 우위성의 확보를 전제로 한 것이었으므로 이른바 사(士)·농(農)·공(工)·상(商)의 위계질서는 한층 견고해졌다. 양반·중인(中人)·상민의 계급분화가 확실해진 것도 17세기 중엽 이후의 일이었다.

서인과 남인이 비교적 협조관계를 유지하면서 정치를 이끌어가던 정치상황은 17세기 후반에 이르러 숙종이 즉위하면서 일당집권체제로 바뀌었다. 처음에는 남인이, 다음에는 서인이 집권하였으며, 그 다음에는 서인이 노론과 소론으로 갈라지면서(1683) 두 파벌간에 정권이 교체되었다. 원래 성리학의 붕당정치는 다당정치보다는 일당정치에 입각한 일종의 내각제에 가까운 것이었으므로, 숙종시대는 성리학적 붕당정치가 절정에 이른 시기였다고 할 수 있다. 이 시기에 조선왕조의 국방력은 한층 강화되어 이른바 5군영(五軍營) 체제가 확립되고, 서울 부근의 강화도와 북한산 등지에 성이 건축되어 서울 방위가 탄탄해졌다. 또한 청나라와의 국경분쟁이 해결되어 1712년 백두산 아래에 정계비(定界碑)가 세워졌으며, 동래지방의 수군인 안용복(安龍福)이 울릉도의 왜인을 쫓아내고 지배권을 확립한 것도 이 시기였다.

숙종의 뒤를 이어 영조·정조(正祖)가 잇따라 즉위한 18세기에는 조선왕조의 국력과 문화수준이 절정기에 이르렀다. 호란을 겪은 지 1세기 만에 왕조의 중흥이 도래한 것이다.

52년의 긴 세월 동안 왕위에 있었던 영조는 일당정치체제를 바꾸어 여러 당파에서 온건한 사람들만을 등용하는 이른바 탕평책(蕩平策)을 실시함으로써, 당파를 무력하게 만들었다. 붕당정치를 지양하고 일종의 대통령제에 가깝게 정치를 운영해나간 것이다. 당파의 본거지인 서원도 대폭 정리하고, 그대신 일반 주민들의 여론을 국정에 반영하기 위해 신문고(申聞鼓)제도를 부활하였다. 또한 군역(軍役) 부담의 불평등을 완화하기 위해 균역법(均役法, 1750)을 시행하고, 15세기에 편찬되었던 법률·병법·의례·형정(刑政) 등에 관한 서적을 다시 편찬하여 국가의 각종 제도를 재정비하였다.

스스로 요·순과 같은 고대의 성왕이 되기를 바랐던 영조는 성리학보다도 고대 유학의 정신을 빌려서 왕권을 강화하고 정치의 주도권을 장악하였다.

영조의 새로운 정치노선은 그의 손자인 정조에 계승되어 탕평정치의 꽃이 활짝 피었다. 세손 때부터 학문에 힘써 웬만한 학자보다도 학문이 높았던 정조는 군주 겸 선생의 입장에서 신하들을 지도하는 위치에 섰다. 그는 자신의 정치노선을 충실히 따르는 정치집단을 새로이 양성하기 위하여 1776년 창덕궁 안에 규장각(奎章閣)이라는 정치기구 겸 학문연구소를 세우고, 그곳에 소속된 관료들에게 비서실 기능을 비롯하여 많은 특권을 부여하였으며, 초계문신(抄啓文臣)제를 통해 기성 관료들을 재교육하고 그 성적에 따라 승진시켰다. 또한 장용영(壯勇營)이라는 친위부대를 창설하여 왕권의 무력기반을 다졌다.

정조는 안정된 왕권을 바탕으로 아버지의 능묘(陵墓)인 현륭원(顯隆園)이 있는 수원(水原) 북쪽에 모범적인 상업·농업·군사도시를 건설하기 위해 최신 서양식 공법을 이용하여 장엄한 화성(華城) 성곽을 쌓고 행궁(行宮)을 조성하였다. 그리고 수천명의 수행원을 거느리고 이곳에 자주 행차하여 군주의 위엄을 보이고 주민들의 여론을 직접 들었으며, 한강에 배다리를 놓고 신작로를 만들어 서울·화성 간의 교통을 편리하게 하였다. 정조의 화성 행차는 많은 화가들에 의해 병풍 혹은 의궤(儀軌)로 제작되어 그 장엄한 모습을 유감없이 보여주고 있다.

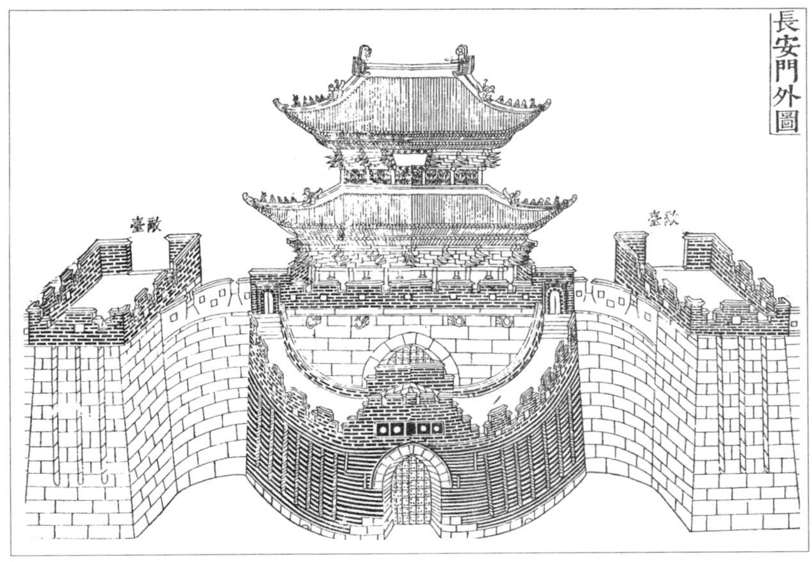

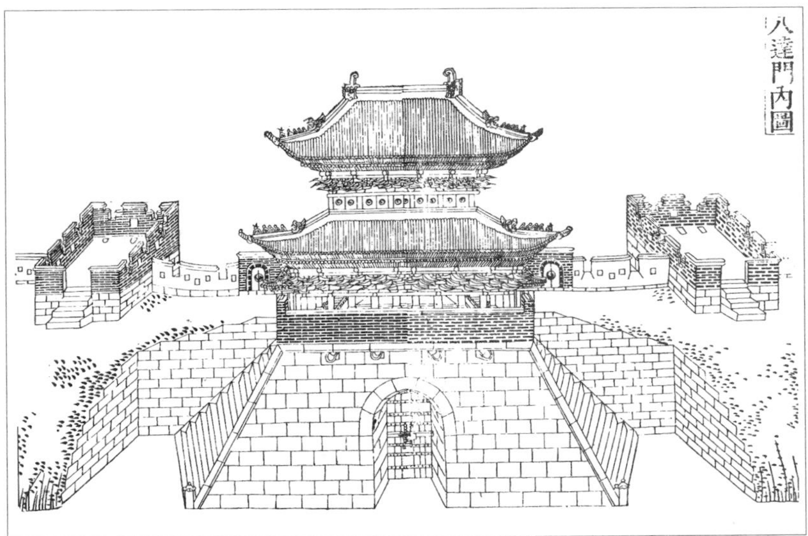

화성성역의궤
수원성의 북문인 장안문과 남문인 팔달문의 구조를 그린 그림.
서울대학교 규장각 소장

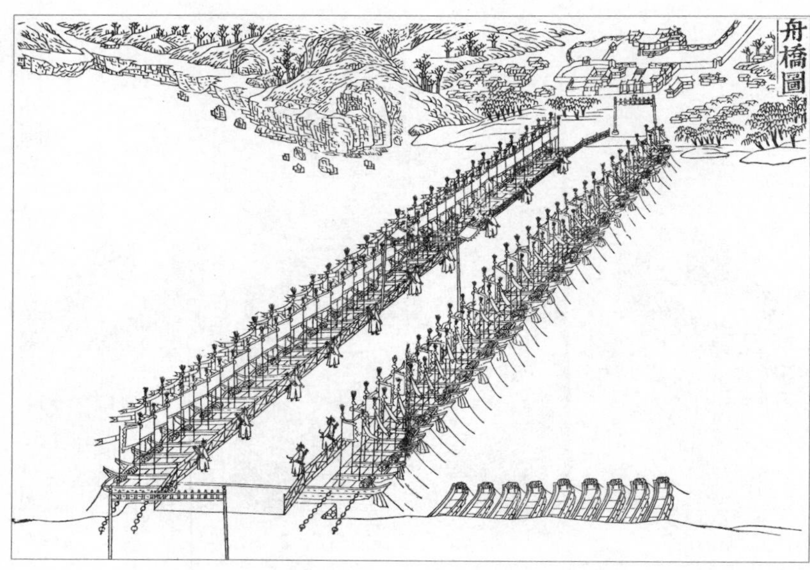

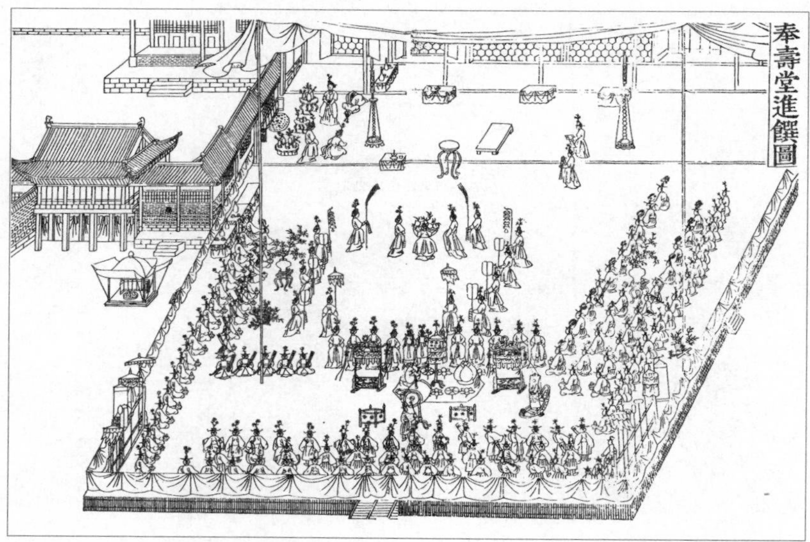

원행을묘정리의궤(園幸乙卯整理儀軌)
위는 노량진에 놓여진 배다리,
아래는 화성 행궁(行宮) 내의 봉수당(奉壽堂)에서 있었던
정조의 생모 혜경궁 홍씨의 회갑잔치 장면, 서울대학교 규장각 소장

상공업 진흥을 통해 국가경제력을 키우려는 정조의 노력은 서울 시전(市廛)상인들의 독점판매권(禁亂廛權)을 폐지하는 조치(이른바 辛亥通共)로 나타났다.

한편, 정조는 문화 진흥에도 비상한 관심을 가져 그 자신이 『홍재전서(弘齋全書)』라는 2백 권에 가까운 방대한 문집을 편찬하였으며, 수백 종의 서적을 국가사업으로 간행하였다. 또 청나라로부터 강희제(康熙帝) 때 편찬한 5천여 권의 『고금도서집성(古今圖書集成)』을 들여오기도 하였다.

당시 국가가 보유하고 있던 장서는 수십만 권을 헤아렸으며, 궁 안에만도 3만 권의 장서가 소장되어 있었다. 영조시대에 완성되고, 정조시대에 증보된 『동국문헌비고(東國文獻備考)』는 18세기 조선문화를 상징적으로 대표하는 문화백과사전이었다.

2. 17~18세기의 경제발전

(1) 상업적 농업의 발생

왜란과 호란으로 피폐해진 농촌은 17세기 후반 이후 급속히 복구·발전되었다. 왜란 직후 54만 결에 지나지 않던 국가 수세지는 거듭된 토지조사사업 결과 18세기 초에는 약 140만 결로 늘어났다.

경지면적의 확장과 함께 수리시설도 크게 개선되었다. 정부의 적극적인 노력에 의해 18세기 말에는 크고 작은 저수지가 약 6천개를 헤아리게 되었다.

수리시설이 확장됨에 따라 밭농사가 논농사로 바뀌고, 쌀재배가 늘어났다. 더욱이 수리시설의 개선은 이앙법(移秧法, 모내기)을 확산시켜 노동력의 절감을 가져왔고 단위면적당 수확량을 증가시켜주었다. 또한 모내기 이전에 보리를 심을 수가 있어서 벼와 보리의 이모작(二

毛作)이 가능해졌다.

밭농사에 있어서도 밭고랑과 밭이랑을 만들어 밭고랑에다 곡식을 심는 방법이 보급되고, 보리(또는 밀)와 콩(또는 조)을 매년 두 번씩 재배하는 그루갈이〔根耕法〕가 유행하여 생산력이 높아졌다. 농업생산력의 발전은 농업경영 규모의 확대를 가져왔다. 경영능력이 큰 사람이 전보다 넓은 경작지를 경영하는 이른바 '광작(廣作)'이 나타난 것이다. 이에 따라 토지의 집중이 가속화되고 부농과 빈농의 분화가 진전되었다.

부농들은 자급자족의 차원을 넘어서서 상품화를 전제로 하여 여러가지 작물을 재배하였다. 인삼·담배·목면·채소·과일·약재 등이 그러한 상업작물로 인기를 끌었다.

각종 구황식물의 보급도 식량사정을 호전시키는 데 기여하였다. 일본에서 고구마가 들어오고, 청에서 감자가 들어왔으며, 호박·토마토 등도 재배되어 먹거리가 많아졌다.

농업의 발달에 따라 많은 농서(農書)가 출간되었다. 그중에서도 17세기에 신속(申洬)이 여러 농서들을 묶어서 편찬한 『농가집성(農家集成)』(1655)과 고구마 재배법을 기록한 강필리(姜必履)의 『감저보(甘藷譜)』 등은 농가경제에 큰 도움을 주었다. 그리고 18세기 초에는 농업·원예·양잠·목축 그리고 농촌생활에서의 건강·섭생에 관한 모든 지식을 총망라한 『산림경제(山林經濟)』라는 농촌백과사전이 홍만선(洪萬選)에 의해 편찬되었으며, 18세기 중엽에 유중림(柳重臨)은 이를 증보하여 『증보산림경제(增補山林經濟)』를 편찬했다.

(2) 상업과 화폐경제의 발달

조선후기에는 관상(官商)인 서울과 대도시의 시전상인과 더불어 난전(亂廛)이라고 불린 사상(私商)의 상업활동이 상호경쟁적인 관계를 맺으면서 활발하게 전개되었다.

먼저, 시전상인들은 한 가지 상품을 독점적으로 판매할 수 있는 특권을 부여받아 서울과 대도시의 중심가에 연쇄상가를 형성하고 있었는데, 16세기 말 이후에는 비단·무명·명주·종이·모시·어물 등 6개 상품의 수요가 급증하면서 이것을 취급하는 육의전(六矣廛)의 상인이 특히 대상인으로 성장하였다.

육의전 품목 이외의 물건을 파는 시전들의 독점판매권은 18세기 말(1791) 정조에 의해 철폐되었다. 이는 사상들도 자유롭게 이들 물품을 판매할 수 있도록 하여 시장경제를 활성화하고자 한 것이었다. 시전상인의 특권이 철폐됨에 따라 서울의 동대문 부근과 남대문 밖, 그리고 종로 부근에는 새로운 자유상가가 조성되어 다종다양한 상품들이 거래되었다. 서울 근교의 송파(松坡)는 삼남지방에서 올라온 상인들로 흥청거려 서울상인들이 불안해했다고 한다.

사상들은 앉아서 판매하는 난전에만 종사한 것이 아니라 전국의 지방 장시를 연결하면서 물화를 교역하기도 하였다. 18세기 중엽에는 대략 하나의 군·현에 세 곳의 장시가 개설되어 전국적으로 1천여개의 장시가 있었는데, 보통 5일마다 장이 섰다.

장시가 시간이 지나면서 상설시장으로 발전해가고 교통·운수가 발달함에 따라, 전국적인 시장권이 형성되어갔다. 특히 수로교통이 편리한 장시에서는 대규모 교역이 행해져서 도매업과 위탁판매업·창고업·운송업·숙박업·은행업 등에 종사하는 객주(客主)와 여각(旅閣)이 나타났고 거래를 붙이는 거간(居間)도 생겨났다. 조선후기 장시 가운데 충청도 강경, 전라도 전주, 경상도 대구·마산·안동, 황해도 은파, 함경도 원산, 강원도 대화 등의 장시가 특히 유명했으며, 이들은 새로운 상업도시로 성장해갔다.

장시가 발달함에 따라 새로운 도로가 신설되고, 배의 수송능력도 커졌으며, 해로도 넓어졌다. 이에 따라 전국적인 상품유통체계가 형성되고 전국 곳곳에 막대한 부를 축적한 거상들이 나타났다. 그중에서 가장 자본규모가 큰 것은 서울상인(京江商人)들이었다. 이들은 한강을 이용하여 운송과 조선(造船)을 통해 돈을 벌기도 하고, 쌀·소금·어물 등 생필품을 경기도와 충청도 일대에 판매하여 막대한 이득을 취하였다. 서울은 근엄한 행정도시에서 전국의 물화가 모여드는 상업도시로 변모하면서 번창해나갔으며, 인구가 팽창하여 행정구역이 4대문 밖으로 확대되었다. 한강에는 배가 닿는 나루터가 세 곳에서 여덟 곳으로 늘어났고, 그 나루터 주변에는 새로운 마을들이 형성되어갔다.

개성의 상인(松商)도 거상 중의 하나였다. 이들은 전국 요지에 송방(松房)이라는 지점을 차려놓고 주로 인삼을 재배·판매하였으며 의주상인과 동래상인을 매개로 청·일 간의 중개무역에 종사하기도 하였다. 이른바 고려인삼이 중국·일본에 널리 알려진 것도 이들의 활약에 의한 것이었다. 의주와 동래의 상인들은 각각 청나라 및 일본과의 국제무역을 통해 부를 축적하였다. 의주상인은 주로 비단·모자·약재 등을 청나라로부터 사오고, 은과 인삼·가죽·종이·무명 등을 그쪽에 팔았다. 동래상인은 인삼·쌀·무명 등을 일본에 팔고, 은·구리·유황·후추 등을 사왔다. 은의 경우는 일본에서 사다가 청나라에 파는 중개무역 상품의 중심을 이루었다.

상업의 발달은 자연히 화폐유통의 활성화를 가져왔다. 민간에서는 옛날처럼 쌀〔米〕이나 베〔布〕가 여전히 현물화폐로 사용되기도 하였지만, 이와 병행하여 휴대하기 간편한 금속화폐인 동전이 널리 유행하기 시작하였다. 1678년 상평통보(常平通寶)가 주조된 이래 동전 주조가 계속되었는데, 18세기 후반부터는 금속화폐가 일차적인 유통수단의 지위를 얻게 되었다. 그리하여 일반 상품거래에 금속화폐가 사용되는 것은 물론이요, 국가의 각종 세금이나 지대(地代)도 금납화(金納化)되어갔다. 이러한 금속화폐의 광범한 보급은 자급자족적인 경제구조를 해체하면서 상업자본의 성장을 급속히 진전시켰으나, 다른 한편으로는 빈부의 편차를 심화시켜 사회갈등을 유발하는 요인도 되었다.

(3) 수공업과 광업의 발달

상품화폐경제의 발달은 제조업 분야에서도 변화를 가져왔다. 수공업 분야에서도 자유시장경제 체제가 나타나게 된 것이다. 그때까지 전문수공업자인 장인(匠人)들은 국가기관에 소속되어 의무적으로 관청수요품을 제조하고, 의무기간이 끝난 뒤에야 일반 상품을 제조해왔다. 그러나 조선후기의 장인들은 대부분 상인들이나 일반 소비자를 상대로 하여 상품을 제조·판매하는 자유수공업자로 변하였다. 18세기 후반의 통계에 의하면, 서울과 지방의 관청에 소속된 공장(工匠, 관청수공업자)은 전체 장인의 약 10분의 1에 지나지 않았다.

조선후기 가장 늦게까지 관청수공업자에 의해 제조된 물품은 무기·종이·못·자기·비단·놋그릇·화폐 등이었다. 이것들은 민간에서 소비되는 물품이 아니거나, 아니면 국가기관의 수요가 압도적으로 큰 것이었다. 그렇지만 종이·자기·비단·놋그릇 등은 관청수공업 중심으로 생산이 이루어지면서도 개인수공업에 의해 생산되는 정도가 갈수록 커져갔다.

국가는 위에 든 물품을 제외한 대부분의 물품을 공인(貢人)이라 불린 특허상인들을 통해 구입하였다. 공인은 17세기 초에 시작되어 18세기 초에 뿌리를 내린 이른바 대동법이 실시되면서 새로이 생겨난 상인들이었다. 각 지방의 토산물을 강제로 바치도록 되어 있던 공물제도를 바꾸어 쌀이나 베 혹은 돈으로 내게 한 것이 대동법으로서, 이 법이 시행된 후 국가는 공인을 통해 각 지방의 토산품을 구입하게 되었다. 말하자면 대동법이 민영수공업의 발전을 촉진한 것이다.

국가는 공인으로부터 관수품을 사들이기도 하고, 때로는 장인을 일당노동자로 고용하여 필요한 물품을 제조하기도 하였다.

조선후기의 자유수공업자 중에는 비교적 규모가 큰 공장을 차려놓고 임금노동자를 고용하여 대량으로 상품을 제조하는 이도 나타났다. 특히 솥과 놋그릇을 제조하는 수공업자 중에 공장경영자가 많았는데, 경기도의 안성과 평안도의 정주는 놋그릇 생산지로 유명하였다. 그러나 대규모 자본이 필요한 종이·화폐·야철(冶鐵)·자기 등의 경우에는 대상인이 원료와 자금을 미리 지급하고 생산된 물품을 사들이는 방법이 유행하였다. 이러한 상인들을 물주(物主)라고 하는데, 이같은 방법은 서양 중세 말기의 선대제도(先貸制度, putting-out system)와 유사한 성격으로 볼 수 있다.

조선후기에는 광업 분야에서도 변화가 나타났다. 조선초기에는 광산을 국가에서 직접 경영하였으나, 17세기 이후로는 개인의 광산경영(이른바 私採)이 허용되면서 국가에서는 이들로부터 세금을 받는 정책을 쓰기 시작했다. 광산 개발에서 가장 인기있는 광물은 은이었다. 그것은 청나라에서 은화가 사용되면서 은의 수요가 커졌기 때문인데, 17세기 말에는 70개소에 달하는 은광(銀鑛, 銀店)이 개설되었다.

18세기 중엽 이후로 정부는 광산의 개인경영을 일시 억제하였다. 농민들이 광산으로 몰려들어 농업에 지장을 주는 것을 우려한 까닭이었다. 그러나 정부의 금압(禁壓)에도 불구하고 상인들은 노동자를 고용하여 대규모로 광산을 개발했으며, 18세기 이후로는 금광 개발도 성행하였다. 금광은 평안도지방에 가장 많았다. 1811년 평안도지방에서 일어난 홍경래의 난 때 대상인이 자본을 대고 광산노동자가 다수 참여한 것도 이 지방의 광산개발과 관련이 크다.

한국인들은 광산개발을 가리켜 '노다지를 캔다'고 말하는데, 노다지라는 말은 'No Touch'에서 유래했다고 한다.

3. 17~18세기 신분제의 붕괴

조선후기의 산업발달은 사회계층간의 이동을 촉발해 전통적인 신분제의 변화를 가져왔다. 조선초기의 주민은 자유민인 양인(良人)과 비자유민인 노비(奴婢)로 양분되어 있었고, 이 두 신분은 세습되는 것이 원칙이었다. 양인은 자유민인 까닭에 교육과 관직의 기회가 주어졌고, 관직을 얻으면 양반이라고 불렸다. 그러나 양반의 지위가 자동적으로 세습되는 것은 아니었기 때문에 법제적인 면에서는 양인과 노비의 장벽이 가장 큰 것이었다.

그런데 조선후기에는 양인과 노비의 장벽이 무너지고 노비 중에서 양인으로 상승하는 사례가 급증하였다. 이는 정부에서 왜란과 호란을 겪으면서 전쟁에 공을 세운 노비를 양인으로 해방한데다가, 군대와 국가재정의 부족을 타개하기 위하여 노비를 단계적으로 해방하는 정책을 취했기 때문이다. 그리하여 임진왜란 이후 국가에서는 노비가 곡식을 바치면 이들을 양인으로 풀어주고, 속오군(束伍軍)으로 편제하여 양인과 함께 군역을 지우기 시작했다. 또한 노비인구를 제도적으로 줄이기 위해 어머니가 비(婢)인 경우에만 그 자식을 노비로 만들고, 아버지가 노(奴)일지라도 어머니가 양인인 경우에는 그 자식이 양인이 되도록 하였다. 이 제도는 1669년(현종 10)에 시작되어 여러 차례 치폐를 거듭하다가 1731년(영조 7)에 정착되었다. 이 제도는 양인과 노비 사이의 결혼이 현실적으로 활발히 이루어졌던 당시의 사정을 반영하는 것이기도 하였다.

노비 스스로 도망하여 양인이 되는 경우도 적지 않았다. 다른 지방으로 이사하여 호적을 위조하거나, 아니면 족보를 위조하여 신분을 감추기도 하였다.

국가기관에 소속된 공노비가 도주하는 현상도 급증하였다. 정부에서는 공노비를 묶어두기 위해 신공(身貢)과 입역(立役)을 완화해주는 등 여러 정책을 취했으나 별 효과가 없자 마침내 1801년(순조 원년) 6만 6천여 명의 중앙관청 노비를 해방했다. 나머지 공노비는 1894년 갑오개혁 때 해방되었는데, 이때 사노비의 세습제도 함께 폐지되어 한국 노비제의 역사는 종말을 고하였다.

노비의 신분상승과 병행하여 양인 내부의 계층분화도 활발하게 진행되었다. 과전법으로 대표되는 공전제가 무너지면서 토지집중이 가속화되었으며, 상업의 발달은 부의 편중을 심화시켰다. 이에 따라 평민 중에 지주와 자본가로 성장하는 이들이 나타났고, 병작인(竝作人)이나 노동자로 전락하는 경우도 많았다.

경제력이 커진 평민은 족보와 호적을 위조하여 양반 행세를 하는 이가 많아졌다. 당시 이런 사람들을 '모칭(冒稱) 유학'이라고 불렀는데, 일단 유학이 되면 과거 응시가 가능하고 향촌에서 유지 행세를 할 수 있었다.

그러나 가짜 양반이 늘어날수록 이들과 벼슬을 많이 한 진짜 양반들의 갈등은 커져갔다. 진짜 양반들은 서울과 그 주변에 살며, 지방 양반들을 여러가지로 차별하는 정책을 썼다. 또한 이들은 조정의 문관 중에서도 전문기술직에 종사하는 이들을 중인(中人)으로 하시하고, 서얼(庶孼) 출신들의 벼슬길을 억제하였다. 당시 이렇게 양반계층에서 도태된 이들을 중인으로 통칭하였는데, 여기에는 의관(醫官)·역관(譯官)·천문관(天文官)·산관(算官)·율관(律官)·화원(畫員)·서리(胥吏) 등 서울의 기술직 관료와 지방의 가짜 양반들이 포함되었고, 서얼은 중인과 동류로 취급되었다.

중인에 대한 차별은 과거 응시자격에서가 아니라 관직임용에서 나타났다. 외교문서를 관장하는 승문원(承文院)이나 문한을 담당하는 홍문관(弘文館) 등은 이른바 청요직(淸要職)으로, 이곳의 관원이 된 사람들은 재상(宰相)으로 올라가는 길이 순탄하였는데, 이 자리는 서울 양반만이 차지하였다. 중인은 문과에 합격해도 승진이 어려운 교서관(校書館)에 임명되어 책을 출판하는 일에만 종사하였다. 무과(武科)의 경우에도 서울 양반은 왕을 호종하는 선전관(宣傳官)에, 중인은 궁궐이나 성문을 지키는 수문청(守門廳)에 소속되었다.

지방차별에 있어서는 서북인(평안도민)들이 가장 천대를 받아, 문과 합격자도 성균관에 임용될 뿐 청요직에는 나가지 못하였다. 또한 서얼은 문과 응시 자체가 금지되고, 오직 전문기술관이 될 수 있는 잡과

응시만이 허용되었다.

그리하여 조선후기의 계층구조는 크게 양반·중인·상한(常漢, 평민)으로 구분되어 있었는데, 이 구조가 법률적으로 명시되어 있었던 것은 아니다. 따라서 계층구조는 경직된 형태가 아니었으며, 조선후기 사회는 계층간의 상하이동이 활발하게 전개되면서 신분사회가 계급사회로 나아가는 과정에 있었다.

조선후기의 양반 중심 계층구조가 상대적으로 가장 경직된 시기는 호란(胡亂)을 겪고 난 직후인 17세기 중엽이었다. 전란으로 흐트러진 국가기강을 다시 바로잡으려는 중앙정부의 노력이 집중되었기 때문이다.

중앙권력뿐 아니라, 지방 자치조직인 향약이나 동약(洞約) 등의 경우에도 양반들은 향안(鄕案)이라는 양반명단을 만들어놓고 향권(鄕權)을 독점하였다. 그러나 양반 중심 사회구조에 대한 도전은 먼저 서얼층에서 일어나 이른바 서얼허통(許通)운동이 활발하게 전개되어 18세기 후반 이후로는 서얼들도 청요직으로 나아가는 길이 단계적으로 열리게 되었고, 1851년(철종 2)에는 마침내 서얼의 완전한 허통이 성취되었다. 서얼허통이 가장 먼저 이루어진 것은 서얼인구가 많고, 그들의 부친이 대개 당당한 양반인 경우가 많았던데다가, 서얼에 대한 차별이 법제적으로 가장 뚜렷하여 불공정함이 컸기 때문이다.

서얼의 허통에 자극을 받아 전문기술직 관료인 중인들도 통청운동을 조직적으로 벌였으나 받아들여지지 않았다. 그러나 중인 중에서도 역관(譯官)은 중국 사행(使行)을 통해 부를 축적한 이가 많았고, 서울의 중인들은 시사(詩社)를 조직하여 문예활동을 전개하면서 서울 양반들과의 교유관계를 넓혀갔다. 특히 중인들은 19세기 중엽 이후 중인 명사들의 전기류를 편찬하여 양반과 동등한 능력을 갖추었음을 과시하면서 자신들의 위상을 높여나갔다.

중인들이 크게 각광을 받은 것은 개항 이후로서, 서구의 근대문물을 수용하는 과정에 중인들의 전문적 교양은 서양문화를 이해하는 데 큰 도움을 주었다. 따라서 한국의 근대화운동은 중인들이 주도하였고, 유교의 인문문화에 대한 자부심이 높은 양반들은 척사(斥邪)운동을 통해 민족주체성을 키우는 데 기여하였다고 할 수 있다.

4. 수취제도의 개혁

(1) 전세율의 감하와 대동법의 시행

조선후기의 산업 발달에 따라 산업구조에 알맞은 수취제도의 개혁은 불가피해졌다.

먼저, 정부는 17세기 후반 효종대에 전세율을 1결 4~20두(斗)에서 4~6두로 낮추었다. 자작농이 지배적이었던 조선초기에는 지주가 4~20두를 내는 것이 큰 부담이 아니었으나, 병작제가 보편화된 조선후기에는 농민이 수확의 반을 지주에게 바치고, 또 국가에 4~20두를 내는 것은 무리였기 때문이다.

또한 종전에 토지를 6등급으로 나누고, 풍흉의 정도를 9등급으로 나누는 제도도 폐지하였다. 그것은 농업기술의 발전에 따라 토지의 비옥도가 전국적으로 어느정도 평준화되고, 4~6두의 세는 풍흉의 정도에 영향을 받지 않을 만큼 적은 것이었기 때문이다. 그러나 토지의 비옥도가 완전히 평준화되지는 않았으므로, 토지의 등급에 따라 1결의 면적을 달리하는 방법을 취하였다. 이와같은 개편으로 국가의 전세수입이 일정하게 되었으며, 농민의 부담도 다소 가벼워졌다. 그러나 국가 전세수입의 총량은 종전보다 현저히 줄어들었다. 국가는 전세에 의존하던 재정정책에서 벗어나 공납과 군역을 통해 국가수입을 보충하는 방법을 택하였다. 이는 농업본위사회에서 상공업사회로 변화해가는 추세에 부응하기 위함이었다.

공납은 이미 15세기 말에도 국가수입의 60%를 차지할 정도로 비중이 컸는데, 정부는 17세기 이후 수납방법을 토산물 대신 곡식이나 포목 혹은 돈으로 받는 것으로 바꾸었다. 이것이 대동법(大同法)으로, 처음에는 경기도에서만 실시되다가 점차 지역이 확대되어 18세기 중엽에는 전국적으로 시행되었다.

대동법에 따라 농민들은 가호 단위로 바치던 토산물 대신 1결에 미곡 12두씩을 바치게 되었다. 산간지방에서는 쌀 대신 포목(布木)과 돈을 내야 했다. 이는 전세보다 2~3배나 많은 것이었지만, 이른바 방납(防納)이라는 형식으로 토산물 상납업자가 마구 거두어가던 것에 비하면 크게 개선된 것이었다.

국가의 입장에서는 쌀이나 포목 혹은 돈을 가지고 국가의 필요한 물품을 선택적으로 구입할 수가 있어서 현물징수보다 편리하였다. 국가는 선혜청(宣惠廳)이라는 관청을 설치하여 대동미를 징수하고, 공인(貢人)이라고 불린 특허상인에게 돈을 지불하여 그들로 하여금 관청수요품을 조달하게 하였다. 대동법 실시 이후 새로이 등장한 공인은 조선후기 상업 발달의 견인차 역할을 하면서 대자본가로 성장하였으며, 이들의 주문에 따라 관청수요품과 관련된 제조업은 활기를 띠고 성장하였다.

대동법은 공납이 전세로 바뀐 것이었으므로 토지가 많은 부호들의 부담이 상대적으로 커진 반면, 가난한 농민의 부담은 완화되었다. 그리고 국가는 전세율의 감하(減下)로 줄어든 재정수입을 대동(大同)수입으로 보충하여 재정상황이 호전되었다. 대동법 시행으로 매년 이루어지던 정기 공납인 상공(常貢)은 없어졌지만 왕실용 진상(進上)이나 별공(別貢)은 그대로 남아 현물징수가 완전히 폐지된 것은 아니었다.

(2) 균역법의 시행

상품화폐경제의 발달은 군역제도에도 변화를 가져왔다. 임진왜란

중에 총포가 발달하면서 종전의 사수(射手, 활)·살수(殺手, 창) 외에 총포를 다루는 포수(砲手)가 새로 생겨났는데, 이들을 합쳐 삼수병(三手兵)이라 부르게 되었다.

부대편성도 바뀌었다. 서울의 중앙부대인 오위(五衛)의 체제가 무너지고 훈련도감(訓鍊都監)·총융청(摠戎廳)·어영청(御營廳)·수어청(守禦廳)·금위영(禁衛營)이 차례로 세워져 숙종 때까지 다섯 개의 군영〔五軍營〕이 새로운 중앙부대로서 형성되었다. 이들 중앙군은 대체로 국가에서 급료가 지급되는 소모군(召募軍)이라는 점에서 종전의 의무병역과 달랐으며, 군인의 자질을 갖춰 한층 정예화되었다. 이로써 서울 방위가 전보다 강화되었다.

한편, 지방군으로서 속오군(束伍軍)이라는 부대가 생겨났다. 속오군은 양인과 공사천인(公私賤人)의 혼성부대라는 점이 종전에 볼 수 없던 새로운 변화였다.

중앙 소모군의 경비는 양인 장정(壯丁)이 바치는 군포에 의해서 충당되었다. 그런데 군포 징수에 많은 문제점이 있었다. 군포는 원칙적으로 장정 수에 따라 정해지는 것이지만, 정부는 군포의 총액을 미리 정해놓고, 이것을 마을 단위로 할당하여 부과하였다. 이러한 연대책임제 때문에 군역의 의무가 없는 가호(家戶)와 어린아이, 심지어는 죽은 사람에게까지 군포가 부과되는 사례가 나타났다. 그리하여 한 장정이 내야 하는 군포는 베 두 필이었음에도, 실제 한 사람의 장정에게 부과되는 군포는 그 몇배인 경우가 많았다. 베 한 필은 쌀 6~12두에 해당하므로 그 부담은 1결의 전세나 대동미보다도 무거운 것이었다.

이처럼 군역은 조선후기의 농민 부담 중에서 가장 무거운 것이었으므로, 농민들이 그 부담을 덜기 위하여 양반 신분을 위조하는 사례가 많이 나타났다. 이같은 군역의 폐단을 시정하려는 노력은 일찍부터 있어왔으나 1750년(영조 26)에 균역법(均役法)이 시행되면서 그 폐단이 완화되었다. 국가는 이 법을 실시하여 종래 16개월마다 군포 두 필을 받던 것을 12개월에 한 필을 내도록 감해주고, 그대신 군역이 면제되던 양인 상층인들도 선무군관(選武軍官)이라는 칭호를 주는 대가로 군포 한 필을 바치게 하였다. 그리고 토지 1결마다 미곡 2두(또는 5전)를 결작(結作, 혹은 結米)이라는 이름으로 따로 바치게 하였다.

그밖에 군대의 재정수입을 보충하기 위해 종래 각 아문에서 받아들이던 어세(漁稅)·염세(鹽稅)·선세(船稅)를 균역청(均役廳)이라는 독립관청에서 관할하게 하였다. 이로써 이전에 비해 군포 부담이 완화되고 평준화되었다. 그리고 국가는 군포의 1년 수입을 고정시키기 위해 역총제(役摠制)를 실시하여 군포를 지역 단위로 할당하였다. 이러한 총량제는 약자에게 군역 부담이 집중되는 부작용도 있었지만, 국가수입의 계획적 운영이라는 점에서는 진일보한 것이라 할 수 있다.

한편, 노비의 신공(身貢)도 경감하는 조치가 내려졌다. 정부는 1755년(영조 31) 노(奴)의 신공을 한 필로 감하고, 비(婢)는 한 필 반을 내게 하다가, 1774년부터 비는 부가세만 내게 하였다. 그러나 정부는 일정량의 신공과 결세(結稅, 토지세)를 도별로 할당하는 이른바 비총법(比摠法)을 실시하여, 실제의 부담은 제도와 다른 점이 있었다. 이것이 노비 도주의 주요 원인이 되었지만, 이 제도 역시 국가수입의 계획적 운영이라는 점에서는 발전적인 조치라 할 수 있다.

4
조선후기 문화의 중흥

1. 17세기 '실학'의 발생

임진왜란 이전까지 학문의 중심은 주희성리학의 토착화에 두어졌다. 16세기 중엽의 이황과 16세기 후반의 이이는 주희성리학을 우리나라 현실에 맞게 이론화한 대표적 학자였다.

성리학은 인간의 내적 수양을 중요시하는 수기(修己)의 측면과 왕도정치의 실현을 목표로 하는 치인(治人)의 측면을 함께 지니고 있어, 당시로서는 이론적으로 이를 대신할 만한 다른 사상체계가 없었다. 그러나 16세기 말에 이르러 밖으로 왜란을 경험하고, 안으로 붕당간의 경쟁과 훈척의 비리 및 농촌사회의 계층분화를 체험하면서 성리학이 본연의 기능을 다하지 못하고 있다는 자각이 커져갔다. 즉, 성리학은 출세를 위한 도구로 전락하고 선비들은 이욕에 빠져 있으므로, 자기 혁신이 필요하다는 것이었다.

밖으로부터 들어온 새로운 사조도 성리학의 유일절대성에 대한 신뢰를 흔들어놓았다. 명나라로부터 강한 실천성을 지닌 양명학(陽明學)이 들어오고, 인간평등을 강조하는 천주교(天主教)가 전래되었으며, 중국 중심의 세계관을 바꾸어놓는 서양의 과학기술문화도 들어오기 시작했다. 특히 서양문화의 전래는 조선 지식인의 시야를 확대해주는 주요한 계기가 되었다.

17세기 초 허균(許筠)은 명나라에 사신으로 갔다가 천주교 서적을 가지고 왔으며, 같은 시기 이수광(李睟光)도 명나라에 몇차례 다녀오면서 서양문화를 접하고 돌아와 『지봉유설(芝峰類說)』(1614)을 써서 맛떼오 릿치(Matteo Ricci)의 『천주실의(天主實義)』와 「곤여만국전도(坤輿萬國全圖)」 등을 비롯하여 유럽과 중앙아시아 그리고 동남아시아의 여러 나라에 관해 소개하였다. 서양문화와의 접촉은 물론 간접적이긴 하지만, 명나라가 망하고 청나라가 들어선 뒤에도 계속되었다. 17세기 중엽 네덜란드인 벨테브레(Jan Janes Weltevree, 朴淵)와 동인도회사 직원인 하멜(Hendrik Hamel) 일행이 표류해온 것도 서양 과학기술에 대한 관심을 크게 자극하였다.

성리학의 한계를 느끼면서도 다른 통치철학을 찾을 수 없었던 당시의 일부 지식인들은 성리학을 일단 정학(正學)으로 인정하면서 양명학·도교·불교·천주교 등의 이단사상을 인격 수양에 도움이 되는 종교로서 받아들이게 되었다. 성리학을 중심에 놓고 '이단'을 절충한 새로운 학문을 세우게 된 것이다. 이는 이단을 철저히 배척하던 종전의 성리학과 다른 것으로, 이들 지식인들은 유교 경전의 해석에 있어서도 주희의 해석에 얽매이지 않고 고대 유학의 싱싱한 원모습을 찾으려고 하였다.

이러한 새로운 학풍을 주도한 것은 17세기 전반기의 서울 학자들로서, 그 대표적인 인물은 한백겸(韓百謙)·이수광·유몽인(柳夢寅)·허균·장유(張維)·신흠(申欽) 등이었다. 문학에 있어서 당시(唐詩)와 진(秦)·한(漢)의 고문(古文)을 숭상하고 경전에 있어서 사서(四書, 『論語』『孟子』『中庸』『大學』)를 중시하던 종전의 학풍과는 달리, 이들은 육경(六經, 『詩經』『書經』『周易』『禮記』『春秋』『樂經』〔혹은 『周禮』〕)을 중요시하였다.

17세기의 새로운 학풍을 주도한 지식인들은 자신들의 학문을 여전히 성리학이라고 불렀으나, 그 성리학이 당시의 실정에 가장 잘 부합

한다고 여겨 '실학(實學)'이라고도 하였다.

17세기 실학을 대표하는 저술로는 이수광의 『지봉유설』이 선구적이다. 중국과 우리나라의 전통문화를 3400여 항목으로 분류하여 소개한 이 책은 문화와 세계를 바라보는 시야를 넓혀주면서 우리 문화에 대한 자부심을 심어줌으로써 당시 지식인들에게 큰 자극을 주었다. 이 책은 조선후기 학자들이 가장 많이 인용하는 애독서의 하나가 되었다.

이수광과 친교가 두터웠던 한백겸은 주희의 주석에 구애받지 않고 독창적으로 육경을 해석하여 신선한 충격을 주었으며, 『동국지리지(東國地理誌)』(1614~15)를 저술하여 역사지리학의 단서를 열어놓기도 하였다.

인조 초에 광해군 복위를 도모했다는 혐의로 죽은 유몽인은 당시의 시대변화를 민감하게 받아들여, 은광의 개발, 화폐의 유통, 선박·수레·벽돌의 사용, 상업의 활성화 등을 주장하였으며, 『홍길동전(洪吉童傳)』의 작자로 알려진 허균은 힘을 가진 호민(豪民)이 사회변동에 중요한 몫을 한다는 점을 지적하여 파문을 일으켰다.

왜란을 전후한 시기에 대두한 실학의 학풍이 1636년의 호란을 겪으면서 주춤해지자, 주희성리학이 다시금 학문의 주류로 올라서게 되었다. 남송시대의 반금(反金)감정을 배경으로 성립된 주희성리학은 대의명분론에 입각해 청나라에 대한 '복수설치(復讎雪恥)'를 내세움으로써 자치(自治)·자강(自强)을 추구하던 서인 집권층의 호응을 얻었다.

그러나 호란 후 주희성리학이 우위를 차지하는 가운데서도 권력에서 밀려난 서울 부근의 남인들은 선배 실학자의 사상을 꾸준히 계승·발전시켜갔다. 17세기 중엽의 허목(許穆)과 유형원(柳馨遠) 그리고 18세기 전반기의 이익(李瀷)은 그 대표적인 학자들이다. 『기언(記言)』의 저자인 허목은 북벌운동의 무모함을 비판하면서 민생안정의 중요성을 강조했으며, 도덕을 꽃피웠던 중국과 우리나라의 고대사회를 이상으로 생각하여 고학(古學)을 발전시켰다. 유형원은 평생을 전라도 부안(扶安)에서 살면서 농촌문제 해결의 열쇠가 전제개혁에 있다는 판단 아래 『반계수록(磻溪隨錄)』(1670)이라는 명저를 저술하였다. 여기서 그는 사·농·공·상 모두에게 차등을 두어 토지를 재분배하자고 주장했을 뿐만 아니라 양반문벌사회·노비제도·과거제도의 모순을 지적하면서 그 개혁을 주장하였다.

17세기 남인 학자의 개혁사상은 도시를 중심으로 상공업이 발전하고 있던 시대상황과는 맞지 않는 것이었으나, 상공업의 혜택을 크게 받지 못하던 농촌사회의 입장을 대변했다는 점에서 의의가 있었다.

2. 18세기의 실학과 북학사상

18세기에 들어와 남인 실학을 크게 발전시킨 이는 이익이었다. 서울 부근의 농촌인 안산(安山, 지금의 안산시 입구)에서 평생을 학자로 일관한 그는 안정복(安鼎福)·이가환(李家煥)·정약용(丁若鏞) 등 많은 제자들을 길러내어 이른바 성호학파를 형성하였다. 『성호사설(星湖僿說)』이라는 방대한 저서를 쓴 이익의 주된 관심 역시 농촌에 있었는데, 그는 서울의 상업문화와 문벌화된 서울 양반들의 권력독점 및 붕당 싸움을 몹시 증오하였다. 그 역시 농촌경제의 안정을 위해서는 역시 전제개혁이 중요하다고 보았는데, 유형원의 토지재분배론은 실현가능성이 없다고 생각하여 좀더 현실적인 방안을 내놓았다. 즉 매호마다 영업전(永業田)이라는 자기 땅을 갖게 하여 최소한의 자급자족을 가능케 하고, 나머지 땅은 매매를 허락하여 점진적으로 균전(均田)을 이루도록 하자는 것이었다. 또 그는 농가경제를 압박하는 고리대·화폐제도 그리고 환곡제도의 개선을 강조하고, 노비제도·과거제도·양반문벌 및 사치와 미신 등의 타파를 주장하였다.

붕당 싸움에서 패배한 남인들의 사상이 대부분 그러하지만, 이익도 붕당을 없애기 위해서는 왕권이 크게 강화되어야 한다고 믿었다. 이러한 생각은 재상이 정치의 주도권을 가져야 한다고 생각하는 집권층의 이념과는 다른 것이었다.

이익의 개혁사상도 농촌지식인의 시각에서 나온 것이었므로 도시정서와는 거리가 멀었다. 그러나 그의 왕권강화론이 영조와 정조의 탕평정책과 왕권강화정책에 일정한 영향을 준 것은 사실이었다.

한편, 호란 후 청나라에 대한 북벌대의(北伐大義)를 주장하면서 주희성리학을 고수해오던 서울의 집권양반들은 서울의 상업문화가 급성장하고 청나라 문물이 융성기에 올라선 18세기 후반 이후로는 생각을 크게 바꾸었다. 상공업의 진흥과 청나라와의 통상 및 문화교류를 강조하는 이른바 북학(北學)을 내세우게 된 것이다. 홍대용(洪大容)·박지원(朴趾源)·박제가(朴齊家)·이덕무(李德懋) 등으로 대표되는 서울 노론파의 일부 학자들이 그들이었다.

농업 중심의 경제구조를 상공업 중심으로 바꾸자는 주장은 18세기 전반기의 서울 출신 소론 학자 유수원(柳壽垣)에 의해서도 제기된 바 있었으나 불우한 처지에 있던 그의 주장은 별다른 반응을 얻지 못하였다.

노론파 북학사상의 선두주자는 홍대용이었다. 그는 청나라를 왕래하면서 서양의 근대과학에 대한 지식을 갖게 되었고, 이에 근거하여 성리학이 시대에 뒤진 진부한 학문이라고 생각했다. 그는 놀고먹는 선비들을 혹독하게 비판하고 문벌제도와 중국 중심의 세계관이 잘못된 것임을 지적하였다. 또한 지구 자전설을 주장하고, 먼 외계에 인간과 비슷한 생물체가 있을지도 모른다는 가설도 제시했다. 대표작인 『의산문답(醫山問答)』에서는 실옹(實翁)과 허자(虛子)라는 가상인물의 문답 형식을 취하면서 상대주의 논법을 가지고 허자의 허위의식을 깨뜨리고 있는데, 그 허자는 바로 조선의 완고한 성리학자들을 지칭하는 것이었다. 그는 또 『임하경륜(林下經綸)』이라는 저술에서 성인 남자들에게 2결의 토지를 나누어주어야 한다고 하면서 농촌문제에 대해서도 관심을 보였다.

박지원도 홍대용과 비슷한 생각을 가졌으나, 개혁의 주체로서 선비계급을 설정하고 그들의 자각을 특히 강조하였다. 소년시절에 『양반전(兩班傳)』 등 소설을 써서 양반사회의 위선을 고발한 그는 청나라에 다녀온 후 『열하일기(熱河日記)』(1780)를 써서 청나라 문물을 소개하는 동시에 자신의 사회・문화・역사에 관한 소견을 피력하였다. 그는 그밖에 농업관계 저술을 남겨 한전(限田, 토지소유 제한)의 중요성을 강조하면서 영농방법의 혁신을 통한 생산력 증대에 큰 관심을 보였으며, 상공업의 진흥과 수레・선박의 이용, 화폐유통의 필요성 등을 역설하였다.

북학사상은 박지원에서 이서구(李書九)・남공철(南公轍)・서유구(徐有榘)・김정희(金正喜) 등으로 이어지면서 19세기 전반 세도정치(勢道政治) 시대에 사상계의 주류를 점하게 되었다. 그러나 19세기의 북학은 18세기의 북학이 지녔던 청류적 개혁성을 상실하고 고답적인 고증학(考證學)으로 발전하였다. 고증학은 학문을 전문화하고 과학화하는 데는 기여했으나, 사회개혁을 유도하는 실천성을 상실하여 농촌정서와의 괴리가 심화되었다. 이것이 19세기 사회혼란의 한 원인이 되었다.

3. 17~18세기의 철학과 종교

조선후기의 사상계가 청나라에 대한 태도를 둘러싸고 반청(복수설치)과 친청(북학)으로 갈라지는 과정에서 철학 분야에서도 심각한 논쟁이 일어났다. 이 논쟁은 서울의 일부 노론 인사와 충청도의 노론 인사 사이에 일어났기 때문에 속칭 호락(湖洛)논쟁이라고 부른다. 호(湖)는 충청도를 말하고 낙(洛)은 서울을 가리킨다.

북학이 막 일어나기 시작하던 18세기 전반기에 일어난 이 논쟁에서 충청도 출신의 한원진(韓元震)・윤봉구(尹鳳九) 등은 인성(人性)과 물성(物性)이 다르다고 보는 이른바 '인물성이론(人物性異論)'을 내세웠다. 한편, 서울의 이간(李柬)·김창협(金昌協)·어유봉(魚有鳳)·이재(李縡)·박필주(朴弼周)·김원행(金元行) 등은 인성과 물성이 같다는 '인물성동론(人物性同論)'을 주장하였다.

호락논쟁은 그 이면에 청나라를 바라보는 시각의 차이가 깔려 있었다. 인성과 물성을 구별하려는 호론은 조선과 청나라를 인간과 짐승으로 구별하려는 시각이 깔려 있으며, 그것은 자연히 조선이 중화(中華)요, 청나라는 이적(夷狄)이라는 인식, 즉 자존적 반청의식을 반영하고 있었다. 이에 반해 인성과 물성을 동일하게 보는 낙론은 짐승과 산천초목·우주자연에 대한 관심을 촉발하고, 중화(인간)와 이적(짐승)의 구별을 무의미한 것으로 받아들였다.

따라서 '인물성동론'의 입장에 선 서울 지식인들은 중화사상에 젖은 우리 자신을 철저히 반성해야 하며 청나라를 배우고 과학과 기술을 혁신하여 이용후생(利用厚生)의 실효를 거두어야 한다고 믿었다. 북학자 홍대용이 실옹과 허자의 문답을 통해 조선 지식인의 허위의식을 고발한 것이나, 박지원이 「호질(虎叱)」이라는 소설에서 호랑이로 하여금 양반의 허위성을 질타하게 한 것도 바로 이러한 철학사상이 바탕에 깔린 것이다.

조선후기 사상사에서 또 하나 중요한 위치를 차지하는 것은 도교와 양명학이다.

원래 조선초기에는 도교가 국가행사와 연결되어 있었기 때문에 소격서(昭格署)라는 도교의식을 주관하는 관청도 있었다. 그러나 성리학의 발달에 따라 도교는 이단으로 취급되어, 16세기 이후에는 소격서가 폐지되고 국가행사로서의 도교의식도 자취를 감추었다.

그러나 잇따른 사화와 당쟁을 경험하면서 향촌에 은거하던 지식인들 사이에서는 심신의 연마를 위한 수련도교(內丹)가 다시 유행하기 시작하였고, 17세기를 전후해서 기근과 질병이 계속되면서 치병(治病)의 수단으로서 그에 대한 관심이 더욱 높아졌다. 이에 따라 17세기 중엽에는 수련도교 혹은 신선사상(神仙思想)을 이론적으로 정리하려는 노력이 나타났는데 정렴(鄭磏)의 『용호비결(龍虎祕訣)』, 한무외(韓無畏)의 『해동전도록(海東傳道錄)』(1647), 곽재우의 『양심요결(養心要訣)』, 권극중(權克中)의 『참동계주해(參同契註解)』 등은 그 대표적 저술이다. 이 중에서 한무외의 『해동전도록』은 우리나라 도교의 연원을 신라에서 시작된 것으로 체계화하였고, 권극중의 『참동계주해』는 도교가 유교나 불교보다도 상위에 있다는 시각에서 주자의 『참동계(參同契)』를 해석한 것이 특이하다.

17세기 수련도교의 유행은 성리학자들에게도 많은 영향을 주어, 성리학을 상위에 두면서도 도교를 포용하려는 절충주의 학자가 많이 나타났다. 17세기 전반기의 한백겸·이수광·허균·이식(李植)·장유·유몽인·정두경(鄭斗卿)·허목·유형원 등이 그러한 부류에 속한다. 이들이 조선후기 실학의 선구자들로 지칭되고 있음은 앞에서 이미 설명하였다. 이수광은 『지봉유설』에서, 유몽인은 『어우야담(於于野談)』에서, 허균은 『성소부부고(惺所覆瓿藁)』에서, 허목은 『청사열전(淸士列傳)』에서 각각 우리나라 선가(仙家, 도가)들의 행적을 소개하였는데, 17세기 말의 홍만종(洪萬宗)은 이를 총정리하여 『해동이적(海東異蹟)』을 저술해 단군에서 조선의 곽재우에 이르는 40여명의 도가의 행적을 소개하였다. 특히 홍만종은 우리나라 산수의 아름다움이 수련도교가 발달하게 된 원인이라고 보고, 그 연원을 단군에서 찾음으로써 도교의 토착화를 시도하였다.

한편, 수련도교에서 한걸음 더 나아가 도교의 사상적 뿌리인 노장사상에 대한 관심도 높아졌다. 17세기 말의 박세당(朴世堂)은 『신주도덕경(新註道德經)』을, 18세기의 서명응(徐命膺)은 『도덕지귀론(道德指歸論)』을, 그리고 19세기 초의 홍석주(洪奭周)는 『정로(訂老)』를 써서 각각 노장사상에 대한 새로운 해석을 시도하였다.

양명학도 조선후기 사상계에 빼놓을 수 없는 영향을 끼쳤다. 양명학은 16세기 전반에 우리나라에 들어왔으나 이황 등 성리학자들의 비판으로 이단으로 몰리다가 17세기 전후에 이요(李瑤)·남언경(南彦經)·최명길(崔鳴吉)·이수광·장유 등에 의해서 다시 주목을 받았고, 선조 임금도 이에 깊은 관심을 보였다.

17세기 학자들의 양명학에 대한 관심은 학문체계에 있었던 것이 아니라 일반적으로 마음을 수양하는 종교 차원에서 이루어진 것이다. 그러다가 18세기 이후에는 양명학을 학문으로 받아들이려는 학자들이 나타나게 되었다. 18세기 초의 정제두(鄭齊斗)는 『존언(存言)』『만물일체설(萬物一體說)』 등을 써서 그 이론체계를 세웠는데, 그의 영향을 받아 강화도지방에서 이광려(李匡呂)·이광사(李匡師)·이충익(李忠翊) 등의 학자가 배출되었다. 이른바 강화학파(江華學派)로 불리는 이들은 대체로 정권에서 소외된 소론파에 속했으며, 강화도와 인접한 개성·서울·충청도와 황해도의 서해안 지방에서 호응을 얻었다. 이 지방은 상업의 중심지이기도 해서, 상업 발달과 양명학의 깊은 관계를 암시해주기도 한다.

하지만 우리나라의 양명학자들은 대부분 성리학을 겸행하는 경우가 많아서, 양명학이 성리학을 대신하여 사상계의 주류를 점하지는 못하였다. 그러나 한말·일제시대에 이르러 이건창(李建昌)·이건방(李建芳)·김택영(金澤榮)·박은식(朴殷植)·정인보(鄭寅普) 등 저명한 학자들이 양명학의 부흥을 주장하면서 민족주의 운동을 전개한 것은 특기할 만한 일이다.

4. 17~18세기의 역사편찬

왜란과 호란을 겪으면서 애국심이 높아지고 흐트러진 제도와 문화를 재정비하는 과정에서 국학이 발달하게 되었으며, 이에 따라 우리 역사를 새롭게 해석하는 사서(史書)들이 잇따라 출간되었다.

왜란 직후에 한백겸은 『동국지리지』를 써서 우리나라 고대사의 강역

(疆域)을 새롭게 고증하였다. 그는 한강을 경계로 하여 북쪽에 조선(朝鮮)이, 남쪽에 한국(韓國, 삼한)이 위치했다고 보았으며, 고구려의 발상지가 평안도 성천(成川)이라는 통설을 뒤집고 만주지방이라는 것을 처음으로 주장했다. 그의 주장은 후세 역사가들에게 큰 자극을 주어 역사지리학의 단서를 열어놓았으며, 지금까지도 그의 주장이 정설로 계승되고 있다.

한백겸의 친구인 이수광도 『지봉유설』에서 중국을 사실 이상으로 큰 나라로 보는 것은 잘못이라고 지적하고, 우리나라 역사의 유구성과 문화수준이 중국과 대등하다는 것, 그리고 고대사의 중심무대가 만주라는 것을 주장했다. 이수광의 주장은 세계 여러 나라에 대한 넓은 안목을 바탕으로 제시된 것으로 후세인에게 큰 자극을 주었다.

왜란 직후 일기 시작한 역사지리 연구는 호란을 거치면서 대의명분을 중시하는 성리학적 역사서술로 바뀌었다. 우리나라는 중화문화의 정통국가요, 청나라는 오랑캐로서 정통으로 인정할 수 없다는 반청의식이 투영된 것이다. 17세기 중엽에 씌어진 유계(兪棨)의 『여사제강(麗史提綱)』(1667)을 시발로 하여 18세기 초 임상덕(林象德)의 『동사회강(東史會綱)』(1711)과 18세기 중엽 안정복의 『동사강목(東史綱目)』(1778)이 모두 이러한 시각에서 씌어진 사서이다.

그러나 이 사서들은 선악에 대한 포폄(褒貶)과 정통과 이단의 구별을 위주로 하여 씌어졌으면서도 역사지리 고증을 병행하여 미궁에 빠진 고대사의 강역을 해명하는 데 크게 기여하였다. 특히 『동사강목』은 조선후기 역사서 가운데 가장 우수한 고증학적 사서로 꼽히고 있다.

조선후기에 안정복 이외에 역사지리 연구에서 뛰어난 업적을 남긴 학자로는 신경준(申景濬)과 유득공(柳得恭)을 들 수가 있다. 신경준은 『강계고(疆界考)』(1756)를 저술하여 우리나라 강역의 위치를 역사적으로 고증하였는데, 특히 고조선의 중심지역을 만주의 요동에 비정(比定)한 것이 특이하다. 이는 호란 이후 북벌운동이 대두하면서 만주에 대한 관심이 비등하였던 시대분위기를 반영한 것이었다. 유득공은 이러한 만주에 대한 관심을 더욱 구체화하여 발해의 옛땅을 수복해야 한다는 관점에서 『발해고(渤海考)』(1784)와 『사군지(四郡志)』 등을 저술하였다. 발해 영토와 중심지역에 대한 그의 지리고증은 미숙한 점이 있지만, 뒷날 정약용·한치윤(韓致奫) 같은 이들의 한층 면밀한 발해사 연구가 나올 수 있는 길을 열어주었다는 데 큰 의의가 있다.

조선후기 역사서에서는 단군에 대한 관심도 한층 깊어졌다. 단군이 우리나라 역사상 첫 군주라는 것은 조선초기부터 공인되어왔지만, 그의 문화적 업적은 알려지지 않았다. 그러나 조선후기에 이르러 단군이 개국의 시조일 뿐 아니라, 그의 시대에 군신과 부자의 윤리가 시작되고, 중국과의 외교관계가 열렸으며, 정착생활이 시작되었다는 것을 알게 되었다. 말하자면 문명이 그때부터 시작되었다는 것이다. 이에 따라 우리나라 역사의 정통체계에서 단군을 수위에 놓는 새로운 서술방법이 시도되었다. 이와같이 단군을 크게 주목한 것은 17세기 중엽에 씌어진 허목의 『동사(東事)』가 처음인데, 그후 17세기 말~18세기 초 홍만종은 여기서 한걸음 더 나아가 『동국역대총목(東國歷代總目)』(1705)에서 단군을 우리나라 정통의 시발로 설정하였으며, 이같은 단군정통론(檀君正統論)은 18세기 중엽 이익을 거쳐 안정복에게 계승되었다.

17~18세기에 유행한 성리학적 역사서술이 19세기에 들어와 퇴색하면서 엄밀한 고증적 역사서술로 바뀌어갔다. 18세기 후반에 편찬된 안정복의 『동사강목』도 고증적 태도가 돋보였는데, 18세기 말의 이긍익(李肯翊)은 4백여 종의 자료들을 수집하여 조선왕조의 정치사와 우리나라 역대의 문화를 백과사전식으로 정리하였다. 이것이 『연려실기술(燃藜室記述)』(1797)이다. 19세기 초에 저술된 한치윤·한진서(韓鎭書)의 『해동역사(海東繹史)』(1814·1823)와 정약용의 『아방강역고(我邦疆域考)』(1811·1833)는 고증적 역사서술의 백미를 보여주는 것인데, 특히 이 두 책에서 고증된 고대사의 강역은 오늘날에도 통설로 받아들여지고 있는 것이 적지 않다.

5. 17~18세기의 지리지·지도 편찬

16세기경부터 향촌사회의 발전에 부응하여 각 군·현 단위의 인문지리서인 읍지(邑誌)가 편찬되기 시작하더니, 왜란 후 황폐해진 향촌사회의 재건과 관련하여 읍지 편찬이 더욱 활기를 띠었다. 그리고 읍지를 바탕으로 도 혹은 국가 단위의 지리서가 편찬되었는데, 18세기 중엽에 편찬된 『여지도서(輿地圖書)』(1765)는 조선초기의 『동국여지승람』을 계승하는 관찬지리지의 성격을 갖는 것이었다. 이 책은 각 군·현 단위의 채색지도가 붙여졌다는 점에서 『동국여지승람』과 차이가 난다. 그후 1770년(영조 46)에는 역사지리서의 성격을 갖는 『동국문헌비고』「여지고(輿地考)」가 신경준에 의해 편찬되었다.

주로 국방과 재정 등의 편의를 위해 만들어진 관찬지리서와 더불어, 각 지방의 자연환경과 인심 등 인문지리적 지식을 얻기 위한 사찬지리서의 출간도 성행하였다. 17세기 중엽 허목은 『지승(地乘)』을 써서 우리나라를 몇개의 풍토권과 문화권으로 나누고 중국과 다른 우리나라의 인문지리적 특성을 부각하였다. 18세기 중엽에는 이중환(李重煥)이 선배 지리학자들의 이론을 집대성하여 『택리지(擇里志)』(일명 『八域志』)라는 인문지리서를 편찬하여 8도의 인심·산천·인물·풍속·산물을 소개하면서 어느 곳이 가장 살기 좋은 곳인가를 논하였다. 그는 선비들이 가장 살기 좋은 곳은 영남지방이며, 평민들의 인심이 가장 좋은 곳은 평안도라 하였는데, 여기에는 서울의 노론집권층에 의해 당쟁에서 밀려난 근경(近京) 남인의 도시문화에 대한 혐오증이 반영되어 있었다.

이밖에 18세기의 신경준은 『도로고(道路考)』와 『산수경(山水經)』 등을 써서 우리나라의 도로망과 산수의 배치를 풍수지리의 시각에서 정리하였다. 한편 작자 불명의 『산경표(山經表)』는 우리나라의 산맥을 백두대간(白頭大幹)과 장백정간(長白正幹) 그리고 13개의 정맥(正脈)으로 구분하여 체계적으로 정리하였는데, 정맥의 이름을 강을 기준으로 명명한 것이 특이하다. 이는 산과 강을 음양풍수적으로 이해하여 하나의 생명체로 보고 있음을 의미한다.

지리지 편찬과 더불어 지도 편찬도 조선후기에 활기를 띠었다. 지도는 특히 국방의 필요성에서 제작된 것이 대부분으로, 군·현을 단위로 한 것, 도를 단위로 한 것 그리고 전국지도 등 종류가 다양하다.

지도제작법으로는 17세기 이후 정간법(井間法)이라 하여 10리 단위로 정자형(井字形)의 모눈을 그어 지도를 그리는 방법이 많이 애용되었고, 18세기 중엽에는 정상기(鄭尙驥)·정항령(鄭恒齡) 부자가 100리를 1척으로 하는 새로운 작도법을 창안하여 한층 정교한 지도를 제작하는 데 성공하였다. 정상기가 만든 「동국지도(東國地圖)」는 전국지도 중에서 가장 우수한 지도로 꼽히며, 그후 그의 작도법을 이용한 지도들이 잇따라 제작되었다. 19세기 중엽에 제작된 김정호(金正浩)의 『대동여지도(大東輿地圖)』(1861)와 『청구도(靑丘圖)』(1834)도 정상기의 영향을 크게 받은 것이다.

조선후기에 제작된 지도들은 대개 지방에서 초본을 작성해 올리면 중앙에서 도화서 화원들로 하여금 아름답게 채색하여 다시 그리게 하고, 이를 비변사(備邊司)나 궁중에 비치해두는 것이 상례였다. 그러나 화원을 직접 지방에 파견하여 그리게 하는 경우도 있었다. 또한 민간에 대량으로 보급할 필요가 있는 지도는 목판으로 판각하였다. 현재 서울대학교 규장각에는 열 폭 병풍으로 제작된 이이명(李頤命)의 「요계관방도(遼薊關防圖)」(1706)를 비롯하여 17~19세기에 제작된 천연색 회화지도가 6천여 장이 소장되어 있는데, 조선후기에 지도제작이 얼마나 활발했으며 그 수준이 얼마나 높았던가를 알 수 있다.

우리나라 지도뿐 아니라 중국지도 및 세계지도의 제작도 활발하였다. 이미 17세기 초에 맛떼오 릿치의 「곤여만국전도」를 비롯한 서양의 세계지도가 우리나라에 소개되었거니와, 그 영향을 받아 18세기 이후

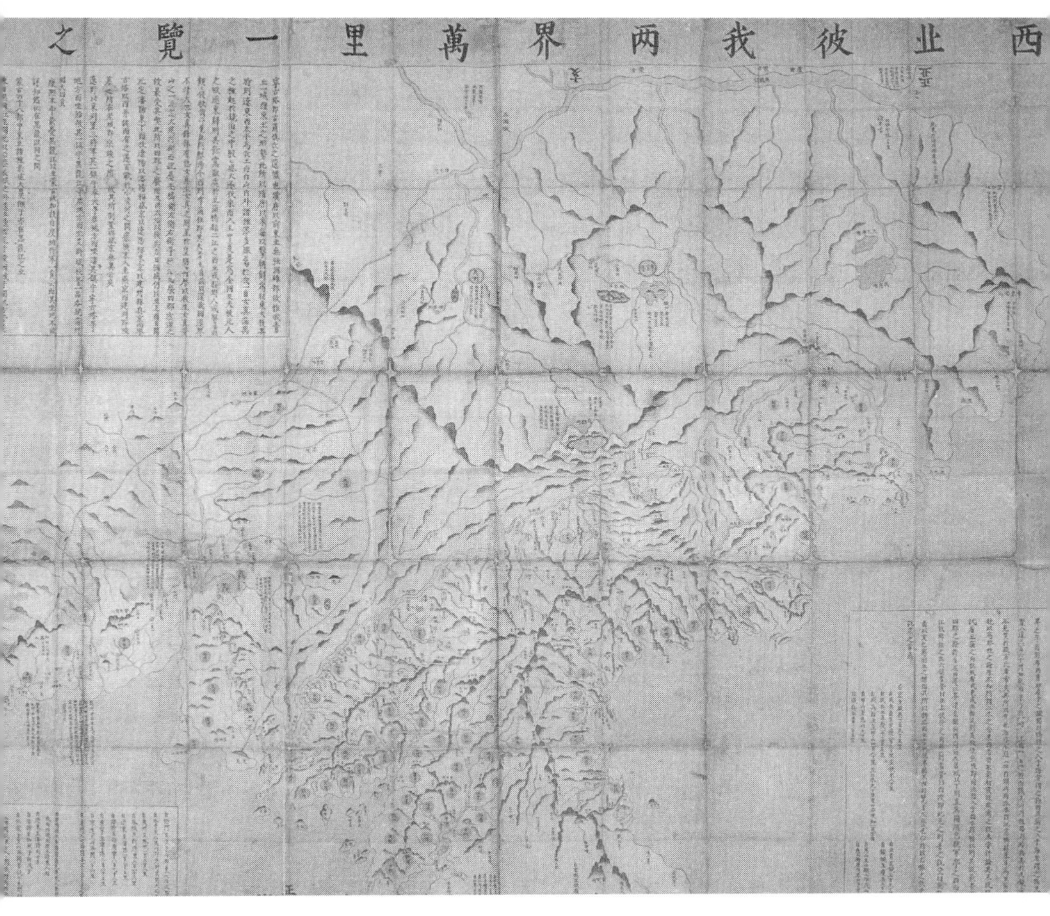

서북피아양계만리일람지도
18세기 중엽 130×91.5cm, 서울대학교 규장각 소장

에는 유럽·아프리카·아시아·아메리카 대륙을 포괄하는 세계지도가 여러 차례 제작되었으며, 이로써 세계지리에 대한 시야가 크게 넓어졌다. 그러나 민간에서는 중국과 우리나라가 세계의 중심에 있고, 야만인들이 그 주변을 둘러싸고 있다는 전통적 화이관(華夷觀)에 입각해서 만들어진 「천하도(天下圖)」가 그대로 유행하였다. 이 지도는 정확성에서는 국가에서 제작한 지도에 미치지 못하지만 드높은 문화적 자존심을 보여준다는 점에서 의미가 있다.

6. 국어학·금석학 및 유서의 유행

국학의 발전에 따라 국어에 대한 연구도 활발해졌다. 최석정(崔錫鼎)·신경준·황윤석(黃胤錫), 그리고 유희(柳僖)는 훈민정음에 관한 연구자로 이름을 날렸다. 특히 훈민정음 자형의 기원에 대한 연구가 활발히 이루어져 산스크리트어기원설, 몽고자기원설, 상형설, 발음기관설, 천원지방설(天圓地方說), 고전기원설(古篆起源說), 그리고 측간설(厠間說, 화장실설) 등 다양한 견해가 제시되었다.

우리말의 어휘를 정리한 사전도 편찬되었다. 유희는 『물명고(物名考)』에서 7천여 항의 물명을 수록하였고, 권문해는 『대동운부군옥』에서 어휘의 끝자를 기준으로 해서 운(韻)으로 분류한 어휘사전을 편찬했다.

한편 이의봉(李義鳳)은 1500여 책의 문헌을 참고하여 『고금석림(古今釋林)』을 편찬하였는데, 우리의 방언과 산스크리트어·몽고어·만주어·일본어·태국어·거란어·퉁구스어 등 외국 언어도 함께 정리했다. 그리고 서명응과 이덕무는 왕명을 받아 한자의 음운을 정확하게 이해하기 위한 『규장전운(奎章全韻)』(1796)을 편찬했다. 이 책은 4성(聲)에 따라 글자를 나누어 설명한 것으로서 가장 정확한 음운서로 알려져 있다.

역사에 대한 관심은 금석문(金石文)에 대한 관심을 촉발하였다. 18세기 중엽 홍양호(洪良浩)는 사찰·능·묘 등에 있는 비문(碑文)과 신라 진흥왕 때 세운 순수비(황초령비) 등에 관해 연구했고, 19세기 전반기의 김정희는 진흥왕순수비에 대한 연구를 심화하여 『금석과안록(金石過眼錄)』이라는 책을 간행했다.

유서(類書)로 불리는 백과사전의 출간도 활발하였다. 17세기 초 이수광이 348명의 저서를 참고하여 지은 『지봉유설』은 본격적인 유서의 효시로서 2200여명의 인물과 3400여개의 항목이 수록되어 있는데, 그는 이 책에서 중국과 우리나라의 문화를 비교, 소개함으로써 우리가 중국과 대등한 문화국가임을 드러내 보이고자 하였다. 그후 18~19세기에는 이에 자극을 받은 수많은 유서들이 편찬되었는데, 관찬으로는 1770년에 편찬된 『동국문헌비고(東國文獻備考)』(250권)가 대표적이다. 이 책은 정조 때 증보되고, 1908년에 다시 보완되어 지금까지 전해지고 있다.

개인이 지은 사찬유서로는 이익의 『성호사설』, 이덕무의 『청장관전서(青莊館全書)』(1795), 서유구의 『임원경제지(林園經濟志)』(113권), 이규경(李圭景)의 『오주연문장전산고(五洲衍文長箋散稿)』(60권), 박주종(朴周鍾)의 『동국통지(東國通志)』(1868) 등이 유명하다.

유서의 유행은 송나라 때의 3대 유서인 『통고(通考)』『통전(通典)』『통지(通志)』의 영향과 아울러 청나라 고증학의 영향을 받은 것이지만, 근원적으로는 동아시아문화권 속에서 우리 문화의 위상을 정립하려는 당시 조선인들의 문화적 자긍심이 그 바탕이 되었다.

7. 과학과 기술의 발전

조선후기의 과학기술은 조선전기에 축적된 과학기술을 계승하면서 중국을 통해 들어온 서양 과학기술을 수용하여 한 단계 높은 수준으로 올라섰다.

먼저, 농업 분야에서는 17세기 중엽에 수전농법(水田農法)을 소개한 신속의 『농가집성』이 출간되었는데, 그후 상업적 농업이 발달하면서 농업영역이 확대됨에 따라 이에 상응하는 새로운 농서들이 출간되었다. 예컨대 18세기 중엽 박세당은 『색경(穡經)』을 써서 과수·축산·원예·수리·기후 등에 관한 지식을 정리하였고, 홍만선은 『산림경제』에서 농업·임업·축산·양잠·식품가공·저장 등 의식주 전반의 중요사항을 정리하였다. 한편, 18세기 후반 서호수(徐浩修)는 정조의 명을 받아 『해동농서(海東農書)』를 편찬했는데, 이는 당시까지의 우리의 농학이론을 총체적으로 정리한 것이었다.

어류학과 관련해서는 정약용의 형 정약전(丁若銓)이 흑산도에서 유배생활을 하면서 155종의 근해 해산물을 직접 채집 조사하여 어류의 명칭·분포·생태 등을 기록해놓았는데, 이것이 유명한 『자산어보(玆山漁譜)』로서 어류학의 신기원을 이룩하였다.

의학 분야에서는 17세기 초에 허준(許浚)이 뛰어난 업적을 보였는데, 『동의보감(東醫寶鑑)』(1613)은 그의 대표작으로서 우리나라뿐 아니라 중국과 일본의 의학 발전에도 큰 영향을 주었다. 이 책은 허준이 수련도교의 영향을 받아 예방의학에 중점을 두고, 값싼 시골약재를 사용한 치료방법을 개발하여 소개한 것이 특색이다.

허준과 같은 시기의 허임(許任)은 『침구경험방(鍼灸經驗方)』을 저술하여 침구술을 이론화했고, 그뒤 박진희(朴震禧)·이헌길(李獻吉) 등은 마진(痲疹, 홍역)에 관한 연구를 발전시켰으며, 18세기 말에 정약용은 마진에 관한 여러 이론들을 정리하여 『마과회통(痲科會通)』(1798)을 저술하였다. 정약용은 특히 천연두의 예방을 위해 박제가 등과 더불어 종두법을 처음으로 연구·실험하기도 하였다. 이러한 의학전통은 19세기 후반의 고종시대에 더욱 발전하여 이제마(李濟馬)의 『동의수세보원(東醫壽世保元)』과 같은 명저를 낳게 하였는데, 이 책은 인체를 태양(太陽)·태음(太陰)·소양(少陽)·소음(少陰)의 네 체질로 나누어 치료하는 이른바 사상의학(四象醫學)으로 이름이 높다.

천문학 분야에서는 17세기 중엽 김상범(金商範)이 김육(金堉)의 도움으로 서양 역법을 배워 『시헌력(時憲曆)』을 만들었으며, 그후 한국 사정에 맞는 역법이 계속 연구되어 마침내 『천세력(千歲曆)』이 만들어졌다.

이미 17세기 초에 이수광이 일식, 월식, 벼락, 조수의 간만 등에 관해 과학적 견해를 밝힌 바 있는데, 17세기 말에 김석문(金錫文)은 처음으로 지구가 1년 366회씩 자전한다고 주장하여 천동설에 젖어온 기성관념을 깨뜨렸다. 18세기의 이익·홍대용 등은 서양과학에 대해 더욱 깊은 이해를 갖게 되었는데, 이익은 "만약 공자(孔子)가 지금 살아 있다면 서양 천문학을 기준으로 할 것"이라고 하면서, 지구가 둥근 이상 중국이 세계의 중심에 있을 수는 없고, 어느 나라든지 세계의 중앙이 될 수 있다고 하였다. 홍대용은 지구자전설을 믿으면서 여기서 한걸음 더 나아가 인간 중심으로 우주를 해석하려는 고정관념에서 벗어나, 동물의 입장에서는 인간이 별것이 아닐 수도 있다면서, 다른 천체에도 인간과 비슷한 생명체가 있을 수 있다는 기발한 의견을 내놓기도 하였다.

18세기 말~19세기 초에 정약용은 서양의 과학기술을 배워오기 위해 이용감(利用監)이라는 관청까지 두자고 제안했다. 그는 기술의 진보가 인간사회의 발전에 결정적 영향을 미친다고 믿어 스스로 많은 기계를 제작하거나 설계하였다. 특히 정조가 청나라로부터 5022권의 『고금도서집성』을 사들여오자 그 속에 실린 떼랑 쟝(Terreng Jean, 鄧玉函)의 『기기도설(奇器圖說)』을 참고하여 거중기·녹로(轆轤) 등을 제작하고 한강에 가설할 주교(舟橋, 배다리)도 설계하였다. 그의 이러한 노력은 정조 때 화성을 축조하고 한강에 주교를 가설하는 데 큰 도움을 주었다.

서양에서 들어온 과학기술로는 이밖에도 17세기 초 정두원(鄭斗源)이 명나라에서 가져온 화포·자명종 등이 있으며, 인조 때 표류해 온

네덜란드인 벨테브레와 효종 때 표착한 하멜 일행은 우리나라에 장기간 체류하면서 서양식 대포를 만드는 기술을 전해주었다. 그리고 서양의 수학책을 한역(漢譯)한 『기하원본(幾何原本)』이 전래되었고, 18세기 말에는 최석정이 『구수략(九數略)』이라는 수학책을 써서 무한대와 무한소의 수학적 개념을 설명하고, 대수·기하 및 삼각과 관련된 문제들을 풀어내기도 했다.

서양 과학기술의 수용은 18세기 말까지 순탄하게 진행되었으나, 19세기 이후 천주교 탄압이 강화되면서 서양과학에 대한 국가적 관심도 냉각되어갔다.

5

19세기 전반기 서울과 지방의 갈등

1. 세도정치의 전개

서울의 상업문화(북학)와 농촌의 진보적 유교문화(실학)를 절충하여 새로운 이상국가를 건설하려 했던 정조가 죽은 뒤 어린 임금 순조(純祖)와 헌종(憲宗)이 잇따라 즉위하고, 그 다음에는 강화도 농촌에서 살던 왕족 소년 철종(哲宗)이 왕위에 오르면서 군주의 정치적 지도력이 현저하게 약화되었다.

왕권이 약화된 19세기 전반에 정치의 주도권은 18세기 영·정조시대의 문화부흥을 주도했고 명문대가로 일컬어진 서울의 몇몇 가문에 돌아갔다. 특히 순조·철종 때에는 왕비를 낸 안동김씨(安東金氏, 金昌協 가문)가 권력을 잡았고, 헌종 때에는 왕의 외가인 풍양조씨(豊壤趙氏)가 득세하였다. 유교정치의 규범이 무너진 소수 귀족가문의 변태적 정치를 보통 세도정치(勢道政治)라 부른다.

세도가들의 학문은 북학에 뿌리를 두고 있었으나, 18세기 북학이 지녔던 청신성과 도덕적인 절제력을 상실하고 점차 박학 위주의 고증학에 젖어들었다.

세도정권은 정조가 추구한 농촌사회의 안정을 무시하고 서울의 도시문화를 세련되고 화려하게 만드는 일에 몰두하였다. 그리고 이를 위해 농촌사회에서 새로이 성장하던 부농(富農)과 부상(富商)들을 주된 수탈대상으로 삼고, 농촌사회 안정을 위해 노력하던 개혁주의자들을 권력에서 축출하였다. 의정부를 비롯한 관료기구들은 무력해지고, 국방을 담당하는 비변사의 기능이 대폭 확대되었다. 세도가들은 비변사의 높은 지위를 차지하고 협의에 의해 정치를 운영하였다.

세도정치 하에서는 관직임명 시 금전거래가 이루어지는 것이 관행으로 되었다. 관직의 높고 낮음에 따라 가격이 매겨졌으며, 이렇게 관직을 사들인 관료들은 그 대가를 농민들을 수탈하여 보상받고자 하였다. 탐관오리의 비행을 막기 위해 비밀 감찰관원인 암행어사가 빈번히 파견되었지만 도도한 부패의 탁류를 막을 수는 없었다.

19세기 전반에는 설상가상으로 자연재해가 잇따라 발생해 기근과 질병이 만연하고 인구가 급속히 줄었다. 정부는 이러한 사정을 고려하지 않고 모든 세금을 총액제(總額制)에 의해 지역 단위로 할당하였기 때문에 농촌사회의 피폐는 극에 달하였다. 총액제 자체는 진일보한 세금제도이지만 그 시행에 문제가 있었던 것이다.

당시 국민들이 지고 있던 부담에는 크게 토지세인 전세·대동미·결작(結作)·삼수미가 있었고, 군역세인 군포, 그리고 국가의 곡식을 빌려 쓰고 가을에 이자를 붙여 갚는 환곡의 세 종류가 있었는데, 이를 보통 삼정(三政)이라고 불렀다. 그런데 그 원칙이 무시되고 운영되는 과정에서 문제가 발생한 것이다. 19세기 초 전라도 해안가 강진(康津)에서 유배생활을 하던 정약용이 감사와 수령 그리고 향리들을 대도(大盜)와 굶주린 솔개에 비유하면서 수령의 수신교과서인 『목민심서(牧民心書)』를 쓰게 된 동기도 여기에 있었다.

2. 민중의 항거

세도정치 하에서도 민중사회는 활발하게 움직이고 있었다. 상업의 발달에 따라 경제력을 축적한 중산층들은 신분상승을 목표로 서울과 지방에서 국가를 상대로 한 합법적 혹은 비합법적 연대투쟁을 강화해 나갔다.

서울에서는 1851년(철종 2) 1800여명의 의관·역관·천문관·화원 등 중인들이 연합하여 국왕에게 청현직(淸顯職)에 나갈 수 있게 해달라는 청원운동을 전개하였다. 이 운동은 비록 국왕의 승인을 얻어내지는 못했지만, 중인들의 정치의식이 그만큼 높아졌음을 보여준 것이었다.

농촌의 부민(富民)들은 농촌자치조직의 임원인 향임(鄕任)이 되거나 향교의 학생이 되기도 했으며, 족보나 호적을 바꾸어 유학(幼學)을 칭하기도 하였다. 그러나 그들이 부력(富力)을 바탕으로 신분상승을 이루는 데는 한계가 있었고 중앙의 관리가 된다는 것도 어려운 일이었다. 이러한 상황에서 서울 귀족의 가혹한 징세정책과 지방 수령들의 탐학은 농촌 부민들에게 큰 불만으로 작용했다.

부민들을 비롯한 농민들의 불만은 처음에는 소청(疏請)운동이나 삐라·벽보사건으로 표출되었고 항조(抗租)·항세(抗稅)운동으로도 나타났다. 그러다가 1810년대에 이르러서는 대규모 집단반란 형태로 분출되었다. 그리고 그 반란의 횃불을 먼저 들고 나선 곳은 평안도지방이었다.

평안도는 중국과의 교통의 요지라는 지리적 특성으로 상업자본가의 성장이 빠른 곳이었고, 광산 개발도 활발한 곳이었다. 이런 까닭에 평안도 관찰사 자리는 어느 도의 관찰사 자리보다도 돈벌이가 잘 되는 곳이어서, "평양감사도 저 싫으면 그만"이라는 속어가 생겨나기도 했다.

평안도는 서울 관리들의 일급수탈지이면서도 평안도 출신의 과거합격자에게는 청현직을 주지 않는 것이 조선후기의 오랜 관례였다. 유학자가 적고 왜란 때 의병운동이 부진했다는 것이 주요 이유였다.

평안도민의 불만은 마침내 1811년(순조 11) 대규모 폭동으로 폭발하였다. 과거에 낙방한 홍경래(洪景來)를 지도자로 하여 상인·무사·향임층·지사(地師)들이 주동한 이 폭동에는 광산에 모여든 유랑농민들이 합세하여 병력이 1천여명에 이르렀다. 그들은 가산군에서 군사를 일으켜 순식간에 청천강 이북의 평안북도 지방을 점령하는 전과를 올렸다. 서울 양반의 차별정책에 대한 평안도민의 광범한 불만이 호응을 얻은 것이다. 그러나 이 반란은 정주성(定州城) 전투의 패배로 4개월 만에 실패로 끝나고 말았다.

평안도민의 반란은 비록 실패로 끝났지만, 이 지방의 경제력과 각성된 주민들의 힘은 19세기 말~20세기 초의 근대화운동과 항일운동 때 다시 발휘되어 많은 애국지사들이 배출되었다. 특히 한말의 항일 비밀결사로 조직된 신민회(新民會)는 평안도민이 중심이 된 단체로서 가장 적극적인 항일구국계몽운동을 전개하였다.

평안도민의 항거 이후 반세기가 지난 1860년대에 이르러 이번에는 경상·충청·전라도 등 이른바 삼남지방에서 대규모 민중봉기가 발생하였다. 이 지방의 폭동은 평안도민의 반란과는 달리 수취체제의 모순이 주요 원인이었다.

1862년(철종 13) 경상도 단성(丹城)에서 시작된 농민폭동은 이웃 진주(晉州)로 이어졌고, 잇따라 경상도의 20개 군·현과 전라도의 37개 군·현, 충청도의 12개 군·현, 그리고 경기도·함경도·황해도 일부 지역에까지 확산되었다. 이 중에서도 진주에서 일어난 폭동이 가장 거센 것이었다. 병사(兵使) 백낙신(白樂莘)의 가렴주구가 직접 도화선이 된 이곳 폭동은 향임이 주동이 되고 가난한 농민들이 참여하여 관아를 부수고 농촌의 부민들을 습격하는 형태로 전개되었다. 그러나 지방에 따라서는 부민들까지도 폭동에 참여하여 지방 수령과 향리 그리고 고리대금업자 등을 공격하였다.

정부는 무력으로 폭동을 진압하는 것이 어려움을 깨닫고, 원한의 대상이 되는 수령을 처벌하고 농민 부담을 완화하는 등의 회유정책을 폈다. 그 결과 민중봉기는 일단 가라앉았으나, 근본적인 해결이 이루어진 것은 아니었다. 그리하여 그 과제는 1863년 집권한 고종(高宗)과 대원군(大院君)의 짐으로 떠맡겨졌다. 대원군의 내정개혁은 이러한 배경에서 시작된 것이다.

3. 19세기 전반기의 학문과 사상

세도정치가 지배하던 19세기 전반기에도 그의 모순을 시정하려는 개량주의자들이 있었다. 이들은 대체로 정조의 정책노선을 계승하려는 입장에서 세도정치의 실무관료로 참여하였으나, 그중에는 뒤에 관직에서 밀려나 은거한 이도 있고, 세도정치에 전혀 참여하지 않은 재야 지식인도 있었다. 홍석주·서유구·성해응(成海應)·정약용·최한기(崔漢綺) 같은 인사들이 이에 속한다.

홍석주는 서울 노론의 후예였으나 세도정권의 편협한 인사정책과 가혹한 수탈을 반대하고 정조가 추구한 이상적 유교정치로 돌아갈 것을 촉구했다. 이러한 시각에서 그는 성리학(송학)과 고증학(한학)을 절충하여 새로운 학문체계를 세웠는데, 이는 그의 문집 『연천집(淵泉集)』에 수록되어 전한다.

서울 소론으로서 북학파의 한 사람이었던 서유구는 서울 주변의 농촌에 거주하면서 『임원경제지』를 써서 농업 경영과 기술의 혁신을 통한 생산력 제고와 농촌 문화생활의 향상에 대한 광범한 개혁안을 제시했다. 당시 도시 발전에 역점을 두고 있던 북학을 농촌 발전에 응용하고자 한 것이다. 또 그는 「의상경계책(擬上經界策)」(1820년경)을 써서, 전국 주요 지역에 국가시범농장인 둔전(屯田)을 설치하여 혁신적 농법과 경영방법으로 수익을 올려서 국가수입을 늘리고, 이에 대한 부민들의 참여를 유도하여 그중 유능한 자를 지방관으로 발탁할 것을 제안하였다. 그의 개혁안은 정조가 수원 부근에 설치한 '대유둔(大有屯)'이라는 국영농장의 경험을 발전시킨 것으로 역시 정조의 개혁정치

전남 강진의 다산초당

를 계승하고자 하는 소망이 담겨 있었다.

정조 때 유득공·박제가·이덕무와 더불어 규장각의 검서관이었던 성해응은 세도정치기에 포천으로 귀향하여 저술에 몰두한 결과 160권의 방대한 『연경재집(硏經齋集)』을 남겼다. 여기에서 그는 청나라가 강희·건륭의 전성기를 넘어서서 점차 쇠락의 길로 접어들고 있음을 간파하고, 청나라를 공격하여 고구려의 옛땅을 되찾고 명나라에 대한 의리를 실천할 구체적 방안을 제시했다. 한편, 그는 중앙의 세도가를 정점으로 하여 지방의 감사·수령·서리·부민으로 이어지는 중층적 수탈구조를 개혁하고, 선량한 부민들이 참여하는 지방자치를 활성화할 것을 주장하였다.

정조의 사랑을 크게 받았던 남인 학자 정약용은 천주교에 관여한 것이 문제가 되어 1801년 전라도 강진으로 유배되어 18년간 학문에 전념하였다가 1818년 고향인 경기도 양주군(楊州郡) 마현(馬峴)으로 돌아와 『경세유표(經世遺表)』『목민심서』『흠흠신서(欽欽新書)』 등의 명저를 남겼다.

정약용은 이익 등 선배 남인 학자들의 실학(古學)을 계승하면서도 이용후생을 강조하는 북학사상의 영향을 받아 19세기 전반기의 학자로서는 가장 폭넓고 진보적인 개혁안을 내놓았다.

먼저 『경세유표』에서 그는 『주례』에 나타난 주나라 제도를 모범으로 하여 중앙과 지방의 통치제도를 개편할 것을 주장하였다. 이에 의하면, 세도정치 하에서 약화된 왕권을 강화하고 군주가 수령을 매개로 민을 직접 다스리도록 하되, 민의 자주권을 최대한 보장하여 아랫사람이 통치자를 추대하는 민주적 방식에 의해 권력이 운영되어야 한다는 것이었다. 그리고 중앙의 행정기구인 6조의 기능을 재조정하여 공조·형조의 기능을 강화하고, 이용감이라는 새로운 관청을 설치하여 과학·기술 등 북학을 현실에 응용할 수 있게 해야 한다고 주장하였다. 또한 지방의 부유한 농민들에게 향촌사회에서의 경제적·문화적 공헌도에 따라 관직을 주어야 한다는 파격적인 주장을 내놓았다.

정약용은 국가재정과 농촌경제의 안정을 위해서 토지제도의 개혁이 필요하다고 생각하였다. 즉, 국가가 장기적으로 토지를 사들여 가난한 농민에게 나누어줌으로써 자영농을 육성하고, 국가가 사들이지 못한 지주의 땅에 대해서는 농민에게 골고루 병작권을 주자는 것이다. 이러한 그의 주장들은 당시 조선사회가 산업사회로 나아가고 있는 현실을 직시하고 그에 적응하기 위한 합리적이고 현실적인 개혁안이었지만, 세도정치의 주역들은 이를 외면하였다. 그의 저술은 5백여 권에 달하는데 지금 『여유당전서(與猶堂全書)』라는 이름으로 전해지고 있다.

19세기 중엽 이후에는 중인층 가운데서도 뛰어난 학자들이 많이 배출되었다. 개성의 무관 집안에서 태어나 서울에 살면서 두 지방의 상업문화와 부민의 성장을 체험한 최한기는 상공업국가의 건설을 목표로 한 여러 개혁안을 제시하였으며, 외국과의 개국통상(開國通商)을 적극적으로 주장하였다. 그는 또한 뉴턴(Isaac Newton)의 만유인력설을 비롯한 천문학·지리학·의학·농학 등 서양과학과 기술에도 조예가 깊었으며, 이러한 서양과학을 기초로 하여 새로운 주기철학을 발전시켰다. 1천 권에 달하는 방대한 그의 저서는 『명남루총서(明南樓叢書)』로 지금 전해지고 있다.

최한기와 비슷한 시기의 이규경도 『오주연문장전산고』라는 방대한 문화백과사전을 편찬하여 중국과 우리나라의 고금사물(古今事物) 1417항을 원전을 인용하면서 소개하였다. 북학사상가인 이덕무의 손자로서 가학의 전통을 계승한 그는 동양의 유·불·도 사상을 넓게 포용하고 서양과학을 받아들임으로써, 동·서양의 문명을 형이상과 형이하의 체계 속에 통합하려고 노력하였다. 오주(五洲)라는 그의 호에는 5대주(五大洲)를 포용하려는 넓은 시야가 담겨 있다.

이들의 개혁사상은 세도정치의 경직된 분위기에서 대부분 정부시책으로 수용되지 못하고 말았으나, 뒷날 개화사상가들에게 큰 영향을 주어 자주적 근대화정책의 토대를 마련했다.

4. 사서·지리지·지도의 발달

19세기에는 18세기의 역사의식을 계승하여 이를 학문적으로 더욱 심화한 역사가들이 적지 않았다. 특히 역사지리학 분야에서 수준 높은 저술이 생산되었는데, 정약용과 한치윤·한진서의 업적이 가장 뛰어났다.

정약용은 『아방강역고』(1811·1833)를 써서 우리나라 고대사의 강역을 새롭게 고증했는데, 특히 백제의 첫 도읍지가 지금의 서울이라는 것과 발해의 중심지가 백두산 동쪽이라는 것을 처음으로 해명하였다.

한치윤은 일평생 역사편찬에만 전념하여 조카 한진서와 더불어 85권의 방대한 『해동역사』(1814·1823)를 편찬하였다. 이들은 540여 종의 중국 및 일본 서적을 참고하여 기전체(紀傳體) 형식으로 역사를 서술했는데, 동이(東夷)문화에 뿌리를 둔 우리 문화의 우수성과 아울러 조선·중국·일본 등 동아시아 3국간의 문화교류를 상세하게 정리하였다. 특히 한진서가 쓴 『해동역사』의 「지리고」는 정약용의 『아방강역고』와 더불어 역사지리 고증의 높은 수준을 보여주고 있다.

홍석주는 삼국과 발해의 강역에 각별한 관심을 가지고 『동사세가(東史世家)』를 썼고, 또 우리가 중국인보다 더 정확한 중국사를 쓸 수 있다는 자신감에서 『명사관견(明史管見)』이라는 새로운 명나라 역사서를 편찬하였다. 이 책은 정조 때 편찬된 『송사전(宋史筌)』과 아울러 중국인이 쓴 중국사의 오류를 바로잡은 중요한 성과의 하나이다.

홍석주의 친족인 홍경모(洪敬謨)는 19세기 중엽 『동사변의(東史辨疑)』(1848경)에서 상고사의 의문점을 하나하나 고증하여 문헌고증학을 발전시켰으며, 그의 뒤를 이어 이원익(李源益)은 『동사약(東史約)』(1851)을, 윤정기(尹廷琦)는 『동환록(東寰錄)』(1859)을, 박주종은 『동국통지』(1868)를 각각 써서 고증적 역사서술의 전통을 이어갔다.

19세기의 과학적이고 고증적인 학통은 지도와 지리지 제작에도 반영되었다. 이 시기의 가장 뛰어난 지도제작자는 김정호(金正浩, 호 古山子)로서, 황해도의 평민 출신인 그는 서울에 와서 살면서 신헌(申櫶)·최한기 등의 도움을 얻어 여러 관찬지도를 볼 수 있었으며, 이를 집대성하여 『청구도』라는 지도책을 발간하고, 이를 더욱 발전시켜 스물두 폭으로 이루어진 약 7m 길이의 전국지도를 제작하였다. 『동여도(東輿圖)』와 『대동여지도』가 그것으로, 전자는 채색필사본이고, 후자는 목판으로 제작된 것이다. 『대동여지도』는 대량으로 인쇄되어 민간에 널리 보급되었기 때문에 그의 명성이 시정에 널리 알려지는 계기가 되었는데, 특히 상인들의 사랑을 많이 받았다. 『대동여지도』의 목판은 없어진 것으로 알려져왔으나 최근에 국립중앙박물관에서 발견되었다.

김정호는 이밖에도 『동국도지(東國圖志)』 『여도비지(輿圖備志)』 『대동지지(大東地志)』 등 3대 지리지를 편찬하기도 하였다.

5. 천주교의 전래와 금압

천주교가 처음 소개된 것은 16세기 말~17세기 초이다. 명나라에 간 사신들이 예수회(Jesuits) 선교사들이 퍼뜨린 한역 천주교 서적과 자연과학 서적 그리고 시계·망원경 등을 가지고 온 것이 그 시초였다. 천주교는 처음에 종교로서 받아들여진 것이 아니라 서양학문으로 이해되어 서학(西學)이라고 불렸다.

서학에 대한 관심이 일어나기 시작한 것은 주자성리학에 대한 비판의식이 강했던 광해군시대로서, 허균은 1610년 명나라에 가서 천주교 12단(端)을 얻어 왔으며, 비슷한 시기에 이수광은 『지봉유설』에서 맛떼오 릿치가 지은 『천주실의』를 소개하면서 천주교와 불교의 차이점을 지적하였다. 같은 시기에 유몽인은 그의 『어우야담』에서 천주교 교리를 한층 자세하게 소개하면서 유교·불교·도교와의 차이점을 설명하였다.

광해군 다음의 인조 때에도 정두원(鄭斗源)이 명나라에서 천주교 서적을 가져왔고, 그뒤 소현세자(昭顯世子)도 청나라에 인질로 잡혀갔다가 돌아오는 길에 천주교 서적을 가지고 돌아왔으나, 광해군 때만큼 관심을 끌지는 못하였다.

18세기 후반에 이르러 이익의 문인들을 중심으로 한 서울 부근의 남인 학자들은 유교의 고경(古經)을 연구하는 가운데 하늘〔天〕의 의미를 주자와 달리 해석하면서 고경의 천(天)과 천주교에서의 천주(天主)를 접합해 받아들였다. 그들은 자신들의 유학을 천주교를 통해 보완하면서 차츰 신앙의 길로 들어서게 되었다. 그리하여 권철신(權哲身)·권일신(權日身)·이벽(李檗)·정약종(丁若鍾)·정약용·이가환(李家煥) 등 남인 명사들이 천주교에 입교하였다.

이런 가운데 이승훈(李承薰)이 1783년 북경에 갔다가 서양인 신부로부터 세례를 받고 귀국하면서 신앙열은 고조되어갔다.

천주교는 서울 부근과 아산, 전주 등지의 신앙조직을 통해 전파되어 갔는데, 불우한 처지의 양반이나 중인 그리고 일부 유식한 평민들이 주로 입교하였다.

서양 선교사가 들어오기도 전에 천주교가 퍼진 것은 포교사상 유례가 없는 일이었다. 그러나 신도가 늘어갈수록 유교식 제사를 무시하는 행위가 불효와 패륜으로 비쳐지고, 서양인과 연결된 행위가 국법을 어기는 것으로 인식되면서 국가의 금압을 받게 되었다. 유학자들 사이에서도 천주교를 이단으로 비판하는 목소리가 커져갔다. 18세기 말 안정복이 쓴 『천학고(天學考)』와 『천학문답(天學問答)』은 천주교의 중심지로 떠오르던 경기도 광주 일대의 유학자가 천주교에 대해 얼마나 위기의식을 느끼고 있었던가를 보여준다.

정부는 마침내 1785년(정조 9)에 천주교를 사교(邪教)로 규정했으며, 북경으로부터의 서적 수입을 금하고, 어머니 제사에 신주(神主)를 없앤 윤지충(尹持忠)을 사형에 처하였다(1791). 그렇지만 남인에 우호적이었던 정조는 천주교에 대해 비교적 관대한 정책을 써서 큰 탄압은 없었다.

정조가 죽고 순조가 즉위하면서 보수적인 노론 벽파(僻派)가 집권하자 그들과 정치적으로 대립하고 있던 남인 시파(時派, 정조 추종세력)가 숙청되었는데, 그 과정에서 천주교도들도 대대적으로 탄압을 받게 되었다. 1801년의 대탄압을 신유사옥(辛酉邪獄)이라 하는데, 이때 이승훈·이가환·정약종·권철신 등 3백여명의 신도와 청나라 신부 주문모(周文謨, 1795년 입국)가 처형되고, 정약전·정약용 형제는 유배되었다. 이와 더불어 서양 과학기술의 수입도 거부되었으니, 이는 이후 과학이 침체에 빠진 한 원인이 되었다.

황사영(黃嗣永)이라는 천주교 신도는 신유사옥에 항의하여 북경에 있는 프랑스인 주교에게 군함을 조선에 파견하여 신앙과 포교의 자유를 보장받게 해달라고 호소하는 편지를 보내려 하였다. 그러나 이 편지가 사전에 발각되어 조선 정부의 천주교에 대한 불신과 박해는 한층 더 심해졌다. 이 사건을 황사영 백서(帛書) 사건이라 한다.

정부의 탄압에도 불구하고 천주교의 교세는 더욱 확장되어 1821년(순조 21)에는 조선교구가 독립하고, 1836년에는 빠리 외방전도협회 소속의 신부 세 명이 조선에 들어와 포교하기 시작했다. 그러나 이들은 1839년에 수십명의 조선인 신도와 함께 처형당하는 비운을 맞이했다. 그 뒤 중국의 마카오에서 신학교를 졸업하고 최초의 조선인 신부가 된 김대건(金大建)이 귀국하여 고향인 충청도 당진을 근거로 포교활동을 벌였으나, 그 역시 체포되어 처형당했다.

19세기 중엽에 이르러 사회가 극도로 혼란해지고 국가기강이 무너지면서 천주교의 교세는 급속히 팽창하였다. 그리하여 19세기 중엽에 1만명이던 신도 수가 19세기 말에는 3만명으로 급증하였는데, 특히 부녀자가 많았다. 부녀자들은 남자와 더불어 함께 예배할 수 있다는 데서 남녀평등의 실현을 기대하였다.

그러나 천주교는 이렇듯 대중적 기반을 넓혀가면서도 민족종교인 동학(東學)과 대립하게 되었는데, 이는 일부 천주교도들이 외국인 신부의 특권에 의지하여 치외법권적 자유를 누리려는 행태를 보인데다가, 천주교도들이 전통적 미풍양속인 제사를 거부한 것이 주요 원인이었다.

6. 동학의 성립과 전파

천주교가 도시를 중심으로 퍼져나가던 19세기 중엽 농촌에서는 새로운 민족종교가 태동하고 있었다. 철종 때 최제우(崔濟愚)가 창시한 이른바 동학(東學)이 그것이다. 경주 출신의 가난한 양반인 최제우는 오랜 구도 편력 끝에 서학(西學, 천주교)에 대항한다는 의미에서 동학을 창도하였다. 동학을 종교로서 이론화한 이는 최제우의 제자 최시형(崔時亨)으로, 그는 『동경대전(東經大全)』과 『용담유사(龍潭遺詞)』라는 두 개의 경전을 정리하였다. 전자는 한문으로 씌어져 지식인층을 대상으로 한 것이고, 후자는 한글가사체로서 한문을 모르는 이들의 이해를 돕기 위한 것이었다.

동학은 유(儒)·불(佛)·도(道)의 삼교의 교리를 절충하고, 샤머니즘의 주술도 채용하였다. 동학은 유교의 주기철학을 계승하여 귀신을 기(氣)로 해석하고, 귀신을 매개로 사람과 하늘이 하나가 될 수 있다는 천인합일론(天人合一論)을 주장하였다. 여기에서 사람이 곧 하늘이라는 인내천(人乃天)주의를 표방하고, 사람 섬기기를 하늘처럼 해야 한다고 주장하였다. 이러한 인간주의·평등주의는 농민들에게 큰 호소력이 있었다.

동학은 『주역』에서 변화의 논리를 받아들여, 현세를 말세로 규정하고, 천지개벽(天地開闢)에 의한 미래의 내세가 반드시 도래한다고 예언하여 대중들의 혁명·개혁의지를 고취하였다. 이 또한 현실에 불만을 품은 이들에게 호소력이 있었다.

동학은 또한 샤머니즘에서 행하는 주술을 받아들여 궁궁을을(弓弓乙乙)이라고 쓴 부적을 몸에 지니고 다니면 죽지 않고 영생한다고 가르쳤다. 이 부적의 의미는 활이 새를 잡는다는 뜻으로, 활은 동학, 새는 서학을 상징하는 것이라고도 하였다.

동학에서는 최고의 신을 천주(한울님)라고 하여, 천주를 모시면 만사가 형통한다고 믿었다. 여기서 천주는 천주교의 천주와 용어가 같지만, 실은 전통적인 민간신앙에서 경천(敬天)신앙을 받아들인 것이다.

동학은 종교이면서도 보국안민(輔國安民)과 광제창생(廣濟蒼生)의 사회개혁을 부르짖고, 외세의 배척을 적극적으로 표방하였다. 이같은 반외세 주장은 그 대상이 처음에는 서양이었지만, 뒤에는 일본으로 바뀌어 일본이 조선으로 진출할 때 항일운동으로 나타났다.

이와같이 민족적이고 민중적인 동학이 창도되자 구원의 길을 갈망하던 민중들은 구세주를 만난 듯이 모여들었다. 특히 동학은 농민반란의 중심지였던 경상·전라·충청도에 널리 퍼졌고, 포(包)·접(接)과 같은 교단조직도 만들어졌다.

반체제적인 동학이 날로 번성하고 갑자년(1864, 철종 15)에 좋은 소식이 온다는 예언이 널리 퍼지자, 불안을 느낀 정부는 1863년에 교주 최제우를 체포하여 '혹세무민(惑世誣民)'의 죄로 처형하였다. 동학은 교주의 처형에 놀란 신도들이 산속에 숨어 한때 교세가 위축되었지만, 2대 교주 최시형이 충청도 보은을 중심으로 포교활동을 계속해 그 세력이 다시 회복되어갔다. 신도들은 대개 가난한 농촌의 하층 양반과 농민들이었다.

7. 문학과 예술

19세기에는 서울과 지방의 정치적 갈등이 깊었던 시대상황이 문학에도 반영되어 서울문학과 지방문학의 차이가 현저하게 나타났다.

서울에서는 정치적으로 현달(顯達)한 세도가 양반들의 한문학이 여전히 왕성했던 한편, 흔히 위항인(委巷人)으로 불리는 중인과 서얼지식인들의 문학활동도 활발하게 전개되었다. 이들은 서울의 여러 명승지에 모여 시사(詩社)를 결성하고 양반문학을 모방하여 한문학 특히 시작(詩作) 활동에 주력하였는데, 이같은 문화활동은 양반으로 상승하고자 하는 이들의 신분상승욕구를 반영하는 것이었다.

19세기의 대표적 시사로는 인왕산(仁王山) 기슭의 송석원(松石園)을 중심으로 한 옥계시사(玉溪詩社)와 일섭원(日涉園) 및 칠송정(七松亭)을 중심으로 한 서원시사(西園詩社), 비연시사(斐然詩社), 청계천의 광교(廣橋)를 중심으로 한 육교시사(六橋詩社) 그리고 직하시사(稷下詩社)를 들 수 있다. 이러한 시사의 중심인물은 역관을 비롯한 서울 중인들이었는데, 이들은 당시의 명망 높은 서울 양반들과도 긴밀하게 교류했을 만큼 한문학의 수준이 높았다. 그리고 이들이 이처럼 서울의 명승지에 모여들어 시주(詩酒)를 즐길 수 있었던 것은 대외교역 등을 통해서 안정된 생활을 누리고 있었기 때문이다. 그들은 경제적으로나 학문적으로 양반과 거의 동등한 수준으로 성장하였다. 당시 중인문학의 대표적 인물은 장지완(張之琬)·정수동(鄭壽銅)·조희룡(趙熙龍)·이경민(李慶民)·박윤묵(朴允默)·조수삼(趙秀三) 등이다.

중인들은 자신들의 신분상승을 위한 문화운동의 일환으로서 저명한 중인과 평민 인사들의 행적과 내력을 책으로 편찬하였다. 조희룡의 『호산외사(壺山外史)』(1844), 유재건(劉在健)의 『이향견문록(里鄉見聞錄)』(1862), 이경민의 『희조일사(熙朝軼事)』(1866) 등이 그러한 책이다.

한편, 19세기의 농촌사회에서는 음악 및 연극적 형태를 띤 새로운 문학이 성행했는데, 판소리·잡가·소설·가면극이 그것이다. 이것들은 양반사회의 모순을 풍자하는 내용이 주조를 이루고 대중을 상대로 하는 공연예술의 형태를 띤 경우가 많았다.

판소리는 광대(廣大)라고 불리는 전문적 예능인이 소설의 줄거리를 아니리〔獨白〕와 타령〔唱〕을 섞어가며 전달하는 것인데, 「춘향가」「적벽가」「심청가」「토끼타령」「흥부가」「가루지기타령」은 가장 인기있는 판소리사설이었다. 판소리사설을 창작하고 정리하는 데 가장 공이 큰 이는 19세기 후반의 전라도 사람 신재효(申在孝)이다. 그는 판소리 열두 마당을 정리했다고 하는데 지금은 열한 마당만 전한다. 판소리는 지방마다 창법이 다소 달랐다.

해학과 풍자성이 강한 잡가는 주로 지방도시의 평민 사이에 유행했는데, 「새타령」「육자배기」「사랑가」「수심가」 등이 있었다. 각종 가면과 노래, 춤으로 엮어지는 가면극(탈춤)은 19세기에 이르러 더욱 유행했는데, 황해도의 「봉산탈춤」「강령탈춤」, 경상도 안동의 「하회탈춤」, 경기도 양주의 「산대놀이」, 경상도 통영의 「오광대놀이」, 함경도 북청의 「사자춤」이 유명하다. 탈춤은 무당의 굿판과 연계되어 뒤풀이로 벌어지는 것이 상례였는데, 그 내용은 귀신을 축복하고 양반의 위선을 풍자하는 것이 중심을 이루었다.

19세기에는 이야기책으로 불리는 대중소설이 유행하여 민간 부녀자 사이에서 널리 인기를 끌었다. 『옥루몽(玉樓夢)』『배비장전(裵裨將傳)』『채봉감별곡(彩鳳感別曲)』은 특히 인기있는 소설이었다. 한편, 소설은 궁중의 부녀자들 사이에서도 많이 읽혀지고 있었다. 그중에서도 19세기 중엽에 필사된 『완월회맹연(琓月會盟宴)』은 180권이나 되는 방대한 분량으로 효제충신의 내용을 담은 것이다. 국문으로 된 대중적 시가도 많이 창작되어 애송되었다. 농촌의 세시풍속을 노래한 「농가월령가(農家月令歌)」, 서울의 아름다움과 번영을 노래한 「한양가(漢陽歌)」, 중국의 사행(使行)을 노래한 「연행가(燕行歌)」, 그리고 '규방가사(閨房歌辭)'가 특히 유명하다. 이밖에 꼭두각시극으로 불리는 인형극이 유행한 것도 이 시기의 한 특색이다.

사당패로 불리는 천민(賤民) 전문음악인들이 엄격한 조직체를 유지하면서 각종 묘기와 음악활동을 벌인 것도 19세기 농촌사회의 새로운 변화였다.

19세기의 미술 분야에서는 전문화가인 화원과 일반 문인화가의 작품활동이 다같이 활발하였다. 화원들이 남긴 작품으로는 서울의 궁궐과 도시의 아름다운 경관 그리고 지방의 명승지를 그린 명작들이 많다. 그중에서도 1820년대 1백여명의 화가들이 공동으로 제작한 『동궐도(東闕圖)』는 창덕궁과 창경궁의 전각들을 사실적으로 묘사한 수작으로 꼽힌다. 이 그림은 가로 567cm, 세로 273cm의 초대형으로서, 서양화의 부감법과 평행사선 구도의 기법을 사용한 것이 특징이다. 『동궐도』와 비슷한 시기에 그려진 『경기감영도(京畿監營圖)』『평양성도(平壤城圖)』 그리고 『서궐도(西闕圖)』(경희궁)도 『동궐도』와 마찬가지로 병풍 혹은 절첩식(折帖式)으로 되어 있으며 회화의 기법이 매우 사실적이다.

19세기의 대표적 화원화가로는 김득신(金得臣)・이인문(李寅文)・장준량(張駿良)・이재관(李在寬)・김수철(金秀哲)・장승업(張承業) 등을 들 수 있으며, 문인화가로는 김정희(金正喜)・신위(申緯)・전기

(田琦) 등이 유명하다. 김정희는 묵란을 잘 그렸고, 신위는 대나무를 잘 그린 것으로 이름이 높다.

김정희는 그림도 잘 그렸지만, 추사체(秋史體)라고 불리는 독특한 서체를 만들어 많은 사람들의 애호를 받았다. 이는 고대의 금석문 연구를 통해 서도의 원류를 찾아내고 이를 자기 개성에 맞게 발전시킨 것이다.

제4장 근대

1. 제국주의 열강의 침입과 근대화운동
2. 일제의 강점과 민족해방운동

1

제국주의 열강의 침입과 근대화운동

1. 척사와 개화

(1) 불평등조약 체계의 형성

19세기 중엽 이후 제국주의 단계에 들어선 서구 열강은 새로운 상품시장과 원료공급지를 찾아 아시아·아프리카에 대한 침략을 강화하고, 또 이 지역을 식민지로 만들어갔다. 이같은 서구 열강의 침략 여파는 조선에도 미치게 되었다. 조선의 해안에 이양선(異樣船)이 자주 출몰하여 위정자들의 위기의식을 고조시킨 것은 이미 18세기 말부터였다. 이와 함께 중국을 통해 면포(綿布) 등 양물(洋物, 서양의 물건)이 다량으로 유입되어 이미 천주교의 유입 및 신자의 증가 문제로 골머리를 앓고 있던 지배층은 한층 더 긴장하기에 이르렀다.

1854년 일본의 개국, 1860년 러시아의 연해주(沿海州) 진출로 인한 조선과의 접경, 영·불 연합군의 북경 점령(제2차 아편전쟁) 등의 소식은 조야를 뒤숭숭하게 만들었다. 여기에 더해 1862년에는 조선 남부 지역의 많은 군·현 들에서 민란(民亂)이 일어났다. 한마디로 이 시기는 5백년을 지속해온 조선왕조가 내외의 도전 속에 동요를 겪게 되는 시기였다.

이러한 분위기 속에서 1863년 왕위에 오른 고종(高宗)을 대신하여 집권하게 된 대원군(大院君)은 내외의 위협에 대해 단호한 조치를 취하였다. 우선 세도정치(勢道政治) 기간 동안 국정을 문란하게 하고 그 결과 광범한 민란을 유발한 책임을 물어 안동김씨(安東金氏) 세력을 정계에서 몰아냈다. 또 농민들에 대한 수탈을 자행한 양반세력을 견제하기 위해 지방 양반세력의 근거지인 서원(書院)을 대부분 철폐하였다. 그리고 호포법과 사창제를 시행하였는데, 호포법(戶布法)은 양반에게도 군역(軍役)을 분담토록 하기 위한 것이었으며, 사창제(社倉制)는 민란의 가장 큰 원인으로 지목될 정도로 농민들의 원성의 대상이 되었던 환곡제(還穀制)를 개선하기 위한 것이었다. 이같은 대원군의 개혁은 내외의 위협에 대항하기 위한 것으로, 비록 중세체제의 한계를 넘어서지는 못했지만 국가의 재정을 확충하였고, 민심도 어느 정도 안정시킬 수 있었다.

대원군은 또 외세의 침략에 대비하여 군비를 대폭 확장하고, 외세를 끌어들일 가능성이 있다고 하여 1866년 천주교도를 대대적으로 탄압하였다(丙寅邪獄). 이에 프랑스는 군대를 보내 조선을 침략하고 강화도를 점령하여 문화재를 약탈하였으나, 결국 물러가고 말았다(丙寅洋擾). 1871년에는 통상을 요구하는 미국 군대가 역시 강화도를 침략하였다가 격퇴되었다(辛未洋擾). 이렇게 조선이 강대한 서구 제국주의 국가의 도발을 물리칠 수 있었던 원인으로는 대원군 집권 하에서 무비(武備)가 비교적 충실해진 점, 당시 서구 열강의 주된 관심이 중국 및 이에 이르는 항로의 확보에 있었기 때문에 조선 개항에 대한 욕구는 상대적으로 약한 편이었다는 점이 지적될 수 있을 것이다. 따라서 조선은 얼마간 쇄국을 유지할 수 있었다.

1876년의 개국은 한국 근대사회의 기점으로서 주목되고 있다. 이로써 조선은 세계 자본주의 경제의 큰 흐름 속에 휩쓸려 들어가게 되었고, 이후 급격한 변화를 경험하게 되었다. 즉 그때까지 유교문화의 전통과 그에 기초를 둔 동아시아의 국제질서 속에서 비교적 평화롭게 역사를 이끌어온 조선은 갑자기 생소한 서구 자본주의의 경제적·문화적 침투에 직면하게 된 것이다.

문제는 서구 자본주의 질서 속으로의 편입이 강제적으로 이루어졌으며, 또 조선에 부여된 지위가 종속적이었다는 점이다. 이로써 조선은 제국주의 국가들에 의해 제약받는 자주권을 회복하고, 나아가 근대화를 이룩하여 세계무대에서 정당한 대접을 받아야 한다는 과제를 안게 되었다.

하지만 조선은 이러한 과제를 성공적으로 완수하지 못하고 결국 일본의 식민지로 전락하여 한국사에 커다란 오점을 남기고 말았다. 다른 나라의 식민지 지배를 받은 것은 역사상 없었던 일이고, 또 그 식민국이 당시까지 깔보던 문화후진국 일본이었던만큼 한국인들의 자존심은 치유되기 어려운 상처를 입고 말았다.

그러나 한편으로 이 시기는 조선인들이 외세의 침략에 저항하면서 민족의식을 깨우치고 민족으로서의 유대감을 강화하면서 새로운 사회를 만들어나갈 수 있는 능력을 키워간 시기이기도 하였다. 또 왜곡된 형태이기는 하나 근대문물이 수입되고, 이에 대한 지식·기능이 증대하여 자기 나름의 근대문화를 이루고 결국 근대사회의 일원으로서 역사를 이끌어갈 능력을 키워간 시기이기도 하였다.

한편 개항 후의 이러한 상황에 대해 조선사회의 각 집단은 다양하고 상이한 해결방안을 제시하였다. 이는 각 집단이 처해 있었던 사회적 위치가 달랐으며, 그에 따라 근대화에 관한 전망도 서로 달랐기 때문이다. 이후 조선의 각 사회집단들은 근대화 방안을 둘러싸고 긴장 내지 갈등 관계에 돌입하였다.

1876년 포함의 위협 아래 맺어진 조일수호조규(朝日修好條規, 일명 丙子修好條約 혹은 강화도조약)는 조선이 외국과 맺은 최초의 근대적 조약이자 그 유례를 찾을 수 없을 정도의 불평등조약이었다. 이 조약으로 조선은 일찍부터 왜관(倭館)이 설치되어 있어 일본과의 교역 기지였던 반도 동남단의 동래(東萊, 지금의 부산지역)를 개항하고, 이외에 다른 두 항구의 개항을 약속하였다. 동시에 일본인들에게 영사재판권과 연해측량권을 허용하여 국권을 침해받게 되었다. 또 양국 인민의 자유로운 교역을 허용하여 실제로는 일본 상인들에 대한 조선 정부의 규제가 불가능하게 된데다가, 이어서 체결된 통상장정(通商章程)으로 개항장에서의 일본화폐 사용까지 허용하고 말았다. 이로써 일본인들은 본국과 거의 다름없는 조건에서 경제활동을 할 수 있게 되었다. 더구나 조선 관리들의 무지에 편승한 일본인들의 농간으로 관세조차 부과할 수 없게 된바, 이러한 무관세무역은 1883년까지 지속되었다. 조약의 불평등성을 말할 때 보통 '협정'관세 항목이 지목되는 것인데, 조선과 일본 간에는 관세 그 자체도 부정된 것이다. 결국 일본은 서구의 제국주의 국가로부터 자신이 당했던 것을 다시 조선에 강요한 셈이었다.

그렇다면 이같은 불평등조약이 맺어지게 된 배후에 놓여 있는 양국의 사정은 무엇이었을까? 우선 조선의 사정을 보면 당시 성립된 정권의 취약성을 들 수 있다. (일본이 즉위시킨 꼭두각시 같은 순종純宗을 제외한다면) 조선의 마지막 왕인 고종이 왕위에 오른 것은 1863년이었으나, 나이가 어려 아버지인 흥선대원군(興宣大院君)이 국정을 맡게 되었음은 앞에서 본 바와 같다. 대원군의 실정과 척족인 민씨 일족의 후원에 힘입어 고종이 국정을 직접 담당하게 되는 것은 1873년이었다. 그리고 이후 20여년 동안 지속되는 민비(閔妃) 척족의 세도정치가 시작되는데, 개항 당시인 1876년에는 그 권력기반이 아직 취약하였다. 뿐만 아니라 민씨정권은 대원군 세력을 제거하는 한 방편으로 그가 이룩한 긍정적인 사업들마저 무위로 돌려버렸는데, 그중 하나가 바로 대원군이 애써 강화한 국방설비였다. 이같은 상황에서 조선 정부는 일본과의 교섭에서 충분한 사전준비를 할 수 없었고, 일본의 위협에 저항하기도 힘들었다. 그들에게는 다만 일본과의 교섭을 말썽없이 끝내고 당면한 위기를 넘기는 것이 중요하였던 것이다.

한편 일본은 서구 열강과의 불평등조약에서 비롯된 손해를 아시아 인근 국가에 대한 침략을 통해 보상받고자 하였다. 그리하여 일본은 역사적으로 밀접한 관계를 맺어온 조선에 대한 침략 야심을 이미 메이지유신(明治維新) 직후부터 키워오고 있었다. 또한 메이지유신 이후부터 급격히 진행된 사회변동에 적응하지 못하여 몰락하고 있던 무사계층의 불만을 해소할 방안을 마련해야 했다. 당시 일본 역시 산업혁명을 이룩하지 못한 상황이었고, 따라서 레닌이 말한 '자본주의 최고의 단계'로서의 제국주의는 존재할 수 없었다. 그래서 당시 일본의 제국주의는 군사적 또는 정치적 제국주의라고 불리기도 하는바, 해외로의 경제적 진출을 추진할 여력도 없었고 새로운 시장에 대한 요구도 존재할 수 없었다. 반면 자본주의를 성립시키기 위한 원시적 축적의 욕구는 컸다고 하겠다. 병자수호조약에서 보이는 극심한 불평등성, 이후 양국의 교역관계에서 보이는 폭력성·기만성은 바로 일본의 이러한 경제적 후진성에도 한 원인이 있었다.

그러면 이제 개항이 가져온 변화를 살펴보기로 하자. 개항이 가져온 일차적 변화는 대외교역 규모의 확대였다. 17, 18세기 이래 상업이 발달하여 전국적 유통망이 형성되어가고, 그에 따라 청나라 및 일본과의 대외교역도 활발해진 것이 사실이었다. 그러나 개항 이전의 교역 규모는 그다지 크지 못하였으며 또 교역 자체도 정부의 통제 아래에 있었다. 상인들은 이같은 통제에도 불구하고 밀무역을 통해 부를 축적해갔지만 어쨌든 자유로운 상행위는 불가능하였다. 이와 함께 지적해야 할 점은 교역의 성격이다. 교역품은 주로 사치품으로서, 넓게 보면 지배층 또는 부유층의 수요에 응하는 것이었다.

그러나 개항 이후의 무역 규모를 보면 1877년 약 47만 엔이었던 무역액이 1883년 323만 엔으로 급증하였다. 이후 농산물의 풍흉에 따라 기복은 있었지만 무역액은 꾸준히 증가하였다. 한편 이 시기 무역품의 구성을 살피면, 총수입액의 60~70%를 섬유제품이 차지하였으며, 다시 그 섬유제품의 80~90%가 면제품이었다. 반면 수출품의 대종은 쌀·콩·소가죽을 중심으로 한 농축산물이었다. 이 중에서 특히 쌀이 많았는데, 개항 이후 점차 그 비중이 높아져 1894~1903년에는 70~89%까지 차지하게 되었다. 즉 이 시기 양국의 교역관계를 현상적으로, 또 정상적 거래에 국한해서 본다면 쌀과 면포의 교환관계라고도 할 수 있다. 그러나 이밖에 청·일 상인의 밀수, 금의 밀반출이 조선정부의 통제력이 약화된 가운데 기승을 부렸다.

한편 청·일 양국은 조선시장을 둘러싸고 경쟁을 벌였는데, 초기에는 일본이 무관세무역을 바탕으로 대조선 무역을 독점하였으나 1882년 임오군란(壬午軍亂) 이후 청나라가 조선의 내정을 간섭하게 되면서 급속히 일본을 추격하게 되었다. 그래서 1894년 청일전쟁(淸日戰爭) 직전에는 양자의 무역액이 비슷해지게 되었다.

그러나 양국의 교역 내용에는 차이가 있었다. 즉 1880~90년대 일본이 조선의 수입에서 차지하는 비중은 50~70%였는데 수출에서는 거의 언제나 90% 이상을 차지하였다. 당시 청나라는 경제구조가 조선과 비슷하였고, 산업화가 진행되고 있지 못하였기 때문에 조선에서 수입해갈 것이 마땅치 않았던 것이다. 반면 일본은 산업화를 진행해가는 중이었기 때문에 조선의 쌀에 대한 수요가 있었고 또 처음의 중계무역을 벗어나 차츰차츰 자기 제품을 팔기 시작하였다. 양국의 경쟁관계는 청일전쟁에서 일본이 승리함으로써 일단락되고 이후 조선에서는 다시 일본이 우위를 확보하게 되었다.

이러한 대외교역은 조선의 각 구성원들에게 상이한 영향을 끼쳤다. 새로운 변화에 적응할 수 있는 능력을 지닌 일부 계층에게 그것은 성장의 기회일 수 있었던 반면 대다수 농민들에게는 몰락의 가능성이 높아진 것을 의미할 뿐이었다. 쌀의 수출량은 풍흉에 따라 기복이 있었지만, 1890년과 1891년에는 전체 생산액의 10% 내외에 해당하는 막대한 양이었다. 이것은 당연히 쌀값의 폭등을 가져왔는데, 이에 따라 지주들은 전에 없는 호경기를 맞이하게 되어 토지소유를 확대해나갔다. 반면 소작농이 대부분이었던 농민들은 쌀값의 상승이 별로 반가울 것이 없었다. 그들은 경제적 이유 때문에 값이 가장 쌀 때인 추수 직후에 쌀을 팔 수밖에 없었고, 또 일본 상인들의 고리대의 노예가 되는 경우가 많았다. 개항 이후의 사회경제사 연구는 이 시기가 지주들은 토지소유를 늘려간 반면 농민층은 급속히 몰락한 시기임을 밝히고 있다.

한편 값싼 영국제 면포의 유입은 대다수 농민들이 사용하는 면제품 생산에 큰 타격을 입히지는 못했지만, 서울과 같은 대도시의 주민을 상대로 하는 얼마 안되는 전업적 직물업자를 괴멸시켰다. 1894년 이후에는 일본제 면제품의 유입이 크게 늘어나 전통적인 토포(土布)생산에도 영향을 끼쳐, 농가경제를 더욱 취약하게 만들었다. 즉 부업의 가능성을 잃어버린 농가는 더욱 경제의 변동에 취약성을 드러내게 된 것이다.

사실 개항과 그에 이은 대외교역이 초기에는 내륙에까지 영향을 끼칠 수 없었다. 그러나 개항장 수가 늘어나고 외국상인들의 내지 행상이 허용되면서 그 변화는 피부로 느껴지게 되었으며, 그에 따라 불만도 커지게 되었다. 반면 당시의 위정자를 포함한 지배층은 대외교역이 오히려 부를 축적할 수 있는 새로운 기회였기 때문에 그에 대한 생각이 다를 수 있었고, 또 국내산업을 위한 보호무역이라는 것을 알지도 못했다. 한편 재정수입의 증대를 위한 관세의 인상도 국권이 제약받은 상황에서는 불가능하였다.

(2) 척사위정운동

서구세력의 침투 및 개항의 강요에 대해 조선의 지식인들이 보인 일차적 반응은 강렬한 저항이었다. 조선후기 사상계의 기초를 이루고 있던 성리학(性理學)이 이단의 배척에 특히 철저하였던 점을 생각한다면 이는 어느정도 당연한 것이었다. 조선은 건국 초기에 성리학을 국가의 지배이념으로 채택한 이래 그에 대한 이해를 심화하고 있었다. 또 그 교리를 철저히 준수하여, 성리학의 발상지인 중국에서는 유학의 한 유파로서 관용되던 양명학(陽明學)조차 이단으로 배척하고 있는 형편이었다. 그러나 조선 지식인들이 모두 처음부터 서양문화에 대해 적대적이지 않았음은 앞에서 살핀 바와 같다.

당시 정통 성리학자들에게 천주교는 '무부무군지술(無父無君之術)' 즉 유교의 근본윤리인 효(孝)·충(忠)이라는 최고의 가치를 부정하는 것으로 인식되고, 따라서 전래의 예교(禮敎)질서를 위협하는 것으로 간주되었다. 정조 사후 보수파의 집권과 이에 이은 천주교 탄압은 프랑스 신부의 희생을 가져왔으며, 이에 따른 프랑스의 배상요구가 잇따랐다. 이 과정에서 이른바 황사영 백서 사건(黃嗣永帛書事件)이 발생하여, 유입된 이래 신자가 증가하고 있던 천주교는 단지 전통적 가치관의 붕괴를 초래함을 넘어 외세를 끌어들여 국권까지도 위협할 수 있음이 분명해지게 되었다. 이 시기 대원군의 쇄국정책(鎖國政策)의 기반이 된 것이 바로 척사위정사상(斥邪衛正思想)이었다. 1866년 서구세력이 침공해 와 통상을 요구했을 때, 재야의 수많은 유생들은 척화(斥和) 상소를 올렸는데, 그 대표적 인물이 이항로(李恒老)와 기정진(奇正鎭)이었다. 이들은 화이관(華夷觀)에 근거하여, 서양은 오랑캐〔夷〕이므로 이들과 통교하면 조선도 오랑캐가 되어 결국 이 세상에 남아 있는 마지막 문명(華 =조선)이 사라지게 될 것이라고 하여, 그들의 통상 요구를 거부할 것을 요청하였다. 이들은 서양세력이 비록 겉으로 강성하기는 하나 도덕적 정당성을 갖지 못하여 오래갈 수 없고, 이에 대비할 수 있는 방법은 오직 성리학적 가르침을 충실히 실천하는 것이라고 보았다. 또 양이(洋夷)의 침범을 막는 데 가장 중요한 것은 사람들의 마음을 묶는〔結民心〕 것인데, 이를 위해서는 백성을 수탈하는 정치를 그만두고, 현명한 사람을 뽑아 써야 할 것이라고 건의하였다. 이것이 이른바 "안으로 닦고 밖으로 이적을 물리친다〔內修外攘〕"는 것이었다.

이같이 척사사상이 우세한 가운데서도 서구세력의 침략은 계속되었고, 특히 일본은 서구세력의 하수인이 되어 조선을 개국시키는 데 전면에 나섰다. 조선 정부와 일본 간의 개국 교섭이 본격적으로 전개되자 척사 상소는 다시 한번 활발히 올려지게 되었다. 그 대표적 인물은 최익현(崔益鉉)이었는데, 그는 스승이었던 이항로의 가르침에 입각하여 일본과의 개국이 불가함을 상소하였다. 그는 상소에서, 위정자들이 왜(倭, 일본)와의 통교가 예전부터 있어왔던 관계의 복구라고 말하고 있으나, 현재의 왜는 옛날의 왜가 아니라 서양과 다를 바 없는 왜라고 지적하였다. 또 통교가 이루어진다면 이는 저들의 강압에 의한 것이므로 저들의 탐욕스런 욕구를 막을 길이 없을 것이라고 하였다. 이밖에 그는 그의 스승도 지적하였지만, 양물(洋物)은 모두 사람들의 도덕심을 해치는 것에 불과한데, 이것과 백성들의 목숨이 달려 있는 (그것도 부족한) 곡식을 교역한다면 결국 우리나라는 가난해질 수밖에 없다고 하였다. 이는 후진 농업국이 선진 공업국과 교역할 때 발생하는 피해의 일단을 비교적 정확히 지적한 것이라고 하겠다. 그는 개국을 반대하는 입장에 서 있었기 때문에 그것이 가져올 피해를 예상할 수 있었다 하겠다. 그러나 1876년 결국 개국이 되고 말았다. 그것은 우려한 바처럼 국권이 제약되고, 교역의 피해를 막을 장치가 제대로 갖추어지지 못한 것이었지만, 척사파 유생들의 불만은 잠복해 있을 수밖에 없었다.

척사위정운동은 1881년에 또 한번 폭발하였다. 일단 개국을 한 조선 정부는 나름대로 개혁작업을 추진해나가면서 당시 조선과 관계가 깊었던 청·일 양국 어느 하나에 치우치지 않고 양쪽 모두에서 근대문물을 배워오고자 하였다. 1880년 일본에 파견된 김홍집(金弘集)은 관세 설정을 위한 교섭을 벌이는 한편 세계정세에 대해서도 많은 지식을 얻을 수 있었다. 그는 돌아올 때 일본에 사신으로 와 있던 청나라의 황준헌(黃遵憲)으로부터 『조선책략(朝鮮策略)』이라는 책을 얻어 왔다. 이 책의 요지는 천주교의 수입이 반드시 위험한 것만은 아니며, 청나라와 전통적 친밀관계를 유지하고〔親中國〕, 일본과 결속관계를 유지하며〔結日本〕, 미국과 관계를 맺어두는〔聯美國〕 것이 좋다는 것이었다. 이는 당시 청나라 이홍장(李鴻章)의 정세 판단에 근거한 것으로, 바로 러시아의 남하에 위협을 느끼고 있었던 청나라가 조선을 끌어들이려 한 것이었다. 조정에서는 자신들의 개혁작업에 대한 유생들의 이해를 구하기 위하여 이를 출판하여 보급하였는데, 이것이 오히려 유생들의 분노를 폭발시켰다. 이에 대한 반대운동은 특히 영남지방에서 격렬하게 일어나 1881년 많은 유생들이 모여 통상을 반대하는 상소를 작성하여 국왕에게 올렸다(嶺南萬人疏). 그러나 이 역시 국왕에게 받아들여지지 못하고 그 소두(疏頭)인 이만손(李晩孫)은 결국 잔혹한 방법으로 처형되고 말았다.

척사위정사상은 당시 세계정세를 제대로 파악하지 못했다는 점에서 한계를 갖는 것이었다. 그들은 심지어 우리가 서양 물건을 사지 않으면 저들도 팔 것이 없으니 조선에 오지 않을 것이라 생각하기도 했다. 서양의 근대문명과 산업혁명의 성과에 대해서도 전혀 지식이 없었다. 그들은 여전히 화이관에서 벗어나지 못했음이 분명하다. 또 그들이 지키고자 했던 성리학적 질서는 조선 농민 대다수의 지지를 받을 수 없음도 분명했다. 다만 이들의 주장의 바탕에 자신의 역사와 문화에 대한 긍지와 애착이 놓여 있었다는 점은 높이 평가될 수 있다. 특히 침략이 근대화라는 허울을 쓰고 행해지던 시절, 서구문명에 대한 적대감은 강한 반침략의 역량이 될 수 있었다. 이 사상은 10여년이 지나 1895년에 일어나게 되는 의병운동의 유력한 기초가 되었다.

(3) 개화파와 근대화운동

개항을 전후한 시기 전통적인 가치관을 지키며 살아가는 대부분의 사람들은 갑작스레 나타난 새로운 변화에 당혹해하고 그에 적대감을 보이기도 했지만, 일부 지식인들은 변해가는 정세 속에서 근대문물을 받아들여 부국강병(富國强兵)을 이룩하고자 하였다. 그러한 변화된 자세는 역시 일반인들보다 세계정세에 대한 정보가 앞섰던 지식인들

중에서 나올 가능성이 많았다.

또 어떤 사정에서든 일단 개국을 한 이상 외국과의 교섭을 피할 수 없게 된 조선 정부는 그러한 변화에 맞추어 최소한의 조치라도 취할 수밖에 없었다. 실제로 국정을 맡았던 위정자들은 재야 유생들과 같이 이상만을 내세울 수 없었고, 현실적인 일들을 처리해나가야만 했던 것이다. 이 과정에서 외국에 대한 지식도 늘어갔고, 근대적 개혁의 필요성도 점차 깨닫게 되었다. 조선의 근대화운동 초기에는 선각적 지식인들과 정부의 합작에 의해 근대문물의 도입이 추진되었다.

문호개방과 대외통상의 필요성은 이미 북학파(北學派) 실학자인 박제가(朴齊家)에 의해 제기된 바 있었다. 또 개항 전에도 박규수(朴珪壽)·김정희(金正喜)·오경석(吳慶錫) 등 일부 선각자들은 청나라의 자강운동(自强運動)과 자강론자들의 저술을 접하고 세계정세의 대강을 파악하고 있었다. 특히 박규수는 실학파 중 북학파의 거두인 연암(燕巖) 박지원(朴趾源)의 손자로서 1861년 중국에 사신으로 가서 중국의 곤란을 직접 목격하였다. 그는 국내에 돌아와 평양감사 시절 제너럴 셔먼(General Sherman)호 사건을 치르기도 하였다. 그는 점차 개항론자가 되어 개항을 주창하였으나 그의 주장은 받아들여지지 않았다. 그는 또 김윤식(金允植)·김옥균(金玉均) 등을 지도하였다. 한편 추사체(秋史體)로 유명한 서예가이며, 실사구시학파(實事求是學派)의 실학자인 김정희는 북학파 박제가의 제자로서 그 문하에 오경석·유홍기(劉鴻基, 劉大致)·강위(姜瑋) 등 중인(中人) 제자들을 거느리고 있었다.

오경석은 중인 신분인 역관(譯官)으로서 중국에 수차례 드나들어 세계정세에 밝았던바 청나라 양무론자(洋務論者)들의 저서를 들여와 같은 중인으로서 의업에 종사하고 있던 유대치에게 전하였다. 유대치는 다시 이를 김옥균·박영효(朴泳孝)·홍영식(洪英植)과 같은 청년들에게 전파하고 가르쳐, 개항과 근대적 개혁의 필요성에 대한 공감대를 형성하고자 노력하였다.

이들 중인 지식인들과 젊은 양반 자제들의 관계는 특히 1876년 박규수의 사후 긴밀하여졌다. 중인 지식인들은 당시 최고의 전문직 종사자로서 세계정세에 가장 밝고 실무능력도 가장 뛰어났음에도 불구하고, 신분제도의 제약으로 전면에 나설 수 없었기 때문에 양반 자제들을 앞세워 자신들의 생각을 실현코자 하였다. 역관 오경석은 조선·일본의 개국 교섭에 참여해서 얻은 일본 내부 사정에 대한 지식을 개화파의 젊은 인사들에게 전하여주었는데, 이것이 이들에게 일본에 대한 관심을 갖게 만드는 계기가 되었다.

한편 조선 정부는 1880년 대외통상을 전담할 통리기무아문(統理機務衙門)을 설치하고, 1881년 별기군(別技軍)이라는 신식군대를 만들었다. 또 1881년에는 청나라에 영선사(領選使)를 보내어 무기의 제조법, 근대적 자연과학, 외국어를 배우게 하는 한편, 일본에는 신사유람단(紳士遊覽團)을 파견하여 메이지유신 이후 급속히 발전하고 있었던 근대적 문물을 시찰케 하였다. 또 근대적인 산업을 일으키기 위해 종목국(種牧局) 등도 설치하였다. 이같이 당시 조선 정부는 재야 유생들의 반발에도 불구하고 나름대로의 개혁정책을 추진하고 있었다. 이러한 일련의 개혁정책에는 당연히 근대적 문물에 대한 지식을 지닌 인사들이 필요하였으므로 개화파들이 정부 안의 여러 직책에 임용되기에 이르렀다.

한편 이같은 개화파와 인맥상 연결되지 않으면서 근대적 문물의 도입을 주장하는 일단의 지식인들도 등장하였다. 1881년 척사 상소가 빗발치듯 올라갈 때 한편에서는 서양의 앞선 기술은 받아들이되 우리의 전통적인 도덕은 지키자는 이른바 동도서기적(東道西器的) 대응방식도 주장되었다. 이는 중국의 중체서용론(中體西用論), 일본의 화혼양재론(和魂洋才論)과 유사한 것이었다. 이것은 서구 열강의 군함과 무기의 위력을 무시할 수 없고 다른 한편으로 자신의 윤리와 도덕을 쉽게 버릴 수 없었던 당시 지식인들의 처지가 반영된 주장이었다. 이 주장은 한 사회를 유지해가는 데 필요한 제도·윤리·사상은 그냥 놔

둔 채, 그보다 하위개념이며 사람들의 일상적 물질생활에 도움이 되는 발달된 기술은 받아들이자는 것이었다. 윤선학(尹善學)은 "동양의 도(道)는 고수하고 서양의 기(器)는 채용하자"고 주장하였다. 조선 정부가 근대적 개혁의 필요성을 인식하고 있기도 했지만, 개화파 및 동도서기 여론의 존재는 이 시기 조선 정부가 개혁정책을 추진할 수 있게 한 주요 기반이었다.

한편 개화파는 이 기간 동안 동지들의 결집에도 힘을 쏟아, 가문이 좋은 젊은 양반 자제 및 전문직인 중인층과 결합하였다. 또 이들은 병자수호조약 이래 일본에 대해 깊은 관심을 가지고 메이지유신 이후 일본이 이룩한 근대화를 배우고자 하였다. 그래서 몰래 사람을 보내 일본의 책들을 사와서 공부하기도 하였다. 1882년 임오군란 이후 일본에 파견된 수신사(修信使)의 한 사람이었던 김옥균은 이때 일본에 건너가 일본의 유명한 문명개화론자 후꾸자와 유끼찌(福澤諭吉)를 만나 그의 지도를 받기도 했다. 그러나 당시 일본은 조선에 자신의 세력을 침투시켜 내정에 간섭하고자 노리고 있던 상황이었다. 이러한 일본인들의 속마음을 알지 못한 개화파는 단지 이들을 자신들의 개혁 노력을 도와줄 세력으로만 인식하였다.

이후 정부 개혁정책의 실무진으로 참여한 개화파들은 개혁사업을 주도하고, 이를 통해 고종에게 접근하여 그를 개명시켜 근대적 개혁에 앞장서도록 만들고자 하였다. 또 개화파들은 『한성순보(漢城旬報)』를 창간하여 국민들에게 세계정세를 알리고 근대문물에 대한 지식을 전파하는 방식으로 자신들의 생각을 제시하였다.

개화파 운동의 목표는 부국강병을 이룩하여, 세계무대에서 열강과 당당하게 맞서겠다는 것이었다. 이를 위하여 서구의 문물을 과감히 도입하고 당시 사회에 강하게 남아 있었던 봉건적 요소를 척결하고자 하였다. 이때 개혁의 구체적인 모델이 된 것은 일본의 메이지유신이었다. 즉 개화사상의 연원은 이용후생(利用厚生)을 주장하던 북학사상에 있었지만, 개화사상의 사상으로서의 특징은 청나라의 양무운동(洋

務運動)과 일본의 문명개화사상(文明開化思想), 그중에서 특히 후자로부터 유래한 것으로 보인다.

그러나 개화파의 이러한 노력은 그 방식과 속도와 주도권을 둘러싸고 기존 집권층의 반발을 샀다. 더구나 개혁정책에 반발하는 구군인층 및 도시빈민층의 불만이 폭발한 임오군란 및 이에 이은 청나라의 개입과 내정간섭은 개화파의 입지와 정치적 생명을 위협하는 것이었다. 이러한 상황에서 개화파가 1884년 시도한 정치적 변혁이 갑신정변(甲申政變)이었다.

1884년 겨울 김옥균·박영효·홍영식 등 개화파는 자신들이 주도하여 세운 우정국(郵政局)의 낙성식연을 이용하여 정치적 변혁을 단행하였다. 그들은 수구파의 거두인 민영익(閔泳翊)을 살해하고, 왕궁을 점령하여 고종을 자신들의 수중에 장악하고, 개혁정치를 실행할 계획이었다. 이를 가능케 했던 외적 조건은 청군이 안남(安南)을 둘러싼 청불전쟁(淸佛戰爭) 때문에 일부 철수하여 병력이 감소하였던 것 그리고 일본이 군사적 지원을 약속한 것이었다.

개화파들은 자신들이 양성한 군대를 동원하고 일본군의 지원을 받아 왕성을 점령하였다. 이어 수구파 관료들을 몰아내고 소외되었던 대원군계 인사들과 함께 연합정권을 출범시켰다. 이러한 와중에서 발표한 국정 개혁방안은 현재 19개조가 전해지는데 그들의 내정개혁 구상을 짐작할 수 있게 한다.

우선 이들은 권력구조에 있어 중국과의 조공관계를 부정하고, 대신들의 회의체가 정책을 결정하도록 하여 군권(君權)을 제한코자 하였다. 즉 이 단계에서 이들은 군주제도를 철저히 부정한 입헌군주제를 주장한 것이 아니었다. 또 민회(民會, 의회)에 대한 구상도 가지고 있지 않았던바, 다만 군권의 제한과 정부의 정책결정 과정의 합리화를 추구하였을 뿐이다.

사회제도에 대한 이들의 생각은 비교적 진보적이었는데, 개화파는 문벌·신분제도가 사회적 불평등의 근원일 뿐만 아니라 국정(國政)의

1884년에 촬영한 개화파 인사들의 사진
앞줄 중앙이 박영효, 뒷줄 왼쪽에서 네번째가 유길준

부패와 국력의 쇠약을 가져온 주요 원인이라고 인식하여 인민평등권의 확립과 인재 등용을 주장하였다.

경제문제에 관하여 이들이 내세운 주장은 지조법(地租法)을 시행하자는 것이었는데, 이는 일본의 메이지유신을 모방한 것이었다. 그들의 관심은 당시의 불명확한 토지소유제도를 정리하여 일정한 국유지를 확보함과 함께 양반·토호들의 탈세지·면세지를 일소하고 지가(地價)를 기준으로 하여 공평한 세금을 걷는 것이었다. 이를 통해 농민들을 봉건적 가렴주구(苛斂誅求)에서 구하고 국가재정을 충실케 하여 자신들이 추진하는 근대적 개혁의 재정적 원천으로 삼자는 것이었다. 이들은 조선후기 이래 가장 큰 경제문제였던 일부 계층에 의한 토지소유의 집중 문제에 대해 근본적 개혁(토지개혁)보다는 세제의 개혁을 통해 농민층의 생활을 안정시키고 그들의 불만을 가라앉히려 했다.

개화파의 개혁구상은 이후 박영효가 일본에 망명하여 국왕에게 올린 국정개혁에 관한 건백서(建白書), 김옥균의 상소 등에서 부연되고 있는데, 그 내용은 결국 조선사회의 자본주의화를 지향하는 것이었고, 그런 면에서 부르즈와적이었다고 일컬어진다.

이러한 개화파의 개혁구상은 비록 완전하지는 않았지만 도시 상공인층과 농민들의 지지를 받을 수 있는 것이었다. 그러나 갑신정변은 후에 신채호(申采浩)가 "궁중에서 일어난 지배층 내부의 일시적 활극"이라고 평가했듯이 이들과의 연결을 이루어내지 못하고 청군의 반격을 받아 실패로 돌아가고 말았다.

갑신정변에서 제시된 개화파의 입장은 도시 상공인층이나 농민층의 불만을 완전히 해결해줄 수 있는 것은 아니었지만 상대적으로 진보적인 것이었음은 틀림없다. 또 당시 조선이 해결해야 할 과제가 국정개혁을 이룩하여 외세의 침략을 막아내는 것이었다면 개화파의 주장은 시의에 맞는 것이었다고 하겠다.

그러나 갑신정변의 전개과정을 보면 도시 상공인층이나 농민들이 참여한 흔적을 찾을 수 없다. 우선 개화파는 자신들의 개혁을 지지해줄 농민층 또는 도시 상공인층의 지지를 모으기 위한 구체적 시도를 하지 않았다. 권력탈취라는 생명을 내건 싸움에서 이기기 위해 구체적으로 준비하거나 지지세력을 결집하려는 노력이 없었던 것이다. 여기에서 개화파 활동의 관념성, 또는 상민층을 자신의 연대세력으로 인정하지 않은 개화파의 우민관(愚民觀)이 거론되기도 한다. 또 당시 갑신정변의 지도자인 김옥균은 주역들 중 가장 나이가 많았지만 겨우 30대 전반이었다. 박영효는 20대 초반이었다. 여기에서 우리는 개화파의 급진성과 미숙성의 한 근원을 보게 된다. 이같은 상황에서 개화파는 일본에 의존하려 하였던 것이다.

갑신정변 때에 일반 농민층은 개화파의 주장을 접할 기회가 없었을 것이지만, 개화파의 입장이 지주층의 기득권을 유지하고 이들을 부르즈와화하여 근대화의 주인공으로 삼는 것이어서 개화파 역시 일반 농민들에게 관심을 돌리지 않았다. 그런데 후의 동학농민전쟁(東學農民戰爭)에서 보듯이 농민층은 지주제를 부정하고 있었다. 더구나 농민들의 눈에 비추어볼 때 개화파는 실제에 있어 쌀의 매매를 둘러싸고 자신들의 생활기반을 위협하고 있던 일본제국주의 세력과 밀착되어 있었다. 또 일본이 근대화를 내세워 조선에 침투하고자 노리고 있던 당시에 있어 개화파의 근대화 활동은 실제로 그세력을 끌어들이는 것이었다.

근대화를 위한 개화파의 시도와 좌절은 조선과 같이 열강에 둘러싸인 약소국이 자주적 개혁사업을 성공시키기가 얼마나 어려운가를 잘 보여준다. 당시 조선왕조가 처해 있던 상황에서 근대화는 불가피한 것이었지만 동시에 그 근대화는 침략세력의 표어였다. 이 경우 그러한 근대화를 표방하는 세력의 성격에 대한 정확한 파악이 필수적이지만, 근대화에 대한 욕구가 크면 클수록 그 배후에 숨어 있는 침략성에 대해서는 장님이 되기 쉽다. 개화파가 당시의 상황에서 적절한 행동을 했음에도 불구하고 높이 평가하기가 주저되는 것은 바로 이러한 까닭이다.

2. 1894년 동학농민전쟁과 갑오개혁

(1) 동학농민전쟁

조선후기 이래 상품화폐경제의 발달은 일부 부농의 등장과 성장을 가능케 하였지만 심화된 지배층의 수탈은 이를 저지하고 있었다. 반면 지주·전호제(地主佃戶制)의 확대와 관리들의 수탈은 농민들의 몰락을 가속화하였다. 농민들의 불만이 결국 민란(民亂)으로 폭발한 것은 앞에서 살핀 바와 같은데, 이에 대한 책임 추궁의 한 형태로서 안동김씨 세력은 실각하고, 대신 대원군이 집권하게 되었다. 그렇지만 그도 문제 해결을 위한 근본적인 조치를 취하지 못한 것은 마찬가지였다.

개항 이후 정부가 추진한 여러 개혁사업과 근대문물의 도입은 많은 자금이 소요되는 것이었기 때문에, 농민층의 부담은 더 늘어날 수밖에 없었다. 이에 더하여 대외교역의 전개는 농민들의 몰락을 더욱 가속화하였다. 앞서 언급한 대로 쌀값의 등귀는 물가의 등귀를 가져왔는데, 이는 도시 영세민들은 물론 대다수 농민들의 생활까지 위협하는 것이었다.

쌀값이 올라 생산자인 농민들은 이익을 얻었을 것으로 보이지만 사정은 이와 달랐다. 대다수가 소작농이었던 당시의 농민들은 자신들이 소비할 쌀조차 확보할 수 없는 경우가 대부분이었고, 또 빚 등으로 쌀값이 가장 쌀 때인 추수 직후에 쌀을 내다팔 수밖에 없었기 때문이다. 더구나 일본 상인들은 수출할 쌀을 확보하기 위해 춘궁기에 높은 이자로 농민들에게 돈을 빌려주고 그 대가로 가을에 쌀을 걷어갔기 때문에 농민들은 고리대의 고통도 감내해야 했다.

뿐만 아니라 일본 상인들은 전국 각지를 누비면서 쌀을 모아 본국으로 내갔는데, 이는 식량을 장시(場市)에서 다시 구입해야 했던 농민들의 생활을 위협하고, 지방 장시를 중심으로 해서 이루어지고 있던 농민층들의 재생산체계를 위협하는 것이었다. 한마디로 기존 시장질서의 변화는 경제적 약자인 농민들에게는 물론, 조선후기 이래 성장해 온 부농층에게도 불리한 방향으로 진행되고 있었다.

한편 개항 이후에는 면제품을 선두로 성냥·석유·물감·사기 등의 제품들이 유입되었는데, 이는 전래 수공업의 몰락을 가져왔다. 면포는 조선후기 쌀 다음으로 중요한 상품으로서 곳곳에 그 주요 산지가 형성되어 있었던바, 부농들은 그 생산에 참여하여 부를 축적하고 있었다. 그러나 개항 이후 값싼 서양 제품의 유입으로 조선의 면포 생산은 점차 압박을 받기 시작했다. 이러한 변화는 농민층이 소상품 생산자로 성장할 기회뿐만 아니라 생계를 보충하기 위해 취업할 기회마저 빼앗아 농민층의 가계를 압박하고 결국 그 몰락을 가속화하는 결과를 가져왔다. 개국 및 그에 따른 대외교역의 전개는 대부분의 농민들에게 성장보다는 몰락의 계기로 작용한 것이다. 특히 대원군 하야 후 등장한 민비 척족 정권의 부패로 농민들의 불만은 더욱 고조되고 있었다.

동학(東學) 창교의 바탕에는 사회의 문란과 서구세력의 침투에 따른 농민층의 몰락과 불안이 가로놓여 있었다. 최제우(崔濟愚)가 동학을 창시한 것은 1860년이었는데, 이때는 바로 영·불 연합군의 북경(北京) 점령 소식이 전해져 조선의 조야가 일종의 공황상태에 빠진 때였다. 삼남지역에 널리 민란이 폭발하게 된 것은 바로 2년 뒤였다. 이 같은 창교의 배경 때문에 동학은 현실부정적 성격과 함께 반외세적(민족적) 입장을 지닐 수박에 없었다.

동학은 유(儒)·불(佛)·선(仙)의 요소를 모두 포함하고 있다고 하지만 그 근간은 유교였다. 다만 현실의 쇠퇴한 유교가 아니라, 그 본래의 모습이라고 생각되는 경천사상(敬天思想)을 바탕에 깐 원시유교였다. 최제우 스스로 인(仁)·의(義)·예(禮)·지(智)라는 가치관은 선현들이 정한 것이고 자신은 여기에 다만 성(誠)·경(敬)·신(信)의 덕을 더한 것이라고 밝히고 있다. 현실의 운이 다한 유교의 인·의·예·지라는 덕목 대신 성·경·신이라는 한 단계 높은 덕을 닦을 것을 요구한 것이었다. 동학은 이밖에 정감록(鄭鑑錄)적 비기도참(祕記圖讖) 사상, 귀신신앙 등을 받아들여 당시 민중들의 의식을 그대로 반영하였다. 따라서 거기에 미신적 요소가 상당히 포함되어 있는 것은 당연하다 하겠다. 다만 기복적인 귀신신앙에서 벗어나 성·경·신의 덕을 닦을 것을 요구하고, 이것을 근거로 하여 누구나 하늘이 될 수 있다〔人乃天〕고 한 데 큰 의의가 있다. 인내천 사상은 봉건적 신분제도, 관존민비(官尊民卑), 적서차별, 남존여비를 부정하는 인간평등주의로서 평민층 이하의 지지를 받을 수 있었다. 교조인 최제우 자신이 불우한 몰락양반으로 직접 행상도 하는 등 당시 기층사회의 농민층과 밀착해 있었던 관계로 그들의 생각·감정·희망을 그대로 동학의 교리로 끌어들였다고 볼 수 있겠다

동학은 사람들이 성·경·신의 덕을 잘 닦으면 운수의 변화에 따라 오게 되어 있는 새로운 세상에서 구원을 받을 수 있을 것이라 예언하였다. 이른바 후천개벽(後天開闢) 사상으로서의 동학은 상당히 혁명적인 것이었다. 그러나 무위이화(無爲而化)를 바탕에 깔고 있는 동학은 이상사회의 현실화를 위한 인간의 구체적 행동을 인정치 않았다. 이것이 바로 동학이 그 현실부정적 성격에도 불구하고 혁명의 원리가 될 수 없다고 평가받는 소이이다.

한편 최제우는 자신이 창시한 종교를 동학이라 이름한 것은 동국(東國, 조선)의 의미를 취한 것이며, 서학(西學)에 대응하기 위한 것이라고 밝히고 있다. 즉 "의관(衣冠)의 무리로서 양학(洋學)의 치성(熾盛)을 차마 볼 수 없어서" 동학을 창시한 것인바, "이 도적(서양세력)은 화공(火攻)을 잘하여 무기나 군사를 가지고는 적대할 수 없고 오직 동학만이 이들을 무찌를 수 있을 것"이라고 하였다. 동학은 이와같은 민족적·반침략적 입장 때문에 농민·천민은 물론 일부 실의에 빠진 유생에 이르기까지 광범한 계층의 공감을 불러일으킬 수 있었다.

혼란하고 고통스런 현실에서 무엇인가 의지할 바를 찾고, 변화를 갈구하던 농민층은 동학이 약속하는 새로운 이상사회에 매혹될 수밖에 없었다. 그 결과 동학은 삼남지방을 중심으로 급속히 전파되어갔다. 이에 위협을 느낀 지배층은 동학을 사교(邪敎)로 지목하고 1864년 교주인 최제우를 잡아 처형하였다. 이와 함께 동학도에 대한 탄압도 심화되었는데, 관리들은 무고한 농민을 동학도로 몰아 침학(侵虐)하곤 하였다. 1892~93년에 있었던 교조신원운동(敎祖伸寃運動)은 종교적 운동이었지만, 이러한 현실적 고통을 해결하기 위한 것이기도 하였다.

1892년의 삼례집회(參禮集會)와 1893년 2월의 복합상소(伏閤上疏)는 교조신원을 위한 것이었는데, 후자의 경우 약 40명이 서울의 대궐문앞에 엎드려 상소를 올리는 한편, 외국 공사관 및 교회의 문에는 외국인들에게 귀국할 것을 종용하는 격문을 게시하였다. 동학도들은 국왕의 약속을 믿고 돌아갔으나 약속이 지켜지지 않자 다음해 동학세력의 중심지이자 삼남에서 서울에 이르는 교통의 요지인 충청도 보은(報恩)에서 대대적인 집회를 열었다. 교조신원을 청원하는 종교적 집회로 이끌어가고자 했던 교단 지도부의 의사와는 달리 이 집회는 곧 정치적 성격을 띠어가면서 교조신원과 동시에 척왜양창의(斥倭洋倡義)의 기치를 뚜렷이하였다. 이들은 보은 관아는 물론 멀리 떨어진 경남해안의 동래(부산) 관아에도 방문을 게시하였다. 그들은 방문에서 나라의 수도가 이적의 소굴이 되었으며, 외국과의 통교 이래 관리들의 탐묵(貪墨)이 더욱 심해지고 거리낌이 없어졌다고 지적하였다. 이같이 종교적인 집회를 정치적으로 몰아간 것은 당시 금구(金溝)·원평(院坪)에 둔취(屯聚)해 있었던 전봉준(全琫準) 세력이라고 전해지고 있다.

어쨌든 이러한 농민 신도의 분위기에 놀란 동학의 상층 지도부는 선무사 어윤중(魚允中)의 회유에 밤을 이용해 도망하고 말아 집회 자체는 별 효과 없이 무산되고 말았다. 그러나 여기에서 주목할 것은 당시의 동학 교단의 지도부는 자신들이 도적의 무리가 아니고, 자신들의 집회를 서양의 민회(民會)와 같은 것으로 인식하고 있었다는 점이다.

이와 함께 회중(會衆)의 구성에 대한 선무사 어윤중의 분석이 흥미로운데, 그에 따르면 그곳에 모인 사람들은 관리의 탐학(貪虐)에 견디지 못하고 이에 분개하여 세상을 바로잡아보고자 하는 자, 오랑캐들이 우리의 이권을 침해하는 것을 분통히 여기는 자, 먹고 살 식량이 없는 농민, 조그만치의 이문도 없는 상인 등 한마디로 더이상 생존을 계속할 수 없는 모든 계층의 사람들이 다 모여들었다고 한다. 그의 보고는 동학도의 정체와 그들이 기층 민중과 맺고 있었던 관계를 추측하는 데 좋은 암시를 주고 있다. 어쨌든 그는 이 집회가 온 나라 안의 불평한 기운이 뭉쳐져 하나의 부락을 이룬 것 같고, 그 모습이 마치 군진(軍陣) 같다고 하여 그 흉흉한 분위기를 전하고 있다.

농민들의 불만은 1894년 1월의 고부민란(古阜民亂)과 이와 연결되

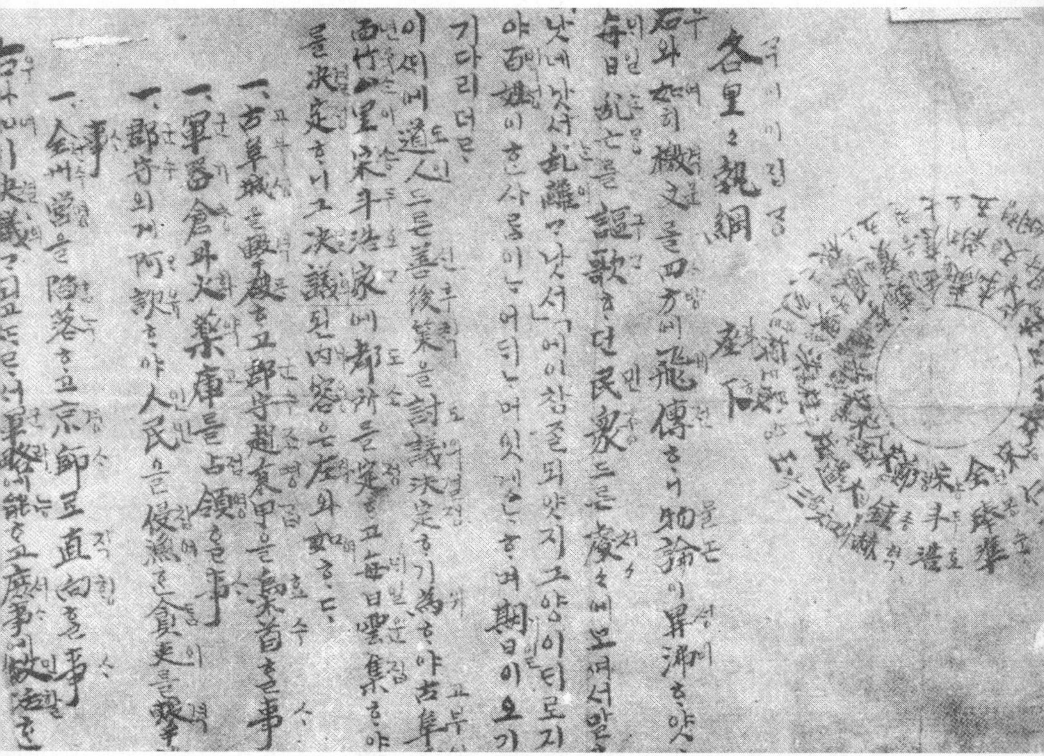

고부민란 직전인 계사년(1893년) 11월에 작성된 사발통문

어 일어난 농민항쟁으로 분출되었다. 전봉준이 앞장선 이 민란에서 농민들은 고부 군수 조병갑(趙秉甲)을 몰아내고 농민 수탈의 구실이 되었던 만석보(萬石洑)를 허물었다. 그러나 이전까지의 민란과는 달리 농민들은 난이 일단락된 뒤에도 해산하지 않았으며, 지도자인 전봉준도 처음부터 고부라는 지역적 한계를 벗어나 '세상을 바로잡을' 의사를 지니고 있었다고 나중에 밝혔다.

고부민란은 후임 군수 박원명(朴源明)의 원만한 뒤처리로 가라앉고 있었으나, 안핵사로 온 이용태(李容泰)의 횡포는 결국 광범위한 농민전쟁을 불러일으키는 도화선이 되었다. 전봉준을 비롯한 지도자들은 3월 무장(茂長)에서 격문을 발표하고, 봉건정부에 대한 항거의 길로 나섰다. 고부민란을 유발한 모순들은 한 지역만의 문제가 아니었기 때문에 농민들의 봉기는 동학의 조직을 통해 삼남지방을 중심으로 광범위하게 확대되기에 이르렀다.

동학 농민군은 무장에서 발표한 창의문에서 민씨정권의 탐욕과 이에 연유하는 지방 관리의 농민 수탈을 준열하게 비판하고, 자신들의 의거가 보국안민(輔國安民)하기 위한 것임을 밝혔다. 그러나 동학 농민군은 전체를 통괄하는 중앙기구를 갖춘 일사불란한 조직이 아니라, 각지의 동학조직이 중심이 된 독립부대의 느슨한 연합체에 지나지 않았다. 각지의 동학 농민군은 독립된 활동을 하면서 그때그때 자신들의 요구를 제시하였다. 약 27개로 정리되는 농민들의 요구조항은 개항 이후의 대외교역에서 기인한 문제들과 이와 결합되어 더욱 심화되어가고 있었던, 삼정(三政)의 문란으로 대표되는 봉건사회 말기 사회모순의 개혁을 요구하는 것으로서, 소농민·농촌소상인의 욕구를 반영한 것이었다.

농민군들은 자신들의 요구가 민씨 척족 정권이 물러나고 대원군이 집권함으로써 해결될 것으로 기대하였다. 대원군이 집권할 당시 지주의 발호를 제한하고, 외세에 대해 단호한 조치를 취한 것이 농민층에게 그만큼 강한 인상을 남겼던 것이다.

농민층의 성원을 받은 동학 농민군은 관군을 패퇴시키고 무장·고창·영광·함평·나주·장성·정읍·태인 등지를 함락하였다. 5월 말에는 전라도의 수부(首府)이자 왕실의 관향(貫鄕)인 전주(全州)를 점령하였다. 이같은 사태에 놀란 조선 정부는 이를 전후하여 청나라에 원병을 청하였고, 이에 따라 청병이 충청도 아산(牙山)에 상륙하였으며, 진작부터 청나라와의 일전을 별러온 일본도 천진조약(天津條約)을 구실로 조선에 파병하였다. 이제 동학을 계기로 한반도에는 전운이 감돌게 되었다.

이러한 사태의 전개는 민족적 위기감을 불러일으켜 정부도 동학 농민군에게 해산을 종용하였다. 농민군도 위기감을 느끼기는 마찬가지였다. 또 청·일의 파병은 농민군의 사기를 저하시켰다. 결국 양자 사이에 화의가 성립되어 농민군은 정부의 내정개혁 약속을 믿고 해산하게 되었다(全州和約).

정부의 내정개혁 약속이 잘 지켜지지 않자 동학 농민군들은 전라도 각 지역에 집강소(執綱所)를 설치하고 개혁사업을 벌여나갔다. 그러나 집강소는 농민군 본부에 의하여 조직적으로 설치된 것도 아니었고, 통일된 지침에 따라 개혁사업을 벌인 것도 아니었다. 현실적으로 농민군세력이 전라도지역을 압도하고 있고, 관령(官令)이 먹혀들 수 없었던 상황에서 각지의 농민군들이 지방 통치권을 장악하고 그 지역의 사정에 따라 어느정도 독자적인 활동을 벌였던 것이다. 이 과정에서 향촌사회 통치의 주도권을 둘러싸고 농민군과 정부 사이에 갈등이 생기기도 하였지만 전봉준과 신임 전라감사 김학진(金鶴鎭) 사이에 회담이 있은 후에는 '관민상화(官民相和)'하여 개혁사업을 펼쳐나갔다.

동학 농민군들은 향촌에서 반상을 구별하는 모든 관행을 부정하고, 천민층의 신분해방 운동을 벌여나갔다. 이 과정에서 억눌려온 농민들의 불만이 폭발하기도 하여 농민군이 점령하고 있었던 지역에서는 어디에서나 "부민(富民)을 겁략(劫掠)하고 사족(士族)을 욕주고 관장(官長)을 매도하고 이교(吏校)를 체포"하는 등의 일이 벌어졌다. 또

곳곳에서 농민군에 의해 양안(量案)이 불살라지고, 작인(作人)들이 소작료 납부를 거부하는 사태가 벌어졌다. 농민군의 이러한 과격한 행동은 특히 김개남(金開南)의 영향 아래 있었던 전라우도(全羅右道) 지역에서 두드러지게 나타났다.

한편 민씨정권의 매국적인 요청에 따라 청나라 군사가 출병한 것을 구실로 조선에 진주한 일본군은 6월 21일 왕궁을 점령하는 쿠데타를 일으켜 민씨 척족을 정권에서 몰아내고, 유길준(兪吉濬) 등의 개화파와 손잡고 조선의 내정개혁을 통해 자신의 세력을 침투시키고자 했다. 곧이어 청일전쟁을 도발한 일본은 한편으로 동학 농민군의 움직임을 예의 주시하고 있었다. 일본의 입장에서 농민군은 자신들의 세력이 침투하는 데 가장 큰 장애였기 때문에 각지에서 정보를 수집하고 이들의 움직임을 감시 내지 견제하였다.

동학 농민군들로서는 자신들의 생활을 핍박하고 있는 일본세력에 대해 전부터 적대감을 가지고 있었기 때문에 곳곳에서 일본군을 습격하는 등, 양자 사이에는 충돌이 끊임없이 일어났다. 이같은 상황에서 일본군이 국왕을 위협하여, 친일파로 간주되는 개화파와 손잡고 내정개혁을 내세워 국권을 침해하자 농민군은 크게 분노하지 않을 수 없었다. 또 군국기무처(軍國機務處)가 설치되어 개화파가 개혁사업을 펼치자(甲午改革) 이에 기대도 걸었지만, 일본의 간섭이 노골화되면서 개혁사업이 후퇴하자 개화파에 대한 적대감은 커져갔다.

한편 동학 농민군들의 행동은 봉건지배층을 정면으로 적대하는 것으로, 이를 직접 체험한 향촌의 양반층은 농민군의 진압에 나서게 되었다. 이들은 각지에서 포수 등을 모아 민보군(民堡軍)을 만들어서 동학군과 싸움을 벌였다. 나주(羅州)·운봉(雲峰)은 양반세력의 저항이 강하여 끝까지 집강소가 설치되지 못하였다. 다른 지역에서도 봉건지배층은 '의병'을 일으켜 농민층에 대적하였다.

농민층들은 갑오개혁(甲午改革)이 변질되어가는 가운데 각지에서 일본군·관군·양반들이 중심이 된 민보군과 투쟁을 벌였다. 이같은 상황에서 전봉준은 재봉기를 결심하고, 우선 민족적 위기를 구하기 위하여 양반층과의 연대를 추구하였지만, 이미 봉기 농민층을 하늘을 같이할 수 없는 원수로 여기고 있던 그들에게 그러한 호소가 먹혀들 리 없었다.

동학 농민군은 결국 1894년 9월 다시 전면적으로 봉기하게 되었다(제2차 봉기). 이번 봉기의 목표는 국권을 위협하는 일본과 일본군 세력을 기반으로 해서 개혁사업을 펼치던, 그래서 결국 일본세력을 끌어들여 조선을 왜국화(倭國化)하고 있던 개화파 정부의 타도에 있었다. 그리고 이 단계에 와서는 그때까지 줄곧 전봉준 일파의 투쟁에 반대하였으며, 교단의 지도부가 장악하고 있었던 북접(北接)도 참여하게 되었다. 일본군과 관군은 남·북접을 가리지 않고 동학도라면 무조건 학살하였던 것이다. 농민군은 일본군의 방어진지이자 충청도 감영이 있는 공주(公州)를 점령하기 위하여 우금치(牛金峙)를 중심으로 수십 차례 혈전을 벌였다. 그러나 지리적 위치가 지극히 불리한데다가 일본군의 근대적 화력에 밀려 막대한 희생을 내고 후퇴할 수밖에 없었다. 오합지졸인 농민군이 근대화되고 숙달된 일본군과 대결하여 이기리라고는 애초부터 기대할 수 없는 것이었다. 이같은 일본군에 더해 양반층은 '의병'을 조직하여 농민군의 진압에 앞장서고 있었다. 결국 농민군은 일본군·개화파·양반의 연합세력과 싸워야 했으니 그 결과는 쉽게 예측할 수 있었다.

이때 전봉준은 마지막으로 격문을 발표하여 동학 농민군과 관군 사이의 골육상잔을 개탄한 뒤 "조선사람끼리라도 도(道)는 다르나 척왜척화(斥倭斥化)는 그 의(義)가 마찬가지"이므로 동심합력(同心合力)하여 척왜척화해서 조선이 왜국으로 되지 않게 하자고 호소하였다. 그러나 이미 대세는 기울어 농민군은 후퇴를 계속하였고, 전봉준도 결국 체포되어 처형당하고 말았다. 또 각지에 남아 있던 농민군들도 일본군에 의해 철저히 학살되었다.

갑오년(1894)의 동학농민전쟁은 조선후기 민란 이래 이루어져온 농민들의 각성과 성장을 바탕으로 하고, 동학의 조직을 이용해 일어난 일대 변혁운동이었다. 그것은 조선후기 민란에서 볼 수 있었던 고립·분산성을 이미 극복하고 있었다. 집강소 설치기에 자주적으로 전개된 개혁사업은 농민층의 정치의식을 고양하는 데 큰 몫을 하였다.

동학 농민군의 목표는 봉건적 사회구조의 타파와 외세의 배격이었다. 권력구조 면에서 동학 농민군의 지도자였던 전봉준은 입헌군주제를 구상했던 것으로 보인다. 그러나 구체적인 개혁의 구상이 준비되지 않았으며, 또 집권을 위한 구체적인 계획이나 집권 이후의 개혁에 관한 구상도 없었던 것 같다.

동학 농민군의 투쟁은 일단 실패로 돌아갔으나, 이 시기 키워진 투쟁역량은 이후 다시 활빈당(活貧黨) 활동으로 살아나고, 또 일제의 침략으로 왕조의 멸망이 닥쳐오자 의병투쟁으로 재기하게 되었다. 그러나 농민군이 패퇴함으로써 자생적 근대화의 길은 완전히 막혀버리게 되었고, 일본의 침략을 막을 수 있는 세력도 사라지게 되었다.

(2) 1894년 근대화운동과 일제의 침략

1894년 동학농민전쟁과 그에 기인한 청·일의 출병, 청일전쟁 도발을 위한 일본의 내정개혁 제안, 일본의 왕궁점령 쿠데타를 통한 개화파정권의 성립, 이에 의한 내정개혁의 실시(갑오개혁)라는 일련의 사태는 서구 열강과, 조선을 자신의 세력범위에 둠으로써 서구에 대한 종속에서 벗어나고자 하는 청·일 양국 사이에 끼여 있던 약소국 조선이 내부의 모순을 극복하면서 스스로 근대화를 이룩한다는 것이 얼마나 어려운 일인가를 극명하게 보여준다.

동시에 당시로서는 필요했던 근대화라는 과제가 자칫하면 외세를 끌어들이는 도관(導管)이 될 수 있다는 하나의 실례를 보여주고 있다. 당시 제국주의 세력들은 자신들의 침략을 문명화라는 말로써 합리화하고 있었던바, 근대화라는 것 자체는 제국주의 국가들이 자신의 세력을 부식하는 하나의 수단이었다. 이같은 상황에서 조선과 같은 약소국이 국권의 상실(제약) 없이 근대화를 이룬다는 것은 상당히 힘든 일이다.

조선에서의 농민항쟁과 청군의 출병은 메이지유신 이래 조선을 병탄할 욕심을 키워온 일본에게는 자신의 세력을 침투시킬 아주 좋은 기회였다. 일본의 입장에서 청나라는 자신의 목적을 이루자면 반드시 제압해야 할 상대였다. 일본은 자신의 조선 침략을 여태껏 제지해온 청나라를 이길 자신이 없어 수모를 당하면서도 은인자중하며 군사력 강화에 힘써온 터였다.

청병의 조선 상륙 소식을 접한 일본은 곧 군사를 인천에 상륙시켰다. 구실은 천진조약을 따랐다는 것이었다. 일본은 전쟁을 도발하였지만, 청나라는 회피하는 자세였고 동학 농민군은 해산되어 더이상 군사를 주둔시킬 핑계가 없었다. 이러한 곤란한 국면을 벗어나기 위해 일본이 청나라에 제의한 것이 바로 '조선 공동 내정개혁안'이었다. 조선의 내정이 부패하여 농민란이 일어나고 그 때문에 동아시아에 위기가 조성되므로 이를 같이 개혁하자는 것이었다.

사실 조선의 내정개혁과 이를 통한 자신의 세력 침투는 앞서 살펴보았듯이 이미 1880년대부터 일제가 기도해온 것이었다. 그 대표적 논자가 바로 일본 정부의 이노우에 카오루(井上馨)와 재야의 후꾸자와였다. 이들은 진작부터 개화파에 주목하여 이들과 접촉하고 충고를 아끼지 않았다. 특히 후꾸자와는 이미 갑신정변 이전 자신의 제자인 이노우에 카꾸고로오(井上角五郎)를 조선에 보내 개화파에 협조하도록 하고 있었다. 일본을 근대화의 모델로 삼고 있는 개화파는 일본의 입장에서 볼 때 자신의 세력을 침투시킬 더할 나위 없이 좋은 통로였다. 후꾸자와는 동학농민전쟁이 일어나자 일본의 즉시 개입, 일본의 지도에 의한 조선의 개혁을 적극 주장하였다.

그러나 청병의 상륙과 이를 구실로 한 일본군의 출병은 조선 조야의 위기의식을 고조시켰고, 정부와 동학 농민군 사이에는 화약이 성립되었다. 또 이에 따라 개혁 논의가 활발하게 일어났다. 우선 개화파들은 이같은 사태는 망국의 징조라고 이해하고, 일본의 힘을 빌려서라도 개혁을 추진하지 않으면 안될 것으로 생각하였다. 또 청나라에 원병을 청했던 조선 정부 안에서도 원병 요청을 주도했던 민씨 세력의 우두머리인 민영준(閔泳駿)에 대한 비판과 개혁에 대한 요구가 강해지고 있었다. 이에 즈음하여 민씨 일파는 정계에서 물러나게 되었다. 폐정개혁(弊政改革) 논의를 위한 대신회의에서 원로대신 조병세(趙秉世)는 대경장(大更張)의 필요성을 강조하였고, 고종도 마침내 "대경장 대징계가 아니면 오랫동안 쌓인 폐정을 바로잡을 수 없다"고 하여 대대적인 개혁을 촉구하게 되었다. 마침내 정부 안에 교정청(校正廳)이라는 기구가 설치되고(1894. 6. 11), 정부 대신들이 그 위원으로 임명되어 개혁을 위한 구체적 논의를 벌이게 되었다. 이때 정부는 농민군의 요구 조항을 수용, 검토하여 개혁안을 준비해가고 있었다. 그러나 일본은 이를 자신의 내정개혁 요구를 피하기 위한 조치로 보아 간섭을 계속하고, 급기야는 7월 23일 군사를 동원하여 조선의 궁정을 점령하기에 이르렀다. 또 조선 정부에 공수동맹(攻守同盟)을 강제하여 청일전쟁에 끌어넣었다.

일본은 이어서 민씨 일파의 가장 큰 정적이었던 대원군을 내세워 내각을 다시 짜 개화파들을 앉히고, 또 개혁을 담당할 기구로서 군국기무처를 설치하고, 여기에 개화파들을 앉혔다. 이 군국기무처는 형식적으로는 의정부에 소속된 것이었지만, 실제로는 초법적인 기구로서 의결기구와 행정기구를 통합하여 "군국기무에 관한 일체의 사항을 경장하는 곳"으로, 총재는 김홍집, 의원에는 박정양(朴定陽)·김윤식·어윤중·김가진(金嘉鎭)·유길준 등 이른바 개화파들이 중심이 되어 있었다. 이들은 흔히 온건개화파라고 불리는데, 갑신정변에는 참여하지 않았고 좀더 온건하고 점진적인 개화를 지지하는 인사들이었다. 이 중에서 핵심적인 역할은 한 것은 김홍집과 유길준이었다. 유길준은 후꾸자와의 영향과 미국유학 시기의 경험을 바탕으로 하여 『서유견문(西

遊見聞)』을 써서 개혁의 모델을 제시한 바 있었다.

당시 일본은 비록 왕궁을 점령하고 개화파정권을 세워놓기는 했으나 청일전쟁이라는 당면한 과제가 있었고, 또 내외의 저항을 우려하여 조선의 내정에 적극적으로 간섭할 수 없었다. 이리하여 6월 25일 설치된 군국기무처는 이노우에 카오루가 조선 주재 공사로 부임한 이후 12월 17일 폐지될 때까지 비교적 자유롭게 210여개의 법령을 발표하면서 조선의 전통적인 정치·사회·경제 제도를 변화시킬 조치들을 취해나갔다.

그러나 군국기무처의 이같은 상대적 자율성은 오래 지속될 수 없었다. 청일전쟁에서 승기를 잡은 일본은 조선에 대한 고삐를 조이기 시작했고, 오오또리 케이스께(大鳥圭介) 대신 공사로 임명된 이노우에 카오루는 개혁사업에 적극 개입하였다. 이노우에는 영국이 이집트에서 했던 것처럼 조선의 보호국화 정책을 추진해나갔던바, 이에 따라 군국기무처는 점차 유명무실해졌다. 일본은 이와 함께 개혁사업에 필요한 자금을 차관을 통해 제공하였다. 이 역시 영국이 이집트에서 취한 수법을 모방한 것이었다.

조선에 대한 일본의 정책을 실제로 진행한 사람은 바로 40여명에 달하는 일본인 고문관(顧問官)들이었다. 이들은 주로 정치·경제·군사·경찰 분야에 집중되어 있었다. 이들은 자신들의 메이지유신 경험을 바탕으로 갑오개혁을 추진해나갔다. 수많은 법령이 단기간에 바뀔 수 있었던 것은 그것이 바로 일본제도의 이식이었기 때문이다. 이밖에도 이들은 내각회의에 참석하여 의견을 말할 수 있었고, 또 모든 공문과 법령의 결재를 맡아서 했다. 그리하여 조선은 보호국과 다를 바 없게 된 것이다.

갑오개혁에서 일본이 큰 비중을 둔 것 중의 하나는 바로 왕실의 무력화였다. 당시 조선에서는 왕실이 바로 국가라는 관념이 강하게 남아있었고, 제도 또한 양자의 그것이 뒤섞여 있는 형편이었다. 또 왕실에는 반일적인 명성황후(明成皇后, 속칭 민비)가 있어서 사사건건 일본의 정책을 견제하고 있었다. 그래서 일본은 근대적 내각을 만든다는 구실을 들어 왕권(王權)을 약화시키는 한편, 궁내부(宮內府) 등의 기구를 새로 만들어 왕실 관련 기구들을 이곳에 통합하고, 이들의 정치 간여를 배제하였다.

이와 함께 대대적인 관제의 개편이 있었다. 우선 전제군주권을 대신할 내각제도가 도입되었다. 이 내각은 합의제 정치심의기관으로 그 우두머리인 국무대신은 대군주 폐하를 보필하고 국가의 '범백사무(凡百事務)'를 관장하였다. 이 내각 밑에는 전통적인 6조체제 대신에 8개 아문이 두어졌다. 이밖에 예산제도의 실시, 경무청의 설치 등으로 조선의 관제는 근대적 면모를 갖추게 되었다. 이러한 조선의 관제는 일본의 그것과 유사성을 띠어, 외형상 근대화를 자랑할 수 있게 된 한편, 일본의 일원적 통치를 원활하게 하였다. 지방제도의 개혁도 이루어졌다.

경제 분야에서도 중요한 변화가 있었다. 우선 지세의 금납화가 실시되어 전통적인 물납지대(物納地代)는 사라지게 되었다. 다음으로 신식화폐발행장정(新式貨幣發行章程)이 제정되어 은본위제도가 도입되었는데, 문제는 당분간 일본화폐를 사용할 수 있도록 허용한 것이었다. 이는 청일전쟁을 수행하기 위한 물자조달에 곤란을 겪고 있던 일본군을 돕기 위한 것으로서, 갑오개혁의 성격을 상징적으로 보여주고 있다. 한편 신분제의 해체 작업은 곧바로 양반층의 반발이 일어 약화되기는 했으나 사회적으로 큰 반향을 불러일으켰다.

갑오개혁은 멀리는 실학자와 민란 농민, 가깝게는 개화당과 동학 농민군 등이 주장해온 낡은 조선왕조의 지배체제에 대한 근본적 개혁 요구가 밑받침된 것이었다. 그러나 이는 그 과정에서 침략 목적을 가진 일본의 힘이 작용함으로써 근대 민족국가의 수립으로 나아가는 개혁이 되지 못하였고, 오히려 청일전쟁에서 이긴 일본의 한반도 침략을 본격화하는 데 도움을 주는 제도적 개혁의 성격이 강했다.

말하자면 개항 이후 한반도 침략의 야욕을 키워온 일본이, 조선사회

내부에서 자라고 있던 체제개혁 욕구에 편승하여, '근대화'와 개혁의 기치를 내세우고 자신의 침략 야욕을 달성하려 한 것이 바로 갑오개혁이었다. 갑오개혁은 이렇게 분명한 한계를 지닌 것이었고 또 제반 조치들이 일사불란하게 실행에 옮겨지지도 못하였지만, 이미 무너져가고 있었던 조선왕조 지배체제에 종지부를 찍고 근대 부르즈와적 국가기구를 도입한 체제변혁이었다는 점에서 획기적 의미를 지닌 것이었다. 이는 그 이후의 역사에서 큰 영향을 끼쳤다.

3. 자강운동과 의병투쟁

(1) 광무개혁

갑오개혁은 5백년을 이어온 조선왕조의 역사에 획을 긋는 중요한 사건이었다. 이는 국가와 일체시되었던 왕실을 정부기구로부터 분리하고, 왕실의 정치 간여를 막고자 하였다. 또 사회제도에 있어서 비록 제한적이기는 하였지만 신분제도를 부정하였고, 경제적으로는 조세의 금납화를 이루고 은본위제를 실시하여 근대적 상품화폐경제가 발달할 수 있는 기초를 놓았다. 역사 전개의 방향을 바꿀 중요한 변화들이 이루어진 것이다. 한마디로 그것은 아직 봉건적 색채를 많이 지니고 있었던 조선사회를 근대화하는 조치들이었다. 이러한 사실들은 일본인들이 지금까지도 식민지시혜론을 펼치는 근거가 되고 있다.

그러나 그것은 일본이 자신의 세력을 침투시키는 수단으로 이용한 것으로, 그 진척에 따라 대부분의 조선 농민·상인들은 일본인들과 불리한 경쟁을 벌일 수밖에 없었고, 일본군이 왕궁을 포위하고 또 국내에 주둔하면서 청나라와 전쟁을 벌이는 등 무력을 앞세워 진행한 강압적인 것이었으며, 또 제도상 '근대적'인 것일지는 몰라도 그 내실에 있어 농민전쟁에서 표출된 민중들의 요구를 수용하기는 힘들었다는 점

때문에 일반인들에게 환영받을 수 없었다. 근대화의 격동은 애초부터 새로운 변화에 적응하기 어려운 약자들의 저항을 불러일으킬 수밖에 없었는데, 조선에서는 그것이 최악의 형태로 진행되었다. 그렇지 않아도 기층민들의 환영을 받기 어려운 근대화 작업이 일본인들에 의해, 일본인들을 위해 추진되었기 때문에 그에 대한 저항은 필연적인 것이었다. 여기에서 우리는 외형상의 근대화만이 아니라 그 내용, 그 추진 방식을 문제삼아야 할 필요성을 느끼게 된다.

한편 왕실이나 보수적 유생층 등도 갑오개혁에 대해 불만이 많을 수밖에 없었다. 갑오개혁의 가장 큰 주안점 중의 하나가 '왕권의 약화'였으므로 왕실의 불만은 당연한 것이었다. 보수적 유생층의 입장에서는 급격한 근대제도의 도입 그 자체도 수용하기 어려웠을 뿐만 아니라, 특히 과거제를 폐지하고 신학문에 관한 지식을 요구하는 새로운 관리 선발 방식을 도입한 것은 이제까지의 그들의 권위와 존재 의의를 부정하는 것으로 받아들였다. 이러한 불만은 언제라도 터져나올 가능성을 가진 것이었다. 1895년 단발령(斷髮令)과 민비 살해를 계기로 하여 유생들에 의해 주도된 의병운동은 바로 그러한 불만이 표출된 것이었다.

이 시기의 의병은 전국적 명망을 지닌 유생과 그 문하생들을 중심으로 일어났는데, 그 대표적인 것은 유인석(柳麟錫) 부대였다. 유인석은 척사위정사상의 원류라 할 화서(華西) 이항로의 제자 유중교(柳重教)의 조카였는데, 충청・경상・강원도가 접경하는 산악지대인 제천・원주를 중심으로 항쟁을 벌여 일시 충주성을 점령하는 용맹을 과시하였다. 그러나 몇몇 부대를 제외한 대부분의 의병부대들은 무비도 제대로 갖추지 못해 애초부터 전투를 벌일 수 없는 경우가 많았다.

초기 의병의 취약성은 그들이 농민층의 호응을 받지 못한 데서도 기인한다. 양반유생들의 투쟁이념은 척사위정적인 것으로 농민층의 자발적 참여를 불러올 수 있는 것이 못 되었다. 양반들이 기의(起義)하여도 군사력이 되어야 할 농민들이 모이지 않아 해산한 경우가 많았다

한다. 의병들은 세금을 가로채 군수(軍需)로 삼고 일본군과 전투를 벌이는 것은 물론 침략의 앞잡이가 된 조선인 군수, 관찰사 등을 처단하였지만, 광무(光武)정권이 들어서서 갑오개혁을 무효화하는 조칙을 발표하자 의병운동은 약화되었다.

이같은 전통적 양반유생층의 항거와 더불어 갑오개혁을 실패로 몰아넣은 또 하나의 원인으로 당시 조선사회 근저에 깔려 있었던 일본인들에 대한 뿌리 깊은 혐오감과 의구심을 지적할 수 있다. 앞선 문화를 일본에 전해주었던 역사적 사실에 근거한 우월의식과, 고려 말 왜구의 노략질 이래 16세기 말 임진왜란에 이르기까지 전국토가 유린되고 수많은 인명이 살상되었던 경험, 그리고 좀더 가까이는 개항 이후 일본인들이 저지른 행패와 농민전쟁에서의 농민 학살 등의 체험은 그들이 내세우는 근대화의 구호에도 불구하고 그들을 불신하게 만들었다.

이같은 상황에서 국내 지지기반이 거의 없던 개화파는 전적으로 일본군에 의지하여 개혁을 추진하였으므로, 만일 일본세력이 쇠퇴하면 개혁 성공의 전제가 사라지는 것이었다. 그러한 상황의 변화는 곧 찾아왔으니, 그것은 청일전쟁 이후 3국간섭으로 인한 일본세력의 퇴조와 러시아세력의 진출이었다. 이 과정에서 일본은 자신의 세력을 만회하기 위해 반일정책의 핵심인 조선의 왕비 민비를 살해하는 만행을 저질렀는데(乙未事變), 그 결과 생명의 위협을 느낀 국왕은 러시아 공사관으로 피신하게 되었다(俄館播遷). 이로써 일본의 무력을 바탕으로 한 갑오개혁은 돌연 중단되었다.

러시아는 조선의 국왕이 1년간 자신의 공사관에 머물고 있는 상황에서 조선에 절대적인 영향력을 발휘할 수도 있었지만, 만주 중시의 입장과 영·미 등의 견제로 적극적인 개입을 할 수가 없었다. 이후 열강간의 세력균형이 이루어지게 되어, 한반도에는 이른바 힘의 공백상태가 형성되었다. 고종과 보수세력은 이같은 상황에서 갑오개혁의 성과를 일부 무효화하고 왕권을 대폭 강화하여, 이를 바탕으로 좀더 자주적인 개혁을 추진코자 하였다.

우선 고종은 러시아 공관에 피신해 있으면서 갑오개혁기에 왕권을 대신하여 권력의 중심부가 된 내각제도를 폐지하고, "대군주 폐하가 만기를 통령한다"고 선포하였다. 또 고종은 환궁 후 새로운 연호로 광무(光武)를 채택하고(1897. 8) 칭제건원(稱帝建元)을 단행하여(1897. 10) 황제에 즉위하였다. 새로운 국호로는 대한(大韓)이 채택된바, 이로써 당당한 독립국가로서의 '대한제국'이 국제무대에 등장하게 되었다. 이어서 군주의 군사통수권이 칙령으로 발표되고, 군사에 관한 전제적 권한을 가진 원수부(元帥府)가 창설되었다. 1899년 8월 17일에는 한국 최초의 헌법이라 할 대한국국제(大韓國國制)가 발표되었는데, 그 골자는 입법·사법·행정권을 모두 황제가 가진다는 것이었다. 이로써 전제군주권은 제도적으로 보장되었다. 갑오개혁기 왕실을 정부로부터 분리해내기 위해 설치된 궁내부가 이 시기에는 오히려 강화된 황제권을 행사하는 기구로 변모하였다. 일제에 의해 여지없이 추락한 왕실의 권위를 회복하는 데 그치지 않고 이를 강화·명문화하여, 강력한 황제권을 중심으로 개혁을 추진해나간다는 것이 고종과 보수적 관료들의 생각이었다.

강화된 권력을 뒷받침하기 위한 재원의 확보책도 마련되었다. 갑오개혁기 탁지부(度支部)의 통제를 받게 되었던 왕실의 재정을 다시 독립시키고, 탁지부로 귀속시켰던 세원을 다시 확보하였다. 이와 함께 다시 잡세를 부활시키고 이를 궁내부에 귀속시켰다. 이밖에 홍삼전매권·광산이권 등을 확보하고, 매관매직을 통해 왕실 수입을 증대하였다. 또 금본위제도를 채택하고 주조이익을 노려 보조화폐인 백동화를 남발함으로써 물가 상승을 초래하기도 하였다. 이같은 방식으로 왕실의 재정은 풍부해진 반면 정부의 재정은 날로 악화되어갔다.

강화된 황제권을 바탕으로 정부는 구본신참(舊本新參)의 원칙에서 부국강병을 위한 개혁에 착수하였다. 즉 이전까지의 개혁이 일본의 주도로 조선의 전통을 무시한 급격한 것이었다면, 이후의 개혁은 옛 전통을 기반으로 하면서 새로운 문물을 참작하여 추진한다는 것이었다.

이 시기 개혁사업으로서 가장 주목할 것은 토지조사사업이다. 정부는 1898년 양지아문(量地衙門)을 설립, 전국의 토지를 정확히 측정하여 토지소유권자를 확인하였고, 토지 외에 가옥·인구에 대한 조사도 병행하였다. 이로써 개별 토지에 대한 직접지배가 비로소 가능하게 되었다. 이는 국가경영을 위한 기초를 닦고 개혁사업의 재원인 지세수입을 늘리기 위한 것이었다. 1901년에는 지계아문(地契衙門)을 세워 양지아문의 사무를 흡수하였는데, 이는 단지 토지소유권자의 확인에 그치지 않고 일정한 절차를 거쳐 문서를 발급하여 소유권을 확인해주기 위한 것이었다. 이로써 근대적 토지소유권이 비로소 확립되었다. 이와 함께 외국인의 토지소유를 금하여, 일본인들의 경제적·정치적 침투를 막고자 하였다. 그러나 이 조사는 기존의 토지소유관계를 그대로 인정하였다는 점에서 광무정권의 지주 중심적 성격을 반영하는 것이었다. 이와 함께 광무정권은 그 유래가 깊고, 소유관계가 복잡한 역토·둔토에 대한 대대적인 조사를 벌여, 농민이 확실한 증거를 제시할 수 없는 경우는 이를 왕실의 소유로 삼고 그 지대를 올림으로써, 농민층의 원성을 샀다.

광무정권은 또 궁내부 산하에 통신사·철도원·서북철도국·광학국(礦學局)·평식원(平式院)·수민원(綏民院)·박문원(博文院) 등을 설치하여 근대적 산업에 직접 개입하였다. 농상공부 산하에 철도사가 있었음에도 불구하고 궁내부에 설치된 철도원은 경인·경부 철도를 관리하였고, 서북철도국은 자금의 부족과 일본의 방해로 비록 실패하고 말았지만 독자적으로 경의·경원 철도 건설을 시도하였다. 평식원은 국내에서 통용되는 도량형의 제조·검정에 관한 일체의 사무를 담당하였고, 광학국은 광산에 관한 실지 교육과 일체의 사무를 맡았던 곳으로 광무연간에 대부분의 광산이 궁내부로 이속되면서 설치된 기구였다. 왕실은 자신이 주도권을 잡고 근대적 사업을 추진하면서 그 이권을 차지하려 했던 것으로 보인다. 이 역시 왕권의 강화와, 이를 토대로 한 근대적 사업의 추진이라는 광무정권의 특징을 보여준다.

한편 정부는 민간의 상공업을 장려하기 위해서 직접 공장을 설치하여 모범을 보이기도 하였으며, 우수상품을 만든 기술자에게는 시상을 하기도 하고 전매특허권을 부여하기도 하였다. 또 우편학당·상공학교·경성의학교 등을 설립하여 실업·상업·공업 교육을 강화하였다.

이와같은 근대산업 진흥운동과 함께 제국으로서의 위엄을 갖추기 위한 여러 제도들이 마련되었다. 우선 청나라와는 대등한 입장에서 통상조약을 체결하여(1899) 명실공히 사대조공관계를 제거하였다. 군사력을 강화하기 위하여 1900년에는 전국의 지방군을 진위대로 통합, 개편하였는데, 군대의 지휘관을 양성하기 위한 무관학교는 이미 1898년에 설립, 개교되어 있었다. 국가(國歌)를 제정하고 평양에 서경(西京)을 설치한 것도 이 무렵이었다.

그러나 대한제국의 기반은 매우 취약했다. 우선 국제적으로 볼 때 광무정권 성립의 배경이 되었던 강대국간의 세력균형은 언제 무너질지 모르는 불안정한 것이었다. 이 기간 동안 중립국으로 보장을 받아 독립을 확보하기 위한 노력도 있었지만 자위능력이 없는 한 그것도 쉬운 것이 아니었다. 이같은 상황에서 수많은 이권이 열강에게 양도되어 자립적 경제 건설을 위한 물질적 기반이 축소되었다.

국내의 상황을 보아도 광무정권은 그 보수적 성격과 지주 중심적 성격 때문에 농민층의 지지를 받을 수 없었다. 왕실의 재원 확보 노력은 많은 경우 농민들의 이해와 배치되었고, 그리하여 민란의 한 원인이 되었다. 또 왕실은 일정한 금액을 상납하는 조건으로 민간회사들에 특권을 부여하였는데, 이는 자유로운 경제활동을 제약하고 상공인층의 성장을 저해하는 것이었다. 이 시기 왕실재정의 강화에 진력하여 고종의 절대적 신임을 얻은 이용익(李容翊)은 농민들과 독립협회(獨立協會)로부터 원성과 비난을 받는 표적이 되었다.

그러므로 광무정권은 자주적 입장에 서서 부국강병을 추진하여 일본의 침략을 일정기간 저지하는 데 기여하였고, 어찌 보면 일본의 침략을 막을 수 있는 유일한 길을 걸었음에도 불구하고, 무조건 높이 평가하기 어려운 측면을 가지고 있다.

(2) 독립협회

일본세력이 퇴조하고 왕이 러시아 공사관에 피신해 있던 시기 조야에는 하루빨리 자주적인 개혁사업을 벌여 명실상부한 독립국을 만들어야겠다는 의지가 충만했다. 이러한 분위기 속에 왕실 및 보수적 관료층, 개화파의 전통을 이은 인사들이 모두 모여 만든 단체가 바로 독립협회였다.

독립협회는 1896년 7월 2일 외부(外部)에서 창립되었다. 이 단체의 애초의 목적은 청나라에 대한 사대조공관계를 상징하는 영은문(迎恩門)·모화관(慕華館)을 허물고 그 자리에 독립문·독립관·독립공원을 세우는 것이었다. 즉, 조선이 독립국임을 내외에 과시하고 자주독립의 기상을 높이기 위한 것이었다.

독립협회에는 관료들도 참여하였지만 주도세력은 이른바 '정동구락부(貞洞俱樂部) 세력'이었다. 이들은 일본의 보호국화 정책에 반대하면서 왕실과 손을 잡고 조·러 밀약을 추진한 바 있었고, 결국 고종을 러시아 공사관으로 피신시켜 정권에 참여하였다. 따라서 독립협회의 인적 구성은 초기 광무정권의 그것과 일치하는 것이었다.

초기 독립협회를 주도한 인물은 서재필(徐載弼)이었다. 18세의 나이로 갑신정변에 참여하였다가 실패 후 미국으로 망명한 그는 미국 시민이 되어 정동구락부를 통해 국내 인사들과 연결되었고, 이를 바탕으로 독립협회를 주도하게 되었다. 정부는 근대적 개혁에 필요한 식견을 얻기 위해 그에게 중추원(中樞院) 고문관의 직위와 후한 월급을 주었고, 그에게 자금을 주어 독립협회 설립 이전인 1896년 4월 7일 『독립신문』을 창간하게 하였다. 잇따라 창립된 독립협회는 신문지상을 통해 정부의 입장을 옹호, 선전하였다.

이와같이 설립 초기 정부와 독립협회의 관계는 우호적이었다. 정부는 미국·러시아 세력을 끌어들여 일본의 침투를 저지하면서 보수적인 한계 속에서나마 개혁을 추진하고자 하였고, 개화파 세력은 열강의 세력균형으로 초래된 힘의 공백상태를 이용하여 그들이 갑신정변 이래 추구해온 개혁을 추진하고자 하였다. 근대화의 구체적인 내용은 달라도 왕을 황제로 높여 나라를 다른 나라와 대등한 위치에 세우고, 개혁사업을 벌여 부국강병을 이룩한다는 데에 양자의 구상은 일치하였다. 그리하여 1897년 2월 고종이 러시아 공사관에서 돌아와 구본신참의 원칙 아래 개혁사업이 시작되면서 박정양·김가진·서재필·이상재(李商在) 등 독립협회의 간부진은 정부에 참여하게 되었다.

독립협회는 독립문 건립을 위해 모금사업을 벌였는데, 이는 광범한 인민들 사이에 애국심과 자주의식을 고양하고 전파하는 작용을 하였다. 모금에 응한 사람들에게는 모두 회원 자격을 부여하였는데, 이에 따라 왕실·관료는 물론 서울의 다양한 계층의 인민들이 독립협회의 회원이 되면서 그 구성원의 성격에서 변화가 생겼다. 한편 1897년 8월부터 서재필과 윤치호(尹致昊)는 독립협회에서 토론회를 개최하여, 일반 민중에게 근대적 문물과 가치관을 소개하고 유포하였다.

그러나 러시아의 한반도 진출이 적극화하고 간섭과 이권 침탈이 심화되기 시작하는 1897년 후반 무렵부터 정부와 독립협회 사이에는 조금씩 틈이 벌어지기 시작하였다. 정부는 이권 양여를 통해 러시아를 비롯한 구미 열강을 끌어들여 일본을 견제하려 하였고, 독립협회는 그 후원세력인 영·미·일 세력의 반(反) 러시아 진출정책의 영향권에서 벗어나지 못했다. 또 더 근원적으로는 독립협회가 개화파의 전통을 이어받아 입헌군주제를 지향하고 있었던 데 반해, 광무정권은 황제의 권력을 절대화하고 왕실을 강화하고자 하였다. 이러한 분위기 속에서 친러적 인사들이 빠져나감으로써 독립협회 구성원은 친미·친일파 일색으로 바뀌어갔다.

이때 러시아가 석탄 저장고를 세우기 위해 부산 절영도 조차(絕影島租借)를 요구해오자 독립협회는 1898년 2월 27일 통상회(通常會)에서 이를 격렬히 비판하였다. 이와 함께 정부의 대외의존적 자세를 비판하고, 열강에 대한 이권 양도를 공격하기 시작하였다. 서울의 민중들은 그해 3월 10일과 12일 독자적으로 만민공동회(萬民共同會)를 열어 러시아의 이권 침탈과 침략·간섭 정책을 규탄하고 자주독립의 수호를 주창하였는데, 독립협회는 이에 의존하여 광무정권에 대한 투쟁을 전개해나갔다. 이에 따라 『독립신문』의 논조도 초기의 애국심과 교육 보급의 필요성을 강조하는 등 계몽적인 것에서 차츰차츰 정치적인 것으로 바뀌어갔다. 열강에 대한 이권 양여를 비판하고, 관리의 부정부패와 무능을 고발하는 한편, 봉건적 악법의 부활 등을 공격하면서 그에 대신하여 서구의 근대적 정치·사회제도 등을 채택할 것을 촉구하였다.

이러한 독립협회의 입장은 전제황권을 이룩하려는 보수적 정부에 달가운 것이 아니었지만, 정부는 독립협회가 대중운동을 이용하여 의회개설 운동을 벌이기 전까지는 묵인하기도 하고, 그 위세에 눌려 조치를 번복하기도 하였다. 그러나 독립협회의 의회개설 운동은 정부의 인내심의 한계를 넘는 것이었다. 독립협회 주장의 핵심은 기존의 의정부(議政府) 자문기관인 중추원을 활성화하여 상원(上院)으로 만들고, 그 의관(議官)의 반수는 독립협회에서 선발하여 채워 달라는 것이었다. 말하자면 권력에서 배제된 독립협회 구성원들의 정권참여 요구였다. 독립협회는 1898년 10월 28일부터 11월 2일까지 관리들을 참석시켜 관민공동회를 개최하고, 여기에서 왕에 올리는 '헌의6조(獻議六條)'를 가결하였는데, 이에 의하면 독립협회의 개화파들은 전제왕권을 공고히할 것을 1조에서 언급하면서도 이권 부여와 차관·차병 등에 관한 외국과의 조약 체결 시 중추원 의장의 동의를 반드시 얻을 것을 주장하였다. 이 주장의 실제적인 내용은 전제왕권 대신 입헌군주제를 지향하는 것이었다. 이러한 독립협회의 주장은 정부에 용납될 수 없는 것이었고, 결국 독립협회는 해산되고 간부들은 체포되었다.

정부의 이러한 조치에 대해 서울의 인민들은 끈질기게 저항하였다.

인민들과 독립협회의 대(對)정부투쟁은 무정부상태를 초래할 만큼 격렬한 것이었다. 그러나 대중의 반(反)정부운동이 자칫 반외세운동으로 번질 것을 두려워한 미·일의 묵인 아래 정부가 보부상을 앞세워 탄압함으로써 이 운동은 결국 실패로 돌아가고 말았다.

독립협회의 운동은 1880년대 이래 조선의 부르즈와적 개혁운동의 연장선 위에 있는 것이었다. 다만 이전 단계에 비해 눈에 띄게 진전된 점은 그것이 이제 대중과 연결되고 있다는 것이다. 갑신정변 단계까지도 개화운동은 선진적 지식인들이 주동이 되어 대중과 유리된 채 진행되었을 뿐이다. 그랬던 것이 서울지역에 국한된 것이기는 하나 대중들이 자발적으로 참여해서 정부의 실정을 공격하고, 근대적 자주국가 성립을 지원하기에 이르렀던 것이다. 또 독립협회의 주도층들은 이를 적절히 이용하면서 자신들의 주장을 관철하고자 하였던 것이다. 독립협회의 의회설립 운동은 입헌군주제를 지향하는 개화파 계열의 입장이 최초로 구체화되어 나타난 것이라고 하겠다.

경제적으로 볼 때 독립협회는 근대적 산업의 건설을 주장하면서도 국제사회에서의 신의를 내세워 자유무역을 지지하는 모순을 보였다. 이는 쌀의 수출에서 이득을 보고 있는 지주들의 이해를 반영하는 것으로 생각된다. 지주의 부르즈와화를 통해 자본주의를 이룩한다는 점에서 이들의 입장은 광무정권과 같았는데, 다만 광무정권이 관료자본·특권상인자본을 옹호한 반면 이들은 민간자본을 육성하려는 경향이 짙었다는 점에서 차이가 난다.

독립협회의 결정적인 약점은 그들이 사회진화론의 영향 아래, 열강의 침략을 문명전파의 한 수단으로 인정하여, 그에 대한 저항논리를 마련하지 못하였다는 점이다. 그들이 보여준 외세에 대한 저항이라는 것도 미·일의 영향 아래 러시아의 정치적 진출을 반대한 것이라는 점이 근래에 와서 지적되고 있다. 서구나 일본의 근대문명을 흠모하면서 그것을 이 땅에서 실현코자 하던 독립협회로서는, 근대화를 구실로 밀려들어오는 침략세력에 대해 저항논리를 마련할 수 없었던 것이다.

(3) 의병전쟁의 전개

1905년 '을사보호조약(乙巳保護條約)'이 일본의 폭력과 강박 아래 맺어짐으로써 나라가 망해간다는 위기의식은 더욱 커졌고, 일본의 침략으로 인한 백성들의 생활상의 고통은 더욱 심해져갔다. 일본은 조선을 '보호'하여 자립할 수 있게 만들어준다고 하면서 여러가지 제도를 바꾸었지만, 그 실상은 자신의 침투를 막는 전통사회의 제도들을 없애고 그 자리에 일본의 제도를 갖다 심는 것이었다. 그것도 아직 취약한 일본 자본가를 돕기 위하여 그들에게 특혜를 주는 대신, 토착자본가에게는 궤멸적 타격을 줄 조치를 일방적으로 시행하는 것이었다. 철도·통신·화폐제도는 근대화의 상징일지 모르지만 조선인들에게는 몰락을 가속화하는 것에 지나지 않았다. 이로써 일본 침략세력은 더욱 거침없이 한반도를 유린하였고, 그에 따라 농민층·상인층의 몰락은 가속화되었다. 이에 다시 전국적으로 의병이 봉기하게 되었고, 이는 광범위한 농민층의 호응을 받아 전국적으로 확대되어갔다.

초기에 의병을 주도한 것은 역시 양반유생들이었다. 1906년 봄에는 전 참판 민종식(閔宗植)이 의병을 일으켜 홍주성(지금의 홍성)을 점령하고 일본군과 항쟁을 벌였다. 이항로의 제자인 최익현도 1906년 6월 태인의 무성서원(武城書院)에서 기의하였으나, 일본군이면 모르되 국왕이 보낸 군사와 싸울 수 없다 하여 항복하고 말았다. 이밖에도 호남의 각지에서 의병이 일어났지만 결국 일본 헌병과 경찰, 정부군의 지방 진위대(鎭衞隊), 일본군에 의해 진압되고 말았다.

1907년 7월 다시 '정미조약(丁未條約)'이 맺어짐으로써 반일적이었던 고종이 강제로 퇴위당하고, 뒤를 이어 순종이 허수아비로서 제위에 오르게 되었다. 그와 함께 일본인 차관이 임명되어 일제의 통제는 더욱 심해졌다. 이와 함께 군대가 해산되었는데, 이 사건은 의병항쟁의 한 중요한 전기가 되었다. 대한제국 군인들은 해산조치에 반발하여 봉

의병부대

기하였다가 무기를 가진 채로 의병투쟁의 대열에 참가하였다. 이로써 의병은 무기도 상대적으로 충실해졌고, 훈련도 받게 되어 전투력이 크게 향상되었다.

1907년에도 호남지역을 중심으로 각지에서 의병이 일어났는데, 장성의 기삼연(奇參衍), 능주의 양회일(梁會一), 함평의 심남일(沈南一), 임실의 이석용(李錫庸)이 유명하였다. 이들은 행정 중심지인 읍을 공격하거나 점령하고는 거의 예외없이 일본인 순사분차소, 군아, 일진회(一進會) 사무소, 일본인 상점 등을 파괴하였다. 이러한 의병들의 활동으로 일본인들의 토지 약탈과 농산물 수출의 중심지였던 호남지역에는 인적이 끊어지고, 일본인들의 상행위가 불가능해졌다고 한다.

유생들이 주도한 의병활동의 절정은 1907년 가을 이인영(李麟榮)을 13도 창의대장(倡義大將)으로 하는 의병연합부대를 만들어 서울을 침공하려던 계획이었다. 이들은 서울 주재 각국 영사관으로 고종황제의 칙서임을 명시한 호소문을 보내 전쟁의 합법성과 국제법상의 교전단체

승인을 요구하였다. 그러나 이러한 요구는 받아들여질 수 없었고, 또 침공계획도 노출되어 이들은 공격다운 공격도 해보지 못하고 서울 근교의 접전에서 패하고 말았다.

1908~1909년은 전국적으로 의병투쟁이 가장 치열했던 시기였는데, 1년간 일본군과 의병 사이에 3백 회 이상의 교전이 있었다 한다. 특히 전남·전북 지역에서 가장 활발하게 전개되었는데, 이는 이 지역이 대표적 농경지역으로서, 동학농민전쟁의 중심지였던 데서도 볼 수 있듯이 조선후기 이래 사회적·경제적 모순이 가장 심했던 지역인데다가, 개항 이후 일본인들의 경제침탈의 피해를 가장 집중적으로 받고 있었던 지역이라는 데서도 연유하는 것이었다. 이와 함께 호남평야와 영산강 유역을 중심으로 많은 일본인 농장이 만들어지고 있었던 것도 한 원인이 되었다.

이 단계에 와서는 의병부대의 성격에도 큰 변화가 생기는데, 우선 양반유생층의 주도가 약화되고 농민의병장이 등장하는 등, 농민층의 참여가 두드러지게 나타난다는 점이다. 또 유생이 지도자인 경우에도 그의 실질적 처지는 농민과 다를 바 없었다. 그 대표적인 예로서 전남에서 활동한 안계홍(安桂洪, 일명 安圭洪)은 호가 담산(澹山)이었는데, 이는 그가 머슴살이(담살이)를 한 데서 유래한 것이라고 한다. 전북 임실의 이석용은 천민인 무당을 중용하였는데, 이는 그 자신 노동으로 밥벌이를 하였다고 했듯이 처지가 농민과 비슷했기 때문에 가능했던 것으로 보인다. 신돌석(申乭石)은 농민의병장으로 유명한데, 동생과 함께 활빈당으로 활동하던 농민들을 모아 의병을 조직, 경북·강원 접경의 산악지대를 중심으로 활동하여, 전성기에는 1천여명의 농민군을 거느렸다고 한다.

이들 농민들을 중심으로 한 의병부대는 산악지역을 중심으로 유격전을 전개하여 앞단계 의병들보다는 강인한 전투력을 보였다. 무기가 형편없이 열세였던 이들이 이렇게 싸울 수 있었던 것은 농민층의 호응이 있었기 때문이다. 의병들은 일본군의 압박이 심할 때는 일시 무기를 땅에 묻고 해산하여 양민으로 가장하기도 했고, 낮이면 농사꾼 속에 섞여 일을 하고 밤이면 군대를 정비해 싸우기도 했다고 한다.

이러한 의병의 활동으로 조선을 식민지화하고자 하던 일본의 계획은 큰 차질을 빚게 되었다. 이와 함께 경제적 침탈을 저지당한 일본인 상인층의 불만도 컸다. 1909년 목포의 일본인 상업회의소는 전남 의병을 조속히 진압해줄 것을 통감부(統監府)에 호소하였다. 결국 일본은 1909년 9월 전남 의병 섬멸작전을 벌였다. 이들은 이 과정에서 의병은 물론이고 양민까지도 의병을 돕거나 그들의 행적을 알고도 신고하지 않았다는 죄목을 씌워 수없이 학살하였으며, 부녀자를 능욕하거나 집과 재산을 불살랐다. 1910년에는 이러한 작전을 황해도에 대해서도 실시하였다. 이후 국내의 의병투쟁은 점차 소멸하였고, 남은 세력은 만주지역으로 피신하여 독립군으로 변신하거나 잠적하여 다음 기회를 노리게 되었다.

이상과 같이 이 단계에서 의병의 주력은 농민들이었는데, 그들은 일본의 침략과정에서 몰락이 가속화된 계층이었다. 따라서 이 단계의 의병투쟁은 나라를 지키기 위한 민족적 전쟁인 동시에 농민전쟁적 성격도 지닌 것이었다. 이러한 투쟁과정을 통해 농민층의 민족의식에 커다란 진전이 이루어진 점은 이후의 역사 전개와 관련하여 주목할 점이다. 한편 의병투쟁을 진압하는 과정에서 일본은 투항한 의병들을 이용하여 도로를 닦거나 신화폐를 살포하여 자신의 군사적·경제적 침투를 조장하기를 잊지 않았다.

(4) 애국계몽운동

1905년 폭력적인 을사보호조약으로 일본의 보호국이 되자 재야 일반의 위기감은 최고조에 달하게 되었다. 이때 무기를 들고 싸움에 나선 것이 의병투쟁이었다면, 이를 무모한 것으로 보고 그보다 먼저 자립할 수 있는 실력을 키워야 하며, 그러기 위해 교육을 진흥해 백성들의 애국심을 고취하겠다는 것이 바로 애국계몽운동이었다. 전자가 지방의 유생층·농민층에 의해 주도된 것이라면, 후자는 개화파의 전통을 계승한 도시의 지식인들이 주도한 것이었다.

서울을 중심으로 한 도시 지식인들의 활동과 함께 주목할 것은 국민 전반의 각성이다. 이제까지 개화파 계열의 근대화운동에 불만을 느끼고 있던 척사적 사상을 지닌 유생 중 많은 사람들이 이제까지의 투쟁 방법을 반성하고 근대화운동에 호응하게 되었다. 러일전쟁에서의 일본의 승리, 을미년 의병운동의 실패 등을 통해서 객관적인 힘의 우열을 체험하고 생각을 바꾸게 된 것이다. 이들 유생들은 지방에서 기부금을 내어 학교를 세우기도 하고, 머리를 깎고 서울로 올라와 애국계몽운동에 참여하기도 하였다. 이에 호응하여 많은 국민들이 돈을 내어 학교 건립을 돕고, 자녀들에게 신식교육을 시켰다. 또 1907년에는 국민들이 국채보상운동(國債報償運動)에 참여하여 담배를 끊기도 하고, 반지·비녀 등을 기부하기도 하였다. 기부금을 마련하기 위해 머리카락을 잘라 팔았다는 미담도 보도되었다. 이같이 이 단계에 와서 개화파 계열의 근대화운동은 더 폭넓은 호응을 받았고, 그 사상을 널리 전파시킬 수 있었다.

애국계몽운동가들은 국권회복을 위해서는 단체의 조직이 필요하다고 보았는데, 그 단체를 중심으로 해서 신문·잡지 등을 발행하고 학교 교육을 펼쳐 대중을 계몽하고자 하였다. 이들이 단체에 대해 특히 강조한 것은 그때까지 개화운동 경험에서 이해관계를 같이하는 사람들을 결집하고 대중의 동력을 조직할 필요성을 느꼈기 때문이었다. 이리하여 이 시기 많은 단체·학회들이 생겨났는데 그중에서 대표적인 것이 바로 대한자강회(大韓自强會)였다. 이 단체의 발기인은 장지연(張志淵)·윤효정(尹孝定) 등이었는데, "교육과 산업의 발달이 자강(自强)의 방도"라는 생각 아래 잡지를 발행하여, 근대적 산업을 건설할 필요성을 강조하고 애국심을 고무하는 계몽적 논설 등을 발표하였다. 이외에도 각 지역을 단위로 학회들이 조직되고, 학회지가 발행되어 계몽적인 글들이 발표되었다. 이와 함께 이 시기 애국적 논설을 실은 신문들로는 『황성신문(皇城新聞)』『대한매일신보(大韓每日申報)』『대국신문』『만세보(萬歲報)』 등이 있었다.

이러한 잡지·신문에는 다양한 논조의 글들이 실렸는데, 그 기조는 문명개화론에 입각한 자강론이라고 할 수 있다. 이는 당시 세계적으로 영향력을 발휘하고 있었던 사회진화론(社會進化論)의 약육강식·우승열패라는 명제를 당연한 진리로 받아들이고, 그 속에서 살아남기 위해 한시바삐 서양과 일본의 근대적 문물을 받아들일 것을 주장한 것이다. 그것은 경제적으로는 자본주의적 발전을 지향하는 것이었다. 한편 정치적으로 이들은 충군애국(忠君愛國)이라 하여 군주에 대한 충성을 애국과 등치시키면서도 입헌군주제를 주장하였다. 주권에 대해서는 사회유기체설의 입장에서 개인보다 국가를 우선시하였다. 또 이들은 민족을 위기에서 구할 영웅의 등장을 촉구하였는데, 이를 위해 강감찬전, 이순신전, 프랑스의 잔느 다르끄 전, 이딸리아의 가리발디 전 등 위인 전기를 간행하였다. 이로 볼 때 이들의 사고에서 아직 광범한 민중이 역사의 주체라는 생각은 부족했음을 알 수 있다. 이러한 특징은 그들이 개화사상의 전통을 이어받고 있었음을 알 수 있게 한다.

애국계몽운동가들은 위와 같은 운동을 전개하면서 의병운동을 시세를 모르는 향촌 무식배들의 무모한 운동이라고 보고, 그들에게 각자 집으로 돌아가 일상적인 생산활동에 힘쓸 것을 권하였다. 실력양성론과 무장투쟁론은 일제 식민지 때에 갈등관계에 있었던 대표적인 양대 운동론이었는데 그 싹이 이미 이때 나타났던 것이다. 사실 애국계몽운동가들은 국권회복을 외치면서도 다른 한편 일본의 '보호정치'에 기대를 표시하는 등 모순된 자세를 보였다. 1904년 체결된 한일의정서(韓日議定書) 제1조에는 "대한제국 정부는 대일본제국을 확신하고 시정(施政)의 개선에 관하여 그 충고를 들을 것"이라는 조항이 있었고, 초대 통감으로 온 이또오 히로부미(伊藤博文)는 항상 시정개선을 내세우며 조선이 자립할 능력이 있으면 일본은 조선에서 물러갈 것이라고 공언하였는데, 당시의 지식인들은 여기에 현혹되어 있었던 것이다. 사실 통감부가 설치되어 취한 일련의 조치는 현상적으로 조선을 '근대화'하는 것이었던바, 식산흥업(殖産興業)을 내세우는 애국계몽가의 구호에 들어맞는 것이었다. 일본이 방적공업의 원료가 되는 육지면을 조선에 보급하려 할 때, 당시 가장 대표적인 신문의 하나인 『황성신문』이 우리의 산업 중 가장 귀중한 것은 농업이고 부국강병을 이루기 위해서는 그 개발이 필요하다고 하면서, 우수한 종자인 육지면을 조선에 보급하려는 일본인들을 정치적 의도가 전혀 없는 '천사'와 같은 존재라고 극구 치하한 것은 매우 시사적이다.

당시의 애국계몽운동가들은 근대화하지 못했을 경우에는 강국의 지배를 받는 것도 어쩔 수 없다는 근대화 지상주의적인 자세를 지니고 있었으며, 따라서 근대화 배후에 숨어 있는 침략의 의도를 간과하였다. 대한자강회가 아시아연대론이라는 또다른 교묘한 침략이데올로기를 내세우는 일본인 오오가끼 타께오(大垣丈夫)를 고문으로 삼았다는 사실에서도 근대화 논의에 현혹되었던 계몽운동가들의 면모를 알 수 있다. 이러한 약점은 고종의 퇴위를 반대하다가 강제 해산된 대한자강회의 후신으로 생겨난 대한협회(大韓協會)에서 더욱 뚜렷이 나타난다. 대한협회는 심지어 한일합방을 청원한 일진회와의 합병을 추진하기까지 하였다. 사실 일진회는 당시 가장 근대화에 열심인 단체였다. 이러한 사실들은 근대화라는 것이 제국주의 침략의 한 수단이며, 근대화에 대한 환상이 국권상실에 대한 강력한 저항을 무력화하는 역할도 하였던 당시의 상황을 보여준다.

한편 단체의 조직 및 활동에 대한 일본의 단속이 강화되면서 비밀단체가 나타나게 되었는데, 신민회(新民會)가 그 대표적인 경우였다. 신민회는 1907년 양기탁(梁起鐸)·안창호(安昌浩) 등에 의해 비밀리에 조직되었는데, 1911년 9월 해산될 때 "당시 유지계(有志界)의 정화(精華)는 모두 가입"하였다고 말하여지듯이 당시 사회의 지도자 그룹에 속하는 다양한 인사들이 참여하였다. 이들은 신문·잡지·서적

간행사업을 일으키고 오산학교(五山學校)·대성학교(大成學校) 등 각지에 학교를 건립하였으며, 또 회사들을 세우기도 하였다. 신민회는 일본의 완전 식민지화 정책이 예견되는 1909년에는 무장투쟁을 생각하게 되었고, 이를 실천하기 위해 해외 독립운동기지 건설을 계획하게 되었다. 실제로 이 계획에 따라 서간도로 많은 애국지사들이 망명하여 신한촌(新韓村)을 세우고, 신흥무관학교(新興武官學校)를 설립하였다.

한편 이 단체에 참여하여 『대한매일신보』를 통해 많은 논설을 발표한 신채호는 아시아연대론 등의 기만성을 지적하면서, 대개의 계몽운동가들이 주장하는 것처럼 독립이란 실력양성만을 외쳐서 되는 것이 아니고, 오히려 독립이 부강의 전제조건임을 주장하였다. 그는 애국계몽운동의 주류가 일본의 근대화론에 농락당하고 있던 이 시기에 그 허점을 날카롭게 지적하였다.

한편 이 시기에 우리 민족의 우수성을 강조하는 대종교(大倧教) 등이 창교된 것도 주목할 만하다. 또 신채호·박은식(朴殷植)·장지연 등이 중심이 된 국학운동이 일어나 우리의 문화와 역사에 대한 연구가 시작되고 여러 문헌이 정리되었다. 특히 신채호의 『독사신론(讀史新論)』(1908)은 한국의 민족주의사학을 확립한 획기적인 저작으로서 평가되고 있다. 그의 이같은 저작은 일선동조론(日鮮同祖論)을 내세우면서 조선인들의 민족의식을 흐리게 하고, 결국 자신의 침략에 대한 저항심을 약화하려던 일본의 의도를 무력화하는 역할을 하였다.

애국계몽사상에는 위에서 살핀 바와 같이 문제점이 없지 않았지만, 그것이 일반 국민들에 끼친 영향은 적지 않았다. 애국계몽운동가들과 단체들은 전국에 사립학교 설립운동을 전개하였는데, 여기에 광범한 민중이 호응하면서 1907~1909년에 민간에서 자발적으로 설립한 사립학교의 수가 3천여개에 달했다 한다. 특히 이동휘(李東輝)가 주동이 되어 애국계몽운동이 활발히 벌어졌던 강화군에는 23개의 보창학교(普昌學校)가 설립되었다 한다. 일본은 이같은 사립학교를 없애기 위해 1908년 사립학교령을 만들고, 이들 사립학교들이 법에 정한 규모를 갖추지 못했다는 구실로 폐쇄하고 말았다. 이것이 그들이 자랑하는 근대교육 실시의 실상이었다. 어쨌든 이러한 학교에서 학생들은 애국심을 배우고 새로운 문물을 접함으로써 이후 일본제국주의에 항거할 수 있는 세력이 되었음은 틀림없는 사실이라고 하겠다.

2
일제의 강점과 민족해방운동

1. 3·1 민족해방운동

(1) 무단통치

조선은 공식적으로는 1910년에 일제에 병탄되었지만, 이미 1905년에 '을사보호조약'에 의해 실질적인 식민지로 전락하고 말았다. 이 조약은 일본의 강박 아래 맺어졌음은 물론 최고권력자인 고종황제의 재가도 받지 못한, 국제법적으로도 명백히 불법적인 것이었다. 이러한 사태의 변화에 대하여 애국계몽운동·의병투쟁이라는 두 방향의 대응이 있었다는 것은 앞서 살핀 바와 같다.

조선이 일본의 보호국으로 전락해 있었던 시기, 이 땅에는 통감부가 설치되고 이또오 히로부미가 1대 통감으로서 여러 제도의 변화를 시도하였다. 이러한 것들은 모두 '시정개선'이라는 구호를 앞세우고 진행되었는데, 사실 이러한 제도가 일면 근대적인 것임은 부정하기 힘들다. 문제는 그것이 조선의 일본화를 꾀한 것으로서, 조선인들의 입장이 전혀 고려되지 않은 것이라는 점과, 급격한 변화 속에서 피해를 볼 수밖에 없는 사람들에 대한 고려가 전혀 없었다는 점이었다. 제도의 변화는 오히려 일본인들에게 유리하고, 조선인들에게 불리한 방향으로 추진되었다는 것이 좀더 사실에 가까울 것이다. 그러한 변화는 조·일 자본에 자유경쟁을 보장하는 것으로서, 우세한 일본 자본의 공세 속에서도 전근대적인 제도와 법령 덕분에 버텨가고 있던 조선 자본의 몰락을 재촉하는 것이었다.

일제는 조선의 통치권을 완전히 장악한 후 본격적으로 수탈정책을 추진해나갔다. 정책의 기본방향은 조선을 식량·원료 공급지, 상품시장으로 만든다는 1905년 통감부 설치 이후의 정책과 다를 바 없었다. 다만 다른 것이 있다면 이것이 좀더 폭력적으로 추진되었다는 점인데, 이는 일본 자본주의가 조선을 손쉽게 요리할 수 있을 만큼 충실한 것도 아니었고, 식민지 민중을 감복시킬 만한 우수한 문화적 역량을 지닌 것도 아니었기 때문이다. 따라서 그들은 헌병경찰제도와 가혹한 법령의 힘으로 조선을 복속시키려 했다.

식민지 지배의 기본 통치기구는 조선총독부(朝鮮總督府)였는데, 그 우두머리인 조선총독은 전근대의 어떤 군주보다도 더 강력한 절대권력을 가지고 있었다. 조선총독은 일제 관제 내에서 최고의 친임관(親任官)으로서 천황에 직속되었고, 육·해군 대장들 중에서만 임명될 수 있었으며, 행정·입법·사법·군사통수 등 무제한적인 권력이 주어졌다.

일제통치의 무단성은 이른바 헌병경찰제로 상징되는데, 이것은 헌병과 보통 경찰을 결합한 것이다. 헌병경찰은 치안문제뿐만 아니라 식민지 행정상의 중요한 역할까지 담당하였다. 헌병경찰은 첩보의 수집, 의병의 토벌, 범죄의 즉결을 비롯하여 민사소송 조정, 집달리의 업무, 산림 감시, 어업 단속, 징세 원조, 그밖에 일본어의 보급, 도로의 개수, 식림, 농사의 개량, 부업의 장려, 법령의 보급 등 실로 식민지 민중의 생활 전반을 지도하는 권한을 가지고 있었다. 이는 다른 말로 하면 총독부의 모든 통치행위가 강제와 폭력에 의해 이루어지고 있었음을 보여주는 것이다.

한편 일제는 1907년 보안법(保安法)을 공포하여 "안녕질서를 유지하기 위해 필요한 경우에 결사의 해산"을 명령할 수 있게 하고, 경찰관으로 하여금 "집회, 다중(多衆)운동이나 군중의 제한, 금지 또는 해산" 권한과, 나아가 문서·그림의 게시나 언동에 대한 단속 권한을 갖게 하였다. 1910년 8월에는 '집회 단속에 관한 건'을 공포하여 정치에 관한 집회를 금지하였다. 이밖에 일제는 법령을 발표하여 신문·잡지들을 정간하고, 이후 발행되는 얼마 안되는 잡지들도 검열을 받게 했다. 이같은 강압적 분위기 아래 합병 직후에는 길가에서 두세 사람이 모여서 잡담을 나누어도 잡혀가는 공포분위기가 지배하게 되었고, 3·1운동 이전에는 한국인이 발행하는 신문이 하나도 없게 되었다.

이 시기 악법 중의 또 하나는 태형령이었다. 일제는 1912년 3월의 '조선형사령'으로 검사 및 사법경찰관의 범죄수사권을 확대하였으며, 경범에 대해 태형(笞刑)을 실시할 수 있게 하여 일제의 지시에 따르지 않거나 일본인에게 반항하는 조선인들을 잡아다 태형을 가하였다. 이 형벌은 매우 가혹하고 야만적인 것으로, 이 형벌을 받고 불구가 되는 경우가 많았고, 심지어 목숨을 잃는 경우도 있었다 한다. 조선인에게만 적용된 태형은 원망의 대상이 되어, 3·1운동 후 일제가 문화정치를 내세우면서 없어지게 되었다.

조선을 강점한 일제는 농업구조의 개편작업에 더욱 본격적으로 착수하였다. 가장 중요한 사업이었던 토지조사사업은 정확한 측량을 바탕으로 지적(地籍)을 작성하여 지세 부담을 공평하게 하고, 소유권을 보호하여 매매·양도를 원활하게 하기 위한 것으로 토지의 개량 및 이용을 자유롭게 하여 토지의 생산력을 증진시킨다는 것이었다. 일제는 이 사업을 통해, 첫째 지세(地稅) 부과의 공정화는 물론 은결(隱結) 등을 발굴해냄으로써 세원을 확대하고 이전과 같은 이서층(吏胥層)과 지방관의 중간 수탈은 배제하여 식민지 통치를 위한 확실한 재정적 기초를 마련하고자 했던 것이며, 둘째 근대적인 토지소유제를 완성하여 그 소유권을 보호하며, 이로써 토지의 상품화를 위한 기초를 마련하고자 하였다. 이를 바탕으로 농업자본가의 조선 침투를 활발하게 하여 농업 개발에 박차를 가하겠다는 것이었다.

여기에서 특히 중요한 의미를 갖는 것이 토지소유권 조사인데, 사유권이 비교적 발달해 있었던 민전(民田)의 경우에는 큰 문제가 없었으나, 국유지에서는 많은 분쟁이 야기되었다. 이는 궁방전·역둔전 등이 다양한 과정을 통해 형성되어 소유권이 복잡하게 얽혀 있었기 때문인데, 일제는 농민이 자신의 토지임을 입증할 수 없을 때는 이를 국유지로 편입해버렸고 이후 이것을 일본인들에게 싼값에 불하하였다.

이 사업에는 1918년 12월에 일단락될 때까지 2456만 원이라는 거액의 예산이 투입되었다. 토지조사사업은 근대 자본주의 사회의 한 특징인 일물일권적(一物一權的)·배타적 소유권을 확립해, 이른바 토지의 완전한 상품화를 가져왔다. 이러한 면에서 일제가 조선의 문란한 토지제도를 고쳐 근대적인 토지소유제로 바꾸었다고 선전하는 것은 이해할 만한 것이겠다. 그러나 여기서 우리가 놓치지 말아야 할 것은 이러한 토지조사사업은 이미 대한제국 시기에 착수되었던 것으로 결코 일제가 최초로 실시한 것은 아니었으며, 소유권의 확립도 결국 지주의 권한을 강화하는 방향에서 이루어졌다는 점이다. 이는 대한제국과 마찬가지로 일제가 조선후기 이래 계속되어온 농민층의 토지소유권 확보 노력을 부정하는 방향으로 사업을 진행했음을 의미한다. 뿐만 아니라 지세의 산정과정에서는 50%의 고율 소작료를 공식적으로 인정함으로써, 식민지 지주제를 위한 기반을 마련해주었다. 이같은 일련의 시책으로 인하여 이른바 '토지의 화폐화'가 이루어지고 일본 자본의 자유로운 활동 및 축적이 보장되었는데, 이는 동시에 조선 농민들의 몰락이 가속화되었다는 것을 의미하는 것이다.

토지조사사업과 함께 주목해야 할 것은 일제의 산림탈취 정책이다. 산림은 농민들의 경제생활에서 매우 중요한 의미를 갖는 것이다. 조선시대 사람들은 계(契) 등을 만들어 산과 나무를 잘 가꾸기 위해 남다른 정성을 기울여왔다. 그러나 이러한 산들의 소유관계는 언제나 분명한 것이 아니었다. 대개의 경우 이러한 산림은 말 그대로 무주공산이

거나 촌락공동체 또는 문중(門中)의 공유지인 경우가 많았다. 일제는 1908년 1월 삼림법(森林法)을 공포하여 산림·임야의 소유자로 하여금 그 지적 및 면적의 견적을 제시하게 하고, "기한 안에 제출하지 않는 것은 국유로 간주"한다고 하여 산림의 반 이상을 국유 임야에 편입하고 말았다. 또 1911년의 삼림령(森林令)에서는 일반 농민의 산림 이용을 단속하는 한편, 동양척식회사(東洋拓殖會社) 등 일제 독점자본 및 국가기관에 산림을 불하할 수 있게 하였다. 이후 실제로 많은 산림을 불하하여 이들에게 산림자원 수탈의 길을 열어주었다. 이후 농민들은 산림 이용의 길이 제한되어 가뜩이나 어려워진 살림에 한층 더 주름살이 잡혔고, 몰락이 가속화되었다. 이 시기 문학작품에 농민의 산림 이용 제한과 관련된 고통을 다룬 것이 많은 것은 바로 이같은 이유에서였다.

일제 농업정책의 또다른 부분은 식민지 조선을 식량·원료 공급지로 재편하는 작업이었다. 일제가 가장 중점을 두었던 쌀의 경우를 보면, 정책의 주안점이 일본으로 좀더 많은 쌀을 수탈해가는 데 있었다. 여기서 쌀의 상품(商品)으로서의 가치를 높이기 위해 일본인의 입맛에 맞는 조신력(早神力) 등 몇가지 제한된 품종으로 교체해 통일하고자 하였다. 이를 얼마나 강력히 추진했던지, 1912년 현재 전체 2.8%에 불과한 개량종 재배면적이 1921년에는 61.6%로 늘어났다. 특히 삼남지방의 보급률은 1919년 당시 60～80%에 달하였다. 이같은 일본 품종은 경작조건이 좋을 때는 재래종에 비해 17～30% 정도 더 수확할 수 있었다 한다. 반면 재래종은 반(半)건조한 한국의 풍토에 순화되어 수확의 안정을 기할 수 있는 장점을 갖추고 있어, 경작조건이 갖추어져 있지 않은 경우 양자의 수확의 차이는 크지 않았다고 한다. 그 나름의 장점을 가진 재래종이 개량종이라는 허울에 밀려 구축되고, 새로운 품종의 채택에 따르기 마련인 시행착오의 희생은 농민이 떠맡아야 했다.

면화와 누에고치의 개량종 보급과 증산 정책도 일제 강점과 함께 더욱 강력히 실시되었다. 이것은 일본의 방직산업을 위해 필요하였는데, 일본 경제에서 가장 중요하고 유일한 외화벌이인 방직산업에 충분한 원료를 공급하는 일이 무엇보다 긴요하였던 것이다. 이 중에서 생사는 국내산 누에고치를 값싼 노동력으로 가공해 수출한 것으로 일제의 중요한 외화획득원이었다. 일제는 개량 잠종 및 더 많은 누에를 사육하기 위한 전제인 개량 뽕나무를 강압적으로 보급했다. 3·1운동 직후 일제 헌병본부에서 행한 여론조사에서, 농민층의 불만으로서 "밭의 유무에 관계없이 일률적으로 뽕나무 묘목을 배포하는 것"이 가장 많이 거론된 것은 이와 관련하여 매우 시사적이다.

일제의 이런 정책에는 모든 행정력·경찰력이 동원되었고, 이밖에도 여러 단체가 만들어졌다. 일제 강점 직후 최하급 행정기관인 면(面)의 기능이 그때까지 정비되지 않았기 때문에 농사 개량의 선두에 나선 것은 바로 헌병과 경찰이었다. 이들은 종자의 정선(精選), 못자리의 설치, 퇴비의 제조, 비료 주기, 해충 구제, 수확 시 곡식의 건조방법 등 농업생산의 전과정에 걸쳐 지시·감독하였다. 1911년의 경우를 보면, 이 해에는 678개소의 경찰관서에서 6222명의 경찰관, 935개의 헌병대에서 7749명의 헌병이 농사 개량에 동원되었다. 이때 관의 지시에 따르지 않은 사람은 벌금을 물거나 태형을 당해야 했으며, 못자리가 짓밟혀지기도 했다.

한국의 재래농업은 그 나름의 경영구조를 가지고 있었다. 그러나 이제 이 모든 것이 일본으로의 식량·원료 공급이라는 하나의 목적을 위해 개편되지 않으며 안되었다. 전래의 농법은 한국의 기후·풍토에 맞는 경종(耕種)방법과 윤작(輪作)체계를 발전시켜왔고, 그 품종들도 한국의 풍토에 순화되어 강한 생명력과 적응력을 지닌 것이었다. 그러나 일제의 요구에 맞지 않는다는 단지 하나의 이유 때문에 이 모든 것이 하루아침에 배제되고 말았다. 이 모든 것은 한국 농업구조를 약화시키고, 따라서 농민경제의 파탄을 가속화하는 것이었다.

이 시기 일제의 상공업정책은 회사령으로 대표되는데, 이것은 충실치 못한 일본 내의 산업 형편을 고려한 것이었다. 회사령의 특징은 조선총독의 승인을 받아야 회사를 설립할 수 있고, 합법적으로 설립되어 운영되고 있는 회사라도 "공공의 질서, 순량한 풍속에 위반되는 행위"를 할 때는 총독이 이를 해산할 수 있는 것이다. 회사조직을 통한 자본의 결합은 자본주의 경제의 발달과 함께 나타나는 자연스러운 현상인데, 회사령은 이를 억제하여 자유로운 기업활동을 막는 것이다. 이 법규의 시행을 합리화하기 위해 일제는 자본가의 보호를 그 하나의 이유로 들었지만 그 근본의도는 조선인 자본의 성장과 외국자본의 진출을 막아 조선을 자신의 상품시장으로 확보하는 동시에 조선의 산업을 장악하는 것이었다.

이러한 법령들과 함께 조선인 자본가의 성장을 가로막은 것은 낮은 관세였다. 일제는 1910년 조선을 병탄하여 자신의 관세 영역에 편입하였음에도 불구하고 향후 10년간 내외 무역을 불문하고 종전의 관세제도를 존속시키겠다고 선언하였다. 이는 자신의 병탄을 뒤에서 지원해준 영국·미국을 비롯한 서구 제국의 이해를 보장해주기 위한 것으로 이들 국가에 대한 일제의 종속성을 반영하는 것이었는데, 이로써 종전부터 조선과 통상관계를 맺고 있었던 서구 제국은 관세에 관한 한 아무런 변화 없이 시장에 침투해 들어올 수 있었다. 일본 자본은 관세에 관한 한 서구의 자본보다 나을 바 없었으나, 일본상품의 비중은 이미 러일전쟁 이후부터 절대적인 것이었고, 그밖에 여러가지 행정적·금융적 편의를 받을 수 있었다. 어쨌든 1912년의 조선관세정률령에 규정된 수입 중요상품에 대한 관세율은 7.5%를 전후한 저율관세였다. 이같은 저율관세 밑에서 조선의 미약한 자본이 성장하기를 기대할 수는 없는 것이다.

일본 상인들의 내지 침투는 철도·도로망이 정비되고, 의병의 저항이 점차 진압되는 등 일제의 통치가 자리를 잡아가면서 더욱 활발해졌다. 일본—조선—만주를 잇는 철도망은 이미 1911년에 완성되어 일제의 조선 및 중국 시장 침투를 위한 통로의 역할을 했다. 철도망은 호남선·경원선 등이 모두 개통된 1910년대에 근간이 완성되었다. 이밖에도 일제는 중요 항만, 공장, 농산물·광산물 집산지를 연결하는 철도 지선(支線)들을 건설하였는데, 이를 촉진하기 위해서 사설(私設) 철도의 부설을 장려하기 위한 보조금까지 지급하였다. 이들 철도 연변의 일본 이주민들의 수도 늘어나서, 1916년 현재 이주한 32만여 명의 일본인들 중 약 70%가 각 철도 연변에 정착하였다. 이러한 일본인 이주의 이면에는 총독부는 물론 동척(東拓)과 같은 국책회사의 장려가 큰 역할을 하였다.

도로 수축 또한 이 시기에 들어와 한층 활발히 행해졌다. 조선총독부는 1911년 4월 '도로규칙', 1913년 5월 '도로취체(단속)규칙'을 제정하여 도로 수축의 원칙을 확립하고, 1911년부터 도로수축 7개년 사업을 시작했다. 그래서 이 사업이 끝난 1917년에는 2700km에 달하는 도로망이 완성되었다. 이러한 도로가 이른바 신작로(新作路)인데, 이로써 일제의 식민지배를 위한 대동맥인 철도와 소동맥인 도로망이 서로 연결되어 식민지 수탈은 더욱 강화되었다.

일제는 이와 함께 항만의 수축에도 착수했다. 항만은 침투를 위한 출발점이자, 수탈한 물자를 내가는 문이기도 했다. 1906년부터 실시한 항만 및 세관설비 공사 7개년 계획은 9개 항에 대한 방파제 건설, 항만 준설, 부두 매축 등의 공사를 실시하였다. 특히 해륙의 연락체계를 완비하기 위해 경부·경의 철도의 기점인 부산·인천·진남포항 정비 8개년 사업을 벌였다. 이밖에도 지방 항구에 대한 7개년 수축공사도 벌였는데, 주요 항구는 철도망과 연결되어 일제 수탈망의 한 부분을 이루게 되었다. 이렇게 정비된 연안의 항구 사이에서 조선우선회사(朝鮮郵船會社)가 총독부의 명령에 따라 항로를 독점 개설하였고, 이 항로는 다시 일본의 항로와 연결되었다. 이로써 1910년대에는 조선의 도로—철도—항만을 거쳐 해로를 통해 일본을 잇는 운수체계가 일단락되었다.

이같은 운수체계의 형성 및 총독부의 정책적인 장려에 의해 1910년대 말경에는 전국 어디에서나 일본 상인의 상점을 볼 수 있게 되었다. 또 식량·원료의 반출 및 상품판매는 일본과의 교역량을 증대시켰는데, 그 주도권은 자연히 일본 상인들이 차지하였다. 일본 상인들의 상업활동은 무역업·도매업 등 비교적 큰 자본이 필요한 분야에서 이루어졌다. 여기에는 편중적인 금융지원 등이 큰 도움이 되었던 것은 다시 말할 필요가 없다. 반면 식민지 조선의 대부분의 상인들은 일본 상인들의 압박 밑에서 소상인·행상·객주로서 연명할 수 있었을 뿐이었다.

1910년대의 공업은 농업 중시 정책 및 '반공업화(反工業化)' 정책으로 인하여 전반적으로 유치한 수준에 있었다. 산업분야별 생산액의 구성을 보면 1910년대 전기간 동안 농업의 비중이 70~80%였던 데 비해 공업의 비중은 언제나 20% 미만이었다. 이것은 직업별 인구구성에도 그대로 반영되어 1916년 말 현재 조선인의 90%가 농업에 종사하고 있었는데, 공업 종사자는 2.3%에 불과했다. 한편 일본인들은 13.6%가 공업에 종사하고 상업·교통업에는 32.3%가 종사하고 있었다. 공업이 전반적으로 유치한 수준에 있었지만 일본인들의 공업은 조선인들의 그것에 비해 한 단계 높은 수준이었다.

(2) 3·1 민족해방운동

일제의 야만적인 통치에 대한 전민족적 분노가 1919년 3월 1일 폭발하였다. 당시 전국 218개 군 중에서 일곱 곳에서만 '소요'가 없었다고 보고될 정도로 이 운동은 거족적인 것이었다. 이 운동에 동원된 대중의 수는 최고 2백만으로 추정되는바, 당시의 인구가 약 1700만이었던 것을 감안한다면, 얼마나 많은 사람들이 참여했는가를 알 수 있다. 극소수의 친일지주·예속자본가나 친일관료를 제외한 거의 모든 민족의 성원들이 직·간접적으로 항일운동에 참여하였다고 할 수 있을 것이다.

3·1운동의 가장 큰 원인은 앞서 살펴본 일제의 무단통치였다. 기나긴 역사와 전통을 가지고 있으며, 과거에 앞선 문화를 일본에 전해주었던 조선인들은, 일본인들이 아무리 근대문화를 앞세운다 해도 그들의 강압적인 식민지 통치에 승복하지 않았다. 일제가 가져온 제도의 변화가 그 나름대로 합리적인 것도 없지 않았겠지만, 그것이 전통을 무시한 채 일방적으로 강요될 때 누구라도 반발을 느끼게 될 것이다. 또 그러한 제도의 변화가 이익을 가져다주기는커녕 광범한 농민층의 희생과 고통을 강요하는 것일 때 그에 대해 반발하게 되는 것은 당연할 것이다. 어쨌든 1910년 이후 일제의 10년 가까운 통치는 어떠한 위치에 있는 사람들일지라도 불만을 느낄 수밖에 없는 강압적이고 모멸적인 것이었다.

제1차 세계대전 이후의 세계정세 또한 3·1운동의 발생에 기여하였다. 1차대전의 종료와 이의 처리과정은 "폭력의 시대는 가고 자유·평등의 세계 개조의 시대가 도래"하였다고 이해될 정도로 희망적인 것이었다. 1917년 러시아의 사회주의혁명, 1918년 독일의 혁명과 함께 특히 윌슨(T. W. Wilson)의 민족자결주의 원칙은 지식인에게 큰 영향을 끼쳤다. 조선은 전승국 일본의 식민지였기 때문에 이 원칙이 적용될 수 없었음에도 불구하고, 당시 많은 지식인들은 이것이 조선에도 적용될 것으로 믿고 있었다. 실제로 패전국의 식민지였던 나라들이 독립을 회복하고 있다는 소식은 이들에게 희망을 북돋워주기에 충분하였다.

이밖에 이들의 운동을 자극한 것은 해외의 독립운동 소식이었다. 당시 중국 상해에서 신한청년당이 조직되어 빠리강화회의에 대표단을 파견하였고, 토오꾜오에서는 유학생들이 중심이 되어 독립선언을 하였다. 즉 이광수(李光洙)·최팔용(崔八鏞) 등의 토오꾜오 유학생들은 1919년 2월 8일 토오꾜오의 YMCA 건물에 모여 일제 식민지 통치의 허구성을 지적하고 조선의 독립을 촉구하였다. 이러한 소식은 곧바로 국내로 전해져 운동을 재촉하였다.

이같은 분위기 속에서 운동을 준비한 것은 이른바 '민족대표 33인'

으로 불리는 지식인층 및 종교계 지도자들이었다. 그 주력은 동학의 뒤를 잇는 천도교계의 손병희(孫秉熙)·권동진(權東鎭) 등의 지도자, 그리고 기독교계의 이승훈(李昇薰)·길선주(吉善宙) 등의 지도자였다. 여기에 한용운(韓龍雲)·백용성(白龍城) 등이 불교계를 대표하여 가담하였다. 이들은 학생들과 연결하여 독립선언서를 비밀리에 인쇄하고 이를 널리 배포하여 운동을 확산할 계획을 꾸미게 되었다. 마침 이 해 1월에 고종이 사망하였는데, 그가 독살되었다는 소문이 퍼져 있어 인심이 흉흉한 차였다. 그 장례일이 3월 1일이어서 서울은 물론 지방의 많은 국민들이 상경할 것이 확실하므로 이를 이용하여 대대적인 시위를 일으킬 예정이었다. 또 선언서를 각지로 전파하여 거국적 운동을 벌일 모의를 하게 되었다.

그러나 민족대표 33인은 막상 3월 1일이 닥쳐오자 뒷걸음쳤다. 그들은 처음 예정대로 사람들이 많이 모이는 파고다공원에서 선언서를 낭독하지 않고, 태화관이란 음식점에 모인 후 일본 경찰에 연락하여 자수하고 말았다. 이들은 크게 보아 한말의 부르즈와적 애국계몽운동의 계보를 이어받고 있었는데, 운동방법에서 비폭력·무저항주의라는 온건한 방법을 주장하여 일본과 세계의 이성에 호소해 독립을 얻어낸다는 측면이 강했다. 이들은 운동이 조직되는 단계에서 생각하지 못한 방향으로 확대되어가는 데 겁을 먹었음에 틀림없다.

이러한 지도층의 투항적 자세와는 관련 없이 만세시위운동은 전국으로 퍼져나갔다. 서울에서는 파고다공원에서 학생들이 독립선언서를 뿌리고 이를 낭독한 후 시위에 나섰다. 평양에서도 거의 같은 시각에 독립선언서가 배포되고 시위가 시작되었다. 숨겨져 있었던 태극기가 등장하였고, '대한독립만세'라는 구호가 터져나왔다. 학생들은 이 독립선언서를 지방의 각 도시들로 전파하고, 그곳의 시위를 조직하였다. 지방도시의 시위는 다시 주변 지방으로 전파되어 4월 초순에는 투쟁의 파고가 최고조에 달하게 되었다.

이같이 초기 만세운동의 전파와 조직에는 학생·지식인·교사·교

3 · 1운동
광화문 앞 기념비전에 모여
시위에 호응하고 있는 사람들

인들의 역할이 컸다. 여기에 점차 상인·노동자·농민들이 적극적으로 호응하였고, 이들 중에서 지도자가 나오기도 하였다. 특히 노동자들은 만세운동에 적극 참여하였는데, 주로 국내에 진출한 일본의 개인·국영 기업체에서 민족차별을 당하고 차별적 임금을 받고 있던 사람들이었다. 이들은 시위가 다소 잦아들던 3월 22일 서울에서 노동자대회를 열어 운동의 열기를 다시 높이고, 또 서울 주변의 농촌지역으로 운동이 확산되는 데 결정적 역할을 하였다. 상인들은 철시함으로써 운동에 호응하였다. 농민은 식민지 농정의 가장 큰 피해자로서 가장 적극적으로 운동에 참여하였다. 농촌지역에서는 장날마다 만세운동이 몇번씩이나 반복되기도 하였다. 민족대표 33인에서 빠졌던 지방의 유지층인 구래의 양반층이 시위를 주도하는 경우도 있었다. 앞서 살펴보았듯이 운동 직후의 여론조사에 의하면, 농민층의 가장 큰 불만은 뽕나무 묘목의 강제 배부였다. 또 잦은 부역과 부역 동원에 있어 반상(班常)을 구분하지 않은 것은 양반층의 불만을 사고 있었다. 공동묘지 사용의 강제도 농민층의 불만을 불러일으키고 있었음을 보여준다.

서울에서 명망있는 인사들이 만세운동을 벌였다는 사실은 대다수 사람을 고무하고 운동에 참여하게 하였지만, 지도부가 제시한 비폭력·무저항의 원칙은 잘 지켜지지 않았다. 폭력투쟁은 대개의 경우 일본 경찰의 야만적 탄압에 의해 촉발된 경우가 많았지만 처음부터 폭력적인 경우도 있었다. 농민들은 몽둥이·낫·돌 등으로 무장하고 식민지 행정의 말단기관인 면사무소를 공격하여 면장·면서기 등을 징계하고 징세대장 등을 불태우기도 하였고, 폭력장치인 경찰서·파출소 등을 공격하기도 하였다.

만세운동에 대한 일제의 탄압은 잔인한 것이었다. 일제는 시위대에 대해 발포하고 칼을 휘둘러 수많은 인명을 살상하였다. 피해자에 대한 통계수치는 자료에 따라 차이가 나지만, 최고 사망 7500명, 부상 1만 5천 명이었다. 또 4만 6천여 명이 수감되었는데, 이들은 모진 고문을 감내해야 했다. 또 49개의 학교와 교회, 715호의 민가가 불탔다. 특히 경찰이 살해된 데 대한 보복으로 마을을 전부 불태우고 주민들을 교회 안에 몰아넣고 불질러 죽인 수원 제암리의 학살사건은 처참한 것으로, 선교사들에 의해 해외에까지 전해져서 일제의 만행이 세계에 폭로되었다.

만세운동은 전국적으로 일어났지만 특히 평안·경기·경상도 지역에서 격심하였다. 이 지역은 경부선·경의선 연선(沿線) 지역으로 근대문물이 어느 지역보다 먼저 들어와 인민들의 의식이 깨어 있었고, 또 일제의 침략이 집중적으로 이루어진 곳이기도 하였다. 평안도는 조선후기 이래 사회·경제적 발달이 두드러졌던 지역이었고, 서구문화의 수용에 어느 지역보다 앞선 곳이었다. 기독교가 가장 일찍 들어오고 또 널리 퍼진 지역도 이곳이었다. 서울을 중심으로 한 경기도 지역은 한국의 정치·문화·경제의 중심지였다. 조선후기 농민운동의 중심지였던 호남지역에서는 운동의 열기가 상대적으로 약했는데, 이는 농민전쟁기와 의병전쟁기에 농민들의 투쟁역량이 소멸되었기 때문이 아닌가 추측되나, 완벽한 설명은 되지 못하고 있다.

3·1운동은 흔히 한국 민족해방운동사의 분수령이라는 의미를 갖는다고 평가된다. 개항 이래의 다양한 운동세력과 사상들이 여기에 흘러들었고, 이후에는 각자 분류(分流)하게 되었다. 또 이제까지의 운동은 부르즈와 세력이 주도하고 그 지향하는 바도 부르즈와적인 것이었으나, 이후 주도권은 농민·노동자층에게 넘어가게 되었다. 3·1운동의 가장 큰 의의 중의 하나는 그것이 가져다준 민족적 각성일 것이다. 광범한 농민층은 투쟁과정에서 민족적 각성을 하게 되고 자신의 능력을 깨닫게 되었으며, 이후 민족해방운동의 주도세력으로 바뀌어갔다. 그들의 행동을 지배하는 사상도 더이상 부르즈와적인 것만은 아니었다.

3·1운동은 또 수많은 젊은이들의 민족의식을 깨우쳐 이들이 이후 민족해방운동에 투신하는 계기가 되었다. 그래서 민족주의자들이 세운 만주의 학교들이 1910년대에만 해도 개점휴업 상태였으나 3·1운

동 이후 몰려오는 젊은이들을 수용하기 위해 건물을 신축하였다 한다. 또 이후 만주에서는 수많은 독립운동 단체들이 결성되었는데, 이 역시 이러한 인적 자원의 공급이 없이는 불가능한 것이었다.

3·1운동은 또 수많은 운동가·지식인들로 하여금 민중의 존재를 인식하게 해주었다. 개화사상·애국계몽운동은 그 계몽자적 인식과 우민관을 지적받았다. 그러나 3·1운동에서 분출된 농민층의 힘은 이들로 하여금 운동의 방향을 바꾸게 하는 계기가 되었다. 이들은 민중의 힘을 새롭게 인식하게 되고 이를 바탕으로 운동을 전개하게 된다. 1920년대 이후 사회주의 사상이 도입되고 농민·노동자 운동이 활성화된 것도 이러한 인식과 무관하지 않다.

3·1운동은 또 한국 민족주의 운동이 도달한 가장 높은 수준을 보여준다. 비록 그 강도와 지향에서는 차이가 났지만 거의 모든 민족의 성원들이 각자의 위치에서 일제에 항거하여 싸웠다. 이와같이 거족적인 운동은 이전에도 없었고 이후에도 없었다. 이같이 민족성원 전체가 일제에 항거하여 싸운 경험은 한국 민족주의 발전에 심대한 영향을 끼치게 되었다.

3·1운동이 일제에게 준 충격은 더욱 컸다. 나약하고 무기력한 조선민족은 총칼로써 다스려야 한다고 떠들어대던 그들은 전국적·거족적 저항에 큰 충격을 받았다. 이는 그들의 폭압적 지배가 실패했다는 것을 웅변으로 말해주는 것이었다. 무단통치를 행하던 조선총독 테라우찌 마사따께(寺內正毅)는 이에 대한 책임을 지고 물러나지 않을 수 없었다. 이후 일제는 최소한 형식적인 면에서는 강압적 통치의 요소를 불식하려고 노력하게 되었다.

이 운동으로 식민지 행정체계는 상당기간 마비되었다. 일본인들의 하수인 역할을 하던 면장·면서기 들이 공포분위기 속에서 사직서를 내는 바람에 행정이 마비되었다. 이들 중 일부는 만세운동에 동조하여 운동에 앞장서는 경우도 있었다. 그들도 민족차별을 받기는 마찬가지였던 것이다.

2. 사회주의의 유입과 통일전선운동

(1) 문화통치

3·1운동에 충격을 받은 일제가 표방하고 나선 것이 이른바 문화통치였으니, 1910년대의 폭력적·야만적 공포정치를 문명화된 통치로 바꾼다는 것이었다. 그러나 그 실상은 본격적으로 악화·심화된 통치의 본질을 숨기고 이를 좀더 원활히 수행하기 위한 속임수에 지나지 않았다.

일제는 '문화통치'를 내세우고, 자신들이 조선 인민에게 언론·집회·출판의 '자유'를 주었으며, 식민통치에서 이른바 '민의(民意)'를 충분히 반영하기 위해 지방제도를 개정하였다고 선전하였다. 이에 따라 발간이 허용된 것이 『동아일보(東亞日報)』『조선일보(朝鮮日報)』 등의 신문과 『개벽(開闢)』 등의 잡지였다. 그러나 이러한 출판물들은 엄격한 검열을 받아야만 했으며, 식민지 통치질서와 사회의 안전을 방해하지 않는 한에서만 출판이 허용되었다. 조금이라도 일제의 비위를 거스르는 경우에는 한두 페이지가 삭제되는 것은 예사였고, 좀더 심한 경우에는 발간이 정지되거나 폐간되었다. 집회의 '자유'라는 것도 사정은 비슷하였다. 즉 집회는 경찰의 '허가'를 받아야 했으며, 일제의 감시 아래서만 진행할 수 있었다. 그러나 이러한 양보는 3·1운동으로 '쟁취'한 것임이 분명하였고, 일제의 의도가 무엇이었든 신문·잡지의 발행은 조선인들의 의사소통과 여론 형성에 도움을 주었다.

일제는 병탄에 공이 있는 친일파들에게 명예직을 주기 위해 만든 중추원을 1920년에 확장했으며, 고문·참의들의 임기를 3년으로 정하고 수당을 올려주었다. 또 지방 통치기관의 '자문기관'으로서 의결권이 없는 부협의회·면협의회·도협의회 등을 설치하여 일제 지방 통치기관의 예산 및 공공사업들에 대한 자문에 응하게 하였다. 그러나 피선거자격을 엄격히 제한하여 일본인 자신들과 극히 일부의 조선인 지주·자본가들만이 참여할 수 있게 했다. 이들 기관은 일제통치의 들러리에 지나지 않았던바, 지방사회의 친일자본가나 친일지주를 일제통치의 동반자로 만들고, 그들의 명예욕을 채워주기 위한 기구에 불과하였다. 이는 이 시기 일제가 취한 친일분자 양성정책의 일환으로서 민족이간정책의 하나였다.

일제는 이러한 조치들이 대단한 은전이나 되는 것처럼 국내는 물론 세계에 선전했지만 식민지 통치의 실상은 오히려 악화되었다. 우선 헌병경찰제도를 보통경찰제도로 바꾸었지만 동시에 경찰의 수를 급격히 늘렸다. 1918년에 751개였던 경찰관서의 수는 1921년 2960개로 급격히 늘어났으며, 경찰관의 수도 5402명에서 2만 750명으로 늘어났다. 그 예산도 급격하게 증가하여, 1920년 4월 18일자 『동아일보』의 기사에 따르면, 경찰비는 교육비와 산업비를 합한 액수의 7.8배에 해당하고 총예산의 8분의 1을 차지했다고 한다. 일제는 또 민족해방운동을 탄압하기 위해 이를 전담하는 특별고등경찰(특고경찰) 제도를 만들었는데, 이것은 보통경찰들과는 별개의 독립적 체계를 지닌 것이었다.

일제는 이미 1911년 8월 '조선교육령'을 공포·실시하였는데, 그 주안점은 조선인을 '충량(忠良)'하고 '유용한 지식'을 갖춘 일본제국의 '신민(臣民)'으로 육성하는 데 있었다. 이에 따라 먼저 초보적인 보통교육이 강조되고, 다음에 실업교육이 강조되었다. 또 일어 교육이 강조되어 보통학교 4년간 일본어는 매주 10시간이 배정된 데 비해, '조선어 및 한문'에는 1, 2학년에는 6시간이 배정되었다가, 3, 4학년에는 그나마 5시간으로 줄어들었다. 또 교과의 내용은 우리의 문화와 전통 대신 일본 것으로 바뀌었고, 곳곳에서 천황의 은혜가 강조되었다.

그러나 1910년대에는 일제의 재정궁핍과도 관련하여 교육은 양이나 질에서 모두 빈약하였다. 3·1운동에 놀란 일제는 1922년 2월 '조선교육령'을 개악·공포하였는데, 이 시기 문화정책과 관련하여 '내지(일본) 준거주의'라 하여 식민지 조선에도 일본과 동일한 교육제도를 시행하고 조선인과 일본인 간의 차별을 없앤다는 것이었다. 이로써 보통학교의 교육연한은 4년에서 6년으로 늘어났고, 조선인도 일본고등학교에 진학할 수 있게 되었으며, 대학교도 생겨났다. 그러나 겉으로 볼 때는 그럴듯한 긍정적 변화는 그 내용에 있어서는 민족동화 교육을 강화하여 조선인들의 저항심을 약화시키고, 일본군국주의 사상을 주입하기 위한 것이었다. 그리하여 보통학교·고등보통학교의 목적은 일어를 습득·숙달시키는 데 있다고 천명되었고, 조선역사·조선지리 시간은 대폭 줄어든 반면 일본역사·일본지리 시간은 대폭 늘어났다. 또 일제는 '1면1교(一面一校)주의'를 내세워 교육시설을 확장하는 듯이 선전했으나, 이는 민족주의 교육의 온상이 되었던 사립학교와 서당을 없애기 위한 것이었다.

1920년대 일제의 조선수탈정책은 '산미증식계획(產米增殖計劃)'으로 대표된다. 제1차 세계대전을 계기로 급성장한 일본 경제는 도시인구의 급증과, 농촌에서의 생산관계 모순에 기인한 쌀의 공급부족 현상을 가져와, 1918년에는 식량부족으로 인한 소요를 경험했다. 값싼 쌀의 공급은 저임금에 기초를 두었던 일본 자본주의의 존립을 위해서도 필수적인 것이었다. 일제는 그 해결책을 식민지에서의 쌀의 증산 및 수탈에서 찾아냈는데, 그것이 바로 '산미증식계획'이었다.

산미증식계획에서 일제가 강조한 것은 수리시설의 확충을 통한 토지의 개량으로, 전체 자금의 90%에 가까운 2억 8500만 원 가량이 여기에 할당되었다. 이같이 막대한 자금은 동척과 조선식산은행(朝鮮殖產銀行)에 낮은 이자율(평균 7.4%. 시장 이자율은 9.5~11%)로 대부되었고, 이들은 여기에 다시 1% 내외의 이자를 덧붙여 개인이나 수리조합(水利組合)에 빌려주었다. 그러나 이러한 저리자금의 혜택은 일정 규모 이상의 사업에만 제공되었기 때문에 결국 일본인 대지주 및 약간의 조선인 지주만이 이용할 수 있었다.

이 사업과 관련하여 많은 수리조합이 설립되었다. 수리조합은 반

쌀과 더불어 상당한 양에 달했던 우리 면화의 대일 반출 광경(1927년, 목포항)

(半)관제 조직으로서 대지주 몇사람의 일방적인 결정에 의해 결성될 수 있었다. 일단 조합의 결성이 결정되면 비록 새로운 수리시설을 필요로 하지 않은 사람도 조합에 강제로 편입되어 조합비를 물어야 했다. 대지주 중에는 일본인들이 많았는데, 이들을 중심으로 조합이 운영되어 강제로 편입된 많은 조선인 중소지주·자작농은 불이익을 당해야 했다.

수리조합 안의 토지는 수리시설을 이용한 대가로 수세(水稅), 즉 수리조합비를 내야 했는데, 흉년이 들었다든가 쌀값이 폭락할 경우 중소지주나 자작농들이 조합비를 물지 못해 일본인 지주들에게 토지를 값싸게 파는 일이 많아졌다. 그리하여 수리조합이 설립된 지역의 논값이 오히려 전보다 떨어지는 현상이 나타나기도 했다.

이러한 토지개량사업으로 쌀의 생산량은 늘어났고, 또 일본인들이 주장하듯이 한국의 농업이 발전한 것인지도 모른다. 그러나 이것은 대다수 농민들의 희생 위에 주로 일본인들인 대지주를 살찌우는 방향에서 추진된 것이었다. 동시에 살펴야 할 것은 증산된 쌀보다 더 많은 쌀이 일본으로 빠져나갔다는 사실이다. 쌀이 증산되었음에도 조선인들은 쌀을 더 먹을 수 있게 되기는커녕 그 소비량이 줄어들었고, 대신 값싼 외국쌀이나 만주산 좁쌀을 먹어야 했는데, 그나마 충분하지 못하였다. 그래서 1917~21년 평균 1.74석 소비되던 주요 곡물(쌀·조·보리·밀·콩)의 소비량은 1932~33년 평균 1.38석으로 감소하였다.

산미증식계획의 결과 조선의 농업은 점차 쌀농사 위주의 단작농업으로 재편되었는데, 그 결과 농가의 경제는 자연적·경제적 변동에 극히 취약하게 되었다. 또 이 사업의 결과 일본인 대지주의 수는 증가한 반면 조선인 지주와 자작농의 수는 감소하였으며, 소작농의 수는 증가하였다.

(2) 민족주의자들의 동요

3·1운동으로 분출된 한국인들의 독립열망에 대한 구미 열강의 냉담한 반응은 민족주의자들을 실망시키기에 충분하였다. 서구 국가들에 이성적으로 호소하면서 일본과 중국 또는 서구와의 전쟁 발발에서 독립의 가능성을 찾고 있었던 민족주의자들에게 서구 열강의 이러한 태도는 매우 실망적인 것이었다. 또 이들이 기대했던 민족자결주의는 1차대전 패전국의 식민지에 해당하는 것이었지, 비록 막판이기는 하나 전쟁에 참여하여 승전국의 대열에 끼여든 일본의 식민지인 조선에 해당하는 것은 아니었다.

조선인들은 또 1921년 11월에 열린 워싱턴회의에 기대를 걸고 우리의 독립을 호소하기 위해 대표단을 파견하기도 하였다. 그러나 이 회의는 태평양을 둘러싼 열강간의 이해의 대립을 해소하기 위한 것이어서 조선인들의 호소가 먹혀들 리 없었다. 3·1운동을 탄압함에 있어 일제가 보인 야만성에 대한 국제적 비난이 없었던 것은 아니었으나,

그것이 국제정치의 냉혹한 이해타산을 바꿔놓을 수 있는 것은 아니었다. 서구 열강은 오히려 새로운 강국으로 떠오른 일본의 비위를 맞추기에 급급하였고, 일본은 조선인들이 기대했던 바와는 달리, 중국 또는 서구 제국과의 전쟁으로 곤란에 빠지기는커녕 '떠오르는 태양'처럼 국력이 커나가 강대국의 대열에 끼게 되었던 것이다. 조선의 독립은 절망적인 것처럼 보였고, 열강에 대한 호소를 통해 독립을 달성하려 했던 일부 민족주의자들은 깊은 실망을 느끼지 않을 수 없었다. 이에 이들은 다시 한말 애국계몽기에 보였던 실력양성운동으로 돌아가게 되었다.

이들은 일제의 문화통치가 허용한 신문·잡지의 지면을 통하여 신문화의 수용을 주장하였다. 세계는 바야흐로 개조의 시기에 도달했는데 이같은 역사의 흐름에 홀로 뒤처지지 않기 위해서는 우리도 신문화(서구문화)를 하루빨리 섭취해야 한다는 것이었다. 그리하여 그들은 역시 일제가 허용한 결사의 자유를 바탕으로 각지에서 생겨난 청년회 조직을 이용하여 생활개선운동을 벌이게 되었다. 그 바탕에는 당시 조선인들의 궁핍한 생활이 일제의 식민지 통치가 가져온 사회·경제제도의 모순 때문이라기보다는 조선인들의 나태·무지에서 기인한다는 생각이 깔려 있었다. 결국 한말 지식사회를 풍미했던 사회진화론의 입장에서 강대국 일본의 지배를 받는 것은 우리가 약하기 때문이며, 따라서 그 해결방법도 자신이 독립할 수 있는 실력을 우선 키우는 것이어야 한다는 논리였다. 1922년 이광수가 『개벽』지에 발표한 「민족개조론(民族改造論)」은 민족에 대한 환멸을 바탕으로, 조선사회의 모순이 현실의 식민지 지배 결과로 초래된 것이 아니라 바로 한민족의 민족성의 결함에서 연유하는 것으로 보고 이를 개조해야겠다는 것이었다. 자기 민족에 대한 부정의 극치였다.

1922년 말부터 서울을 중심으로 본격적으로 전개된 물산장려운동(物産奬勵運動)은 바로 이같은 사회분위기 속에서 추진된 것이다. 이른바 '문화통치' 기간에도 일본인 위주의 정책은 변함이 없었고, 토착 부르즈와들은 일제 당국에 '조선인 위주의 산업정책'을 요구하였지만 받아들여지지 않았다. 특히 조·일 간에 저율로나마 남아 있던 관세가 1924년부터 없어진다는 소식에 위기의식을 가진 토착 부르즈와들은 이 난관을 민족감정에 호소함으로써 해결하고자 하였다. 당시 민간에서도 청년단체들을 중심으로 생활개선 차원에서 금주단연운동·자작자급운동·소비절약운동 등이 일어나고 있었던바, 이 운동은 초기 상당한 호응을 얻을 수 있었다. '조선사람 조선사람 것으로'라는 구호 아래 이 운동을 추진하던 토착 부르즈와들은 일제의 침략 아래 우리의 산업이 파괴되었을 때, "우리의 손에 산업의 권리, 생활의 제일 조건을 장악하지 아니하면…우리의 생명, 인격사회의 발전을 기대하지 못할" 것이라 하여 우리 자신의 자본주의적 대공업을 키워야 한다고 역설하였다.

초기에 상당한 반향을 불러일으키며 추진된 이 운동은 그러나 곧 난관에 부닥치게 되었다. 그것은 토산품 소비 장려운동이 이 운동의 취지에 호응하는 대중의 수요를 만족시킬 수 있는 생산능력을 갖추지 못함으로써 오히려 토산품의 가격을 올려놓아 영세민들의 희생을 요구하였다는 것과, 일제로부터의 독립이라는 명확한 목표를 제시함이 없이 기업가의 이익과 민족의 이익을 일치시킨 운동의 허구성 때문이었다. 반면 처음부터 일화배척(日貨排斥) 운동의 성격을 띠면서 추진된 지방의 물산장려운동은 서울을 중심으로 한 도시의 물산장려운동이 사그라진 후에도 상당히 끈질기게 지속되었다.

1923년 3월에 시작된 민립대학 건설운동도 역시 토착 부르즈와 세력에 의해 실력양성운동의 일환으로, 또 당시 사회에 풍미하기 시작한 사회주의 사조에 대항하기 위해 추진되었으나, 그 모금방법의 비현실성과 일제 당국의 은밀한 방해공작 등으로 실패하고 말았다.

이같은 운동의 실패에 토착 부르즈와들은 자치운동으로 선회하게 되었다. 그들로서는 자신들의 경제활동을 뒷받침할 수 있는 최소한의 정치권력이라도 필요하였던 것이다. 이에 여론의 반응을 살피기 위해 나온 것이 이광수가 『동아일보』에 연재한(1924년 1월 2~6일) 「민족적 경륜」이라는 글이었다. 이 글에서 그는 조선인들이 '강렬한 절개의식' 때문에 "일본의 통치권을 승인하는 조건 밑에서 하는 모든 정치적 활동, 즉 참정권·자치권의 운동 같은 것은 물론이요, 일본 정부를 상대로 하는 독립운동조차 원치 아니"하였다고 지적하고, 이제는 "조선 내에서 허(許)하는 범위 안에서", 즉 일제의 법이 허용하는 범위 안에서 정치·산업·교육의 3대 결사를 만들어 민족이 처한 위기를 극복하기 위한 백년대계로 삼자고 주장하였다. 즉 조선의 독립이라는 것이 주체적·객관적 사정상 불가능한 현실에서 일본의 식민지 통치를 인정하고서 민족적 실력을 양성하자는 것이었다. 이같은 주장이 발표되자 사회주의자, 비타협적 민족주의자들은 이광수와 『동아일보』를 격렬히 비난하였고, 『동아일보』는 결국 이광수를 해고하지 않을 수 없었다. 사실 그의 주장은 어찌 보면 현실적인 것인지도 모른다. 그럼에도 불구하고 이러한 주장이 일제에 대한 타협이라고 인식되었던 것은 이광수가 말한 조선인들의 절개의식 때문이라기보다는 민족적 자존심 때문이었을 것이다.

한편 일제는 3·1운동을 겪고 나서 조선인들을 힘으로만 눌러 통치할 수 없다는 것을 알게 된데다가, 사회주의 세력의 유입과 그 영향 아래 노동자·농민들이 운동세력화하는 것을 막아야 했기 때문에 일정 정도의 자치를 허용하는 것을 고려하지 않을 수 없었다. 그리하여 총독부 당국자는 조선 내의 타협적 민족주의자들과 접촉하면서 일본 정부와 교섭을 벌이기도 하였지만, 대륙 침략의 교두보라는 조선의 중요성 때문에 자치가 허용될 리 없었으며, 결국 앞서 살폈듯이 명목상의 지방의회가 설치되었을 뿐이다.

이후 토착 부르즈와들은 일제와 정면대결을 벌이지 못하게 되었는데, 식민지 통치의 현실을 인정하는 가운데 한편으로는 일제 당국에 도움을 청하고 다른 한편으로는 통치를 비난하는 개량적 자세를 보여줌에 따라 이후 점차 민족해방운동의 주류에서 벗어나게 되었다.

(3) 농민·노동자 운동의 성장

1920년대 산미증식계획은 지주를 위주로 하는 일제 농업정책의 한 대표적 예였다. 이를 계기로 일부의 조선인 지주도 성장의 기회를 얻었으며, 지방사회의 유력자로서 일제 식민지 통치의 동반자가 되었다. 반면 높은 현물 소작료, 공과금의 소작인 전가, 공산품과의 협상가격차 확대 등은 조선 농민들의 몰락을 재촉하는 것이었다. 이 사업이 진행되는 동안 자작·자소작 농가가 전체 농가호수에서 차지하는 비중은 1924년 52%에서 1932년 42%로 감소한 반면, 소작농의 비율은 43%에서 53%로 증가하였다. 농업공황이 농촌을 유린한 1930년의 통계이기는 하나 전체 농가의 약 50%가 봄이면 식량이 떨어지는 춘궁농가였다. 식산은행(殖產銀行)·동척·금융조합과 같은 일제 국가자본에 의한 금융기관은 이 사업에 직접 개입하였을 뿐만 아니라, 이를 통해 토지를 집적하고 고리대 사업을 벌여 농민들의 고통을 가중시켰다.

이같은 상황에서 조선의 농민들은 자위책을 찾지 않을 수 없었다. 더구나 3·1 민족해방운동은 조선 농민들의 민족적 각성과 투쟁의식을 고무하였다. 1920년대 이후 다수 나타나는 농민단체와 소작쟁의(小作爭議), 수리조합 반대운동은 바로 농민들의 이러한 의식의 성장을 반영한 것이었다. 이 시기의 농민단체 중 가장 광범위하게 존재한 것이 소작인조합이었는데, 이는 당시 농업문제의 핵심이 지주-농민관계에서 유래하는 것이었기 때문이다. 소작인조합은 당시 농업생산의 중심지이고, 따라서 모순이 가장 심각했던 삼남 각지에서 가장 활발하게 조직되었다.

이같은 농민단체의 결성과 농민들의 권익을 위한 투쟁을 고무한 것 중의 하나가 1920년 4월 조선노동공제회(朝鮮勞動共濟會)가 결성된 것이다. 이 단체는 소작농을 노동자로 간주하고, 노동자들과 함께 이

단체에 가입시켜 그들의 권익을 지키고 투쟁을 조직하였다. 소작인조합은 1920년대 후반에 들어오면서 소작농뿐만 아니라 자작농까지 포괄하는 농민조합으로 바뀌어갔고, 그 수는 1923년 23개에서 1927년 160개, 1931년 1759개로 늘어났다.

이같은 농민단체들의 요구조건은 지역에 따라 약간의 차이가 있었으나 기본적으로 ① 지주의 자의적 소작권 박탈 반대, ② 소작료의 3할 내지 4할 이내 제한, ③ 소작료 이외의 모든 공과금의 지주 부담, ④ 지주·마름의 무상노동·뇌물 요구 반대, ⑤ 동척의 일본인 이민 유치 반대 등 지극히 당연하고 온건한 주장들이었다.

농민단체들은 농민운동을 조직하고 추진하였다. 많은 소작쟁의가 농민단체의 지도하에 진행되었고, 또 소작쟁의의 과정에서 단결의 필요성을 느낀 농민들에 의해 조직되기도 하였다. 소작쟁의란 일반적으로 소작조건을 둘러싼 지주와 소작인 간의 분쟁을 의미하는데, 그 발생 건수는 1920년 이래 1935년까지 계속 증가하는 추세였다. 지역별 분포를 보면 1920년대에는 삼남지방에 집중되어 있었으나, 1930년대에 들어와서는 강원·평안·함경도 등 전국으로 확산되었다. 요구조건을 보면 1920년대에는 소작료 감면을 요구하는 것이 가장 많았는데, 1930년대에 들어오면서 소작권의 취소나 이동을 반대하는 것이 압도적 비중을 차지하게 되었다.

일본인 대지주나 일본 지주회사(地主會社)들을 대상으로 한 소작쟁의의 경우, 한 농장이나 회사에 속한 농민의 수가 많았기 때문에 그 규모도 크고 격렬해지는 경우가 많았다. 1924년 황해도 재령군 북률면 내물평(奈勿坪)의 동척회사, 황주군 조선흥업주식회사, 경남·북, 전남·북 지역의 동척회사 소작농민들의 투쟁은 그 대표적인 것들이었다. 조선인 지주를 상대로 하는 소작쟁의도 많았는데 1923~24년의 암태도 소작쟁의는 조선인 지주를 상대로 한 것이자, 이 시기 소작쟁의의 대표적인 것 중 하나이다.

지주들에 대한 농민들의 투쟁은 산미증식계획에 의해서도 촉발되었다. 수리조합 지역 안의 조선인·일본인 지주들은 수리조합의 완성으로 수확량이 늘어난 것을 기화로 소작료를 그보다 더 높게 올리고, 지주가 부담해야 할 수세·조합비 등을 농민에게 전가하려고 획책하였다. 또 일본 개량종자의 보급과 함께 필수적인 것이 되어버린 금비(金肥, 화학비료) 대금을 농민에게 부담시키기까지 하였다. 이러한 수리조합관계 농민운동에는 소작농뿐만 아니라 소농·중농도 참여하였다.

이 시기 농민운동에서 간과할 수 없는 것은 사회주의 사상의 영향이다. 사회주의자들은 이미 1924년 조선노농총동맹(朝鮮勞農總同盟)을 결성하고, 1927년 여기에서 조선농민총동맹을 독립시켜 농민단체의 결성과 농민운동에 큰 영향을 미쳤다. 그러나 1920년대 후반 이후 민족해방운동에 대한 일제의 감시와 탄압이 심화되자 「12월테제」에 입각해 점차 지하로 들어가게 되었다. 이와 함께 농민운동도 단순한 소작쟁의의 수준을 넘어 사회의 근본적 개혁을 지향하게 되고 그 운동형태는 폭동의 모습을 띠는 경우가 많았다. 이러한 혁명적 농민조합의 활동은 사회주의 활동이 활발한 만주지역에 인접한 함경도지역에서 가장 활발하게 전개되었다.

식민지 조선의 중요한 임무 중의 하나는 일본제국주의를 위한 원료와 식량을 공급하는 것이었기 때문에 경제정책의 중점이 농업에 두어져, 1910년대에는 회사령(會社令)이 실시되는 등 공업의 발전이 억제되었다. 그러나 1차대전 기간 동안 자본을 축적한 일제는 1920년 회사령을 철폐하고, 이후 식민지 초과이윤을 노려 침투해오기 시작했다. 특히 1930년대에 이루어진 일제의 중국대륙 침략을 뒷받침하기 위해 조선의 병참기지화 정책이 실시되자 일본 독점자본의 침투는 급격히 확대되었으며, 공업생산량도 늘어났다. 일제 공업자본의 진출은 동시에 조선의 노동자 수를 증가시켰다. 3·1운동이 일어나던 1919년에는 약 4만 2천 명으로 집계된 조선인 노동자 수는 1922년 약 91만명으로 증가했다. 이 중 공장노동자는 5만명이 채 못 되었다. 그러나 공장노동자 수는 1933년에는 약 10만명으로 증가했고, 1935년 13만 6

천 명, 1937년 16만 7천 명, 1939년 21만 2천 명으로 급속히 증가해 갔다. 그러나 여기에는 고용인이 5인 이하인 소공장의 노동자나, 광산노동자·토건노동자 등은 포함되지 않았으므로, 이들의 수를 합하면 그 수는 훨씬 늘어나게 된다. 그리하여 일제 강점 말기에는 약 2백만명의 노동자들이 존재했던 것으로 추정되고 있다.

조선인 노동자들의 경우 임금은 낮고 노동시간은 길었으며, 작업환경이 극히 열악하였다. 이는 높은 산업재해율로 귀착되었다. 또 농민층 분해의 급속한 진행과 이들의 도시빈민화, 일고(日雇)노동자화 현상은 노동조건을 악화시키는 또 하나의 조건이 되었다. 일본 독점자본주의는 노동입법이 전혀 이루어지지 않은 조선의 상황을 최대한 악용하여 초과이윤을 짜내었던 것이다.

일제의 극심한 노동수탈과 민족차별은 당연히 노동자들의 저항을 유발하였다. 1912~17년 36건의 노동쟁의에 5617명의 노동자가 참여한 데 비해 1918년 한 해만도 50건의 쟁의에 6105명의 노동자가 참여하였다. 1919년에는 3·1운동과도 관련해 84건의 쟁의에 9011명이 참여하여 급격히 성장하였는데, 이는 노동자들의 의식이 성장했음을 보여주는 것이라고 하겠다. 3·1운동과 함께 노동자들의 민족의식·계급의식의 각성에 큰 공헌을 한 것은 1920년대에 들어와 본격적으로 보급되기 시작한 사회주의 사상이었다. 1920년 4월 지식인·노동자들이 중심이 된 조선노동공제회는 전국적인 조직을 가지고, 노동자·농민들을 조직하여 그들의 계급적 각성을 촉구했다. 일제의 탄압으로 이 단체가 해산된 뒤에도 다시 조선노동연맹회·조선노동총동맹이 조직되어 지방의 노동단체들을 포섭하며 각지의 파업 등을 지휘하였다. 그러나 일제의 탄압이 극심해지면서 이러한 조직의 중앙부는 거의 유명무실해지고, 다만 지방조직만 남아 독자적인 활동을 할 수 있었다.

조선의 경제는 1차대전 종결에 따른 전반적 불황의 영향을 받게 되었다. 일제 자본가들이 자신의 손실을 보상받기 위해 노동자들을 해고하고 임금을 깎아내리자 노동자들의 파업이 다수 발생하였다. 일제의 통계에 의하여도 1920~24년 280건의 파업에 2만 2593명의 노동자들이 참가하였는데, 이는 축소된 숫자로 보아야 할 것이다. 대표적인 파업으로는 1921년 9월의 부산 부두노동자의 파업, 1922년 경성(京城) 인력거부의 파업, 경성 양화직공의 파업, 경성고무 여직공의 파업, 평양 양말직공의 파업 등이다. 1920년대 후반 들어 노동자들의 수는 한층 늘어났고, 파업은 전국적으로 더욱 확산되어갔다. 1925년 평양·경성·부산 등지 인쇄공의 파업, 1926년 목포 제유공의 파업, 1929년 원산 노동자들의 파업은 대표적인 것이었다. 특히 원산의 총파업은 대규모의 조직적 투쟁으로 유명한데, 이러한 대규모의 조직적 투쟁이 가능했던 것은 노동자들이 원산노동자연합회를 통하여 상호 연대했기 때문이다.

이 시기 파업에서 나타난 노동자들의 요구조건을 보면 대부분이 임금과 관련된 것이었는데, 1920년대 전반기 임금인하를 반대하는 파업이 38.7%나 되었다는 것은 일제 자본가들이 불황으로 인한 이윤감소를 노동자 임금의 인하로 보충하려 했음을 보여준다. 이같은 요구조건들은 일제 경찰과 손잡은 자본가들에 의해 거절되는 경우가 많았으나, 노동자들의 단결된 힘에 의해 수용되는 경우도 적지 않았다.

1930년대 이후 조선의 공업화로 인해 노동자 수가 급격히 증가하고, 특히 이들 노동자들이 중·북부 지역으로 집중됨에 따라, 노동자들의 단결 및 조직화가 용이해졌다. 그 결과 각지에서 임금인하 반대투쟁이 증가하였다. 이러한 노동운동의 원인으로는 노동자들 속에서 당조직을 결성할 것을 강조한 「12월테제」의 영향과 그에 따른 좌익적 색노조의 활발한 결성이 지적되어야 할 것이다.

(4) 사회주의 사상의 도입

3·1운동이 실패로 돌아가고 열강의 지원도 기대할 수 없게 되자 민족주의 계열의 운동은 실력양성론으로 대세가 기울게 되고 다른 일부

는 자치운동을 벌이게 된다. 그러나 사회주의 사상이 도입됨으로써 민족해방운동의 성격은 바뀌게 된다.

사회주의 사상을 처음 수용한 것은 러시아 및 중국 지역에서 활동하고 있었던 민족해방운동가들이었다. 이들에게 러시아혁명은 구시대의 온갖 압제를 파괴하고, 인간을 해방한 사건으로서 이해되었다. 그 한 예로 구한말 유교구신론(儒敎求新論)을 내놓아 전통적 사상인 유교를 종교화하여 부국강병의 수단으로 삼고자 했으며, 또 국망 후 중국에 망명하여 민족해방운동에 참여한 박은식은 1920년 "러시아 공산당은 선두에 붉은 기치를 들어 전제정치를 전복하고, 인민에게 자유와 평등을 실시하여 각 민족에 대해서 자유와 자결을 선포하였다. …이것이 세계 개조의 가장 선두적인 출발로 되었다. …우렁찬 봄소식에 의하여 천지의 대변화가 일어났으니 우리도 또한 활약 맹진하여야 할 것"이라고 하여 사회주의 사상에 대한 기대와 각오를 표시하였다. 그의 이 말은 당시 러시아 볼셰비끼혁명이 한국인들에게 어떻게 인식되고 있었는지를 잘 보여준다.

러시아혁명의 소식과 함께 유입된 사회주의 사조는 이같이 제국주의 열강에 침략당한 약소민족들에게 복음이었는데, 실제로 레닌 정부는 조선의 민족해방운동을 적극 지원하였다. 당시 국내외의 반혁명세력으로부터 위협받고 있던 그들은 제국주의와 투쟁하는 세력이라면 민족주의자든 사회주의자든 기꺼이 지원할 준비가 되어 있었던 것이다. 조선 독립운동을 지원하는 데 냉담한 서구국가들의 태도에 상심해 있었던 망명객들은 러시아의 지원을 환영하였다. 따라서 당시 사회주의 사조가 해외 독립운동가 사이에 풍미한 것은 오히려 당연했다 하겠다. 그리하여 상해에는 구한말 애국계몽운동에 참여했던 이동휘를 중심으로 상해파 공산당이, 러시아에는 일찍 이주하여 귀화한 한인들을 중심으로 이르꾸쯔끄파 공산당이 형성되었다. 이들은 러시아의 지원을 배경으로 상해에 성립되어 있던 대한민국 임시정부에서 큰 영향력을 발휘하였다. 이들 양 집단은 사회주의 운동의 주도권을 잡기 위해 격심한 경쟁을 벌였으나, 코민테른의 명령에 의해 1922년 12월 모두 해체되고 코민테른 극동총국(極東總局) 고려국(高麗局)의 산하에 속하게 되었다. 이들에게는 조선공산당(朝鮮共産黨) 건설의 임무가 부여되었다.

한편 국내에서는 주로 지식인·학생층에 의해 사회주의 사상이 유입되었다. 3·1운동 이후 일제가 허용한 '결사의 자유'라는 합법공간을 이용하여 수많은 종교·학생 단체들이 결성되었는데, 이같은 분위기 속에서 사회주의 사조를 연구하는 사상단체들도 생겨났다. 이 중에서 일본 유학생 출신들이 만든 화요회(火曜會)·북풍회(北風會)와 국내 지식인들이 중심이 된 서울청년회가 유명하였다.

조선공산당은 1923년 이래 입국하여 활동하고 있었던 김찬(金燦)·김재봉(金在鳳) 등 극동총국 산하 고려국 공작원들과 화요회·북풍회 계열의 사회주의자들의 합작에 의하여, 김재봉을 책임비서로 하여 1925년 4월 17일 비밀리에 결성되었다(1차 공산당. 일명 金在鳳黨). 그 다음날에는 박헌영(朴憲永)을 책임비서로 하여 고려공산청년회가 조직되었다. 조선공산당은 1926년 4월 코민테른에 의해 조선의 '유일 기초단체'로 인정받았고, 공산청년회는 국제공산청년동맹에서 자금을 지원받아 21명을 선발하여 모스끄바의 동방노력자공산대학에 유학을 보냈다.

이같이 어렵게 결성된 조선공산당은 일제의 엄중한 감시 아래 제대로 활동도 못하고 우연한 사건을 빌미로 그 해 11월 조직이 와해되었지만 곧 후계조직이 결성되었다. 2차 공산당의 책임비서는 강달영(姜達永)이었는데, 그는 3·1운동에 참여하였다가 3년 동안 옥살이를 한 경험이 있었으며, 당시 『조선일보』의 진주(晋州) 책임자였다. 강달영은 언론계에서 맺은 인간관계를 이용하여 국내·국외로 조직망을 확대하는 한편 민족진영과의 협동에 노력하였다. 2차 공산당은 1926년 6·10만세운동을 주도하였으나 그 과정에서 조직이 노출되어 다시 와해되고 말았다.

3차 공산당은 사회주의 운동단체간의 파벌과 대립이 어느정도 극복된 후, 일본의 일월회(日月會)계 안광천(安光泉) 등과 비교적 피해를 덜 받았던 서울청년회측의 인사들을 중심으로 하여 1926년 9월 조직되었다. 3차 공산당은 김철수(金錣洙)·안광천·김준연(金俊淵)을 차례로 책임비서로 삼으면서 1년 5개월이라는 비교적 오랜 기간 동안 존속하였으며, 민족진영과 협동하여 신간회를 성립시켰다. 그러나 1928년 2월 초 간부진이 검거되면서 다시 궤멸하였다.

4차 공산당은 1928년 4월 인력거부 출신인 차금봉(車今奉)을 책임비서로 하여 성립되었다. 코민테른과 밀접한 관련을 맺고 신간회와도 연관을 맺으면서 활동을 벌였으나, 차금봉은 곧 체포되어 일제의 혹독한 고문으로 옥중에서 사망하고 말았다.

한편 조선공산당이 이와같이 몇차례의 탄압으로 궤멸하고 있을 즈음 코민테른은 1928년 12월 10일 이른바 「조선문제에 대한 코민테른 집행위원회 결의」(일명 「12월테제」)를 채택하였다. 이 결의는 조선공산당이 지식인·학생의 결합체가 됨으로써 노동자·농민과의 연대가 부족하다는 이유를 들어 공장과 농촌으로 진출하여 당을 개조할 것을 지시하였다. 이는 조선공산당의 해체를 의미하는 것으로 받아들여져, 얼마간 조선공산당의 재건은 볼 수 없게 되었다. 이후 공산주의 계열의 각 집단에 의해 노동조합·농민조합의 결성 등 노동·농민운동을 통한 공산당 재건사업이 이루어지게 되었다.

한편 이 결의는 현단계의 민족혁명운동을 토지문제와 연결시킬 것과, 조선혁명의 현단계가 부르즈와민주주의 혁명임을 제시하여 이후 공산주의자들의 운동에 일정한 영향을 끼치게 되었다.

조선공산당이 「12월테제」에서 지적한 바와 같은 한계를 보인 것은 사실이었다. 하지만 1920년대 들어와 일제에 타협적인 자세를 보이면서 적극적 투쟁력을 상실한 토착 부르즈와 세력을 대신하여 새로운 세력으로 등장한 농민·노동자 운동의 방향을 제시하고, 강력한 항일의 자세를 견지했다는 점에서 높이 평가받을 만하다. 이 시기에 성립한 조선노농총동맹 등의 단체는 바로 사회주의 계열의 활약에 힘입은 바 크며, 또 이 시기에 들어와 발생한 소작쟁의와 파업 역시 이들의 영향에 의한 것이 많았다. 이러한 운동은 계급의 이해를 위한 것이었지 민족의 이익을 위한 것은 아니었다는 평가를 종래 받아왔다. 그러나 사회주의 세력이 일제가 만들어낸 식민지 수탈체제에 정면으로 대항하면서 가장 강력한 위협이 되었던 것은 숨길 수 없는 사실이고, 그런 의미에서 가장 반일적이었다는 평가가 점점 더 호응을 받고 있다.

(5) 신간회

1920년대 사회주의 사조가 유입되면서 민족해방운동에서는 그 방법을 둘러싸고 갈등이 일어나게 되었다. 계급적 기반을 가지고 있는 것은 틀림없지만 명목상 민족 전체의 이익을 내세우면서 현실에 대한 대안으로서 서구적 공화정을 생각하고 있던 민족주의 계열과, 계급투쟁이론에 입각하여 반(反)자본주의적 지향을 지녔던 사회주의 계열 사이에서는 투쟁 방법과 목표에서 차이가 생길 수밖에 없었다. 특히 사회주의 계열에서는 민족문제를 어떻게 이해하는가 하는 것이 민족주의 계열과 협력하고, 투쟁 목표를 설정하는 데 있어 관건이 되었다.

초기 사회주의 도입 단계에서는 현실 파악의 구체성 결여와 사회주의에 대한 이해의 미숙성으로 계급지상주의적 성향이 드러나기도 했다. 한 예로 서울청년회가 중심이 되어 발족시킨 전조선청년당은 1923년 3월 말 개최된 대회에서 "주의(主義)와 사상(思想)이 동일한 자는 동일 민족으로 간주하자" "민족해방은 무용(無用)이다. 계급해방을 급무로 하자"라는 내용을 결의하였다. 이러한 주장에 입각했을 때는 일제로부터의 독립이라는 당면 목표를 위해 민족·사회주의 양 계열이 힘을 합할 가능성은 없었다. 이들은 민족주의 계열의 물산장려운동도 "자본주의 계급의 이기적 운동"이라고 비난하였지만, 이를 계기로 벌어진 논쟁에서 계급해방을 우선하는 그들의 입장은 많은 비난을 받게 되었다. 사상의 차이를 떠나 우선 힘을 합해 일제의 압제로부터 벗어나야 한다는 일반적 이해는 무시할 수 없는 것이었다. 사실 인구의 절대다수가 농민이며, 식민지 지배 아래 계급분화가 미처 이루어지지 못한 당시 사회에 계급이론을 기계적으로 적용하는 데는 무리가 따를 수밖에 없었다. 이에 사회주의들의 입장도 변하게 되었는데, 앞의 서울청년회 계열의 경우도 "타협적 민족운동은 절대로 배척하며 혁명적 민족운동은 찬성한다"는 것으로 바뀌었으며, 북풍회는 1924년 4월 26일 『동아일보』에 "계급관계를 무시한 민족운동은 부인하지만 현하 조선에서는 민족운동도 피치 못할 현실이므로 우리는 사회주의 운동과 민족운동의 병행에 대한 시간적(時間的) 협동을 구한다"는 강령을 발표하였다. 이러한 변화는 이들의 식민지 현실 인식이 심화됨으로써 이들이 민족운동과 연대할 필요성을 인식하게 된 데 따른 것이다.

사회주의 사상이 도입되고, 이것이 청년운동, 노동자·농민운동에 대한 영향력을 더해가자 일제는 1925년 이를 탄압하기 위하여 치안유지법(治安維持法)을 공포하였다. 또 1926년에는 조선농회령(朝鮮農會令)·조선산업조합령을 시행하여 농민들에 대한 단속의 고삐를 죄면서, 사회주의 사상의 농촌침투를 견제하고자 하였다. 이에 사회주의 계열의 운동은 더욱 제약을 받게 되었고 민족주의 계열과 연합할 필요성이 더욱 커지게 되었다. 또 이때는 타협적 민족주의자들의 자치운동이 본격화되던 때인바, 민족주의 계열이나 사회주의 계열이나 이를 제어할 필요성을 절감하게 되었다.

이러한 정세 속에서 1925년부터 민족협동전선(民族協同戰線) 문제가 논의되기 시작하여, 1926년에는 이를 논의하기 위한 사회주의·민족주의 양 세력의 모임이 있었다. 한편 사회주의 계열의 주요 사상단체들은 1926년 정우회(正友會)를 만들고, 선언을 발표하여 분파투쟁의 지양, 경제투쟁에서 정치투쟁으로의 전환, 민족주의 세력과의 제휴 등을 결의하였다. 1926년 12월 6일 제2차 조선공산당 대회에서는 민족단일당을 조직한다는 결의를 하였다. 이러한 사회주의자들의 움직임은 코민테른의 민족협동전선 결성 촉구와 관련된 것이었지만, 어쨌든 민족해방운동에서 좌우연합을 위한 준비가 착착 진행되고 있었던 것을 알 수 있다.

이러한 노력의 결과 사회주의자들과 비타협적 민족주의자들은 1927년 2월 15일 서울의 조선중앙기독교청년회관(YMCA)에 모여 신간회(新幹會)를 창립하고 "① 정치적·경제적 각성을 촉구함, ② 단결을 공고히함, ③ 기회주의를 일체 부인함"이라는 3개조의 강령을 채택하였다. 강령은 일제의 간섭 결과 다소 막연한 것이 되고 말았지만, 어쨌든 신간회는 광범한 호응을 얻어 창립된 지 1년 뒤인 1928년에는 회원이 2만명에 달하였고, 1931년 해체되었을 때는 126개의 지회에 약 4만명의 회원을 두고 있었다.

신간회는 개인가입제를 택한 당적(黨的) 형태를 취하고 있었고, 중앙의 본부가 절대적 권위를 가지고 있었다. 당시 본부는 민족주의 계열이 우세하였던 반면 군(郡) 단위로 설치된 지회는 사회주의 계열이 우세하였다. 이는 사회주의 계열의 지회 장악 방침과도 연관된 것이었다. 설립 초기 본부는 합법성 유지에 연연하여 별다른 활동을 벌이지 못해서, 일제도 다만 '감시'만 하고 있으면 족한 것으로 판단할 정도였다. 반면 각지의 지회는 웅변대회 등의 계몽운동, 소비조합 설치운동, 소작권 보호운동 등의 생존권 수호운동, 언론·출판·집회·결사의 자유에 대한 요구를 위시한 정치적 운동 등을 벌였다. 또 직접 투쟁을 벌이지는 못하였지만 각지에서 벌어지는 파업·소작쟁의 등을 지원하기도 하였다.

신간회는 강한 조직체계를 갖추지 못하여, 일제의 억압과 감시를 고려한다 해도 강력한 활동을 보여주지는 못했다. 이것이 이후 단체가입제, 당 규약 개정 요구와 나아가서 해소론(解消論)이 제기되는 근거가 되었다.

신간회 본부는 1929년 정기대회에서 허헌(許憲)이 집행위원장이 되어 사회주의 세력이 우세해지면서 더 활발한 투쟁을 벌여, 갑산 화전민 추방에 대한 항의운동을 벌이고, 광주학생운동을 전국적 항일운동으로 확산시키기 위한 민중대회를 준비하기도 하였다.

그러나 신간회 본부는 민중대회 사건 이후 간부들이 다수 연행되면서 다시 우경화하고, 특히 타협적 노선을 걷던 인사들이 침투하면서 그 투쟁성을 상실해갔는데, 그에 따라 지회들과의 갈등도 심화되었다. 우경화한 본부가 지회의 활동을 오히려 제약하려는 경우도 생겨나게 되었다. 한편 1928년 코민테른의 이른바 「12월테제」와 그에 뒤이은 국제 사회주의계의 경향도 신간회의 해체를 부추기게 되었다. 그리하여 사회주의 세력을 중심으로 신간회의 발전적 해체운동(해소운동)이 벌어져 결국 신간회는 해체되고 말았다(1931. 5). 이후 식민지 조선에서 합법적 민족해방운동 단체는 그 모습을 찾을 수 없게 되었다.

3. 일제의 침략전쟁과 국내외의 민족해방운동

(1) 전시수탈체제와 민족말살정책

일제는 전세계를 강타한 1930년의 공황으로 야기된 정치·경제적 위기의 해결방안을 대륙침략과 파쇼적 군국주의 체제의 강화에서 찾으려 하였는데, 이는 곧바로 조선사회에 영향을 끼쳤다. 즉 일제가 1931년 대륙침략(만주사변)을 개시하면서, 조선에는 병참기지 역할이 부여되었다. 이른바 농공병진(農工竝進)이라 하여 여태까지 소홀하게 다루어져온 광공업에도 관심이 돌려지게 된 것이었다.

1931년 우가끼 카즈시게(宇垣一成)가 총독으로 부임하면서 농촌에 이른바 농촌진흥운동(農村振興運動)이 전개되었던바, 이는 일제의 대륙침략에 따라 조선을 후방기지로 안정시키며, 그 생산력을 가능한 한도까지 높여 수탈을 극대화하기 위한 것이었다. 일제는 지방진흥·정신작흥 등의 구호를 앞세우고, 부녀자 등 잉여노동력을 이용한 영농의 다각화와 부업을 장려했다. 이와 함께 지주제의 모순이 일제의 통치기반을 오히려 약화시키고 있는 현실을 감안하여 조선농지령, '자작농창정(創定)계획' 등을 시행하였다. 또 일제에 협조할 세력을 키우기 위해 농촌 중견인물 양성계획을 실시한 것도 주목된다. 이러한 조치들은 실효를 거두지는 못했으나, 자신의 수탈로 황폐해져가는 농촌사회의 진상을 호도하여 농민층의 불만을 막고, 이같은 농촌현실에서 비롯하여 끈질기게 지속되는 민족해방운동을 말살하기 위한 것이었다.

광공업 부문에서는 일본과는 달리 공장법 및 주요산업통제법의 실시를 연기하여, 일본의 독점자본이 조선에서 값싼 자원 및 노동력을 이용할 수 있는 조건을 마련해주었다. 이러한 정책은 1936년에 부임한 총독 미나미 지로오(南次郎) 때에도 계속되어 일제는 일본과 만주를 잇는 조선의 지리적 이점을 살려 전쟁물자 공급기지화에 주력했으며, 특히 광산물의 채취와 이를 뒷받침하기 위한 공업의 발달에 중점을 두었다.

이러한 정책에 따라 총독부는 일제 독점자본을 유치하기 위해 관세혜택을 주고, 은행대부, 보조금 지급 등의 보호·장려 정책을 실시하는 한편, 이들에게 군수품 생산의 원료를 보장해주었다. 이에 따라 1920년대 말~1930년대 초 일제의 독점자본이 본격적으로 조선에 침투하여 금속·화학 등 군수용 반제품 생산부문을 창설하고 확대하기 시작하였다. 이같은 군수산업뿐만 아니라 만주라는 거대한 시장과, 조선의 면화와 노동력을 노리고 방직업에도 두드러지게 침투하였다. 이같은 일제의 정책에 따라 앞장서 침투한 것은 미쯔이(三井)·미쯔비시(三菱)·노구찌(野口) 등의 정상(政商) 독점자본이었다.

일제 거대자본의 침투로 조선의 공업생산은 크게 늘어나서, 침체를 거듭한 농업부문과 달리 호황국면을 맞게 되었다. 이와 함께 주목되는 것은 조선인 토착자본가의 성장이다. 조선 내 자본 중에서 조선인 자본의 비중은 1910년 이래로 계속 줄어들었지만 절대적 규모는 늘어났다. 이것이 일제식민지 시기 조선인 자본가들이 성장했다고 주장하는

'근대화론자'들의 근거가 되고 있지만, 어쨌든 일제는 이들에게 일본제국의 대륙침략과 동반하여 성장할 수 있을 것이라는 환상을 계속 주입하였고, 이것이 일제 말기 친일파 양산의 토대가 되었다.

일제의 강압적 통치와 수탈은 침략전쟁이 확대되면서 극에 달하였다. 일제는 1937년 중일전쟁(中日戰爭), 1941년 태평양전쟁(太平洋戰爭)을 도발하면서 물자와 인적 자원의 부족을 더욱더 느끼게 되었고, 이에 따라 조선으로부터 가능한 한 많은 물자와 인력을 징발하기에 혈안이 되었다. 이러한 정책은 앞선 시기와 마찬가지로 강제적으로 시행되었지만, '조선인의 일본인화', 즉 민족말살을 꾀함으로써 침략전쟁에 대한 자발적 참여를 유도하려고 했다는 점에서 특징이 있다.

이를 위하여 일제는 1937년 조선중앙정보위원회를 총독부 안에 설치하여 조선인의 사상과 인식을 통제하게 하고, 또 선전사무를 맡게 하였다. 이러한 사업은 바로 다음해부터 시작된 국민정신총동원운동에 의해 계승되었다. 이 운동을 추진하기 위해 마련된 것이 국민정신총동원조선연맹이었는데, 이 조직은 이름과는 달리 관제조직으로서, 행정체계와 일치하여 중앙 및 지방조직으로 구성되었으며, 중앙에서 리(里) 단위에 이르기까지 10호를 단위로 애국반이 조직되었다. 이로써 조선인은 일상생활의 모든 국면에서 일제의 간섭을 받고, 세뇌작업에 시달리게 되었다. 일제는 매월 1일을 애국일로 정하여 시국의 인식, 국체(國體)의 명징(明徵), 내선일체를 더욱 강화하고 국기 게양, 신사 참배, 궁성 요배(遙拜), 황국신민서사(皇國臣民誓詞)의 암송, 국어(일본어)의 상용, 근로봉사 등을 강요하였다. 이러한 와중에서 일제는 창씨개명을 강요하기에 이르렀는데, 이는 일제가 한민족 자체까지 없애려 했다는 것을 의미한다. 이러한 일제의 선전활동에는 많은 지식인 및 친일분자들이 앞장세워졌다.

이와같은 세뇌공작과 함께 전쟁 수행을 위해 물자수탈 정책이 진행되었다. 그 대표적인 것이 1940년부터 시작된 쌀의 강제공출이었다. 농민들은 군청소재지까지 할당된 쌀을 가져와 낮게 책정된 공정가격에 팔아 그 판매대금의 10%를 저축해야 했으며, 비료대·조합비를 내고 국채까지 사야 했다. 쌀 대신 배급받는 수입 잡곡은 값이 쌀과 큰 차이가 없었고, 그나마 충분하지 못했다. 한편 이와 함께 진행된 강제 징용과 징병은 농업노동력을 격감시켜 농민들은 생산의욕을 잃고 폐농하거나 영농면적을 줄였다.

한편 공업 방면에서 일제는 1936년 중요산업통제법을 조선에서도 실시하여 기업의 신설과 생산설비의 확장 시에 당국의 허가를 받게 하였고, 이를 통해 일본의 거대 독점자본을 조선에 끌어들여 전쟁 수행에 필요한 중공업을 발달시키고자 하였다. 일제는 철·석탄·금·철도·선박·전력 등 군수물자의 생산과 확충을 위한 계획을 세우고 이를 위해 보조금·장려금을 지급하였으며, 목표량을 채우기 위하여 민간의 소비를 억제하였다. 목표량에 미달하자 일제는 민간의 금비녀, 금반지, 놋대야, 수정, 대문의 문고리까지 약탈하였다. 또 1937년 9월부터 임시자금조정법을 시행하여 가능한 한 많은 자금이 군수산업으로 흘러들어가도록 금융·재정 통제를 실시하였다. 또 그 자금을 마련하기 위하여 일제는 조선인들에게 강제로 저축을 하도록 하고 국채를 사게 하였다.

정부가 제공하는 이같은 특혜를 누리기 위해 1930년대 초와는 비교할 수 없는 규모로 일제의 거대 독점자본이 침투해 왔다. 이들은 1939년부터 실시된 임금임시조치령으로 임금이 동결됨으로써 값싼 노동력을 수탈할 수 있게 된 데에도 힘입어 막대한 전시 초과이윤을 올렸다. 1941년의 경우를 보면 이들은 납입자본에 비해 평균 20% 이상, 최고 50~60%의 이윤을 올렸다. 이때 조선에 침투한 대표적인 재벌은 노구찌계의 닛찌쯔(日窒), 미쯔이, 미쯔비시, 스미또모(住友) 등이었다. 1942년 현재 조선의 산업자본 설비액은 28억~30억 엔으로 추정되는데, 이들 대자본 계통이 전체의 약 80%를 차지하였다. 반면 조선인 자본이 전체 산업에서 차지하는 비중은 1%에도 못 미치게 되었다. 일본 군국주의 침략자들은 전시 초과이윤을 미끼로 해서 독점자본을 자신의 침략전쟁의 동반자로 만든 셈이었다. 이들은 오직 효율적인 전쟁 수행만을 고려하여 배치되고 구성되었기 때문에, 해방 이후 한국 경제가 기형적인 모습을 띤 원인이 되었다.

1938년 일제는 국가총동원법을 공포하여 조선 민중을 강제로 동원할 수 있는 근거를 마련하고, 1939년부터는 노무동원계획을 마련하여 조선인들을 조선의 다른 지역이나 일본 여러 지역으로 끌고 갔다. 전쟁이 막다른 골목에 이르자 징용은 더욱 강제적·야만적으로 진행되어, 군청과 면의 직원, 경찰들은 닥치는 대로 사람을 끌고 갔으며, 심지어 농가를 습격하여 잠자는 청·장년을 '사냥'해 갔다. 그리하여 대개 1백만명 이상의 조선인들이 징용으로 끌려간 것으로 추정되고 있다. 1944년부터는 '여자정신대근무령'이 발포되어 젊은 여성들이 조선·일본 등지의 군수공장에서 혹사당하거나, 남방·중국 전선에서 일본군의 노리개가 되었다. 조선 청년들에 대한 징병은 그 '충성심'을 믿기 어려워 계속 뒤로 미루어지다가, 1938년 이른바 지원병제도가 실시되고 태평양전쟁이 막바지에 다다른 1944년 마침내 징병제가 실시되어 약 24만명이 전선에 투입되었다.

(2) 국내·국외의 민족해방운동

일제가 대륙침략과 함께 수탈과 탄압의 강도를 높여가자 국내 항일운동은 점차 존립기반을 잃고 지하화하거나 변질되었다. 한편 해외의 운동세력은 연합국의 지원을 받으면서 항일투쟁의 자세를 가다듬는 한편, 일제의 패망을 예감하면서 해방된 조국을 건설하기 위한 구상을 다듬어갔다.

1930년대의 공황과 일제의 만주침략은 식민지 조선의 사정을 더욱 복잡하게 만들었다. 식민지 초과이윤을 노려 조선으로 침투한 일제 자본의 수탈로 조선인 노동자들의 투쟁의식은 더욱 거세진 반면, 새로운 만주시장의 등장으로 성장할 기회를 얻은 자본가들은 일제의 대륙침략에서 자신들의 미래를 발견하였다. 농업이 공황의 타격을 더욱 심하게 입자, 농민들은 이를 극복할 기회도 잡지 못한 채 몰락해가지 않을 수 없었다. 일제의 농촌진흥운동은 붕괴된 생산기반을 그나마 유지하기 위하여 지주의 발호를 어느정도 막으려는 것이었지만, 철저하지 못했다.

이러한 상황 속에서 사회주의 세력은 공장·농촌으로 급속히 침투하였다. 1928년 제6차 코민테른 대회에서 채택된 「12월테제」는 기존 조선공산당을 해체하고 생산현장의 공산당 세포조직에 기초를 두고 조선공산당을 재건할 것을 지령하였다. 또 코민테른은 민족해방운동에 있어 '계급 대 계급' 전술을 채택한바, 이에 따라 국내 사회주의자들은 비타협적 민족부르즈와조차도 민족개량주의자로 매도하고 신간회를 해체하였다.

이러한 사회주의 세력의 공세 앞에 위기의식을 느낀 『동아일보』·수양동우회(修養同友會)·흥업구락부(興業俱樂部)로 대변되는 타협적 민족주의자들은 농촌의 피폐 및 그에 따른 사회주의 사상의 침투에 대응하여 생활개선운동, 소비조합운동 등의 개량적 운동을 전개하였다. 그들은 사회주의자들을 소련에 조국을 팔아먹은 세력이라 비판하면서 장래를 위한 실력 양성을 주장하였다.

한편 신간회의 해체로 설자리를 잃은 비타협적 민족주의자들은 방황하지 않을 수 없었다. 타협적 민족주의자들과 사회주의자들의 협공을 받기에 이른 이들은 1930년대 중반 조선학운동을 벌이면서 민족의 특수성을 주장하였고, 이를 바탕으로 민족의 존립기반을 찾고자 하였다.

일제의 철저한 감시와 잔혹한 탄압 속에서 더이상 통일적 운동을 벌일 수 없게 된 사회주의 각 종파들은 「12월테제」 및 프로핀테른 등의 지령에 따라 공장·농촌에 침투하여 공산당 재건을 위한 활동을 벌였다. 이 시기 좌익노조 운동은 각 사회주의 종파에 의해 개별적·독립적으로 이루어졌는데, 서울상해파가 1931년 설립한 '조선좌익노동조합 전국평의회 조직준비회의'에 의한 운동, 흥남 일대에서 활동한 태평양노동조합의 운동, 이재유(李載裕) 집단에 의해 서울지역에서 전개된 적색노동조합 운동 등이 대표적이었다. 이들은 공장에 침투하여 노동자들을 조직하고 이들의 반제국주의 의식을 고취하였으며, 파업을 지도하였다.

한편 농촌에서는 1930년에 들어와 조선공산당 재건운동과 관련한 사회주의자들의 운동방침에 따라 기존의 합법적 농민조합을 비합법적·혁명적(적색) 농민조합으로 개편하는 작업이 진행되는 한편, 운동의 지속성·강인성을 위한 조직 강화작업이 진행되었다. 혁명적 농민조합은 함경·경상·전라도에서 주로 조직되었는데, 실제 활동의 규모와 조직성·지속성·투쟁성에서는 함경도의 농민조합이 더 나았다. 왜냐하면 이 지역은 만주·소련과 접경하고 있어 이전부터 그 지역의 정치적 영향력이 컸기 때문이다. 이 중에서도 단천·정평·영흥·홍원 등지의 농민조합운동이 유명했다. 이들은 지주의 집을 습격해서 문서를 탈취하여 소각하는 것은 물론, 경찰을 습격하여 체포된 조직원을 구해내기도 하였다. 이들은 은밀한 곳에 비밀 아지트를 만들어 집회와 선전물의 인쇄 장소로 이용하기도 하였다. 이들은 당면한 생활상의 문제에 대한 요구조건을 제시하는 것은 물론, 일본 제국주의의 구축과 토지혁명을 구호로 내세워 그 혁명성을 뚜렷이 나타내었다.

이 시기 국내의 운동이 봉착한 최대의 난관이 일제 고등경찰의 감시망과 몇차례의 개정과정을 통해 더욱 가혹해진 치안유지법이었다면, 국외의 운동이 봉착한 장애는 그 활동을 안정적으로 수행할 수 있도록 해줄 나라가 없었다는 점과, 인적·경제적 자원 염출의 어려움이었다. 해외 운동의 최대 근거지는 중국·러시아·미국이었다. 이 중 중국·러시아 양국은 비교적 조선의 독립운동에 우호적이었으나 국민혁명과 사회주의혁명의 혼란 속에 있었고, 또 일본의 침략위협 아래 놓여 있었다. 미국은 일본의 조선 병합을 인정할 만큼 전통적으로 일본에 경사되어 있었고, 만주와 태평양에서의 이권을 둘러싸고 점차 일본과 대립하게 되면서도 일본이 주 관심대상이었다. 이들 국가들 모두 자신의 국익이 최우선의 과제인 것은 당연하였으며, 자신들의 사정에 따라 한국의 독립운동을 지원하기도 하고 홀대·억제하기도 하였다. 해외의 민족해방운동 세력들은 망국민으로서 온갖 곤란과 서러움 속에서 활동해야 했던 것이다.

한편 이들의 활동에서 인적·물적 기반은 교민들이었다. 중국과 러시아 연해주지역으로의 이민은 이미 조선후기에 시작되었는데, 강 하나를 사이에 둔 이 지역으로 국가의 금령을 무릅쓰고 건너간 사람들은 혹독한 자연환경과 청나라 관헌·지주의 박해를 이겨가면서, 또는 혼란한 정세 속에서 삶의 터전을 잡아갔다. 1919년경 중국 만주에는 약 100만, 러시아령 연해주에는 약 50만명의 교민들이 있었다고 한다. 한편 나라가 망하면서 의병운동·애국계몽운동에 헌신하였던 사람들이 일본군에 쫓겨, 혹은 새로운 투쟁을 위해 이들 지역에 흘러들어와 새로운 투쟁의 기반을 닦았다. 이 지역 외에도 중국 관내인 북경·상해 지역에도 약간의 독립운동 세력들이 있었다.

이들은 일종의 자치단체를 형성하여 교민들의 생활 보호와 함께 교육과 민족의식 고취에 노력하였다. 이들 다양한 운동세력들은 1차대전 이후 유동적이었던 세계정세 속에서 1917년 대동단결선언(大同團結宣言)을 발표하여, 국민주권론에 입각한 운동기구 결성을 촉구하였다. 이러한 각성과 국내 3·1운동의 영향으로 1919년에는 노령·상해·국내에 독립적인 정부들이 등장했는데, 곧 이어 상해 세력과 러시아령 세력 간에 통합운동이 전개되어 1919년 4월 11일 대한민국 임시정부가 상해에 탄생하였다. 정부가 세워졌다는 소식은 국내에 전해져 일제의 지배 하에 신음하던 조선인들에게 큰 희망이 되었다.

상해 임시정부는 민주공화제 정부형태를 택하였는데, 이로써 대한제국의 왕족을 추대하여 국가를 세우자는 이른바 복벽론(復辟論)이 최종적으로 폐기되고 한말부터 싹튼 국민주권 사상이 현실에 뿌리내리게 되었다. 임시정부는 절대 독립을 지향하되 그 방법으로서 우선 외교적 방략을 택하고, 때마침 열리고 있었던 빠리강화회의에 대표를 보내었다. 또 국내와의 연락과 자금의 마련을 위해 연통제(聯通制)를 실시하고, 그 주장을 알리기 위해 『독립신문』을 발간하였다.

그러나 빠리강화회의를 상대로 한 외교활동이 실패로 돌아가면서 임시정부는 곧 여러가지 어려움에 봉착하였다. 우선은 상해지역은 교민이 얼마 되지 않아 인적·물적 기반이 협소하였다. 또 간도지역은 상당한 교민이 살고 있고 이를 기반으로 무장투쟁을 주장하는 세력들이 상당히 있었지만, 임시정부의 외교노선 위주의 정책과 그 원격성으로 인해 통제가 쉽지 않았고, 지지를 이끌어내기도 힘들었다. 이러한 상황에서 내분이 일어나 활동이 지리멸렬하였다. 이때 레닌 정부는 혁명의 방위와 관련하여 한국의 독립운동을 지원해줄 것을 약속하였고, 그와 함께 임시정부를 개조할 것을 요청하였다. 이렇게 해서 무장투쟁노선을 주장하는 세력들에 의해 임정개조운동이 일어나게 되었으니, 이것이 바로 1923년에 열린 국민대표회의(國民代表會議)였다. 회의가 진행되면서 임시정부의 개조 문제가 제기되어 여기에 참석한 세력들은 격렬한 논쟁을 벌이다가 창조파와 개조파로 나뉘게 되었다. 결국 창조파가 득세하여 새 정부를 러시아령에 세우기로 결정하였으나, 러시아 정부가 지지하기를 거부하여 흐지부지되고 말았다. 이후 상해 임시정부는 비록 명맥은 이어갔으나 활력을 잃었고, 지도력을 확보하기도 쉽지 않았다.

한편 만주의 독립운동 세력은 3·1운동으로 고취된 민족의식의 영향으로 독립운동을 위해 넘어오는 젊은이들과 또 고국으로부터의 지원금에 힘입어 1920년 초반 활발한 활동을 펼친바, 봉오동(鳳梧洞)전투·청산리(靑山里)전투에서는 일본군에 커다란 타격을 가했다. 그러나 이후 일본군의 초토화 작전으로 막대한 타격을 입어 존립을 위협받게 되면서, 여러 운동단체들이 모여 1920년대 중반까지 참의부(參議府)·정의부(正義府)·신민부(新民府)를 성립시켰다. 3부는 일종의 자치체로서 주민들에게서 세금을 거두고 교육사업을 벌이는 한편, 중국 정부와 주민 사이에서 매개 역할을 하였다. 한편 사회주의 세력은, 조선인들이 일찍부터 진출하였고 계급분화가 상당한 정도 진전된 용정(龍井)을 중심으로 활동하고 있었다. 그러나 1925년 봉천 군벌(軍閥)과 조선총독부 사이에 이른바 삼시협정(三矢協定)이 체결되어 이 지역의 운동은 커다란 제약을 받게 되었다. 하지만 1924년 중국의 국공합작운동, 1927년 상해에서의 유일당운동, 국내의 신간회 결성에 영향을 받으면서, 1928년에는 이 지역에서도 난관을 타개하고 민족유일당 운동이라 하여 좌우합작운동이 일어났다. 좌우합작운동은 실패하고 말았지만 민족주의 3부 사이에 통합운동이 벌어져 결국 1929년 12월 길림(吉林)에 조선혁명당(朝鮮革命黨)이 만들어졌다.

1931년 일제의 만주 침략과 만주국 건설은 조선 민족해방운동 전선에도 커다란 변화를 가져왔다. 중국 관내의 경우, 임시정부가 구심적 역할을 상실한 후 여러 단체가 나뉘어 활동하던 중 유일당운동이 일어났으나 이 역시 실패로 돌아가고, 이후 운동단체들은 중국 정부의 푸대접과 인적·물적 자원의 부족 속에서 각 파벌로 나뉜 채 별다른 활동을 벌이지 못하고 있었는데, 일본의 침략은 이들 반일 조직들이 다시 한번 활발한 활동을 벌일 계기를 제공했다. 또 중국 국민당 정부도 이들의 이용가치에 관심을 갖게 되었다. 특히 1932년 김구(金九)의 한인애국단(韓人愛國團)에 속한 윤봉길(尹奉吉)이 상해 홍구(虹口)공원에서 일본군 수뇌부를 살해한 의거는 조선인에 대한 중국인의 인식을 호전시키는 계기가 되었다. 이같은 정세변화에 힘입어 중국 정부의 지원을 받게 된 것은 김구 세력과 김원봉(金元鳳) 세력이었다.

한편 일본의 대륙침략이 본격화하자 중국 각지에 흩어져 있던 세력들은 중국 정부의 지원을 받기 위해 남경(南京)으로 몰려들었는데, 이들 좌·우익 세력들 사이에서 운동전선 통일의 기운이 일어나 1932년 11월 드디어 한국대일전선통일동맹(韓國對日戰線統一同盟)이 결성되고, 1935년 7월에는 조선민족혁명당으로 발전하였다. 이들은 혁명적 수단으로 국토와 주권을 회복하고, 정치·경제·교육의 평등에 기

나라를 위해 헌신할 것을 선서하고 있는 광복군 지하공작대원들
앞줄 왼쪽이 지대장 이범석

초를 둔 진정한 민주공화국을 건설할 것이라는 목적을 제시하였다. 그러나 김구 세력이 애초부터 참여하지 않았고, 좌익 성향의 김원봉이 이끄는 의열단이 주도권을 발휘하는 것을 못마땅하게 여긴 우익쪽 인사들이 탈당함으로써 좌파적 성격이 짙은 정당이 되고 말았다. 민족혁명당은 1937년 조선혁명자연맹·조선청년전위동맹 등 좌파 세력을 모아 '조선민족전선연맹'을 결성하였다.

한편 임시정부 지지세력들은 1935년 김구를 중심으로 한국국민당을 결성하고, 여기에 민족혁명당에서 탈당한 세력들이 가세하여 1937년 '한국광복운동단체연합회'가 결성된바, 이 '연합회'와 '전선연맹'은 1939년 연합하여 '전국연합진선협회(全國聯合陣線協會)'를 결성하였다. 이 '협회'도 우여곡절을 겪었으나 결국 1944년 통일전선적 임시정부를 만드는 기반이 되어, 김구가 주석에, 김규식(金奎植)이 부주석에 취임했으며, 김원봉은 국무위원으로 참여하게 되었다. 한편 임시정부는 1940년 광복군을 조직하였는데, 1942년 여기에 '전선연맹'에 참여한 세력들이 만든 조선의용대가 편입됨으로써 독립전선의 군사력이 통합되었다.

그러나 '전선연맹'에 참여하였다가, 김원봉이 무장투쟁을 소홀히하는 데 실망한 최창익(崔昌益)의 조선청년전위동맹 맹원들은 국민당 지역을 벗어나 중국공산당이 할거하던 연안(延安)으로 들어가 화북(華北)조선청년연합회에 가입했으며, 이는 이후 조선독립동맹으로 발전하였다. 이들은 일본군의 대륙침략에 따라 들어온 조선인들을 대상으로 정신훈련을 시키는 한편, 역시 일본군에 징병되어 온 조선인 청년들을 회유하여 끌어내는 데 노력하였다. 또 중국공산당과 연합하여 화북지방으로 침투해 온 일본군에 대항하여 호가장(胡家庄) 전투 등지에서 용맹을 떨쳤다.

한편 일제의 만주 침략은 이 운동에도 큰 영향을 끼쳐 민족주의 세력은 그 기반을 상실하고 중국 관내로 후퇴하거나 소멸할 수밖에 없었다. 다만 조선인 이주민들의 민족의식이 비교적 강하게 남아 있었던 서간도지역에 기반을 둔 조선혁명당은 양서봉(梁瑞奉)이 중심이 되어 중국군과 합심하여 일본군·만주국군과 투쟁을 벌여나갔다.

용정을 중심으로 한 북간도 지역에서는 사회주의 세력이 끈질기게 저항을 벌였다. 이들은 중국 항일연군과 함께 게릴라전을 벌였는데, 김일성(金日成)은 그러한 게릴라부대 지도자의 한 사람이었다. 이들은 1936년 재만한인조국광복회를 만들어 국내로 침공해서 보천보(普天堡)전투를 벌이는 등 일제의 식민 통치기구들을 습격하여 무력화하기도 하고, 국내에서 조직사업을 벌이기도 하였다. 그러나 이들도 1937~38년 실시된 일제의 소탕작전을 견디지 못하고 1941년경 러시아령으로 잠적하고 말았다. 이렇게 해서 1945년 이전 중국 관내에는 중경(重慶)으로 옮겨 간 임시정부, 연안의 조선독립동맹, 만주의 조국광복회라는 3대 운동세력이 있어 해방 이후 남북한의 정계에 커다란 영향을 끼치게 되었다.

한편 미국에는 박용만(朴容萬)이 주동이 되어 세웠던 국민의회가 있었고, 이승만(李承晩)은 임시정부 구미위원부를 중심으로 활동하였으나 1920년대 중반 이후에는 커다란 활동을 펴지 못하였다. 이밖에 안창호의 흥사단(興士團)이 활동을 계속하고 있었다. 이들은 국내에 흥업구락부(이승만), 수양동우회(안창호)와 관련을 맺고 활동하였다.

제5장

현 대

1. 8·15해방과 민족국가 건설을 위한 활동
2. 분단체제의 성립
3. 4월혁명 이후 남과 북의 변화
4. 유신·신군부체제와 수령유일체제
5. 민주주의의 진전과 통일조국

1
8·15해방과 민족국가 건설을 위한 활동

1. 제2차 세계대전과 건국 준비

1945년 8월 15일 한국은 일본제국주의로부터 해방되었다. 국내외에서 항일 민족해방투쟁이 끊임없이 전개되던 중 일본제국주의는 연합국의 공격으로 패망하였다.

8·15해방으로 한국인은 드디어 민족국가를 건설할 기회를 갖게 되었다. 수천년의 유구한 역사를 지니고 있고, 세계 역사상 유례를 찾기 힘들게 오랫동안 한 지역에서 단일민족국가를 발전시켜온 한국은 근대를 맞으면서 자본주의 열강의 침탈에 시달리다가, 20세기에 들어와 역사상 처음으로 일제에 국토를 강점당하게 되었다. 그리하여 한국인은 자주적으로 근대화를 이룩하여 근대국가를 발전시킬 기회를 빼앗긴 가운데, 각지에서 민족해방운동을 벌여 민족국가 건설의 기틀을 다져갔다.

제2차 세계대전이 발발하자 독립운동세력들은 일제의 패망을 예견하면서 건국 준비에 박차를 가했고, 새로 세울 국가의 모습을 구상하였다. 독립운동단체들은 국내에서건 국외에서건 대체로 우익과 좌익을 결집하여 민족연합전선을 형성하였다. 또한 독립운동단체들은 대체로 새 국가는 진취적인 민주공화국이어야 할 것임을 명시하였다. 그

해방을 맞아 서대문 형무소에서 풀려나온 애국인사들

런데 이들 민족해방운동 세력들은 국내와 동아시아 각지에 분산되어 있었고, 사회체제를 달리하는 국가나 정파에 연결되어 있었다.

해방 직전 국내에서는 건국동맹(建國同盟)이 활동하고 있었다. 여운형(呂運亨)을 중심으로 한 민족해방운동 세력은 1942, 43년경부터 활발히 건국 준비 활동을 벌였고, 해방되기 1년 전인 1944년 8월에는 비밀리에 건국동맹을 조직하였다. 건국동맹은 중도좌파를 중심으로 하여 좌익과 우익이 망라되어 있었으나, 좌파적 성격이 더 강한 편이었다. 우파의 경우 일부는 일제의 황국신민화운동에 가담하였고, 또 다른 일부는 침묵으로 일제에 저항하였으며, 안재홍(安在鴻)을 중심으로 한 항일세력은 여운형과 협력하여 활동하였다. 공산주의자들은 여운형과 함께 활동하기도 했으나 몇몇 조직으로 분산되어 있었다.

좌익세력이 포함되어 좌우연합체의 성격을 띤 김구(金九) 영도의 중경(重慶) 임시정부는 장개석(蔣介石) 국민당 정부와 돈독한 유대를 맺으며 활동하였는데, 중국내륙 깊숙이 위치한 중경과 서안(西安) 등지에서 해방을 맞이하였다. 일제에 선전포고를 하고 건국강령을 마련한 바 있었던 중경 임시정부는 해방 직후 중국에서 포고문을 발표하여, 국내에 새로운 과도정권이 성립될 때까지 그 임무를 자신이 맡을 것임을 선언하였다.

중국 화북지방의 중국공산당 지배 지역에는 한글학자이자 민족주의자였던 김두봉(金枓奉)을 주석으로 한 조선독립동맹과 그 무장력인 조선의용군이 있었다. 이들은 각당 각파를 망라하여 항일애국을 전개할 것을 호소하였다. 이들은 대개가 서안보다 더 내륙에 위치한 연안(延安)에서 해방을 맞았다. 1930년대 내내 중국 동북지방에서 항일빨치산투쟁을 벌이다가 1940년경에 아무르강 중류에 있는 하바로프스끄 부근에 모인 김일성(金日成) 등의 무장세력은 소련의 영향 하에서 중국 공산주의자들과 함께 동북항일연군(東北抗日聯軍) 교도려(教導旅)를 조직하였다. 이들 빨치산세력들은 해방 직전인 1945년 7월 말 김일성·최용건(崔庸健, 崔石泉) 등을 지도자로 한 조선공작단위원회를 조직하여 해방을 맞았다.

그런데 한국은 연합국의 이해관계 때문에 독자적으로 민족문제를 해결하기가 어렵게 되어 있었다. 해방과 함께 북위 38도선을 경계로 미국과 소련의 군대가 각각 남과 북에 진주하여 군정을 실시한 것은 민족국가 건설에 중대한 난관을 초래하였다. 더욱이 연합국이 한국문제에 대한 구체적 방안을 마련해놓지 않은 상태에서 군대가 먼저 들어온 것이었다.

제2차 세계대전이 발발하기 전까지 미국 정부는 한국의 독립에 대해 관심을 보이지 않았다. 그러나 제2차 세계대전이 일어난 이후 미국은 일본의 패망에 따른 전후처리와 관련하여 한국문제에 대해 정책을 짜나갔다. 1943년 11월에 미국·영국·중국의 로즈벨트(F. D. Roosevelt), 처칠(W. L. S. Churchill), 장개석은 카이로에 모여 한국 민중의 노예상태에 유의하여 적당한 시기에 한국을 독립시키기로 결의하였다. 연합국 사이에서 한국의 독립이 합의되었지만, '적당한 시기'가 문제였다. 카이로회담에 이어 테헤란에서 스딸린(I. V. Stalin) 소련수상을 만난 로즈벨트 미국대통령은 한국이 완전 독립을 획득하기 전에 약 40년간의 훈련이 필요하다고 제안했으며, 스딸린도 여기에 동의하였다. 1945년 2월 미국·영국·소련의 지도자들에 의해 얄따회담이 열렸을 때, 한국문제는 구체적으로 논의되지 못하였다. 다만 로즈벨트는 스딸린에게 한국에 대해 20~30년간에 걸친 신탁통치 구상을 말하였고, 스딸린은 그것이 짧을수록 좋을 것이라고 대답했을 뿐이다. 1945년 7월에 열린 포츠담회담에서는 한국문제 해결을 위한 방안이 거의 논의되지 않았다. 그리고 일제가 포츠담선언 수락 의사를 표명했을 때, 미국 정부는 북위 38도선을 경계로 미·소 양군이 남과 북을 분할 점령하는 방안을 마련하였고, 소련 정부도 이에 동의하였다.

38선을 경계로 미·소 양군이 들어온 것은 한국의 미래에 난국을 초래할 수 있었다. 수도인 서울은 38선 이남에 있고, 인구는 이남이 이북의 두 배쯤 되었으나, 땅은 이북이 이남보다 약간 넓었다. 두 나라 군대가 일본군을 무장해제시키기 위해 남과 북에 들어왔다지만, 실제는 미국과 소련이 지정학적으로 미묘한 위치에 있는 한반도에 대한 자국의 영향력을 확보하기 위해 점령이란 수단을 사용한 것이었다. 더욱이 두 나라는 한국에 대해 막연히 신탁통치를 실시한 후 독립시킨다는 잠정적 합의를 했을 뿐이다. 또한 미군사령부는 서울에, 소련군사령부는 평양에 설치되어 통합사령부가 없었으며, 두 사령부간에도 연락이 거의 없었다. 전후에 미국은 세계 자본주의체제의 리더로, 소련은 세계 사회주의체제의 옹호자로 부상하였는데, 두 나라는 남과 북에서 각각 자신한테 유리한 세력을 파트너로 선택하고자 하였다.

2. 해방 직후 남과 북의 정세와 미·소의 대한정책

한국은 오랜 역사와 문화를 가진 독립국이었고 일제의 강점 하에서도 민족국가 건설을 위해 준비해왔기 때문에 일제가 패망하였을 때 큰 혼란 없이 즉각적으로 자치활동을 펴나갈 수 있었다. 8월 15일 당일에 서울에서는 여운형과 안재홍을 지도자로 한 건국준비위원회가 가동되어, 다음날 형무소에 갇혀 있는 정치범을 석방하고 치안의 확보에 나섰다. 남쪽 각 지역에는 도와 군 단위로 건국준비위원회 지부가 속속 결성되었다. 북에서도 평남·함남·황해도 등지에 건국준비위원회 지부가 결성되었는데, 공산주의자들은 이에 참가하지 않고 독자적으로 단체를 만들었다.

서울의 건국준비위원회 중앙은 좌우연합체였고, 남쪽의 각 지부도 대체로 그러하였으나, 북쪽에서는 우익이 주로 참여하였다. 그러나 1945년 8월 말, 9월 초 미군이 서울에 들어온다는 소식이 퍼지면서 좌우 분립현상이 일어났다. 우익은 건국준비위원회에서 탈퇴하였고, 공산주의자들은 여운형과 함께 건국준비위원회를 대신하는 '조선인민공화국'을 급조하였다. 우익은 중경 임시정부를 추대하는 운동을 벌였고 좌익은 인민공화국을 지지하였다.

1945년 9월 8일 인천에 상륙하여 서울에 들어온 미군은 점차 남의 전지역을 장악해나갔다. 반공주의적인 미군사령부는 해방의 감격 속에서 각 지역에 인민위원회나 치안대 등 자치단체를 조직하여 활동하고 있던 좌익이나 민족주의 세력을 억압하였다. 미군은 한국인의 민족감정에 대립되는 정책도 서슴지 않고 폈다. 미군정은 일제의 통치기구를 온존하였고, 초기에는 일본인 관리들을 복무하게 하였다. 친일파로 불리는 한국인 관리들은 유임되었을 뿐만 아니라 급격히 지위가 상승하였다. 특히 친일파 경찰의 적극적인 활용은 한국인의 불만을 고조시켰다. 토오꾜오(東京)의 매카서(Douglas MacArthur) 사령부는 일본에 대해서 일본인 정부를 두고 간접통치를 하였는데, 한국에서 미군정은 직접통치를 하였다. 매카서 사령부는 일본에서 과감히 개혁을 실시하여 일본이 민주주의 국가로 새 출발하는 데 결정적인 역할을 하였으나, 한국에서 미군정은 보수적인 현상유지정책을 밀고 나갔다.

8월 9일경부터 함경북도 지방을 공격하기 시작한 소련군은 이미 8월 하순에 북의 주요 지역을 장악하였다. 소련군사령부는 일단 공산주의자와 민족주의자가 합작하여 인민위원회를 구성하고 자치를 하게 함으로써 간접통치의 방식을 취했다. 북에서는 친일파들이 자치정부에서 배제되었다.

해방 직후 남에서 가장 강한 정치세력은 좌익이었고, 그중에서도 조선공산당이 강력한 조직을 갖고 있었다. 인민공화국이 만들어지고 미군이 진주하면서 건국준비위원회 지부들은 인민위원회로 개편되었다. 지방의 각급 인민위원회들은 미군이 기존 통치기구를 활용하고 인민위원회를 불법화함에 따라 점차 약해졌으나, 1946년 초까지 많은 인민위원회가 여전히 영향력을 행사하고 있었다. 인민위원회는 점차 좌익 성향이 강해졌다.

조선공산당은 9월 11일 박헌영(朴憲永)을 중심으로 재건되었다. 공산당은 인민공화국을 실질적으로 장악하고 있었고, 당조직 외에도 노동자단체로 조선노동조합전국평의회, 농민단체로 전국농민조합총연맹을 정력적으로 조직하였다. 한편 여운형은 자기 세력을 공산당과 구별하고 좌우연합운동을 촉진하기 위해 11월 12일에 조선인민당을 조직하였다.

우익의 경우 온건파 중심으로 안재홍의 국민당이 9월 하순에 조직되었지만, 가장 강력한 정치세력은 동아일보계가 중심이 된 한국민주당이었다. 한국민주당은 미군정의 강력한 지원 아래 미군정기구, 특히 지방 정부기구와 경찰조직을 통하여 기반을 확대해나갔다. 우익은 10월 16일 이승만(李承晩)이 미국에서 귀국하고, 11월 23일 김구 등 중경 임시정부 요인들이 귀국함에 따라 더욱 강화되었다.

북에서는 국내 공산주의자들도 활동하였지만, 9월에 항일 빨치산 출신들이 들어온 이후 김일성이 공산주의자들 가운데에서 주도권을 행사하였다. 10월 중순에 북의 공산주의자들은 조선공산당 북조선분국을 창설함으로써 남의 공산당으로부터 분리해나갔다. 북의 공산주의자들은 민족통일전선의 형성을 주장하였지만, 우익세력들이 계속 월남하고 공산당이 압도적으로 우세하였기 때문에 그것은 점차 명분에 그치게 되었다.

1945년 12월에는 남과 북에 중요 정치세력이 모두 모임으로써 민족국가 건설을 위한 민족대단결의 필요성이 커졌지만, 남의 경우 중경임시정부측과 인민공화국측의 헤게모니 경쟁 때문에 성사되지 못했다.

한국문제를 해결할 연합국의 방안은 1945년 연말에 가서야 마련되었다. 1945년 12월 16일 모스끄바에서 열린 미국·영국·소련 세 나라 외무장관회의에서 미국측은 전과 같이 한국에 신탁통치를 실시할 것을 제안하였다. 그것에 대해 소련측은 임시정부수립안을 골자로 한 수정안을 제시하였다.

12월 28일 발표된 모스끄바 3상회의의 결정은 소련의 수정안을 약간 고친 것으로, 제1항은 한국에 임시정부를 조속히 수립한다는 것이었고, 제2항은 제1항의 실현을 위해 미소공동위원회를 연다는 것이었다. 문제는 제3항이었다. 제3항에 씌어 있는 신탁통치 조항은 미국측이 제의한 신탁통치와는 크게 다른 것으로, 신탁통치 실시 이전에 한국인으로 구성된 임시정부와 상의하여 신탁통치 방안을 마련하게 되어 있었고, 그 기한은 최고 5년이었다. 그러나 수천년간 독립국가를 발전시켜왔고, 해방 후 즉시 독립하기를 바랐던 한국인들로서는 내용이 어떠하든 신탁통치를 받아들이기가 어려웠다.

1945년 연말에 남에서는 반탁투쟁이 격렬히 전개되었다. 그런데 이 반탁투쟁은 소련이 신탁통치 실시를 주장하고 미국이 즉시 독립을 요구하였다는 왜곡보도가 촉매가 되어, 모스끄바 3상회의의 결정이 국내에 제대로 알려지기 이전에 일어났다. 김구가 주도한 우익의 반탁투쟁은 반소·반공적인 성격이 강했고, 중경 임시정부 추대를 외쳤다. 좌익은 처음에는 전에 알려졌던 바와 같은 신탁통치는 반대한다고 애매하게 반탁을 표명하였다가, 1946년 1월 2일경부터 공산당이 주동이 되어 모스끄바 3상회의의 결정 지지투쟁을 벌였다. 공산당은 신탁통치 조항도 지지하였다.

한국문제에 대한 유일한 국제적 합의인 모스끄바 3상회의의 결정을 계기로 남의 좌우 대립은 심해졌고, 남북간의 장벽도 더 두터워져갔다. 남에서는 1946년 2월에 중경 임시정부의 의정원 기능을 이어받은 비상국민회의와 미군정의 자문기관으로 발족한 남조선대한국민대표민주의원(민주의원)이라는 긴 이름을 가진 단체에 우익이 집결하였다. 좌익은 같은 시기에 민주주의민족전선(민전)을 조직하였다. 북에서는 1945년 11월에 행정10국을 조직하고 각급 인민위원회를 정비하였는데, 1946년 2월 9일에는 중앙집권적인 임시인민위원회가 만들어졌다.

한국에 임시정부를 구성할 임무를 맡은 미소공동위원회는 1946년 3월 20일 서울에서 열렸다. 이 회담은 처음부터 결렬의 소지를 안고 있었다. 이미 두 달 전 예비회담이 열렸을 때에도 양측은 서로를 불신하여 별다른 성과 없이 끝나고 말았다. 미·소 양군 사령부에서 온 대표들로 구성된 미소공동위원회에서는 자신과 협력하여 임시정부를 구성할 한국인 정당·사회단체를 선정하는 데 합의를 보지 못하였다. 소련측은 모스끄바 3상회의의 결정을 반대하는 반탁운동세력은 제외해야 한다고 주장하였고, 미국측은 반탁운동도 자유로운 의사표시의 방법이므로 제외해서는 안된다고 반박하였다. 여러 차례 고비를 겪으면서 결국 미소공동위원회는 반탁운동 문제가 가장 큰 요인이 되어 5월 초순에 무기한 휴회되었다.

3. 좌우합작운동의 전개

미소공동위원회가 결렬된 것은 남북이 분단될 가능성이 높아졌다는 것을 의미한다. 이러한 사태를 맞아 각 정치세력들은 상이한 반응을 보였다.

우익은 미소공동위원회가 휴회되자마자 독립전취국민대회를 열어 즉시 독립을 외치면서 반소·반공 시위를 벌였다. 이승만은 지방을 순회하면서 자율정부 수립의 필요성을 암시하다가, 6월 3일 전북 정읍에서 통일정부의 수립이 여의치 않으니 남쪽만이라도 정부를 수립하자고 연설하였다. 한국의 지도자로 단독정부 수립의 필요성을 최초로 공표한 것이었다. 그러나 한민당을 제외한 주요 정당과 사회단체에서는 한결같이 단정 수립을 반대하였다.

미소공동위원회가 휴회되어 민족적 위기의식이 고조되자 민족의 단결에 의해 통일정부를 세워야 한다는 세력들이 앞장을 서서 좌우합작운동을 벌였다. 좌우합작운동은 1920년대 중반부터 민족해방운동에서 민족의 역량을 집결시키는 방안으로 국내·국외에서 계속 펼쳐져왔다. 해방이 되었을 때 좌우합작의 필요성은 더욱 커졌다. 건국준비위원회도 좌우연합체였지만, 미국과 소련이 남과 북을 점령하고 있고 좌익과 우익이 엄연히 실체로서 존재하고 있는 한, 통일국가는 좌우합작에 의해서만 가능한 것으로 인식되었다. 미국측과 소련측의 합의를 전제로 한 미소공동위원회에서의 임시정부도 좌우의 연합 형태로 조직될 수밖에 없었다. 이 때문에 모스끄바 3상회의의 결정이 발표된 이후 꾸준히 좌우합작을 시도해온 정치세력들은 미소공동위원회의 휴회로 민족국가 건설이 위기를 맞자 미소공동위원회의 조속한 속개를 요청하기 위해 좌우합작운동을 벌여나갔다. 이 좌우합작운동에는 미군정에서도 협조하였다. 미국은 좌익과 우익의 극단세력을 배제하고 온건한 정치세력을 친미세력으로 키워 그것이 임시정부의 중심이 될 것을 기대하였다.

좌우합작운동은 처음에는 순탄하게 진행되었다. 우익에서는 민주의원과 비상국민회의에서 김규식(金奎植) 등 5명을 대표로 선정하였고, 좌익에서는 민전이 중심이 되어 여운형 등 5명을 대표로 뽑았다. 김규식과 여운형을 대표로 한 좌우합작위원회는 7월 25일 덕수궁에서 정식으로 회의를 가졌다. 그러나 이때 조선공산당이 강경노선으로 선회하여 좌우합작운동은 암초에 부딪혔다.

좌우합작운동을 전개한 김규식·여운형 등은 좌우합작이 남에서뿐만 아니라, 남과 북 사이에서도 이루어져야 민족국가의 건설이 가능하다고 보았다. 그러나 미소공동위원회가 휴회된 후 북에서는 새로운 상황이 조성되고 있었다. 소련과 북은 미소공동위원회 사업의 실패가 미국이 반동적인 반탁세력을 옹호하고 있기 때문이라고 판단하였으며, 그에 따라 한국문제를 미국과 협의해서 해결하는 것에 회의적이었다. 여기서 채택된 것이 북을 민주기지로 발전시켜서, 그것을 기반으로 하여 통일을 이룩하겠다는 민주기지론이었다.

북에서는 이미 미소공동위원회의 소집을 앞두고 3월에 전격적으로 무상몰수 무상분배 방식에 의한 토지개혁을 실시하였는데, 미소공동위원회 휴회 후에는 중요 산업을 국유화하고 노동법령 및 남녀평등권법령을 시행하였다. 그리고 7월에 북의 각 정당·사회단체를 묶어 북조선민주주의민족통일전선위원회를 결성하였고, 8월 말에는 민주기지의 영도조직으로 북조선공산당과 신민당이 합당하여 북조선노동당을 만들었다.

소련 및 북과 긴밀한 관계를 맺고 있던 박헌영 주도의 조선공산당은 좌우합작위원회의 첫 공식회합 직후, 남에서도 북과 같은 토지개혁 등 여러 개혁을 실시하고 정권을 인민위원회에 넘길 것을 요구하고, 대중을 동원하여 미군정에 대해 투쟁할 것을 결의하였다.

조선공산당의 강경노선은 9월총파업으로 나타났다. 해방 후 경제난, 특히 식량의 부족과 인플레이션은 노동자들의 불만을 심화시켰지만, 노동자들의 파업이 총파업 형태로 9월에 일어난 것은 공산당의 지시에 의한 것이었다. 9월 하순에서 10월 초순에 걸쳐 전국에서 20여만명이 참여한 이 총파업은 그때까지 있었던 파업 중 최대 규모였다. 총파업은 경찰과 청년단체들의 무력진압과 테러로 일단락되었다.

총파업에 이어 10월에 민중봉기가 발생하였다. 봉기는 10월 1일 대구에서부터 큰 규모로 터져 곧 경북 일대에 퍼졌고, 이어 경남과 전남에서도 일어났으며, 충남과 경기·강원·전북 지역에서는 소규모로 발생하였다. 10월봉기는 공산당과도 관련이 있었으나, 친일파 경찰과 관리의 횡포 등 미군정의 처사에 대한 누적된 불만이 주요 원인이었다.

총파업과 봉기의 와중에서 공산당·인민당·신민당 등 남의 좌익 3당을 통합하는 작업이 극심한 내부갈등을 겪으면서 추진되었다. 8월 초부터 시작된 3당합당 작업은 여운형 세력과 박헌영 지지세력으로 분열되어 진행되었는데, 결국 박헌영 지지세력이 북로당의 지지를 받으며 남조선노동당을 결성하였다. 남로당은 한국전쟁 때까지 남에서 가장 강력한 좌익정당이었다.

김규식과 여운형을 중심으로 한 좌우합작운동은 공산당의 강경노선으로 난관에 부닥쳤으나 계속 진행되어, 10월 7일에는 좌우합작 7원칙을 발표하기에 이르렀다. 이 7원칙에서 이들은 그동안 좌우익간에 이견이 심했던 토지개혁 문제는 유상몰수 무상분배의 방식을 택하기로 합의하였고, 친일파 처리는 입법기구에서 다루도록 제안하였다. 7원칙에서 이들은 미군정에서 계획하고 있는 입법기구에 좌우합작위원회가 중심이 되어 참여할 것임을 밝혔다.

7원칙이 발표된 며칠 후 남조선과도입법의원 선거가 치러졌다. 준(準)입법기구인 입법의원의 의원은 관선과 민선으로 각각 45명씩을 뽑았다. 관선의원은 주로 좌우합작위원회에서 추천하였고, 민선의원은 좌익이 불참한 속에서 여러 단계를 거치는 간선제로 뽑았는데, 이 때문에 한민당과 이승만 추종세력이 다수 당선되었다. 입법의원은

1946년 12월부터 1948년 초까지 활동하였다.

북에서는 남보다 약간 늦은 1946년 11월 초에 각급 인민위원회 대의원 선거를 치러 1947년 2월에 북조선인민위원회를 구성하였다. 위원장은 임시인민위원회와 마찬가지로 김일성이었다.

1946년 5월에 휴회된 미소공동위원회는 좌우합작 7원칙이 발표될 무렵에 재개의 가능성이 높아졌다. 1947년 1월에 하지(Hodge) 미군 사령관은 조만간 미소공동위원회가 열릴 것을 시사하고 반탁운동을 자제해줄 것을 특별히 당부하였다. 그러나 김구 등 우익은 1946년 12월에 도미하여 남에 단독정부를 세울 것을 촉구하고 있던 이승만과 연락을 취하며, 좌우합작운동을 반대하고 반탁투쟁을 또다시 전개하였다. 김구는 이와 함께 우익을 단결시켜 중경 임시정부를 공식 정부로 추대하려고 시도하였는데, 이것에 대해서는 이승만과 한민당이 동의하지 않았다.

1947년 3월 트루먼(H. S. Truman) 미국대통령이 그리스와 터키에서 공산주의자들의 활동을 저지할 것을 언명한 트루먼독트린을 발표하였을 때, 이승만과 한민당 등 우익은 이를 적극 환영하였다. 이승만은 철저한 반공주의자로서, 미국과 소련이 협의하여 한국문제를 해결할 수 있으리라고 믿지 않았고, 또 그래서는 안된다고 생각하였다.

트루먼독트린으로 미·소간의 냉전이 가시화되어가고 있었음에도 불구하고 한국은 즉각 분단으로 나아가지는 않았다. 미국과 소련은 트루먼독트린 발표 이후에도 계속 협의를 하였다. 그리하여 1947년 5월 21일에는 미소공동위원회가 재개되었다.

미소공동위원회의 재개에 중도파 정치세력은 열렬히 지지를 보냈다. 좌우합작 7원칙이 발표된 후부터 남의 정국은 재편되기 시작하여, 김규식·안재홍 등의 중도우파는 우파로부터, 여운형 등의 중도좌파는 좌파로부터 떨어져 나와 중도파를 형성하면서, 미소공동위원회의 재개를 촉구하는 운동을 벌였다. 북측과 남로당은 한때 미·소간의 협력에 의한 한국문제 해결에 회의적이었으나 미소공동위원회의 재개를 환영하였다. 그러나 이들은 반탁운동세력을 임시정부의 구성에서 배제할 것을 주장하였다. 우익에서 이승만과 김구는 미소공동위원회의 재개에 호의적이지 않았으나, 우익에서 가장 강력한 조직을 가진 한민당은 그것에 협력하였다.

4. 미·소 냉전과 민족국가 건설의 좌절

재개된 미소공동위원회는, 세계가 냉전체제로 치닫고 있고 김구와 이승만이 반탁투쟁을 벌이고 있는데도, 제1차 미소공동위원회 때와는 달리 처음에는 순조롭게 진행되었다. 6월 23일까지 각 정당·사회단체는 공동위원회의 협의에 참가하겠다는 청원서를 제출하였고, 공동위원회 양측 대표단과 한국의 정당·사회단체 대표는 최초로 한자리에 모였다. 공동위원회 대표들은 7월 1일 평양에서도 북측 대표들과 합동회의를 가졌다.

7월 중순에 들어서면서부터 공동위원회는 공전되었다. 제1차 미소공동위원회 때와 비슷하게 정당·단체를 선정하는 문제에 대해 미국측과 소련측은 심각한 이견을 드러냈다. 그러나 그것은 표면적인 이유였고, 실제는 세계적 규모로 이루어지고 있던 미·소간의 대결이 이 시기에 와서 강화되었기 때문이다. 중국의 국공내전도 국민당 정부군한테 불리하게 돌아갔다. 7월 19일에는 여운형이 암살되었는데, 그것은 미·소 협상에 의한 한국문제의 해결이 불가능하게 되었음을 말해주는 신호탄이었다.

미국은 소련과 협력해서 한국문제를 처리하기 어려울 경우에는 자신의 영향력 아래 있는 유엔에 이 문제를 이관할 계획을 전부터 세우고 있었다. 유엔총회가 개최된 다음날인 9월 17일 미국 정부는 유엔에서 한국문제를 논의할 것을 제의하였다. 소련은 미·소 양군을 한반도로부터 1948년 초까지 철퇴하자고 역습하였으나, 미국은 이를 받아들이

지 않았다. 일부 국가에서 유엔의 한국문제 개입이 한반도 분단을 초래해서는 안된다고 주장하여, 11월 14일 유엔총회에서는 유엔 감시 하의 남북총선거를 통한 한국통일안이 가결되었다. 그러나 소련측이 거부할 것이기 때문에 한국 전역에 걸친 유엔 감시 하의 총선거는 처음부터 명백히 불가능하였다.

우익에서는 한국문제의 유엔 이관을 환영하였다. 그러나 정부를 수립하는 문제에서 이승만과 김구는 견해의 차이를 보였다. 이승만은 중경 임시정부의 권위를 부인하고, 나아가 한국문제에 대한 유엔의 조치가 있기 전에 즉시 남에서 총선거를 실시할 것을 요구하고, 이를 위한 캠페인을 벌였다. 김구는 남에서의 단독정부 수립은 반대하면서도 때로는 이승만의 주장에 동의하면서 중경 임시정부를 중심으로 우익을 결속하려 하였다.

북과 남로당에서는 한국문제의 유엔 이관을 반대하며, 외군의 철병을 주장하였다. 남로당은 1948년에 2·7투쟁을 전개하여 남에서의 단독선거를 반대하였으며, 김구·김규식 등 중도우파의 남북지도자회의의 소집도 마찬가지로 반대하였다.

중도파에서는 대체로 한국문제의 유엔 이관에 비판적이었다. 중도파 민족주의자들은 한국문제가 유엔에 이관되자, 통일민족국가를 건설하기 위한 마지막 수단으로 남북지도자회의의 소집을 구상하였다. 1947년 12월 20일에는 대부분의 중도파 정당과 단체 및 개인들이 김규식을 영수로 하여 민족자주연맹을 결성하였다. 민족자주연맹은 통일정부의 조속한 수립을 위하여 '남북정치단체 대표자회의'를 개최할 것을 제의하였다.

유엔한국임시위원단은 1948년 1월 8일에 내한하여 남북총선거를 실시하기 위한 활동에 들어갔다. 그러나 북과 소련은 유엔한국임시위원단이 북쪽 지역을 방문하는 것을 허용하지 않았다. 2월 하순 유엔소총회에서는 남북총선거 문제를 두고 격론을 벌이다가 2월 26일 가능한 지역에서의 총선거안을 가결하였다. 분단은 확정되었다. 미군정은 5

월에 총선거를 실시할 것임을 발표하였다.

유엔한국임시위원단이 국내에 들어오자 중도파에서는 남북지도자회의를 적극 추진하였다. 김구는 1월 하순 임시위원단과 회견을 가진 뒤 단독정부 수립을 단호히 반대하고 미·소 양군의 철퇴와 남북지도자회의의 소집을 요구하며 중도파에 합류하였다. 2월에 김구와 김규식은 김일성·김두봉에게 남북요인회담을 제의하였다.

북에서는 3월 25일 평양방송으로 '전조선 정당사회단체 대표자연석회의'를 평양에서 열자고 제의하는 한편 독자적인 정부의 수립도 추진하였다. 2월 8일에 조선인민군이 창설되고 이어 헌법 초안이 발표되었다.

4월 하순 '남북 제정당사회단체 지도자협의회'가 평양에서 열렸다. 오랫동안 단일민족국가를 유지해왔기 때문에 한국인은 분단은 있을 수 없는 일이라고 생각하였고, 또 분단이 필연적으로 동족상잔을 초래할 것으로 예상하였다. 이 때문에 많은 민중과 지식인들이 이 회의를 성원하였다. 이 회의는 해방된 후 최초의 남북지도자회의라는 점에서 의의가 있었으나 분단을 막을 수는 없었다.

분단은 강대국에 의해 해방 직후부터 그 싹이 터가다가 냉전시대에 접어들면서 확고해졌다. 38선은 한민족에게 국토의 분단선이자 민족의 분열선으로 굳어졌고, 세계적으로는 양대 진영의 경계선이자 전초선이 되었다.

2
분단체제의 성립

1. 분단체제의 성립

좌익은 단선·단정 반대투쟁을 벌이고, 김구·김규식 등이 이끄는 중도우파는 선거 불참을 결의한 가운데, 1948년 5월 10일 선거가 치러졌다. 5·10선거는 성별과 신앙의 차이를 묻지 않고 21세 이상의 성년에게 동등한 투표권이 주어진 보통선거였다는 점에서 의의가 있었다.

5·10선거로 선출된 제헌국회 의원들은 국가를 창건하는 작업에 들어갔다. 이들은 새 국가의 이름을 1897년부터 사용하였던 대한으로 결정하여, 국호는 대한민국이 되었다. 7월 12일에는 헌법이 통과되었다. 원래 권력의 구조는 다수의 의원들이 내각책임제를 선호하였으나 이승만의 주장으로 대통령중심제로 바뀌었으며, 그 과정에서 내각책임제의 요소가 남게 되었다. 국회는 단원제로 구성하기로 하였다.

제헌국회에서는 대통령에 이승만을, 부통령에 이시영(李始榮)을 선출하였다. 국회의장에는 신익희(申翼熙)가 취임하였다. 이승만 대통령은 이범석(李範奭)을 국무총리로 하여 내각을 구성하였다. 대법원장에는 김병로(金炳魯)가 임명되었다.

1948년 8월 15일 대한민국 정부의 수립이 선포되었다. 12월 12일 유엔총회에서는 대한민국 정부를 유엔한국임시위원단이 선거를 감시한 지역에 대하여 효과적인 통치권과 관할권을 가진 합법정부로 승인하였고, 1949년 1월 1일 미국이 대한민국정부를 승인한 것을 필두로, 중국·영국 등이 잇따라 승인을 하였다.

북은 남과는 다른 방식으로 정부를 수립하였다. 1948년 6월 하순부터 7월 초순에 걸쳐 해주에서 북측 지지세력 및 동조세력으로 제2차 '남북 제정당사회단체 지도자협의회'를 열어 최고인민회의를 창설할 것을 결의하였다. 최고인민회의는 남에서 지하투표로 선출되었다는 대표들이 뽑은 대의원과 북에서 선출한 대의원으로 구성되었다. 북에서는 북조선민주주의민족통일전선에서 추천한 입후보자들에 대해 만 20세 이상의 유권자가 투표하여 대의원을 선출하였다.

최고인민회의에서는 국호를 14세기 말부터 5백여 년간 사용해온 조선을 택하여 조선민주주의인민공화국으로 결정하고, 국기와 국가도 전부터 사용해오던 태극기와 애국가 대신 다른 것으로 바꾸었다. 9월 8일 최고인민회의 제1차 회의에서 채택된 헌법에서는 최고 주권기관이 최고인민회의임을 규정하고 그 아래 상임위원회를 두었으며, 국가 중앙집행기관으로 내각 및 성(省)을 두었다. 9월 9일 조선민주주의인민공화국 정부가 성립되었다.

북은 수상 김일성, 부수상 박헌영(외무상 겸임), 김책(金策, 산업상 겸임), 홍명희(洪命憙) 등으로 내각이 구성되었다. 최고인민회의 의장에는 허헌(許憲)이, 상임위원회 의장에는 김두봉이 선출되었다. 소련이 10월 12일 승인한 것에 이어 동유럽 국가들이 북의 정부를 승인하였다.

오랫동안 단일민족국가를 형성해온 한반도에서 남과 북의 관계는 특수하였다. 대한민국 정부와 북의 정권은 서로 자신의 정부를 '중앙정부'라고 주장하였다. 대한민국의 헌법에서 영토는 한반도 전체로 명기되어 있고, 북의 헌법에서 조선민주주의인민공화국의 수도는 서울로 정해졌다. 대한민국 정부와 북의 정권은 상대방을 '괴뢰'로 규정하고 그것의 실체를 인정하지 않았다. 대한민국 정부가 북의 정권을 괴뢰로 규정한 것은 대한민국 정부만이 유엔 감시 하의 선거로 성립되었고, 또 유엔에 의하여 승인받았기 때문이었다. 북의 정권을 불법정권으로 규정하여 그 정권과 관계를 갖는 것을 금지한 국가보안법이 1948년 12월 1일에 공포되었다. 남과 북의 주민들은 왕래하는 것도 교류를 갖는 것도 엄격히 통제되었고, 그것을 어기면 중죄로 처벌받았다.

분단된 지 얼마 되지 않은 시기여서 많은 한국인들은 통일을 열망하였고 곧 통일이 될 것으로 생각하였다. 김구·김규식 등 중도파 정치인들은 남과 북에 두 정부가 수립된 이후에도 계속 자주적 평화통일운동을 벌였고, 제헌국회 내의 소장파 의원들도 여기에 동조하였다. 이승만 대통령과 한민당 등 정부를 수립하는 데 앞장서온 우익세력은 반공을 '국시'라고 하여 기본정책으로 정하고, 북의 정부와의 협상이나 교류를 단호히 배격하였다.

통일문제 외에도 정부와 제헌국회에서는 해야 할 일이 많았다. 그중에서도 친일파를 처단하여 민족의 정기를 세우는 문제, 농민에게 토지를 분배하는 문제가 중요한 과업이었다.

국가의 기강과 민족의 정기, 올바른 사회가치관을 세우기 위해서는 해방 직후부터 제기되어온 친일파 처단이 절실히 요청되었다. 이 때문에 정부 수립이 공포된 직후 제헌국회에서는 바로 반민족행위처벌법을 마련하여 1949년 1월 초순부터 반민족행위자에 대한 체포를 시작하였다. 그러나, 이승만 대통령은 반민족행위처벌법의 실시에 강한 제동을 걸었고, 6월에 경찰이 반민족행위특별조사위원회를 습격한 이후 친일파 처단은 유야무야되고 말았다.

토지개혁도 해방 직후부터 요구되었다. 이러한 분위기 때문에 지주들은 토지를 방매하였다. 1949년 4월에 상환액 125%, 보상액 150%로 정한 농지개혁법이 국회를 통과했으나, 정부는 이를 실시하지 않고 1950년 1월 상환액과 보상액을 똑같이 150%로 한 개정법률안을 국회에 제출하여 통과시켰다. 농지개혁이 1년쯤 늦어졌으나, 해방 후의 혁명적 상황과 농지개혁으로 지주계급이 소멸함으로써 농촌에서 농민이 좀더 자유로운 존재가 될 수 있었고, 산업화가 이루어질 수 있는 기본 토대가 마련되었다.

정부 수립 후 대규모 유혈사태가 잇따라 발생하였다. 가장 심각한 것은 남단에 위치한 제주도에서 발생한 4·3봉기였다. 1948년 단선·단정을 반대하여 일어난 제주도 4·3봉기는 발생 직후 한때 평화적 해결방안도 모색되었으나 미군정이 강경노선을 취한 후 격화되어, 5·10선거가 제대로 치러질 수 없게 되었다. 정부 수립 후에는 봉기에 대한 대규모 토벌작전이 전개되었는데, 이때 양민이 대거 학살되었다. 1949년 6월 유격대지도부가 붕괴될 때까지 2만~3만명이 제주도에서 희생된바, 이 중 대다수는 양민이었다. 1948년 10월에는 제주도 토벌 출동 명령을 받은 부대가 여수에서 반란을 일으키고 여기에 좌익이 합세하여, 여수·순천 등 전남 동부 일부 지역이 며칠 동안 반란군과 좌익의 손아귀에 들어갔다.

1949년 6월을 전후하여 남과 북에서는 많은 변화가 일어났다. 남에서는 6월 6일 경찰의 반민특위 습격에 의하여 친일파 처단이 유야무야되었고, 6월 26일에는 김구가 육군 소위에 의해 암살되었다. 범행의 배후에는 정부와 군을 중심으로 한 극우 반공세력이 있었다. 또 이 시기에는 국회프락치사건이 발생하여, 평화통일·외군철수를 주장하고 친일파 처단과 농민적인 농지개혁법 제정을 위하여 활발히 움직였던 소장파 의원 가운데 지도적 인물들이 체포되었다. 6월 5일에는 국민보도연맹(國民保導聯盟)이 조직되어 해방 후 좌익계 단체에서 활동하였던 사람들이 묶이게 되었고 국가보안법 피의자들이 급증했다. 당시 이승만 대통령은 북진통일을 호언하였다. 북에서는 1949년 6월 북로당과 남로당이 통합되고, 조국통일민주주의전선이 조직되었다. 남로당의 공세는 7, 8월 이후 강화되었고, 유격대 활동도 급증하였다.

1950년 봄이 되었을 때 소요나 유격대 활동은 정부의 진압에 의해 크게 약화되었고, 서울의 남로당 조직도 중심부가 파괴되었다. 그런데 1950년 5월 30일에 치러진 두번째 국회의원선거에서, 남북협상·평화통일을 주장하던 중도파 민족주의 지도자들이 여러 명 당선되었다. 그리고 무소속 의원들이 압도적 다수파를 형성함으로써 이승만 대통령의 정치적 입지는 약화되었다.

2. 한국전쟁

1950년 6월 25일 북의 인민군이 3개 방면으로 남침함으로써 내전이자 국제전의 성격을 띤 대규모 전쟁이 한반도에서 발생하였다.

해방 후 남과 북에서는 각각 미군정과 소군정의 영향 아래 자본주의체제와 사회주의체제가 자리를 잡아갔고 좌우의 대립도 심화되어갔다. 1948년 한반도에 두 개의 정부가 들어섰을 때, 두 정부 모두 다 자신들이 주도하여 통일을 이루겠다고 공언하였다. 38선 부근에서는 남과 북의 군대 사이에 무력충돌이 빈번히 일어났다.

미국 군대는 북의 소련 군대보다 반년 늦은 1949년 6월에 군사고문단만 남겨놓고 남에서 철수하였다. 1949년 10월 중국대륙에서 장개석의 국민당 군대가 패퇴하고 중화인민공화국이 수립된 것은 북의 정권을 고무하였으며, 1949년 7, 8월과 1950년 봄에는 중국의 내전에 참여하였던 조선군이 북의 인민군으로 편입되었다. 북의 지도부는 남침할 경우 중국에서처럼 미국이 개입하지 않을 것으로 판단하였을 가능성이 크다. 그러나 중공군의 승리는 미국으로 하여금 공산주의의 확대에 강한 경계심을 갖게 하였다. 미국은 이 시기 공산권에 대해 봉쇄전략과 함께 반격작전을 펼칠 것도 구상하였다.

인민군은 서부전선에서 신속히 승리하고 6월 28일에는 서울로 진입하였으며, 7월 하순 충청도·전라도 일대를 점령하고 8월에는 낙동강 일대까지 진출하였다. 국군의 패배는 전력상에서 차이가 컸던 것도 큰 원인이었지만, 이승만 대통령이 북진통일을 호언하여 미국의 경계를 사기만 했지 자신에게 아부하는 자를 국방부와 국군의 요직에 임명하는 등 실제 전쟁에 대한 적절한 대비를 하지 않았던 것도 중요한 원인이었다. 국군의 패퇴로 정부는 붕괴할 뻔하였고, 이 때문에 침략으로 인한 피해는 더욱 커졌다.

미국은 한국전쟁에 즉각 대처하였다. 6월 26일 긴급 소집된 유엔안전보장이사회에서는 전쟁의 즉각 중지를 골자로 한 미국의 결의안을 채택하였다. 이때 소련은 중국의 대표권 문제로 안전보장이사회에 불참하였다. 곧이어 유엔에서 한국전에 대한 군사개입을 결의하였다. 6월 28일 미군 비행기가 전선에 투입되었고, 곧 미군 중심의 유엔군 지상군이 들어왔다. 미군은 얼마 안 있어 제공권과 제해권을 장악하였다. 7월 중순 한국군의 작전지휘권이 미군에 이양되었다.

전세는 전력이 월등히 우세한 유엔군이 9월 15일 인천상륙작전을 감행함으로써 일시에 역전되었다. 후비군이 미약했던 인민군은 패주하였고, 유엔군은 중국의 경고에도 불구하고 10월 초 38선을 넘었다. 그리고 곧 평양을 점령한 후 10월 하순~11월 초순에는 압록강 부근까지 진출하였다. 그러나 이때에는 이미 중국군이 북에 들어와 있었다. 10월 하순 1차 공격을 한 중국군은 11월 하순 전면 공격을 가하며 파죽지세로 밀고 내려왔다. 1951년 1월 4일 서울 시민은 다시 피난을 갔고, 전선은 한때 오산·평택 지방까지 내려갔으나, 유엔군의 반격으로 늦봄과 초여름에는 오늘날의 휴전선 부근에서 전선이 교착되었다. 이 무렵 소련이 휴전협상을 제의해와 휴전회담이 열렸다.

전쟁이 교착상태에 빠져 1951년 5, 6월경에 형성된 전선은 그 이후에 별 변동이 없었는데도 휴전협정이 맺어지기까지에는 무려 2년간의 시일이 소요돼, 쌍방에 큰 희생을 초래하였다. 1951년 7월 중순부터 시작된 휴전회담은 군사경계선 설정 문제, 휴전감시기관 구성 문제, 포로교환 문제 등이 쟁점이었는데, 특히 포로교환 문제로 휴전이 18개월 동안이나 지연되었다. 1953년 6월 휴전회담이 타결될 즈음 이승만 대통령이 반공포로를 석방하여 휴전회담은 또다시 위기를 맞았으나

제네바국제회담
앞에서 셋째줄 왼쪽에서 두번째가 변영태(卞榮泰) 대표

7월 27일 드디어 휴전협정이 체결되었다. 이승만정부가 휴전에 반대함으로써, 이 협정에는 유엔군을 대표하여 미국이, 공산측을 대표하여 북과 중국이 서명하였다. 휴전협정은 정전협정이었을 뿐 한반도에 평화를 보장한 것은 아니었다. 그래서 휴전협정에서는 이 협정의 효력 발생 후 3개월 내에 정치회담을 열도록 규정하였다.

한국문제 해결을 위한 정치회담의 개최를 위해 그 예비회담이 1953년 10월에 열렸으나 얼마 후 결렬되었고, 다시 1954년 4월에 제네바국제회담이 열려 한국문제가 구체적으로 토의되었으나 양측의 주장이 맞서다가 결렬되고 말아, 한반도에는 휴전협정만 있을 뿐 평화협정은 마련되지 못했다.

한국전쟁은 베트남전쟁과 함께 냉전시대 최대 규모의 전쟁이었다. 한국전쟁은 미국의 주도 아래 16개국이 유엔군으로 참전하였고 일본이 비공식적으로 유엔군측에 가담하였으며, 공산측에서는 중국군 외에도 소련군이 일부 참전한 국제전의 하나였다. 다른 세계전쟁과 구별되는 것은 20여 나라의 군대가 한반도에서만 싸웠다는 점이다. 이 때문에 한국인의 고통과 시설물의 피해는 엄청난 것이었다.

한국전쟁이 38선 부근에서만 일어났더라면 그 피해는 훨씬 축소되었을 것이다. 그런데 이 전쟁은 너무나 급속히 밀고 밀린 전쟁이었다. 거기에다 휴전회담이 너무 오랜 시간을 끌면서 해방 이후 계속된 좌우대립 현상의 폐해가 나타나, 보도연맹원의 학살로부터 시작하여 여러 차례에 걸쳐 참혹한 피해를 낸 동족상잔·양민학살이 있었다. 이것은 깊은 상처와 후유증을 남겼다.

인적 손실과 함께 경제적 손실도 매우 컸다. 남은 전쟁 초기에 큰 피해를 입어 1956, 57년경에 가서야 겨우 전쟁 이전의 수준으로 경제가 회복되었다. 북은 미군의 폭격으로 인해 남보다 피해가 훨씬 컸다. 북의 전역에는 1km² 당 평균 18개의 폭탄이 퍼부어져 1953년의 국민소득은 1949년에 비해 30%, 공업생산물은 58%가 감소한 것으로 추산되었다.

한국전쟁으로 남에서는 북의 침략을 규탄하면서 극우 반공체제가 뿌리를 내렸고, 북에서는 반미투쟁으로 주민을 결속하면서 김일성 수령체제로 나아갔다. 경제체제도 심대한 영향을 받아 남에서는 외국의 원조와 차관에 의존하여 경제를 발전시켰고, 북에는 북한식 집단주의가 자리잡았다. 한국과 미국은 안보와 경제 면에서 한층 결속되었다. 남과 북 모두 국방비로 큰 부담을 지게 되었고, 군부가 엄청나게 팽창했다. 군부의 팽창은 얼마 후 정치에 대한 군부의 개입으로 나타났다.

3. 1950년대 남의 정치

전쟁중 부산은 임시수도가 되었다. 전선에서는 전투가 치열하게 계속되고 있었지만, 이승만정부와 정치인들은 부산에서 피난살이를 하면서 권력투쟁을 벌였다. 헌법에 의하면 대통령은 국회에서 선출하게 되어 있었는데, 국회의원들의 대다수는 내각책임제를 원했고, 대통령으로 이승만을 재선출하려는 의원은 많지 않았다.

이승만은 대통령책임제를 선호했고 권력에 강한 집착을 보였다. 대통령직선제 개헌을 위한 한 수단으로, 1951년 광복절에 신당 조직의 필요성을 역설한 뒤 자유당을 결성하였다. 당시 정치인들은 정당에 대한 이해가 부족하였다. 정당은 개인 중심으로 만들어지고 운영되어 도당적인 성격이 강했다. 자유당은 반(半)관제정당이었고 이승만 한 사람을 위해서 존재하였다. 자유당은 국민회·대한청년단·대한부녀회·대한노동조합총연맹·대한농민총연맹 등 반관반민(半官半民)의 대중단체들이 기간단체였지만, 이범석이 이끄는 민족청년단 계열이 초기에는 조직을 장악하였다.

이승만은 1951년 11월 말에 대통령직선제를 골자로 한 헌법개정안을 제출하였으나, 다음해 1월 국회 표결에서 가 19표, 부 143표 기타 1표라는 결과로 부결되었다. 한편 한민당의 후신인 민국당과 무소속에서는 1952년 4월에 내각책임제 개헌안을 제출하였는데, 여기에 서명한 의원들은 개헌선을 1명 넘어선 123명이었다. 이승만 대통령과 국회는 격돌을 면치 못하게 되었다.

이승만 대통령의 측근들은 백골단·땃벌떼·민중자결단 등 민의(民意) 동원 단체를 만들었다. 이 단체에서는 테러도 자행하였다. 그동안 미루어져온 지방의회 의원선거가 4월에 실시된 것도 민의 동원을 위해서였다. 5월 하순에는 부산정치파동이 일어났다. 5월 24일 내무부장관에 이범석이 임명되고 다음날 부산 일원에 비상계엄령이 선포되었으며, 그 다음날에는 50여명의 국회의원들이 헌병대에 연행되어, 10명의 국회의원들이 국제공산당으로 몰려 구속되는 등 헌정 유린 사태가 발생하였다.

지방의회 의원들과 테러단체에 의한 국회의사당 포위와 시위가 연일 계속된 가운데 정·부통령직선제 개헌안과 내각책임제 개헌안을 전자 중심으로 절충한 발췌개헌안이 국회에 상정되었다. 7월 4일 기립표결로 통과된 발췌개헌안은 대통령직선제와 양원제, 국무총리의 권한 강화, 국회의 국무원 불신임 결의 권한 부여가 주요 골자를 이루고 있었다.

발췌개헌안이 통과된 지 한달 후 정·부통령선거가 실시되었다. 전시 하에서 이승만은 압도적인 득표로 대통령에 당선되었다. 부통령은 자유당 후보인 이범석이 떨어지고, 이승만이 지원한 함태영(咸台永)이 경찰의 간섭에 의해 당선되었다. 유권자한테 이름이 거의 알려져 있지 않았던 고령의 함태영이 경찰과 관권에 의하여 부통령에 당선된 것은 이승만이 영향력있는 사람이 부통령이 되는 것을 원하지 않았기 때문이다.

대통령에 재선된 이승만은 자신의 권력을 강화하면서 영구집권을 위한 작업을 벌였다. 이범석과 민족청년단계를 자유당에서 제거하고, 비서였던 이기붕(李起鵬)으로 하여금 자신의 뜻을 받들어 자유당을 운영하도록 하였다. 휴전협정 체결이 임박할 무렵부터 이승만정권이 무너질 때까지 대규모로 학생·시민·노동자 등을 동원하여 북진통일운동을 벌였다. 수년 동안 계속된 멸공 북진통일운동은 분단·반공체제를 공고히하고 이승만독재를 강화하는 데 크게 기여하였다.

1954년이 되면서 이승만은 다시 개헌을 준비하였다. 발췌개헌안에서는 대통령의 중임이 제한되어 있어서 그것을 폐지하려는 것이었다. 1954년 5월의 국회의원 선거에서는 자유당과 민국당에서 최초로 각 선거구별로 후보자를 한 사람씩 공천했다. 이때 자유당에서는 새 개헌안에 동의하는 사람들에게 공천을 주었다.

1954년의 총선에서는 경찰 등의 개입으로 자유당이 압승하였고 민국당은 1950년의 선거 때보다도 더욱 참패하였다. 자유당 간부들은 수개월에 걸쳐 개헌을 시도하였으나, 개헌 가능성을 넘나드는 의원을 확보하고 있으면서도 국회 통과를 확신하지 못했다. 그런데 10월 하순 민국당 간부가, 신익희 민국당위원장이 납북된 임정요인 조소앙(趙素昻)을 뉴델리에서 만났다는 이른바 뉴델리 밀회설을 터뜨렸다. 그것은 곧 허위임이 드러났으나 자유당에서는 이것을 기화로 평화통일론을 배격하고 반공캠페인을 벌여 공안정국을 만들면서 11월 27일 개헌안을 표결에 부쳤다. 그러나 가결선에서 한 표가 모자란 135표의 가표가 나와 부결이 선포되었다. 그런데 이승만과 그 추종자들은 4사5입하면 135표가 재적 국회의원의 3분의 2가 된다고 강변하여 이틀 후 야당의원들이 퇴장한 상태에서 가결을 선포하였다. 이것이 4사5입개헌이었다. 4사5입개헌으로 이승만은 영구집권할 수 있는 근거를 마련하였지만, 도시민들로부터 빈축을 사, 그에 대한 지지는 한층 낮아졌다.

1956년의 정·부통령 선거운동은 열띤 분위기 속에서 벌어졌는데 투표일을 10일 앞두고 민주당의 신익희 후보가 급서하고 말았다. 그러나 1956년 5·15선거로 이승만과 자유당은 큰 충격을 받았다. 이승만은 다시 대통령에 당선되었지만, 1952년 대통령선거 때 차점자로서, 북진통일을 무모하고 비현실적인 주장이라고 배격하며 평화통일과 피해대중의 옹호를 내세운 진보당의 조봉암(曺奉岩)이 부정선거였는데도 전체 유효표의 30%를 얻은 것이다. 또 서울에서는 신익희 후보 추모표가 이승만 표보다 월등 많았다. 부통령선거에서는 민주당의 장면(張勉) 후보가 자유당의 이기붕 후보를 20여만 표 앞서서 당선되었다. 민심은, 특히 도시일수록 이승만과 자유당을 떠나고 있었다.

민심이 이반될수록 이승만정권은 강경책으로 대응하였다. 혁신계의 활동을 봉쇄하고 반공체제를 극단적으로 강화하였으며, 언론과 같은 보수정당인 민주당조차 탄압하였다.

진보당은 1957년에 테러와 탄압으로 계속 시달렸다. 그러다가 국회의원 총선이 치러질 예정이었던 1958년 정초에 당수인 조봉암을 비롯하여 간부들이 체포되었고, 진보당은 불법화되었다. 1심에서는 조봉암에게 가벼운 형이 선고되었으나, 2심에서 사형이 선고되었고, 그것이 대법원에서 확정되었다. 냉전체제를 극복하려 했던 역풍(逆風)의 정치인 조봉암은 1959년 7월 교수형에 처해졌다. 진보당사건이 날 무렵 근로인민당계 인사들도 다수가 체포되었다.

1958년 5월의 국회의원 총선은 몇가지 양상을 보여주었다. 첫째, 한국전쟁 후 잔존하였던 혁신계가 배제되어 반공보수세력 중심의 선거가 되었다. 둘째, 무소속 당선자가 소수여서 자유당과 민주당의 보수양당제가 틀을 잡았다. 셋째, 농촌에서는 관권의 개입과 부정선거로 자유당 후보가 당선되었으나, 서울 등 대도시에서는 야당 후보가 크게 진출하여 여촌야도(與村野都) 현상을 보여주었다.

1960년의 대선을 앞두고 정국은 더욱 경직되어갔다. 1958년 연말에는 반공체제를 강화하고 언론활동을 제한하여 독재를 용이하게 하기 위해 신국가보안법을 강압으로 통과시킨 2·4파동이 일어났다. 1959년에는 1년 내내 재일교포 북송 반대운동이 관 주도로 벌어지는 가운데 다음해의 부정선거를 예고케 하는 선거부정이 민의원 보궐선거에서 잇따라 나타났다. 이승만정권 말기에는 정부건 자유당이건 친일파가 거의 주요 요직을 다 차지하였는데, 이들은 이승만과 이기붕에게 맹목적인 충성을 다짐하면서 1960년의 정·부통령선거에 대비하였다.

4. 1950년대 남의 경제와 사회

해방 후 한국경제는 계속 어려움에 처했다. 일제 때의 파행적 식민지 경제체제와 일제 말 전시체제 하의 경제난을 이어받은데다가, 해방 후에는 분단까지 되어 대부분의 공장은 가동이 중지된 상태였다. 또한 해방 직전·직후 조선총독부의 화폐 남발, 미군정의 잘못된 경제정책과 과도한 적자재정 등으로 인해 인플레이션이 격심하였다. 1945년 연말부터는 식량난까지 겹쳤다. 정부가 수립된 후 경제정책은 어떻게 하면 인플레이션을 수습하고 재정을 안정시킬 것인가에 비중이 두어졌다. 그러나 한국전쟁으로 경제는 다시 극심한 어려움을 겪게 되었다.

해방 후 한국인들은 일제시기 수탈에 대한 반감과 해방 후의 정의·평등사상의 고취로, 독점자본주의를 반대하고 대중 위주의 경제정책을 지지하였다. 이 시기에 대부분의 기업이 일본인 소유였던데다가, 한국인 상호간의 빈부격차가 심하지 않은 것이 그러한 정책이 지지를 받은 요인이었다. 그리하여 헌법은 경제의 기회균등 및 중요 자원과 산업의 국유·국영을 강조하여 사회주의적 성격을 띠고 있었다. 전쟁이 끝나고 복구작업과 건설정책이 진행되면서 미국의 지지를 받으며 자유주의 경제이념이 확대되고 재벌이 형성되기 시작하였다. 그러나 국가는 귀속재산 불하, 원조달러와 원조물자 배정, 금융, 인·허가에서 절대적인 위치에 있었기 때문에 여전히 강력하게 경제를 통제하였다.

미국의 원조는 전후 복구사업과 경제건설정책에 지대한 영향을 미쳤다. 미국의 원조는 1945년에서 1961년까지 31억 달러 이상이었는데, 초기는 소비재가 중심이었고, 전쟁 이후에는 주로 군사 부문에 편중된 것이었다. 미국의 원조는 경제부흥에 큰 역할을 하였지만, 파행적이고 대외의존적인 경제구조를 심화시켰고, 미국 잉여농산물의 대량 도입으로 면화와 밀 생산이 대량 감소된 데서 드러나듯 농업을 크게 위축시키고 농업과 공업의 균형관계를 파괴하였다.

1950년대부터 형성된 재벌은 귀속재산 및 원조달러, 원조물자 배정, 금융특혜, 인플레이션 등에 의존하여 자본을 축적하였다. 이 때문에 재벌은 권력과 유착된 관료자본이라는 말을 들었고, 서민대중들로부터 부정축재라는 비난을 받았다.

오랜 동안의 침체를 벗어나 1956, 57년경부터 경제는 활기를 띠었고 인플레이션도 수습되었다. 1953년에서 1958년에는 1956년의 흉작에도 불구하고 연평균 경제성장률이 4.8%였는데, 그중 1957년에는 8.7%, 1958년에는 7.0%의 성장률을 보였다. 1950년대 말에는 면방직공업 등이 과잉투자되어 해외시장의 개척이 요망되었다. 또한 이때부터

논가의 웅덩이나 우물에서 두레박으로 물을 퍼올리는 재래식 양수방법

원조액도 감소하여 경제개발을 위한 차관 도입이 논의되었고 장기 경제개발계획의 수립이 요청되었다. 1958년 부흥부 내에 장기 경제개발계획안의 작성을 맡은 산업개발위원회가 설치되었고, 이곳에서는 그 시안을 1959년 국무회의에 제출하였다. 경제발전을 이룰 수 있는 기반이 조성되고 있었다. 한편 이 시기에 농촌은 극심한 빈곤에 허덕였고, 도시건 농촌이건 실업자가 넘쳐흘렀다.

1950년대에 인구는 높은 증가율을 보였다. 1949년 제1회 총인구조사 때에 남의 인구가 2016만 7천 명이었던 것이 전쟁 후 출산율이 높아져 1960년의 국세조사에서는 2499만 4천 명으로, 11년 사이에 5백만명 가까이 늘어났다. 이 시기에는 도시인구도 불어나 1949년에 전체 인구의 17.2%였던 것이 1960년에는 28%로 집계되었다. 읍 등의 준도시 인구까지 합치면 1949년의 27.5%에서 1960년에 약 40%가 되었다. 도시민들은 현실에 불만이 많았고, 변화를 바랐다.

1950년대에는 피교육자가 대폭 증가하였다. 국민학교 학생수는 1945년 136만여명에서 1960년 362만여명으로 늘어났다. 이들 중에는 중도 탈락자가 많았지만, 취학적령아동의 거의 대부분이 취학하였다. 중등학교와 대학교 학생수는 더욱 증가하였다. 중등학교 학생수는 1945년의 8만 3천여 명에서 1960년에는 중학생이 54만 3천여 명, 고등학생이 27만 6천여 명으로 열 배 가까이 늘어났다. 대학생 수도 1945년의 7819명에서 9만 2930명으로 증가하였다. 그러나 양적인 팽창에 비해 학교 시설이나 교사 수준은 많이 떨어졌다. 1950년대에 교육열이 높았던 것은 전통적으로 교육이 중시된데다 사회적 진출이나 상승의 주요 통로가 학력으로 평가되었기 때문이다.

1950년대 말에 남에서는 문맹자가 소수가 되었으며, 문자해득 인구가 비교적 탄탄하게 자리를 잡고 있었다. 1960, 70년대에 산업노동자로 활동한 세대들은 1950년대에 기초교육 이상을 받았다. 이것은 경제발전에 중요하고도 필수적인 거대한 인적 자본이 1950년대에 형성되었다는 것을 의미한다.

1950년대에 전통사회는 급격히 해체되어갔다. 일제의 통치에 의해 전통사회의 해체 속도가 빨라졌지만, 일제 말 징용, 정신대 동원 등 대규모의 인구이동과 해방 직후의 인구 유입은 그것을 더욱 가속화하였다. 해방 후의 혁명적 분위기와 극심한 좌우대립도 사회의 평등화에 큰 영향을 미쳤다. 전통사회 해체에 혁명적인 역할을 한 것은 전쟁이었다. 전쟁 초기에 한국인은 대개가 피난살이를 하였고, 전쟁을 통하여 새로운 경험을 했다. 이미 지주계급이 소멸된 상태이긴 했지만, 잇따른 급격한 사회변동은 다른 나라에서 보기 드물게 평등한 사회를 가져왔다. 그것은 한편으로는 국민들로 하여금 성취욕구를 폭넓게 갖게 하여 경쟁적으로 사회적 신분상승을 꾀하고 경제활동에 적극 참여하게 하였지만, 공동체의 해체 현상, 인간성의 상실, 사회적 권위의 와해를 초래하였다.

1953년경부터 나일론이 들어오기 시작하여 유행의 총아가 되었고, 서양의 복식이 도시 사람들에게 파고들었다. 전쟁이 끝날 무렵부터는 구공탄이 보급되어 도시의 주택연료에 변화가 일어났다. 남존여비 사상이 바뀌어갔고, 축첩현상은 여전하였으나 그것에 반대하는 여론도 높아갔다. 민법이 처음으로 만들어져 1960년 1월 1일부터 시행되었는데, 이혼과 재산권 면에서 여성의 지위가 높아졌다. 약혼과 결혼의 규정도 새로 마련되었다. 전쟁으로 말미암아 이산가족, 고아, 전쟁미망인이 급증하였고 댄스가 유행하였다. 자녀교육에 치맛바람이 일어났고, 계가 경제생활에서 중요한 위치를 차지하였으며, 공무원 사회에서는 '빽'이 횡행하고 부정·부패가 심했다. 사회불안 심리를 반영하여 종교신자가 늘어났고, 기독교 교회당이 도시와 농촌에 들어섰다. 1950년대에는 학문이 침체되어 있었고, 저질 외래문화의 홍수 속에 주체성이 상실된 면이 있었다. 사회 전체에 불신풍조가 퍼졌고 활기가 적었다.

5. 1950년대 북의 정치와 경제

1950년대에 북에서는 김일성을 중심으로 권력의 집중화가 진행되었다. 1948년 9월 북에 정권이 수립되었을 때에는 당이나 내각에 빨치산계·연안계·남로당계 등 중요 정치세력이 안배되어 있었다. 그러나 전쟁을 겪으면서 그러한 안배와 균형은 깨졌다.

1950년 10월 이후 북의 인민군의 퇴각은 당의 조직에도 큰 타격을 입혔다. 소련계 허가이(許哥而)는 당의 조직을 복구하고 재정비하는 책무를 맡아 이것을 엄격하게 처리함으로써, 다수의 당원이 추방되었다. 허가이는 또 당에서 노동자의 비율이 저하되는 것을 우려해 근로농민의 입당을 제한했는데, 이로 인해 그는 비판을 받았다. 그는 후에 자살한 것으로 발표되었다.

규모가 큰 숙청은 남로당계에 대해서 일어났다. 전쟁이 진행중인 1952년 연말 조선로동당의 중요 회의에서 김일성이 종파주의자들을 비판하여 당성 검토사업이 전개되었다. 1953년 초부터 이승엽(李承

燁) 등 남로당계 간부들이 체포되었고, 곧 박헌영이 공식석상에서 사라졌다. 휴전 직후 이승엽 등 12명의 남로당계 인물들이 미제의 간첩노릇을 하고, 남반부의 혁명역량을 파괴하였으며, 공화국을 전복하기 위한 무장폭동을 기도했다는 혐의로 기소되어 그중 10명이 사형선고를 받았다. 박헌영은 1955년 12월 초에 기소되어 그해 연말에 처형되었다. 박헌영계의 숙청은 전쟁에 대해서 누군가가 책임을 져야 한다는 전쟁의 책임문제와 관계가 있었다.

1956년에 있었던 연안계의 숙청은 노선문제와 관련이 있었다. 1956년 2월 소련공산당 제20차 대회에서 흐루시초프가 스딸린을 비판하고 집단지도체제를 강조한 것은 동구권에도 영향을 미쳤지만, 북에도 파급을 가져왔다. 연안계의 최창익(崔昌益) 등과 1955년 문화계 지도에서 주체성과 당성이 약하다고 비판받은 박창옥(朴昌玉) 등은 1956년 6, 7월 김일성이 소련과 동유럽을 순방할 때 당의 지도를 집단적 지도체제로 전환할 것을 모색하였다. 또한 이 해 8월에 열린 당의 중요 회의에서 최창익 등은 김일성의 중공업 우선 정책을 비판한 것으로 알려졌다. 이를 계기로 최창익 등 간부들은 당 중앙위원직을 박탈당했다. 그뒤 중국과 소련의 개입으로 이들은 일시 복귀되었으나, 조선로동당은 1958년 3월 종파주의가 청산되었음을 선언하여, 연안계 및 소련계가 제거되었음을 시사하였다.

남로당계와 연안계, 소련계가 제거됨으로써 만주 빨치산계 및 1930년대 후반에 김일성의 지도를 받았던 갑산계만이 주요 세력으로 남게 되었다. 그리하여 이후 조선로동당은 정파들의 존재 때문에 어느정도 남아 있었던 다원성이 사라지고, 김일성의 유일지도 아래 놓이게 되었다.

종전 직후인 1953년 8월에 열린 조선로동당 중요회의에서는 중공업의 발전을 우선시하면서 경공업과 농업을 동시에 발전시키는 정책을 채택하였다. 그리하여 북은 중공업 중심의 급속한 경제발전을 추구하였고, 그 일환으로 1954년부터 복구·건설을 강화하기 위해 3개년계획을 세웠다. 이때 증산경쟁운동을 벌이면서 복구사업에 전력을 기울인바, 이미 1950년대 중반에는 경제력이 전쟁 전보다 강화되었다. 1957년부터는 제1차 5개년계획(1957~61)이 실시되었다. 이 계획은 초과 달성된 것으로 발표되었는데, 경제성장 목표를 초과 달성하는 데 원자재 남용, 설비 혹사 등 많은 무리가 따라 그 뒤의 경제발전에 적지 않은 장애요인으로 되었다. 성장 위주로 다그쳐 몰고가기 식의 경제발전을 추진한 것의 후유증은 시간이 흐름에 따라 커져갔다.

1950년대 북의 경제변화는 권력의 집중화에 비례하여 경제의 집중화로 나타났다. 그것은 집단화·국영화로 구체화되었는데, 이는 사회주의가 한층 진전된 것으로 평가되었다.

공업에서는 이미 국영화가 진척되어 있었다. 국영 및 협동단체 공장이 공업총생산액에서 차지하는 비중이 1946년 72.4%에서 1949년 90.7%로 늘어났고, 그중 국영공장이 85.5%로 협동단체공장보다 비중이 월등히 높았다. 국영화에 반비례하여 개인 자본주의 공업과 수공업은 현저히 줄어, 개인 자본주의 공업은 1946년 23.2%에서 1949년에는 7.8%로 감소하였다. 북에서 국영화가 초기부터 높은 수준으로 이루어진 것은 큰 기업의 대부분이 일본인 소유였기 때문이다. 전후 국영화는 더욱 촉진되었다.

종전이 된 후부터는 농업에서 협동조합화가 급격히 추진되어 협동조합이 개인 영농을 대체하게 되었다. 1954년 6월까지 농업협동조합은 약 1090개가 조직되었는데, 이것이 그해 10월에는 4200개로 늘어나 전체 농가호수의 10.9%에 이르렀고, 1956년 말에는 전체 농가호수의 80.9%가 협동조합에 속하였다. 농업의 협동조합화 또한 1958년 8월에 완성되었는데, 이와 함께 협동조합의 대규모화가 추진되었다. 그리하여 한 조합에 속한 농가호수는 평균 80호에서 3백 호로 커졌다. 수공업자·영세업자들에 대해서도 협동조합화가 추진되어, 개인 상공업의 사회주의적 개조도 1958년 8월에 완성되었다. 북에서는 이로써 1958년에 도시와 농촌에서 생산관계의 사회주의적 개조가 끝났다고 천명하였다.

1958년은 북에서 여러모로 중요한 해였다. 이 해에 김일성이 발기하고 지도한 천리마운동이 사회주의 건설의 총노선으로 자리잡게 된 바, 이는 노력경쟁운동이자 사상개조를 위한 공산주의적 인간형의 창조운동으로 설명되었다. 천리마운동에서 무엇보다 먼저 군중노선을 관철하여 인민대중의 창조력을 최대한으로 발양시킬 것을 강조한 것은, 사회주의적 개조에서 경제적·제도적 관계보다 정치를 우위에 두는 것이었고, 물질적 자극보다 사상적 고양에 의존하여 경제발전을 추동해나가겠다는 것을 의미하였다. 1961년에는 당의 영도 아래 경제관리에서 집체성을 견지하며 정치사업을 앞세우는 대안의 사업체제가 수립되어, 그 이후 공장·기업관리의 기본지침이 되었다. 천리마운동과 대안의 사업체계는 기업의 경영을 당이 책임지고 이끌어가는 체제로서 수령의 직접적인 지도를 받았다. 이와같이 당과 사회주의 경제 건설에서 수령유일체제의 토대가 마련되었다.

3

4월혁명 이후 남과 북의 변화

1. 4월혁명과 자유민주주의

1960년 3·15 정·부통령선거는 유례가 드문 부정선거였다. 민주당 대통령후보 조병옥이 2월 15일 사망하고, 2대와 3대 대통령선거에서 차점을 한 조봉암은 이미 사형당했기 때문에, 이승만은 단일 대통령후보가 되었다. 공포분위기 때문에 선거운동이 어려워 이기붕이 부통령에 당선되는 것도 힘든 일이 아니었다. 그런데 친일파가 대다수인 정부와 자유당의 충성파들은 투표 당일에 3인조·5인조를 편성하여 투표하게 하는 등 무더기 공개투표를 강요하였다. 개표에서 자유당 후보의 표가 너무 많아 낮추게 했는데도 이승만 후보는 대통령 유효투표수의 88.7%를, 이기붕 후보는 부통령 유효투표수의 79%를 차지하였다.

정·부통령선거에 대한 항의는 1950년대 내내 각종 반공·방일시위와 이승만 지지시위에 동원되었던 학생들로부터 시작되었다. 2월 28일 대구에서는 고등학생들이 시위를 벌였고, 이것은 주요 도시로 번졌다. 최초의 유혈시위는 경남 마산에서 3월 15일 선거일에 발생하여 십수명이 경찰 발포로 사망하였다. 마산에서는 4월 11일부터 3일간 다시 큰 시위가 계속되었는데, 이것이 4·19항쟁으로 비화되었다. 4

월 18일 고대생 시위에 이어 4월 19일에는 서울 등 주요 도시에서 대규모 시위가 있었다. 대학생에서 국민학생에 이르기까지 2만여명이 참여한 서울의 시위에서는 1백여명이 목숨을 잃었다. 4·19시위로 이승만정권은 위기에 놓였고, 이어 4월25일 대학교수단 시위와 그에 이은 철야시위로 26일 이승만은 12년 만에 권력에서 물러나고 신임 외무부장관 허정(許政)이 과도정부를 이끌었다.

1960년 3, 4월의 항쟁은 정의감이 강하고 민주주의를 배운 한글세대 학생들이 주역이었다. 4월혁명은 민주주의의 실현을 지향하였다. 그것은 또한 50년대의 폐쇄성과 억눌림에서 벗어나 자유를 찾고, 자신의 사회를 정화하고 일신하고자 하였다. 자유와 민주주의에 대한 지향은 자주성과 통일 등 민족문제에 눈을 돌리게 했다.

허정 과도정부 수반은 정부 수립 때부터 이승만이 중용하였지만, 자유당과는 직접적인 관계가 없었고, 행정수완이 있었다. 허정은 자신과 지인관계에 있는 명사들로 내각을 구성하고, 반공의 강화, 한미관계의 돈독, 한일관계의 정상화를 정책목표로 제시하였다. 그의 정책은 부정선거 원흉과 부정축재자 처벌 등의 혁명과업을 점진적인 비혁명적 방법으로 처리하겠다는 보수적 사고에 잘 나타나 있다.

4·26정변 이후 자유당 국회는 해산되고 새 국회가 구성되어야 한다는 주장도 있었으나, 민주당은 기존 국회에서 개헌을 하고 다음 정부를 탄생시키기로 자유당과 묵계하였다. 소수파인 민주당은 다수파인 자유당의 덜미를 잡고 6월에 내각책임제와 양원제, 법관 선출제를 골자로 하는 새 헌법을 마련하였고, 국가보안법을 온건한 내용으로 개정하였다.

1960년 7월 19일 새 정부를 탄생시킬 총선이 실시되었다. 이 선거에서 민주당이 압승을 거두었고 조직과 자금력이 약한 혁신계는 참패하였다. 민주당은 민의원에서 233석 중 175석을, 참의원에서 58석 중 31석을 차지하였다.

새로 구성된 민의원·참의원 합동회의에서는 민주당 구파의 윤보선

(尹潽善)을 상징적인 지위인 대통령에 선출하였다. 정무를 담당할 국무총리에는 초대 주미대사이자 2대 국무총리였고, 민주당 신파의 영수인 장면이 민의원에서 인준되었다. 장면이 8월 23일 신파 중심으로 내각을 구성함으로써 새 정부가 탄생하였다.

장면정부는 국무원 합의제에 의해 운영되어 1인독재를 찾아보기는 어려웠다. 의회는 수준이 문제였지만 활발한 토론장이었다. 사법부에 대한 정부의 간섭은 있기 어려웠고, 각급 지방의회 의원과 단체장 선거가 1960년 12월에 네 차례에 걸쳐 실시되었다. 경찰도 과거와는 달라졌다. 무엇보다도 이 시기는 언론자유의 황금기였다.

그렇지만 장면정부는 집권 초기부터 큰 어려움에 직면하였다. 이승만정부의 억압통치에서 쌓여 있던 불만과 억울함, 학살·암살사건 등 수많은 의혹사건이 터져나왔고, 대한노동총연맹이나 노동조합, 교사단체 등 여러 사회단체가 어용에서 벗어나려고 노력했다. 그리하여 학원문제, 노동문제, 그밖의 사회문제 등이 시위나 분규로 표출되었다. 또한 1950년대 말부터는 경기침체로 실업자가 넘쳐흘렀는데, 그럴수록 새 정부에 대한 기대가 컸다. 그런데 새 정부는 행정 경험이 적었고, 여당인 민주당은 야당 시기에 심하였던 신·구파의 파쟁이 더욱 격렬해져 구파가 분당하여 신민당을 창당하는 사태로 번졌다.

자유당과 정치성향에서 별 차이가 없던 민주당 장면정부는 특히 허정 과도정부로부터 혁명과업으로 위임받은 부정선거 원흉과 부정축재자 처리 문제에 미온적으로 나옴으로써 불만을 샀다. 또한 민주당정부는 통일문제에 소극적이었고, 혁신계의 활동을 억누르고자 하였다.

허정 과도정부 때에도 통일문제에 대한 논의가 이루어졌는데, 그것은 장면정부 출범 후 혁신계와 대학생들, 지식인을 중심으로 더욱 활발히 전개되었다. 1960년 말까지는 주로 중립화통일론이 부각되었지만, 1961년에 접어들면서 남북협상론이 주조를 이루었다. 장면정부는 혁신계와 학생들의 통일논의를 제한하고 반공태세를 강화하기 위하여 반공법의 신설 또는 국가보안법의 강화를 모색하고, 시위규제법안도 마련하였다. 그러나 이러한 노력은 혁신계를 단결시켰고 야당의 반발을 사 실패로 돌아갔다.

1961년에 접어들면서 민주당 정부가 일을 할 수 있는 여건이 호전되었다. 구파인 신민당의 공세도 둔화되어갔고, 민주당 내 파벌싸움도 약화되었으며, 행정집행력과 민주당의 지휘체계가 조금씩 강화되었다. 각종 시위는 1961년 들어, 특히 4월 이후에는 줄어들었고, 위기설이 나돌던 3, 4월도 무사히 넘겼다.

민주당 정부는 출범할 때부터 경제제일주의를 역설하였는데, 본격적인 경제정책은 1961년에 들어와서야 시행되었다. 이 해 3월부터 국토개발과 함께 5개 댐의 건설로 전력 증강을 계획한 야심에 찬 국토개발사업이 시작되었다. 민주당 정부는 2천명의 대학생을 공무원으로 채용하여 국토개발사업에 투입함으로써 공무원사회에 새바람을 불어넣었으며, 특히 경제부처에 능력있는 테크노크라트를 기용하였다. 장기 경제개발계획은 4월 말쯤에 성안하여 재원을 확보한 후 1962년부터 시행할 계획이었다.

그러나 장면정권에 대한 불만은 여전하였고, 전쟁 이후 비대해진 군부의 일부 장교는 장면정부 출범 때부터 권력장악을 기도하였다. 5월 16일 군부쿠데타가 일어났을 때, 장면 국무총리는 적절히 대응하지 못했다.

민주당의 집권기에는 한국 역사에서 보기 드물게 자유가 있었다. 그러나 자유민주주의의 실험은 군부쿠데타에 의해 너무나 짧게 끝났다.

2. 5·16 군부쿠데타와 남의 정치

1961년 5월 16일 미명에 박정희(朴正熙) 소장을 지도자로 한 일군의 장교들이 쿠데타를 일으켰다. 곧 비상계엄령이 전국에 선포되었고 군사혁명위원회가 구성되었다. 처음에 미대사관에서는 군부쿠데타를 반대했으나, 미국정부는 이를 곧 지지하였다. 군사혁명위원회는 5월 19일 명칭이 국가재건최고회의로 바뀌었다. 이 기구가 군정(軍政)의 최고통치기관이 되었다. 5월 20일에는 군부로 구성된 내각 명단이 발표되었다. 이로써 헌정은 유린되고 정치활동이 금지되었으며, 노조 등 여러 사회단체의 기능이 정지되었다. 계엄령 하의 군부통치가 시작되었다.

국가재건최고회의에서는 헌정중단기인 1961년 5월에서 1963년 12월까지 무려 1천여 건의 법안을 통과시켰다. 국가재건최고회의의 직속기관인 중앙정보부가 권력의 핵심으로 기능하였고, 박정희정권이 몰락할 때까지 중앙정보부장은 권력의 제2인자의 위치에 있었다. 중앙정보부에서는 국내외 정보의 수집과 점검을 통합 지휘하였고, 수사의 기능까지 겸하였다. 그리하여 진보적 인사들의 동태를 감시하고, 여당과 야당 정치인들의 활동을 조사하였으며, 반공정책 및 대북정책뿐만 아니라, 국내정치에 대해서도 막강한 힘을 행사하였다. 이 때문에 박정희의 통치는 정보정치로 불렸다.

박정희를 최고지도자로 한 군부정권은 국가재건국민운동을 전개하고, 농어촌 고리채 정리를 단행하였으며, 화폐개혁을 실시했지만, 이 중 상당부분은 실패로 돌아갔다. 그러나 혁명공약 제1호로 내세운 반공태세의 재정비·강화는 철저히 집행되었다. 쿠데타 직후 수천명의 진보적 인사들이 체포되었으며, 민주당 정부가 입안했던 반공법을 제정하였고 국가보안법을 강화하였다. 혁명재판소가 설치되어 반쿠데타 활동을 한 자, 3·15부정선거 관련자, 혁신계 인사, 통일운동 관련 청년·학생들이 재판을 받았는데, 이 중 혁신계가 가장 가혹하게 처리되어 박정희정권 하에서 혁신계는 거의 활동을 할 수가 없었다. 한편 부정축재자 처리 문제의 경우, 부정 축재한 재벌들로 하여금 외자를 도입해 공장을 건설한 다음 부정축재액을 납부케 함으로써, 재벌 위주의 경제발전 모형이 만들어졌다.

군부정권은 민정(民政)에 대비하여 여러가지 조치를 강구하였다.

1962년 12월에 확정된 헌법은 대통령중심제와 단원제를 채택하였다. 또한 군부정권은 지방자치의 실시를 무기한 연기하여, 30년간이나 지방자치는 보류되었다. 노동조직은 통제하기 좋게 산별체제로 재편성하여 대한노동조합총연맹 대신 한국노동조합총연맹을 만들었다. 농업협동조합장도 임명제였다. 모두 다 대통령 및 행정부 절대 우위의 하향식 정치체제였다.

모든 정치활동이 금지된 가운데 민정 이양을 앞둔 시점에서, 김종필(金鍾泌)이 부장인 중앙정보부가 중심이 되어 밀실에서 변칙적으로 자금을 조달한 민주공화당이 사전에 조직되었다. 이와함께 정치활동정화법이 공포되어 혁신계 외에도 대부분의 정치인들이 이 법에 묶여 정치활동에 제한을 받았다.

1963년 1월부터 정치활동이 재개되었으나 군부는 군부대로 재야는 재야대로 혼미를 거듭했다. 1963년 전반기에 박정희는 민주공화당의 사전 조직과 2원조직 문제, 자신을 포함한 쿠데타 주동자들의 원대복귀 문제 등으로 압력을 받아 번의를 거듭하다가 결국 민주공화당의 대통령후보로 출마하였다. 야당은 여러 명의 대통령후보가 난립하였으나, 대충 윤보선으로 단일화되었다.

1963년 10월에 치러진 대통령선거는 역대 대통령선거 중 가장 아슬아슬한 표차를 보여주었다. 박정희 후보가 윤보선 후보를 15만여 표차로 근소하게 이긴 것이다. 서울과 경기에서는 윤보선 표가, 경남·북에서는 박정희 표가 압도적으로 많이 나온 것이 특징이었다. 곧 이어 치러진 국회의원 선거에서는 자유당계 인사가 다수 입당한 민주공화당이 득표율은 33.5%에 머물렀지만, 비례대표까지 합하여 110석을 획득, 175석의 전체 의석 가운데 3분의 2에 가까운 다수 의석을 확보하였다.

1963년 12월 16일 국가재건최고회의가 해산되고, 다음날 국가재건최고회의 의장이었던 박정희가 대통령에 취임하였다. 새 정부가 해야 할 가장 중요한 일은 한·일 국교정상화 문제였다. 그것은 한·미·일

3각 안보체제를 강화하려는 미국의 강력한 권유 때문이기도 하였지만, 정통성의 취약함을 경제발전으로 상쇄하려는 박정희정권의 입장 때문에도 시급히 요청되었다.

한일협정 문제로 정국은 1964년부터 2년간 소용돌이 속에 휘말렸다. 학생들과 야당인사들은 박정권이 정권유지책으로 졸속 타결을 도모한다고 보고 한일회담 반대투쟁을 벌였다. 시위가 커지자 6월 3일에는 계엄령이 선포되었다. 1965년에도 학생들과 사회지도층의 한일회담 반대투쟁이 격렬하게 전개되어 위수령이 발동되었다. 정부는 한일협정 체결을 강행하여 이 해 6월에 조인하였고, 국회에서는 8월에 야당의원들이 의원사퇴서를 제출한 가운데 공화당 단독으로 비준하였다. 한일협정에서 일본 정부는 과거의 침략행위를 사죄하지 않았고, 을사조약·합병조약 등의 무효화 문제도 모호하게 처리하였으며, 징용·종군위안부 등 여러 문제도 더이상 국가 차원에서는 논의를 할 수 없게 못을 박았다. 협정 체결 결과 배상 대신 받게 된 청구권 자금의 경우도 그 내용과 액수, 사용방법 등에 대하여 많은 문제가 제기되었다. 이 때문에 한·일 간에는 협정이 체결된 후에도 원만한 우호관계가 수립되기 어려웠고 의혹과 불신이 쌓였다.

한일협정 비준보다 하루 일찍 국회에서는 전투부대 베트남 파병안이 비준되었다. 그리하여 한국은 베트남에 미국 다음으로 많은 지상군을 보내게 되었다. 베트남 파병과 한일협정의 비준으로 한미관계는 최상의 밀월기를 맞이하였다.

1967년의 대통령선거에서 박정희 후보는 윤보선 후보를 쉽게 눌렀다. 서울 등 서부지역에서는 윤후보가 근소하게 이겼으나, 경남·북과 부산에서는 박후보 표가 압도적으로 많았다. 이 해 6월에 치러진 국회의원 선거는 관권 개입에 향응과 선심공약이 많아 망국선거라는 비난을 받았는데, 민주공화당은 130석을 획득하여 개헌선을 넘게 되었다. 이 선거의 후유증으로 국회는 11월 말에야 정상적으로 열렸다.

박정희 대통령은 3선개헌에 대비하여 1967년 국회의원 선거 때 직접 전국을 다니며 선심공약을 했지만, 이후 공화당 내 김종필 세력을 숙청하는 등 내부를 정리하면서 장기집권을 위한 3선개헌에 착수하였다. 개헌은 학생들의 시위가 멈춘 여름방학에 적극 추진되어, 1969년 9월 14일 야당이 본회의장에서 농성하는 가운데 별관에서 변칙 처리되었다.

1971년은 또하나의 전환점으로 노동문제·빈민문제 등 각종 사회문제가 분출하였다. 사법부와 대학교수들이 자유와 자율을 요구하고 나섰고, 학생들은 봄부터 위수령이 발동된 10월까지 학원병영화 반대시위를 벌였다.

1971년의 대통령선거는 민주공화당의 박정희 후보와 신민당의 김대중(金大中) 후보가 격전을 벌였다. 이 선거에서는 박후보측에 의해 지역감정이 유난히 유발되었다. 박후보가 김후보를 94만여 표 차로 이겼지만, 그것은 전적으로 영남지방에서 몰표를 던졌기 때문이었다. 박후보측이 대통령에 당선되기 위하여 이전의 선거보다도 훨씬 심하게 지역감정을 자극한 것은 큰 후유증을 남겼다. 이 지역감정은 계속 쌓여 민주화와 국민통합에 암적인 존재가 되었다. 대통령선거 직후에 치러진 국회의원 선거에서도 야당표가 많이 나와, 민주공화당이 113명의 당선자를 낸 반면, 신민당은 89명의 당선자를 내 역대 야당 중 최대의 당선자를 배출하였다. 야당은 서울 등 대도시에서 압승을 거두었다.

1971년을 전후한 상황은 정치와 사회에 자율성을 부여할 것인가, 더욱 통제를 강화할 것인가를 선택하게 하였다. 이승만 못지않게 권위주의적이고 권력집착욕이 강한 박정희는 후자를 선택하였다. 1971년 12월에 국가비상사태가 선포되었고, 이어 '국가보위에 관한 특별조치법'이 민주공화당 단독으로 역시 국회 별관에서 통과되었다. 유신체제로의 제일보였다.

3. 5·16 군부쿠데타 이후 남의 경제와 사회

1940년대에서 1950년대 초반까지는 경제의 시련기였다. 그러나 1950년대 중반의 복구기를 거쳐 1957년경부터 경제가 발전할 수 있는 여건이 마련되어가고 있었다. 1960년대 전반기에 경제개발계획을 추진해갈 수 있을 만큼 국가의 기구가 정비되었고, 훈련받은 테크노크라트도 확보되어갔다. 경영능력을 갖춘 기업인들도 배출되었다. 신분의 제약이 없는 사회여서 많은 사람들이 성취욕을 갖고 있었다. 더 중요한 요소로는 이 시기에 경제개발의 재원이 마련되었다는 점과 우수한 양질의 노동력이 대량으로 취업의 기회를 기다리고 있었다는 점이다. 일정한 교육을 받은 노동자나 중견간부는 아무리 힘들고 어려운 일이라도 밤낮없이 일하여 해낼 자세가 되어 있었다. 공공차관이든 민간차관이든 1962년까지는 소액밖에 들어오지 못했는데, 국제적으로 차관도입의 여건이 호전되어 1964년경부터는 도입이 쉬워졌다. 미국은 동아시아 반공의 보루로서, 또 베트남전쟁 때문에 한국을 적극 지원하였다. 거기에 한·일 관계의 정상화로 일본에서 청구권 자금이 무상·유상 합하여 5억 달러가 들어오고 상업차관이 도입되었다. 또 베트남전쟁 참가로 수억 달러의 외화가 들어왔다. 정통성이 취약한 박정희정부는 경제발전에 대단히 적극적이었다.

박정희정부는 제1차 경제개발계획(1962~66)과 제2차 경제개발계획(1967~71)을 밀고 나갔다. 정부는 이 계획에 대해 자유경제체제를 원칙으로 하여 계획성을 가미하였다고 설명했는데, 그것은 국가 주도의 성장정책으로 구체화되었다. 이 개발계획은 불균형성장 이론에 의거하여 전략 부분을 중점적으로 개발하는 것이었다. 그것은 또한 외자중심의 노동집약적인 수출지향경제로, 농업이 외면되고 농업과 공업의 상호관계가 고려되지 않은 공업 중심의 산업화계획이었다.

1963년경부터 탄력이 붙은 경제성장은 1960년대 후반에 고도성장을 이룩하였다. 1970년 7월에 개통된 경부고속도로는 경제개발의 상징이 되었다. 제1차 경제개발계획 기간의 연평균 경제성장률은 8.3%, 제2차 경제개발계획 기간의 그것은 10.0%로, 1954년에서 57년까지의 연평균 성장률이 5.5%인 것에 비해 크게 높아졌음을 알 수 있다.

경제성장은 산업구조에도 변화를 가져왔다. 농림수산업의 비중이 1960년 36.0%에서 1971년 28.9%로 낮아진 반면, 광공업은 같은 기간에 14.7%에서 22.8%로 비중이 높아졌다. 공업구조도 변화하였다. 1960년에는 중화학공업이 25.8%, 경공업이 74.2%였는데, 1960년대 말부터 중화학 부문을 적극 육성하여 1971년에는 중화학공업의 비중이 37.5%로 높아졌다. 그러나 1950년대 내내 매우 높은 비중을 차지하여 기형적 산업구조라는 평가를 받게 한 3차산업은 같은 기간에 49.3%에서 48.3%로 아주 조금밖에 낮아지지 않았다.

박정희정부의 성장정책은 수출드라이브 정책이었다. 수출은 액수 자체가 워낙 적어서 그 증가율이 높은 점도 있었지만, 1960년대 중반부터 놀라운 속도로 늘어갔다. 그리하여 1960년에 3200만 달러이던 것이 1971년에는 10억 6700만 달러가 되었다. 합판·의류·잡제품 등 노동집약적인 경공업 제품이 주요 수출품목이었다.

박정희정부의 성장정책은 투자재원 조달이나 시장, 원자재나 설비재 등의 면에서 대외의존적인 성격이 강했는데, 특히 미국과 일본에 크게 의존하였다. 그와 함께 국내 산업 상호간의 연관성과 균형 면에서 문제가 많았으며, 국내 소비자의 희생을 요구하게 되었다. 또한 정경유착 현상이 현저하였다. 차관도입업체의 부실기업화 현상이 1960년대 말에 눈에 띄게 나타났고, 악성사채를 사용한 기업이 많았다. 1972년 8월에 사채 동결과 재벌에 대한 금융·조세 상의 특혜를 골자로 한 '8·3 비상조치'가 내려진 것은 경제위기를 타개하기 위한 대기업 위주의 고육책이었다.

경제성장은 노동자의 증가를 수반하였다. 그러나 외국기관 노동자들을 제외하면 파업은 적었고 소규모였다. 정부 수립 때부터 국가가 노동조직을 장악한데다가, '외국인 투자기업의 노동조합 및 노동쟁의 조정에 관한 임시특례법'(1970. 1)과 '국가보위에 관한 특별조치법'(1971. 12) 등 법적 장치 때문에도 노동운동은 어려웠다. 그러나 노동운동이 미약하였던 가장 큰 이유는 1970년대까지 일자리를 찾아다니는 무진장한 산업예비군의 존재였다. 그렇지만 1970년 11월 전태일(全泰壹) 분신자살 사건과 한진상사 소속 전(前) 파월기술자들이 일으킨 1971년 9월의 KAL 빌딩 난동사건은 주목을 받았는데, 특히 전태일은 1980년대 노동운동의 상징적 인물이 되었다.

산업화와 농촌의 피폐 그리고 한발은 1960년대 하반기 대규모 이농현상을 불러일으켰다. 서울의 인구는 1960년 209만명에서 1970년 553만명으로 증가하였던바, 대도시에는 주택난이 심했고, 판잣집이 즐비하였다. 1970년 4월에 발생한 와우아파트 붕괴사건과 1971년 8월에 일어난 광주대단지사건은 빈민 처리과정에서 일어난 대형사건이었다.

1960년대 말부터는 공해문제도 발생하였다. 울산공업단지와 그 일대의 농지에서 공해는 심각한 양상을 드러내고 있었다. 서울의 대기와 수돗물도 오염되었다. 그러나 성장정책에 공해문제는 뒷전으로 밀려났다.

4. 북의 변화와 남과 북의 긴장관계

1950년대 말부터 시작된 중소분쟁과 소련 흐루시초프(N. S. Khrushchov)의 평화공존 노선, 1962년 쿠바사태에서 드러난 흐루시초프의 나약함 등은 북에 많은 영향을 미쳤다. 1962년경부터 흐루시초프가 실각할 때까지 북과 소련은 심한 갈등을 겪었다. 무기원조 등 북에 대한 소련의 원조는 기대하기 어렵게 되었다. 중국의 문화혁명 시기에 이루어진 북과 중국의 관계 악화도 북에 여러가지로 영향을 미쳤다.

5·16 군부쿠데타가 일어나고 한일회담 반대시위가 일어난 남의 정치상황도 북에 영향을 미쳤다. 그리고 1965년 한일협정이 맺어져 한·미·일의 안보체제가 성립되고 미국과 일본이 남의 반공체제를 강화하기 위하여 적극적으로 경제적 지원을 한 것도, 같은 해에 규모가 큰 지상군이 베트남에 파견되면서 그 대가로 한국군의 전력이 강화된 것도 북에 위협적인 요소로 받아들여졌다.

북에서는 1962년에 경제·국방 병진노선이 제기되었고, 그것은 1966년에 더욱 강조되고 강화되었다. 경제·국방 병진노선은 실제로는 국방 우선의 정책이었다. 그것은 독자적인 군사력 증강에 목표가 두어져 있었다. 1962년에 북에서는 전인민의 무장화, 전지역의 요새화, 전군의 간부화, 전군의 현대화 등 4대 군사노선이 채택되었다.

국방 우선의 정책으로 1967년에서 1971년까지 국방비가 국가재정에서 차지하는 비중이 이전에 비해 30% 이상으로 높아졌다. 이것은 전체 국민생산의 20%를 웃도는 수준이었다.

경제·국방 병진노선이 제기되면서 정치사상사업의 강화가 더욱 강조되고 증산절약운동이 펼쳐졌지만, 북의 경제는 차질을 빚기 시작했다. 1961년 조선로동당 제4차대회에서 제기되어 실시된 7개년계획은 계획 완료연도인 1967년에 목표치에서 미달되었고, 이 때문에 1970년까지 연장되었다.

김일성은 1955년에 사상사업에서 교조주의와 형식주의를 퇴치하고 주체를 확립하자는 연설을 했지만, 1960년대 초까지는 주체를 특별히 강조하지 않았다. 대체로 1958년경에 당과 사회주의 경제 건설에서 수령유일체제로 갈 수 있는 길이 닦여지고, 1959년부터 항일빨치산 참가자들의 회상기를 잇따라 발간하고 경제·국방 병진노선을 채택하면서 물질적 제약을 정치사상의 고취로 극복하려고 한 것이 주체사상으로 가는 초기의 단계였다.

1960년대 후반은 주체사상이 확립되어가는 시기였다. 주체사상에 대한 구체화는 1965년경에 나타났다. 이 해에 김일성은 인도네시아에서 사상에서의 주체, 정치에서의 자주, 경제에서의 자립, 국방에서의 자위가 조선로동당의 일관된 입장이라고 연설하였다.

1967년경부터 몇년간은 중국과의 갈등이 고조되었다. 중국의 문화혁명에서 김일성이 비난을 받고, 임표(林彪)사건으로 중국공산당에 후계자 문제가 발생한 것은 북의 지도체제와 후계자 문제에 영향을 미쳤다. 1967년부터 김일성에 대한 개인숭배가 가열되었고, 김일성 가계의 성역화가 추진되었다. 이 해에 박금철(朴金喆)과 이효순(李孝淳)이 숙청되었다. 두 사람은 조국광복회의 국내 활동에 연결되어 활동했던 갑산계 인물로 중공업 강행 정책의 완화를 주장하였으며, 김일성의 유일지도성에 대해서도 비판적이었던 것으로 알려졌다. 이들의 숙청은 김일성의 장자인 김정일(金正日)이 주도한 것으로 알려졌다. 이 무렵 사상적 검색의 강화가 강조되었다. 김일성은 이 해 12월에 공화국 10대 정강을 발표하였는데, 주체사상의 구현을 첫번째로 내세웠다. 1968년에 주체사상은 가장 정확한 맑스·레닌주의적 지도사상으로 규정되었고, 다음해에는 주체사상만이 맑스·레닌주의와 노동계급의 혁명 위업에 끝까지 충실할 수 있는 유일하게 정확한 지도사상으로 주장되었다.

북은 한국전쟁 후 외군철수와 평화통일을 강조하고, 4월혁명 후에는 연방제통일안을 제시하였다. 그때까지 북의 대남전략은 북의 혁명역량으로 남을 혁명화하는 것에 입각해 있었다.

1964년경에 북의 대남전략은 부분적으로 바뀌었다. 남조선 혁명을 이루는 데는 남조선 인민들의 주체적 노력이 중요하다는 원칙 아래 남조선혁명론이 세워졌다. 이러한 남조선혁명론은 통일혁명당의 조직으로 구체화되었다. 통일혁명당 간부들은 1968년에 체포되었다.

1961년부터 대남전략을 수행하는 책임자였던 이효순이 1967년에 실각한 것은 베트남 파병으로 한·미 군사관계가 긴밀해지는 가운데 강경파들이 득세했다는 것을 의미하였다. 이들은 1968년 1월에 청와대 습격사건을 일으켰고, 같은 해에 울진·삼척 지역에 무장게릴라를 보냈다. 같은 해에 미국정보함인 푸에블로호가 나포되었고, 다음해 4월에는 미국 정보기 EC-121기가 격추되었다.

모험주의적인 대남전략은 오히려 박정희 대통령의 권력과 통제력, 군사력 강화를 초래하였다. 향토예비군이 설치되고 주민등록증이 발급되었으며, 학원에서는 군사교육(교련)이 실시되었다. 유신체제 시기 내내 박정희는 남침과 그에 대비한 안보를 강조하여 자신의 권력을 지키는 데 활용하였다.

1969년 강경파의 리더인 허봉학(許鳳學)·김창봉(金昌奉)이 숙청되었다. 이어 군부의 장성 10여명이 숙청되는 규모가 큰 군부 수술이 뒤따랐다. 국방비는 1972년에 축소되었다.

4

유신·신군부체제와 수령유일체제

1. 유신체제

1970년을 전후로 하여 냉전체제는 새롭게 변해갔다. 1969년에 미국은 주한미군의 감축 검토를 발표하였고, 아시아문제에 대한 개입에 제한을 가한 닉슨독트린이 출현하였다. 제3세계의 진출로 중국의 유엔 가입은 막기가 어렵게 되었고, 한국정부는 연례적인 행사였던 한국문제의 유엔 상정을 낙관하기가 어렵게 되었다. 1971년 중국이 유엔에 가입하였고, 다음해 2월 닉슨(R. M. Nixon) 미국대통령은 역사적인 중국 방문길에 올랐다.

냉전체제의 변화는 남에 바로 영향을 미쳤다. 5·16쿠데타 이후 박정희정권은 선(先)건설을 내세우며 통일논의를 억압하였다. 그러나 1970년대에 들어와서는 민간인의 통일논의를 여전히 제한하면서도 정부 차원의 남북대화는 추진하였다.

1970년 8·15경축사에서 박정희 대통령은 남북간의 교류 용의를 밝혔다. 다음해 4월 북은 연방제와 남북교류, 상호감군을 내용으로 한 통일방안을 발표하였다. 그리고 8월 남의 적십자사가 남북 이산가족 찾기운동을 북에 제의하였고, 북은 즉각 호응하였다. 그리하여 예비회담이 열리는 가운데, 1972년 7월 4일 역사적인 남북공동성명이 서울과 평양에서 동시에 발표되었다. 7·4공동성명에서 통일은 자주적이고 평화적이며 사상과 이념을 초월한 민족적 대단결을 도모해야 한다는 3대 원칙 아래 이루어져야 한다는 것을 천명하고, 양측은 남북조절위원회를 설치하기로 합의하였다.

국민들은 7·4공동성명을 열렬히 환영하였다. 그러나 7·4공동성명 발표 때 나타난 감격과 염원은 유신체제의 매개로 이용되었다. 1972년 10월 17일 박정희는 스스로 쿠데타를 일으켜 비상계엄령을 선포하였다. 국회가 해산되는 등 헌정이 다시 유린되었고, 정치활동이 금지되었으며, 비상국무회의가 입법부의 역할까지 맡았다. 박정희는 평화통일을 앞당기기 위해서는 국민총화가 필요하고, 그것은 또한 능률을 극대화할 것이라고 강변하였다.

이승만한테서도 나타났지만, 정치가 폐쇄적이고, 리더십이 전근대적인 인간관계로 발휘되는 경우, 일정기간이 지나면 권력자는 절대권력을 희구하게 된다. 박정희는 일제 하에서 장교로 복무하면서 군국주의 파시즘을 능률과 질서의 극대화로 이해하여, 민정 이양 때에도 군정 연장을 기도한 적이 있었으며, 1960년대 중·후반에 한일협정 체결, 베트남 파병 등으로 미국의 강력한 지지와 지원을 받게 되고, 경제성장이 현저해진 것을 배경으로 하여 권력을 강화하였다. 공화당 내의 분파는 3선개헌과 1971년 10·2항명파동을 겪으며 약화되었다. 언론은 중앙정보부에 의해 통제되었고, 북의 도발은 역으로 박정권의 통제력을 강화시켰다. 그리고 1971년의 선거는 박정희로 하여금 정상적인 선거로는 계속 집권하기 어렵다는 위기감을 갖게 했다.

유신헌법은 1972년 10월 비상국무회의에서 의결되어 국민투표를 거쳐 12월에 확정되었다. 하지만 유신헌법은 국가재건최고회의에서 만든 헌법과 마찬가지로 헌법절차에 따라 만들어진 것이 아니었기 때문에, 이는 개정이 아니라 실제로는 제정이었고 취지로 보아도 그러하였다.

유신헌법은 대통령의 권한을 극대화하였다. 대통령은 긴급조치권·

국회해산권 등 방대한 권력을 부여받았고, 헌법 개정을 발안하고 그것을 국민투표로 확정할 수 있었다. 주권적 수임기관인 통일주체국민회의 의장이었고, 전체 국회의원의 3분의 1을 임명하였다. 법관에 대한 인사권도 강화되었다. 대통령의 임기는 6년이었지만 재임에 제한이 없어 영구집권이 가능하였다. 국회의 권한은 대폭 축소된데다, 1선거구 2인 선거제였다. 유신체제에서 대통령은 총통과 비슷하게 국가를 지도하는 유일한 영도자였다.

농촌은 소선거구, 도시는 대선거구로 선출된 통일주체국민회의 대의원 2395명은 만장일치(무효 2표)로 박정희를 대통령으로 선임하였다. 그는 1972년 12월 27일 대통령에 취임하였다.

유신체제는 정치에서 효율의 극대화를 꾀한다고 선전하였지만, 유신시기 내내 긴장 · 혼란 · 변칙 · 대사건이 잇따랐다. 유신체제는 긴급조치 없이는 유지될 수 없는 체제였고, 긴급조치로도 유지되기가 어려웠다.

1973년 부활절 때에 최초의 반유신운동이 표출되었다. 8월에는 박정희의 정적인 김대중이 일본에서 납치되었다. 10월부터 겨울방학 때까지 전국의 대학에서 시위와 동맹휴학이 계속되었고, 연말에는 개헌청원운동이 번졌다. 박정권은 유신헌법 반대자들을 군법회의에서 징역 15년까지 선고할 수 있게 한 긴급조치 1호를 선포하였다. 긴급조치에도 불구하고 학생들이 전국적인 조직을 만들어 시위를 하려 하자 긴급조치 4호를 발동하였다. 이 조치로 군법회의에서 14명이 사형선고를 받아, 그중 8명이 처형되었다.

1974년 8 · 15 경축식장에서는 박정희 대통령의 부인 육영수(陸英修)가 피살되었다. 이 해 하반기부터 기자들의 언론자유수호운동이 일어났고, 다음해 봄 대학마다 반유신 시위가 일어났다. 그러나 1975년 4월 말 베트남이 패망하면서 보수세력의 위기의식이 고조되었다. 정부는 긴급조치 9호를 발동하고, 사회안전법 등을 통과시켜 철권정치를 강화하였다.

1976년 3·1민주구국선언사건 이후에도 지식인·종교인·정치인·문인 등의 저항과 학생시위가 많았지만, 유신체제의 몰락은 경기침체 속에서 야당 탄압으로 촉진되었다. 통일주체국민회의에서 99.99%의 지지를 얻어 다시 대통령에 선출된 박정희가 1978년 12월 취임식을 가졌을 때, 대만과 아프리카의 한두 나라에서만 경축사절을 보냈다. 그 달에 있었던 총선에서는 야당의 득표율이 여당보다 1.1% 높은 이변이 발생하였다.

1979년 5월 말 선명성이 있는 김영삼(金泳三)이 야당 당수로 당선되면서 야당에 대한 탄압은 상식을 초월하였다. 10월 16일부터 김영삼 총재의 출신지였고 경제사정이 나빴던 부산에서 큰 시위가 일어나 마산으로 번지자 계엄령이 선포되었고, 군이 출동하여 시위를 무자비하게 진압하였다. 10월 26일 박정희 대통령은 사태의 심각함에 위기감을 갖게 된 김재규(金載圭) 중앙정보부장에 의해 살해되었다.

10·26사건 이후 어느 누구도 유신체제를 옹호하지도 유지하자고 말하지도 않았다.

2. 신군부체제

박정희가 피살된 후 제주도를 제외한 전국에 비상계엄령이 선포되었다. 국무총리로서 대통령 권한대행이 된 최규하(崔圭夏)는 1979년 12월 6일 통일주체국민회의 대의원들에 의해 대통령에 선임되었다. 그러나 그로부터 6일 후인 12월 12일 국군보안사령관 전두환(全斗煥) 소장과 9사단장 노태우(盧泰愚) 소장, 보안사 장교들이 중심이 되어 쿠데타를 일으켰다. 이 쿠데타로 육군참모총장이자 계엄사령관인 정승화(鄭昇和)가 체포되었다. 군을 통제할 수 있었던 미국은 사실상 쿠데타를 인정하였다.

1980년이 되면서 서울의 봄으로 불리는 민주화운동이 조심스레 일어났다. 그것의 중심지는 학원이었다. 이어 노동계 등 사회 일부에서도 조금씩 움직였다. 사람들은 이제는 민주적인 선거에 의해 대통령이 선출될 것이라고 기대하면서 김영삼·김대중의 행보에 신경을 썼다. 두 사람은 단결되지 못하는 것 같았다.

신중하게 학원에서 민주화운동을 벌이던 학생들은 5월이 되면서 거리로 나왔다. 14일과 15일 서울의 대학생들은 계엄령 하인데도 제지를 받지 않고 시내에서 대규모 시위를 가졌다. 15일 밤 학생들은 집에 돌아갔고 주요 대학 총학생회장의 회의에서는 정상수업을 받기로 결의하였다. 군부가 미국의 양해 하에 병력을 이동시키고 있었기 때문이었다.

5월 17일 계엄령이 전국으로 확대되었고 신군부가 정면에 나섰다. 정치활동이 정지되고, 언론 검열이 강화되었으며, 김대중·김종필 등 정치인과 재야인사들이 체포되었고, 김영삼은 연금되었다. 12·12에 이은 신군부의 제2의 쿠데타였다. 5월 31일 국가보위비상대책위원회가 설치되고, 전두환이 그 상임위원장이 되어 실권을 장악하였다. '서울의 봄'은 신군부에 의하여 유린당했다.

신군부에 의해 제2의 쿠데타가 일어나고 김대중 등이 체포되었을 때, 전남 광주에서는 전례를 찾기가 힘든 격렬한 시위와 유혈사태가 벌어졌다. 5월 18일 광주에서 대학생의 시위가 일어났을 때 계엄군은 이를 무자비하게 진압하였다. 그 과정에서 시민들이 시위에 합세하기 시작하였고, 20일 밤에는 도청 등 일부를 제외하고는 시위대가 광주를 휩쓸었다. 21일부터 시위는 시가전의 양상을 띠었고 전남지방으로 확산되었으며, 22일에서 26일 사이 광주는 시위대에 의해 장악되었다. 27일 새벽 계엄군의 무력 진압으로 광주에서의 항쟁은 일단락되었다. 군에 의하여 참혹한 학살이 벌어지게 된 데에는 미국도 책임이 있었다.

광주민주항쟁이 촉발된 원인으로는 지역차별도 지적될 수 있지만, 가장 큰 원인은 민주화가 신군부의 잇따른 쿠데타에 의해 짓밟힌 데

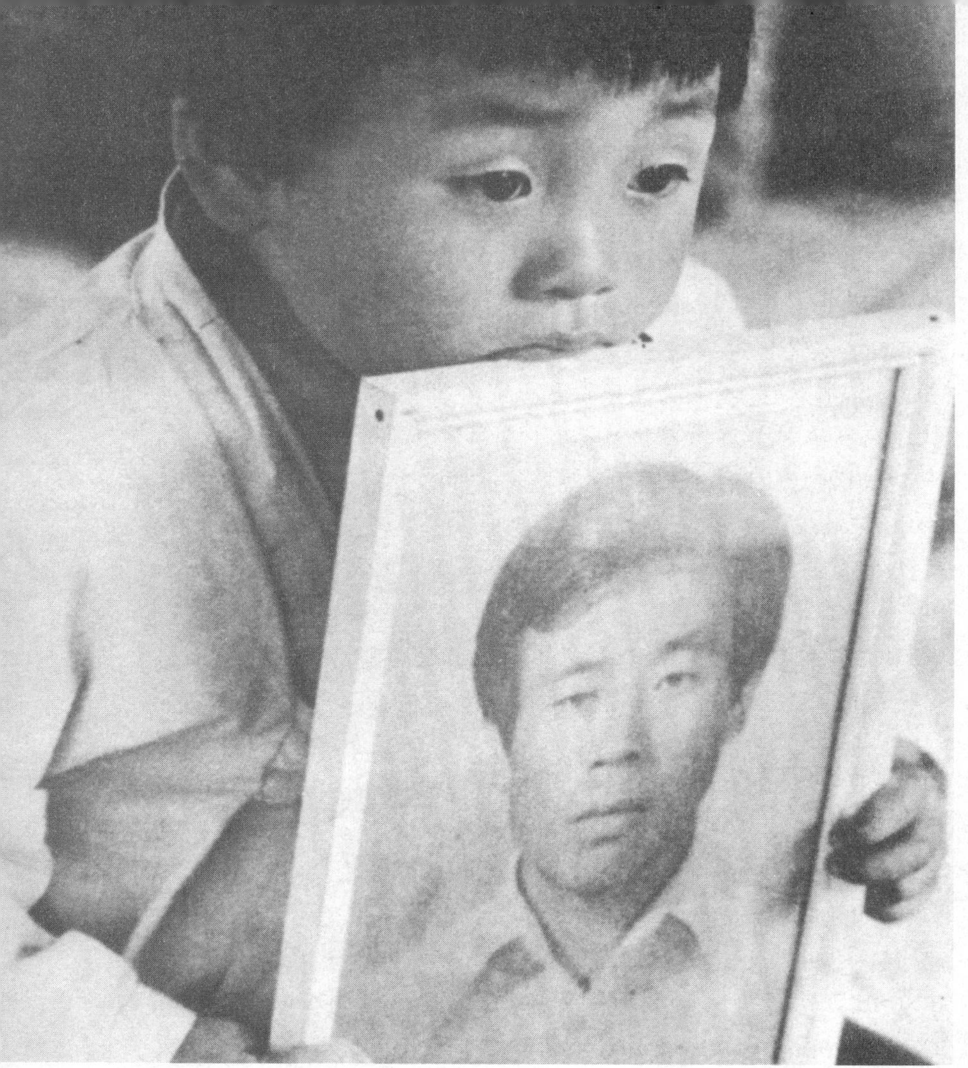

광주민주항쟁 사망한 아버지의 영정을 들고 있는 어린이

대한 분노였다. 광주항쟁은 1980년대 민주화운동의 추동력으로 타올랐고, 반미 자주화운동을 일으키는 계기가 되었다.

전두환 등 신군부는 국가보위비상대책위원회를 통하여 안정과 능률을 내세우고 강권통치를 폈다. 김대중 등을 내란음모사건으로 군법회의에 기소하고, 주요 정치인 수백명의 정치활동을 규제했다. 언론이 통폐합되고 비판적인 기자들이 쫓겨났으며 교수와 학생들이 학원에서 추방되었다. 약 2만명이 삼청교육대라는 이름 아래 군 특수훈련장에 보내졌다. 승려들도 체포되었다.

8월에 최규하가 대통령직에서 물러나고, 전두환이 유신체제의 유산인 통일주체국민회의 대의원들에 의해 대통령이 되었다. 10월 27일 유신헌법을 변형한 신헌법이 공포되었고, 이틀 후 그 헌법 부칙에 의해 국가보위입법회의가 발족되었다. 전두환 등 신군부가 임명한 입법회의 의원들은 국가재건최고회의와 1972년의 비상국무회의에서 통과시킨 것과 비슷한 성향의 법률을 이듬해 봄까지 189건 통과시켰다. 여기서 처리된 것들 가운데에는 언론기본법, 노동관계법, 집회 및 시위에 관한 법률, 출판관계법 등이 있었는데, 모두 다 기본권을 크게 제약한 악법이었다.

1981년 2월 대통령선거인단에 의해 전두환이 7년 임기의 대통령으로 선출되었다. 여당인 민주정의당과 제1야당인 민주한국당, 제2야당인 한국국민당이 모기관에 의해 급조되어 총선을 거쳐 새 국회가 구성되었다.

신정부는 성장과 안정을 동시에 추구하여 긴축정책으로 물가안정을 도모하였다. 신정부가 출범할 때 미국에서는 레이건정부가 등장하였다. 미국과 일본의 두 나라 정부는 모두 강경 보수 성향을 띠고 있어 신군부정권을 적극 지지하였다. 전두환 대통령은 취임 후 곧 미국을 방문하였다.

1980년대에는 학생운동을 주축으로 하여 노동운동·농민운동·교육운동 등 사회운동이 활발히 일어났다. 학생들은 신군부 반대운동의 선봉에 섰을 뿐 아니라, 노동야학·농촌활동을 벌였고 노동현장에 다수가 들어갔다. 1980년대의 반정부운동은 민주화와 반미자주화를 지향하였다.

1980년대는 암울한 면도 많았으나 역동적인 시대였다. 전체적으로는 정치와 경제를 포함하여 사회의 모든 부문이 전향적으로 발전해갔으며 수구적 자세보다 미래지향적 성격이 강했다. 이 시기에는 과거를 떨쳐버리고 새 사회를 펼쳐보려는 의욕이 강렬하였다.

소규모로 계속 일어나던 시위가 1984년경부터 확대되었다. 강권으로만 대처할 수 없게 되자 신군부정권에서는 유화책을 썼다. 정치활동금지자에 대한 해금이 실시되었고 추방당했던 교수와 학생들이 학원으로 돌아왔다.

1985년 2·12총선은 민주화에 하나의 전기가 되었다. 선명야당의 돌풍이 불어 김영삼·김대중을 지지하는 정치인들이 다수 국회의원에 당선되고 그들이 속한 신한민주당이 민한당 의원들을 흡수함으로써 야당이 야당다워졌다. 이 해 5월 대학가는 민주항쟁 계승 5월시위로 들끓었다. 1986년은 개헌운동의 해였다. 이 해 2월에 야당 정치인들이 1천만명 개헌서명운동을 벌이면서, 개헌운동은 전국적으로 확산되었다. 그러나 신군부정권은 이에 강경하게 대응하여, 1986년 하반기에는 대규모 탄압 속에 긴장이 고조되었다.

3. 산업사회의 형성과 문화

박정희정권은 1970년대에도 의욕적으로 성장정책을 밀고 나갔다. 1972~76년에 제3차 경제개발계획이, 1977년 이후에 제4차 경제개발계획이 실시되었다.

이 시기에는 중화학공업 육성에 치중하였다. 중화학공업의 추진이 가능했던 것은 미국·일본·서독 등의 경제정책이 고이윤 고부가가치 산업 육성정책으로 바뀌어, 노동집약적이고 공해를 유발할 수 있는 대규모 설비의 중화학공업 부문이 사양산업이 된 것이 기본 요인이었다.

1970년대는 기복이 심했으나 두 차례의 유가파동을 겪으면서도 대체로 고도성장을 지속하였다. 중화학공업이 공업 전체에서 차지하는 비중은 1971년 37.5%에서 1981년 51.1%로 높아졌고, 광공업이 국민총생산에서 차지하는 비중도 1970년 19.5%에서 1978년 33.8%로 높아졌다.

그러나 소비재 중심의 노동집약적인 중화학공업을 발전시켰기 때문에 다른 부문에 대한 파급 효과는 작았고, 판매시장도 해외에 의존하게 되었다. 재벌들의 과다한 중복투자와 수출시장 확보의 어려움으로 중화학공업의 가동률은 1970년대 말에 현저히 떨어졌고 기업의 부실화가 초래되었다. 이러한 상황은 제2차 유가파동과 함께 경기침체를 주도하여 유신체제 몰락의 한 원인이 되었다.

1970년대 후반은 중동지역에 대한 건설 수출이 큰 몫을 하였다. 농촌도 이중곡가제로 생활이 나아졌다. 그렇지만 이 시기에는 외채의존도가 심화되었고, 인플레이션이 극심했으며, 이때부터 부동산투기 붐이 거세졌다.

전두환정부는 1979년부터 급격히 경기가 침체되어 1980년에 3.7%의 마이너스 성장을 한 경제를 다시 일으켜세우고, 중화학공업의 중복투자를 조정하는 데 주력하였다. 1970년대 후반에서 1981년까지 20~40%로 치솟았던 물가인상률은 국내외 여건의 호전과 긴축정책 등으로 1982년부터 1980년대 말까지 한자리 수에 머물렀다.

전두환정부는 개방경제로 나아갔다. 대외의존적인 경제성장정책을 펴왔기 때문에 개방경제로의 길은 피할 수 없었고, 이에 대한 미국의 압력도 컸다. 1980년대에는 공산품뿐만 아니라 농축산물도 수입자유화의 폭이 크게 확대되었다. 수입자유화율은 1986년에 91.5%였다. 수입자유화와 함께 자본자유화 정책이 시행되었다. 전두환정부는 1980년에 외국자본의 투자비율을 50%로 제한하던 것을 100%까지 허용하였다. 1981년에는 외국인 투자에 대한 심의절차를 완화하였다.

경제가 개방되고 국내 기업들이 국제분업체제로 더욱더 편입됨으로써 1980년대 중반부터 산업구조 조정정책을 펼 수밖에 없게 되었다. 그리하여 첨단산업의 육성, 자동차·전기·전자 등 수출주도형 중화학공업의 고부가가치화, 경쟁취약산업의 업종전환 정책 등이 추진되었다.

수입자유화 정책은 농업의 희생을 불가피하게 했다. 1980년대에 농축산물이 대규모로 수입되었고, 특용작물이 과잉 생산되어 농촌은 위기에 처했다. 그러나 1990년대에 들어와 농촌경제는 호전되었다. 농가인구는 1960년의 1455만여명, 1980년의 1082만여명에서 1990년의 666만여명, 1995년의 516만여명으로 급격히 감소하여, 총인구 중 비중이 1960년 58.2%에서 1980년 28.4%, 1995년 11.6%로 낮아졌다. 양곡자급률은 1970년의 86.1%에서 1985년 48.4%, 1995년 27.7%로 낮아졌다. 1980년대 전반기는 또한 외채원리금 상환의 압박과 저성장으로 경제위기가 초래되었다. 1984년 말 대외채무는 431억 달러를 기록하였다. 그러나 1986년경부터 88년경까지 지속된 저달러·저금리·저유가의 3저호황으로 한국경제는 유례가 드문 성장을 기록하였고, 달러의 폭락으로 외채위기는 현저히 약화되었다. 국민 1인당 GNP는 1960년에 79달러, 1970년에 253달러, 1980년에 1597달러이던 것이 1990년에 5883달러에 이르렀다. 1995년에는 1만 달러를 넘어 1만 176달러가 되었다. 수출액 또한 1970년의 8억 달러, 1980년의 175억 달러에서 1990년에는 650억 달러, 1995년에는 1351억 달러가 되었다.

1960년대부터 경제성장은 재벌의 성장을 가져왔다. 재벌은 1970년대에 이루어진 중화학공업 육성정책으로 한층 비대해졌고, 1980년대에는 금융기관에도 진출하였다. 4대 재벌의 총자산액은 1980년에 약 8조 5110억 원이었는데, 1995년에 약 147조 2120억 원이 되어 17.30배가 증가하였는데, 같은 기간에 정부의 세출규모는 약 7조 6370억 원에서 약 75조 2470억 원으로 9.85배의 증가에 머물렀다. 1994년 30대 재벌기업의 부가가치 총액(금융업 포함)은 약 44조 2450억 원으로 국민총생산액의 14.61%였으며, 제조업 부가가치 총액의 28.82%였다. 30대 재벌의 계열기업은 1970년에 126개이던 것이 1979년에 429개, 1989년에 513개, 1995년에 623개로 늘어났다.

노동자들은 1970, 80년대에 세계 최장의 노동을 하는 것으로 보고되었다. 노동자들의 주당 근로시간은 1970년대에 50~53시간이었고, 1980년대에는 그보다도 2~3시간이 많아졌다. 국제노동기구(ILO) 보고에 의하면 1986년 노동시간이 주당 56시간으로 세계 최고였으며, 대만의 48시간, 싱가포르의 47시간보다도 훨씬 많았다. 그러나 1990년대에 들어와서는 노동시간이 줄어들어 1995년에는 주당 근로시간이 49.2시간으로 집계되었다.

1970년대까지는 실업자와 이농현상으로 예비노동력이 풍부하였고, 생활수준이 낮았기 때문에 모두 다 열심히 일했다. 그러나 노동자 수가 1962년의 244만여명, 1970년의 359만여명에서 1980년 648만여명, 1986년 843만여명으로 늘어나고 산업노동자의 비중이 커짐에 따라 노동자의 의식이 높아갔으며, 1970년대 말부터 노동력 부족 현상이 나타나기 시작하여 노동운동이 활발해졌다.

1970년대 후반의 노동운동은 여성노동자들이 많은 중소규모의 방직공업·의류공업 부문에서 일어났다. 이때는 유신체제의 억압 속에서 주로 기독교사회단체가 노동운동을 지원하였다. 신군부체제가 들어서면서 노동관계법은 한층 개악되었고 노동운동은 혹독히 탄압받았다. 그러나 1983년경부터 노동운동이 활성화되어 1985년에는 노동자연대투쟁이 벌어졌고, 노동자의 계급의식을 고취하는 노동운동단체가 만들어졌다.

한국전쟁 이래 오랫동안 잠들어 있었던 농민운동은 1970년대 후반부터 함평 고구마사건 등을 통하여 힘을 얻게 되었다. 이 시기에서 1980년대 전반기까지 농민운동은 가톨릭농민회 등 종교단체가 주도하였다. 1980년대에는 농민운동에서 농협조합장 직선제, 농가부채, 수세문제 등이 주요 쟁점이었으나, 그 이후 농업개방정책 반대에 중심이 옮겨졌다.

산업화는 의복에도 혁명을 가져왔다. 1955년에 나일론을 생산하게 되었으나, 1950년대에 농민들은 여전히 광목으로 흰옷을 해입는 사람들이 많았다. 그러나 1970, 80년대에 화학섬유가 일반화되었고, 의복의 색상이나 디자인도 다양해졌다. 성장정책으로 환경문제는 뒷전으로 돌려졌으며, 주택문제도 계속 남게 되었다. 도시의 주택보급률은 1960년에 64.8%로 집계되었는데, 그것이 1975년에는 56.9%, 1986년에는 58.5%로 악화되었다. 이 시기 농촌의 경우 주택과 마을 모습이 크게 변하였다. 1980년대에 와서는 식사 사정이 호전되어 육식도 많이 하게 되었다. 이 시기에는 이와 함께 외식산업이 늘어났고 햄버거 등 간이식품도 애용되었다.

라디오는 해방되던 해 6만여 대밖에 안되던 것이, 1965년에 125만 대로 늘어났고, 1980년에는 950만 대가 되어 1가구당 1대가 넘게 되었다. 텔레비전은 1961년경부터 방영되었으나, 1966년까지만 해도 1만여 대밖에 보급되지 않았다. 그러나 1975년에는 그것이 180만 대, 1980년에는 690만 대로 늘어나, 1980년에는 100가구당 86.7가구가 텔레비전을 소유하게 되었다. 1980년부터는 컬러로 방영되어 컬러텔레비전이 기하급수적으로 늘어났다. 전화도 1951년에는 1만 대, 1965년에는 22만 1천 대밖에 없었는데, 1984년에는 559만 대를 넘게 되었고, 그 이후에는 농촌에도 거의 다 전화가 보급되어 인구 1천명당 보급된 전화가 1960년의 3대에서 1980년에 71대, 1995년에 397대로 증가하였다. 자가용 승용차는 1960년에 4천여 대, 1970년에 2만 8천여 대, 1980년에 17만 8천여 대이던 것이 1990년에 190만여 대, 1995년에 577만여 대로 급속히 늘어났다.

4. 북의 수령유일체제

1967년경부터 확립된 주체사상·수령유일체제는 1970년의 조선로동당 제5차대회 당규약에서 맑스·레닌주의를 창조적으로 적용한 것으로 격상되었다. 그것은 1972년 새 헌법에 의해 보장받았다.

유신헌법이 공포된 때와 같은 시기인 1972년 12월 최고인민회의에

남과 북의 시기별 비교

		1949	1965	1975	1985	1994
인구	남	20,189	28,705	35,281	40,806	44,851*
〔천명〕	북	9,622	12,252	16,172	19,995	23,261*
	남/북	2.10	2.34	2.18	2.04	1.93
국민총생산	남		30.0	209.0	897.0	3,769.0
〔억 달러〕	북		19.0	65.0	151.4	212.0
	남/북		1.6	3.2	5.9	17.8
1인당 GNP	남		105	594	2,194	8,483
〔달러〕	북		162	415	766	923
	남/북		0.6	1.4	2.9	9.2
병·의원 수	남		5,208	6,257	9,081**	13,568***
〔개소〕	북		5,575	6,484	7,172	—
	남/북		0.9	1.0	1.3	
인구 1만명당	남		38.0		249.5	
대학생수	북		127.3		140.0	
	남/북		0.3		1.8	
군사비	남		1.1	9.6	43.0	130.3
〔억 달러〕	북		2.6	16.3	35.0	56.6
	남/북		0.4	0.6	1.2	2.3

*는 1995년, **는 1986년, ***는 1993년.

자료 통계청, 『남북한 경제사회상 비교』, 1995. 11.

서는 기존 헌법을 폐지하고 새로이 조선민주주의인민공화국 사회주의 헌법을 제정하였다. 이 헌법은 국가권력을 국가주석 중심으로 개편한 데 가장 큰 특색이 있었다. 이전에는 내각과 최고인민상임위원회가 국가의 중심기관이었는데, 이 두 곳의 주요 권한이 국가주석에게 집중되었다. 국가주석은 국가주권을 대표하는 국가의 수반으로, 행정과 군사 분야의 최고책임자일 뿐만 아니라, 자신을 선출한 최고인민회의에 대해서도 책임을 지지 않는 절대권력을 지녔다. 국가주석제는 김일성의 유일적 영도를 법적으로 확고히 보장하는 제도였다. 김일성은 조선로동당 중앙위원회 총비서와 조선민주주의인민공화국 주석이라는 양대 직책을 맡아 수령유일체제를 구축하였다.

주체사상·수령유일체제의 제도화는 김정일 후계체제의 등장에 의해 보증되었다. 1970년 조선로동당 제5차대회에서는 혁명 2세대 또는 만경대혁명유자녀학원 출신들이 등장하였다. 김일성에 의해 1973년 2월에 3대혁명소조운동이 발기되어 수만명의 젊은 엘리뜨들이 공장·협동농장 등에 파견되었다. 이것도 세대교체의 일환이었다. 이러한 세대교체는 김정일 후계체제의 구축작업과 밀접히 연관되어 있었다. 김정일은 1973년 9월에 열린 조선로동당 중앙위원회에서 비서국의 조직 및 선전선동 담당 비서로 선출되었다. 또한 이 회의에서는 김정일을 김일성의 유일한 후계자로 결정하였다. 1974년 4월 『로동신문』에는 "대를 이어 충성하자"는 표어가 등장하였고, 그해 가을부터 김정일은 3대혁명소조운동을 지도하였다. 1975년 가을 김정일은 '당중앙'으로 호칭되었다.

1980년 10월 조선로동당 제6차대회에서 김정일이 모습을 나타내, 후계체제가 확립되었음을 과시하였다. 김정일은 이 당대회에서 새로 설정한 정치국 상무위원회 위원직을 맡았으며, 비서국 군사위원회에서도 직책을 맡아 실질적으로 제2인자의 위치에 서게 되었다. 1980년대에는 1970년대에 추진된 세대교체가 더욱 광범위하게 추진되었다. 새로운 지도부는 주로 항일혁명 2세대와 실무형 지도자로 이루어졌다.

1980년 조선로동당 제6차대회에서는 1980년대의 사회주의 건설노선을 '온 사회의 주체사상화'로 규정하고, 이것을 실현하기 위한 근본방도로 사상·기술·문화의 3대혁명을 제시했다. 그런데 온 사회의 주체사상화와 3대혁명이 강조되면서 비합리성도 강하게 표출되었다. 그것의 하나가 1980년대에 혁명적 수령관으로 등장한 사회정치적 생명체론이었다. 이 주장에 의하면 육체적 생명은 친부모가 주지만, 정치적 생명은 수령이 준다고 한다. 그리하여 인민을 사회정치적 생명체로 결합하는 원리로 혁명적 의리와 동지애를 강조하였고, 그것은 곧 수령에 대한 절대적인 충성과 효성으로 표현되었다. 사회정치적 생명체 이론은 북을 하나의 사회주의 대가정으로 설정하였다.

북은 1970년대에 전개해오던 3대혁명붉은기쟁취운동과 인민경제의 주체화·현대화·과학화를 1980년대에 더욱 강력히 펼쳤지만, 경제사정은 한층 악화되었다. 중국과 소련으로부터의 원조의 감소, 농업의 부진, 전력과 석유의 부족 등도 경제난을 초래한 요인으로 보인다. 그러나 북이 경제의 자립을 외치면서 사회주의 경제를 너무 폐쇄적이고 경직적으로 운용한 데에도 원인이 있다. 이와 함께 주체사상·수령유일체제의 비합리성도 한 요인이 되었다. 주체사상·수령유일체제는 정치적으로도 경제적으로도 폐쇄성과 경직성을 갖게 하여, 북은 중국이나 소련·동유럽 등이 개방될수록 '우리식'을 강조하면서 자신의 체제를 지키기 위해 안간힘을 다하였다. 그리고 그것은 수령의 지도와 사상 성향을 극단적으로 중시함으로써 경제의 논리를 무시하는 경향을 갖게 했다.

5
민주주의의 진전과 통일조국

1. 6월민주항쟁과 민주주의의 진전

1980년대 중반부터 거세진 반군부독재 민주화운동, 자주화운동, 개헌운동은 1987년 6월민주항쟁으로 발전하였다.

6월민주항쟁의 직접적인 발단은 1987년 1월에 발생한 박종철(朴鍾哲) 군 고문치사사건과 전두환정부의 4·13호헌조치였다. 무고한 한 학생이 경찰의 고문으로 죽은 것은 학생·시민들의 분노를 촉발했고, 다시 거수기로 대통령을 뽑으려는 4·13호헌조치는 국민을 우롱하는 처사로 받아들여졌다.

박군 고문치사와 4·13호헌조치에 대한 항의에는 각계각층이 참여하였다. 민주정의당이 노태우를 간선제 대통령후보로 지명한 6월 10일 서울 등 18개 도시에서는 4·13호헌조치 철폐, 군사독재 타도, 민주헌법 쟁취 등을 외치는 시위가 벌어졌다. 시위는 6월 10일 이후에도 거의 매일 계속되었다. 6월 18일에 열린 최루탄추방대회에는 14개 도시 이상이 참여하였다. 가장 규모가 큰 시위는 6월 26일에 벌어졌다. 34개 도시와 4개 군에서 1백여만명이 참여한 6·26시위 때 서울에서는 시가전을 방불케 하는 격렬하고 규모가 큰 시위가 전개되었다.

6월민주항쟁은 민주주의 사회를 이룩하려는 각계각층의 시민과 학생들의 의지가 반영되어 17일간이나 계속되었다. 결국 신군부에서는 6월 29일 대통령직선제 개헌, 기본권 보장, 지방의회 구성 등을 주요 내용으로 한 6·29선언을 발표하였다.

6월민주항쟁에 이어 7, 8, 9월 노동운동이 일어났다. 7, 8, 9월 노동운동은 생존권 실현, 민주노조의 건설, 근로조건의 개선 등 기초적인 노동운동의 보장과 노동자의 생존을 요구한 것이었다. 이 노동운동은 울산에 건설된 대규모 중화학공장 노동자들이 참여하면서 전 산업과 업종으로 파급되었다는 점에서도 과거와 달랐다. 7, 8, 9월 노동운동은 전국의 4천여 사업장에서 연 200여만명이 참여한 한국 노동운동사상 최대 규모의 것이었다. 이 이후에도 노동운동은 확대되어 1987년 6월 말에 2742개이던 노동조합이 1989년에는 7861개로 늘어났다. 조합원도 같은 기간에 1백여만명에서 190만명으로 늘어났다. 그러나 이 이후 노동운동은 얼마간 퇴조를 보였다.

1987년 12월에는 대통령선거가 있었다. 1971년 대통령선거 이후 16년 만에 갖게 된 직선제 선거였다. 야권의 분열로 김영삼과 김대중이 모두 대통령후보로 나왔는데, 지역감정이 과거 어느 때보다도 현저하게 표출되었다. 투표 결과 36%를 득표한 민정당의 노태우 후보가 대통령으로 당선되었다.

1988년 4월 26일에는 총선거가 실시되었다. 이 선거에서 민주정의당은 34%를 득표하여 소수파 여당이 되고, 평화민주당·통일민주당·민주공화당 등 야당이 다수의석을 차지하는 여소야대(與小野大)의 기현상이 나타났다. 1987년 12월의 대통령선거에서처럼 지역주의가 선거분위기를 휩쓸었기 때문이기도 했지만, 상대적으로 관권이나 향응, 선심공약이 맥을 못춘 선거였기 때문이기도 했다. 이 선거에서 1958년 국회의원 선거 이래 나타났던 여촌야도 현상이 사라졌다.

전두환이나 노태우는 신군부체제의 대표적 인물이었지만, 노태우정부는 그 이전의 정부와는 많이 달랐다. 4·26총선 후 이루어진 여소야대의 국회에서는 국민의 주시 속에 5공청문회가 열려 신군부체제에서 벌어졌던 비리가 어느정도 단죄를 받았다. 악법으로 불리던 비민주적인 법들도 부분적이지만 개폐되었다. 노태우정부 때는 우여곡절이 많았지만, 6월민주항쟁의 영향으로 사회가 전체적으로 민주화의 길을 걸었다.

1990년 1월 소수 여당인 민주정의당과 제2야당인 통일민주당, 그리고 유신체제에서 여당이었던 민주공화당이 합당하여 민주자유당을 출범시켰다. 민자당의 등장으로 정국은 안정되었지만, 이 때문에 민주화는 주춤하였다. 1991년에는 기초의회에서 광역의회에 이르기까지 두 차례에 걸쳐 지방의회 선거가 치러졌는데, 1960년 12월에 지방의회선거가 치러진 지 30년 만이었다.

1988년 서울올림픽은 한국인에게 자랑과 긍지를 갖게 하였던바, 그것을 성공적으로 치른 노태우정부는 경제적·정치적 이유에서 정력적으로 북방외교를 추진하였다. 그리하여 동유럽 여러 나라와의 수교에 이어 1990년 9월에는 소련, 1992년 8월에는 중국과 외교관계를 수립했다.

1992년 12월의 대통령선거에서는 민자당의 김영삼 후보가 민주당의 김대중 후보를 누르고 대통령에 당선되었다. 그 이듬해 2월 김영삼이 대통령에 취임함으로써 1961년 5·16 군부쿠데타로 민주당 정부가 붕괴된 후 30여년 만에 민간인 정부가 탄생하였다. 김영삼 대통령은 그동안 요망되어온 개혁에 힘을 쏟았다.

2. 냉전체제의 붕괴와 남북관계의 진전

1972년 7·4공동성명이 발표된 후 곧 남에서는 유신체제로 나아갔고, 북에서는 수령유일체제를 제도화하였다. 그리고 다음해 6월 23일 남과 북은 상이한 통일방안을 발표하였다. 박정희 대통령은 남북의 불간섭·불가침과 함께, 유엔총회의 북 초청 및 국제기구에의 남북 동시

오마니!
1985년 북측 고향방문단의 일원으로 서울에 온 서형석 씨가 팔순 노모 유묘술 할머니의 손을 잡고 흐느끼고 있다.

가입에 반대하지 않음을 천명하였다. 두 개의 한국정책이 추구된 것이었다. 북은 같은 날 평화협정 체결, 대민족회의 소집, 남북연방제 실시 등을 내용으로 한 통일방안을 발표하였다. 그것은 과거의 통일방안을 새로 정리한 것이었다.

7・4공동성명에서 합의를 본 남북조절위원회는 1973년 여름 김대중 납치사건을 이유로 북측이 활동을 거부함으로써 제기능을 하지 못했다. 남과 북은 1970년대에 계속 통일방안을 제의하였으나, 그것은 남과 북의 6・23발표를 계승한 것으로 자신의 체제를 유지하고 강화하기 위한 정책으로 제시된 면이 많았다. 그렇지만 70년대에도 적십자사회담은 계속되었고, 체육회담도 있었다. 이 시기부터 북에서는 미국과의 회담을 주장하였다.

1980년대에 들어와 남과 북은 훨씬 구체적인 제의를 하였다. 김일성 주석은 1980년 10월 조선로동당 제6차대회에서 고려민주연방공화국 창설 방안을 제시하였다. 그것은 북과 남에 있는 사상과 제도를 그대로 두고 북과 남이 연합하여 하나의 연방국가를 형성하는 것이라고 설명하여, 이전에 총선거에 이르는 과도적 단계로 연방제를 제시한 것과는 달랐다. 고려민주연방공화국 창설 방안에 대응하여 남에서는 민족화합민주통일방안을 제의하였다. 1982년 1월에 발표된 이 방안은 남북대표로 민족통일협의회를 구성하고, 여기서 통일민주공화국을 실현하기 위한 통일헌법을 마련하며, 그것에 따라 총선거로 통일정부를 구성한다는 것이었다.

남과 북의 통일방안 모두 그 이전에 비해서는 훨씬 구체성을 지녔지만, 그것은 서로를 적대시하고 타도의 대상으로 삼으면서 자신의 체제를 옹호하기 위한 것이었다. 북에 의해 저질러진 아웅산묘소 폭발사건(1983. 10), 남에서 일어난 금강산댐 건설 소동(1986. 10)이나 김일성 사망설 소동(1986. 11)은 그것을 잘 말해준다. 그러나 1985년 9월에 3박 4일 동안 남북 각기 151명씩의 이산가족들이 판문점을 건너 남과 북에 있는 고향을 방문한 것은 분단된 이후 처음 있는 일로 남과 북의 주민들로부터 열렬히 환영을 받았다.

6월민주항쟁으로 자유의 공간이 넓어지자 4월혁명 이후를 연상케 하는 통일운동이 재야와 학생들을 중심으로 활발히 일어났다. 북한 바로알기 운동과 맞물려 일어난 통일운동은 기존의 냉전의식과 반공이데올로기에 적지 않은 변화를 가져다주었다. 그러나 통일운동은 반공세력의 반발을 야기하였고, 일부 인사의 북한 방문이 계기가 되어 공안정국이 조성되었다.

1980년대 말부터 일어난 동유럽 사회주의 국가의 대(大)변화와 소련의 붕괴는 남북관계에 적지 않은 영향을 미쳤다. 특히 1990년 10월 서독이 동독을 흡수 통일한 것은 북에 커다란 충격을 주었다. 그리하여 이 시기에 남과 북의 통일방안 제안 경쟁은 전환을 맞이하게 되었다. 그 이전까지는 통일방안 제안 경쟁에서 북이 적극적이었고 남이 수세적이었다면, 이제는 북이 수세적인 성격을 띠게 되었다.

1988년 여름 통일운동의 열기가 높아갈 때, 노태우 대통령은 남북간의 적극적인 교류를 제의하고, 북이 미국·일본 등과의 관계를 개선하는 데 협조할 용의가 있다는 7·7선언을 발표하였다. 노태우정부의 통일방안은 민족화합민주통일방안을 진전시킨 한민족공동체통일방안으로 집약되었다. 이 통일방안은 남북정상회담을 통하여 탄생하게 될 남북연합의 단계를 과도시기로 설정하였다. 남북연합은 각자의 외교·군사력을 독자적으로 보유하는 주권국가의 연합을 가리키는 것이었다.

북에서는 1980년대 중반부터 남북간의 불가침조약 체결과 군비 축소 등 긴장 완화에 비중을 두는 통일방안을 계속 강조하였다. 1988년 11월에 발표한 '자주적인 평화통일을 촉진하기 위한 방안'에서도 무력감축과 정치·군사적 대결의 완화에 초점을 맞춰 남북 고위급정치군사회담을 열 것을 제안하였다.

한·소 수교가 이루어지고 서독이 동독을 흡수 통일할 무렵인 1990년 9월부터 남북고위급회담 본회담이 열렸다. 이 회의가 서울과 평양에서 번갈아 열릴 때, 남북통일축구대회도 두 곳에서 열렸고, 1991년 3월과 5월에는 각각 세계탁구선수권대회와 세계청소년축구선수권대회에 남북단일팀이 참가하였다.

남북고위급회담 본회담이 시작된 지 1년 만인 1991년 9월 17일 남과 북은 유엔에 동시 가입하였다. 북에서 강력히 주장하였던 단일의석에 의한 유엔가입 원칙이 무너진 것이다. 그해 12월 제5차 남북고위급 본회담에서는 '남북 사이의 화해와 불가침 및 교류협력에 관한 합의서'가 채택되었다. 이 합의서 서문에서는 남과 북의 관계를 통일을 지향하는 과정에서 잠정적으로 형성되는 특수관계로 규정하고 상대방의 국가적 실체는 인정하되 국가로는 승인하지 않기로 합의하였다. 이 합의서의 화해 부문에서는 상대방 체제의 인정과 존중, 내정 불간섭 등이 합의되었다. 이와 함께 합의서에는 남북 불가침과 교류협력에 관

'남북 사이의 화해와 불가침 및 교류협력에 관한 합의서' 교환

한 여러 사항이 규정되었다. 이해 12월 31일에는 한반도 비핵화에 관한 공동선언도 채택되었다.

그간 남과 북의 관계로 볼 때 남북합의서가 곧바로 이행된다는 것은 어려운 일이었다. 그러나 남북합의서는 7·4공동성명 이래 민족통일의 과정을 제시한 가장 의의있는 헌장이었다. 남북 유엔 동시가입 등으로 2국가 2체제론이 위세를 가질 수도 있었을 터인데, 이 합의서로 통일을 향한 대도가 열린 것이다.

3. 세계화시대의 민족공동체

한국은 20세기 전반기에는 일제에 강점되어 혹독한 억압과 수탈을 당했고, 해방 후에는 분단과 한국전쟁으로 큰 상처를 입게 되었다.

그러나 어두운 면, 파행적인 면을 뚫고 한국은 장족의 발전을 이룩

해냈다. 해방 직후나 한국전쟁기를 되돌아볼 때, 한국이 이만큼 발전한 것은 기적이라고 할 수 있다. 그것은 우리 민족의 저력과 문화의 위대함이 원천이 된 것으로, 우리의 노력과 의지의 결실이라고 볼 수 있다. 가장 문제가 많았던 정치도 변모를 보였다. 세계적인 추세로도 군부독재나 파시즘, 사회주의 독재가 사라져가고, 그러한 경향은 남과 북에서도 피하기가 어렵게 되어가고 있다. 남의 경우 6월민주항쟁 이후 민주화에 대한 국민적 공감대가 모아진 가운데 기본적 민주주의가 점진적이기는 하지만 하나하나 쌓아올려져 불퇴전의 대세를 이루고 있다. 12·12쿠데타, 5·17쿠데타를 일으켰고 광주학살에 책임이 있는 전두환·노태우 등에 대한 재판도 국가의 기강을 바로세우고 민주화를 진전시키는 데 기여할 것이다.

북의 경우 당분간은 주체사상과 수령유일체제가 견지되겠지만, 점차 바뀌어갈 것이다. 이제 북도 변화를 피할 수 없는 추세가 되었다. 1992년 4월 개정된 북의 헌법에서는 수령유일지도체제에 상당한 수정이 가해져, 국가주석에 집중되었던 권력이 분산되어 유일지도체제에 이완현상이 일어났다. 경제에서도 변화를 보여 1984년에 만들어진 합영법에 이어 1992년에는 외국인투자법, 1993년에는 자유경제무역지대법 등이 만들어졌으며, 나진·선봉항 일대에 대한 개방 의지도 뚜렷해졌다. 북과 미국, 북과 일본의 관계도 변하고 있다. 남과 북의 경제교류도 서서히 늘어나고 있다.

과거에 남은 국가의 강력한 통제 하에서 시민사회가 위축되어 있었다. 국가는 사회단체를 대부분 포섭하여 관변단체나 어용단체를 만들었고, 비판적인 단체는 억압하였으며, 주민을 여러가지 형태로 통제하였다. 또 봉건적 의식이나 권위주의적 사고가 도처에 남아 있었다. 그러나 자아의식과 시민의식은 계속 성장하여 시민사회를 형성하였다. 선거에서 관권이나 선심공세를 대신한 지역갈등이 큰 영향을 미치고 있지만, 그것도 점점 변모되고 있다. 정경유착이나 관치경제도 약화되어가는 추세이다. 6월항쟁 이후에는 노동조합도, 농업협동조합도, 교사단체도, 대학사회도, 문화예술단체도, 각종 이익단체도 민주화되고 있다. 사회문제·환경문제·경제문제를 풀어나가려는 시민단체의 활동도 활발하고, 새 정치운동도 벌어지고 있다. 가족관계도 변화하고 있다.

1980년대에는 문화도 활기가 있었다. 문학과 예술, 학술 분야가 다양성과 함께 풍성함을 보여주었다. 1950, 60년대에 순수문학과 참여문학 논쟁이 있은 후 70년대부터 민족문학운동이 심화되었다. 또한 70년대부터는 우리것 찾기 운동의 일환으로 탈춤부흥운동 등 건강한 전통문화를 현대화하려는 시도가 전개되어 민중예술운동으로 발전하였다. 미술·연극·음악 부문에도 양적 성장과 함께 신선한 바람이 불었다. 인문과학이건 사회과학이건 자연과학이건 학문은 양적으로 크게 확대되어 질적인 심화를 기대하게 하였다.

1990년대에 들어와 경제의 세계화 현상은 더욱 촉진되었다. 원자재와 판매시장에서 해외의존도가 대단히 높고, 자본·기술에서도 그러한 면이 많기 때문에 경제의 개방은 불가피하였다. 이 때문에 대외경쟁력의 제고와 농업의 보호가 요청되었다. 그와 함께 경제력을 강화하기 위한 기반을 조성하기 위해서도 의식과 교육의 개혁이 필요하게 되었다. 자신의 사회와 문화에 대한 깊이있는 이해와 긍지를 지니고 민족에 대한 정체성을 바로 세워 세계사에 참여하는 것이 세계화의 참뜻을 살리는 길일 것이다. 어느 때보다도 자신의 문화와 역사에 대한 탐구가 절실히 요망된다.

분단된 그 날부터 통일은 민족의 지상과제로 인식되었다. 통일에 대한 염원은 나이든 사람일수록 절절히 가슴에 흘렀다. 그런데 남과 북의 관계는 특수하고, 이질화현상도 심각하다. 그러나 화해의 마음은 남과 북의 특수한 관계도 녹일 수 있을 터이고, 남과 북이 모두 다 현대 산업사회에 살고 있다는 공통성과 오랜 기간 쌓아올린 민족문화의 저력은 이질화현상의 극복을 가능하게 할 것이다.

통일에 대한 필요성은 동북아경제권에서 한국이 차지하여야 할 위상 때문에도 높아져가고 있다. 세계가 지역경제권으로 묶이고 있고, 중국경제권이 확대되어가는 추세 속에서, 통일은 단순한 남과 북의 경제통합을 넘어서서, 동북아경제와 세계경제에서 새로운 차원의 발전으로 나아가게 할 것이다.

동·서독의 통일은 우리에게 교훈을 던져주고 있다. 남은 민주화와 경제정의의 실현 속에 내적 일체성을 강화하며, 북은 경제난을 타개하고 개방의 문을 활짝 열도록 자신을 쇄신해야 할 것이다. 그리하여 남과 북의 교류가 확대되고 통일의 여건이 성숙되어 남과 북이 하나로 융합될 그 날, 참된 민족공동체가 탄생할 것이다.

역대 왕조 계보

고조선

단군왕검檀君王儉 — 부왕否王 — 준왕準王

위씨조선

위만왕衛滿王 — ? — 우거왕右渠王 — 장長

부여

— 시왕始王(東明) — 위구대왕尉仇台王 — 간위거왕簡位居王 — 마여왕麻余王 — 의려왕依慮王 — 의라왕依羅王 — 현왕玄王

고구려

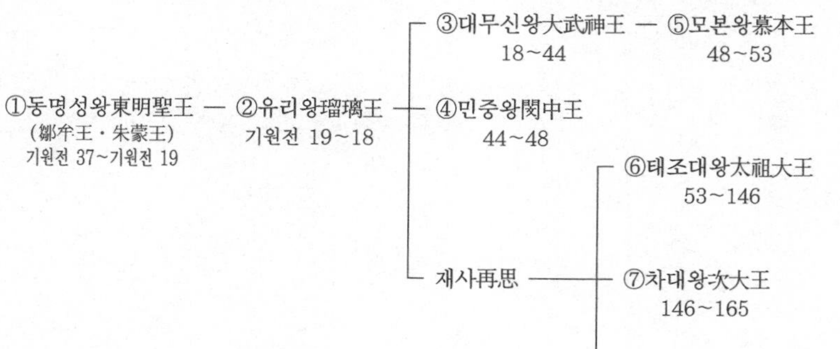

⑧신대왕新大王 165~179

⑨고국천왕故國川王 179~197

⑩산상왕山上王 197~227 — ⑪동천왕東川王 227~248 — ⑫중천왕中川王 248~270 — ⑬서천왕西川王 270~292

⑭봉상왕烽上王 292~300

돌고咄固 — ⑮미천왕美川王 300~331 — ⑯고국원왕故國原王 331~371

⑰소수림왕小獸林王 371~384

⑱고국양왕故國讓王 384~391

⑲광개토대왕廣開土大王 391~413 — ⑳장수왕長壽王 413~491 — 조다助多 — ㉑문자명왕文咨明王 491~519

㉒안장왕安臧王 519~531

㉓안원왕安原王 531~545 — ㉔양원왕陽原王 545~559 — ㉕평원왕平原王 559~590

㉖영양왕嬰陽王 590~618

㉗영류왕榮留王 618~642

대양大陽

㉘보장왕寶藏王 642~668

백제

①온조왕溫祚王 — ②다루왕多婁王 — ③기루왕己婁王 — ④개루왕蓋婁王
기원전 18~28 / 28~77 / 77~128 / 128~166

⑤초고왕肖古王 — ⑥구수왕仇首王
166~214 / 214~234

⑦사반왕沙半王
234~234

⑪비류왕比流王 — ⑬근초고왕近肖古王
304~344 / 346~375

⑧고이왕古爾王 — ⑨책계왕責稽王 — ⑩분서왕汾西王 — ⑫계왕契王
234~286 / 286~298 / 298~304 / 344~346

⑭근구수왕近仇首王
375~384

⑮침류왕枕流王 — ⑰아신왕阿莘王 — ⑱전지왕腆支王
384~385 / 392~405 / 405~420

⑯진사왕辰斯王
385~392

⑲구이신왕久爾辛王 — ⑳비유왕毗有王 — ㉑개로왕蓋鹵王
420~427 / 427~455 / 455~475

㉒문주왕文周王 — ㉓삼근왕三斤王
475~477 / 477~479

곤지昆支 — ㉔동성왕東城王 — ㉕무령왕武寧王 — ㉖성왕聖王
479~501 / 501~523 / 523~554

㉗위덕왕威德王
554~598

㉘혜왕惠王
598~599

㉙법왕法王 — ㉚무왕武王 — ㉛의자왕義慈王
599~600 / 600~641 / 641~660

본가야(駕洛國 · 金官加耶)

①수로왕首露王 42~199 — ②거등왕居登王 199~259 — ③마품왕麻品王 259~291 — ④거질미왕居叱彌王 291~346 — ⑤이시품왕伊尸品王 346~407 — ⑥좌지왕坐知王 407~421 — ⑦취희왕吹希王 421~451 — ⑧질지왕銍至王 451~492 — ⑨겸지왕鉗知王 492~521 — ⑩구형왕仇衡王 521~532

대가야

이진아시왕伊珍阿豉王 …… 이뇌왕異腦王 — 월광태자月光太子 …… 도설지왕道設智王

신라

①혁거세거서간赫居世居西干 기원전 57~4 — ②남해차차웅南解次次雄 4~24
- ③유리이사금儒理尼師今 24~57
- 아효부인阿孝夫人 ═ ④탈해脫解이사금 57~80

(③유리이사금의 자녀)
- ⑤파사婆娑이사금 80~112 — ⑥지마祇摩이사금 112~134
- ⑦일성逸聖이사금 134~154 — ⑧아달라阿達羅이사금 154~184

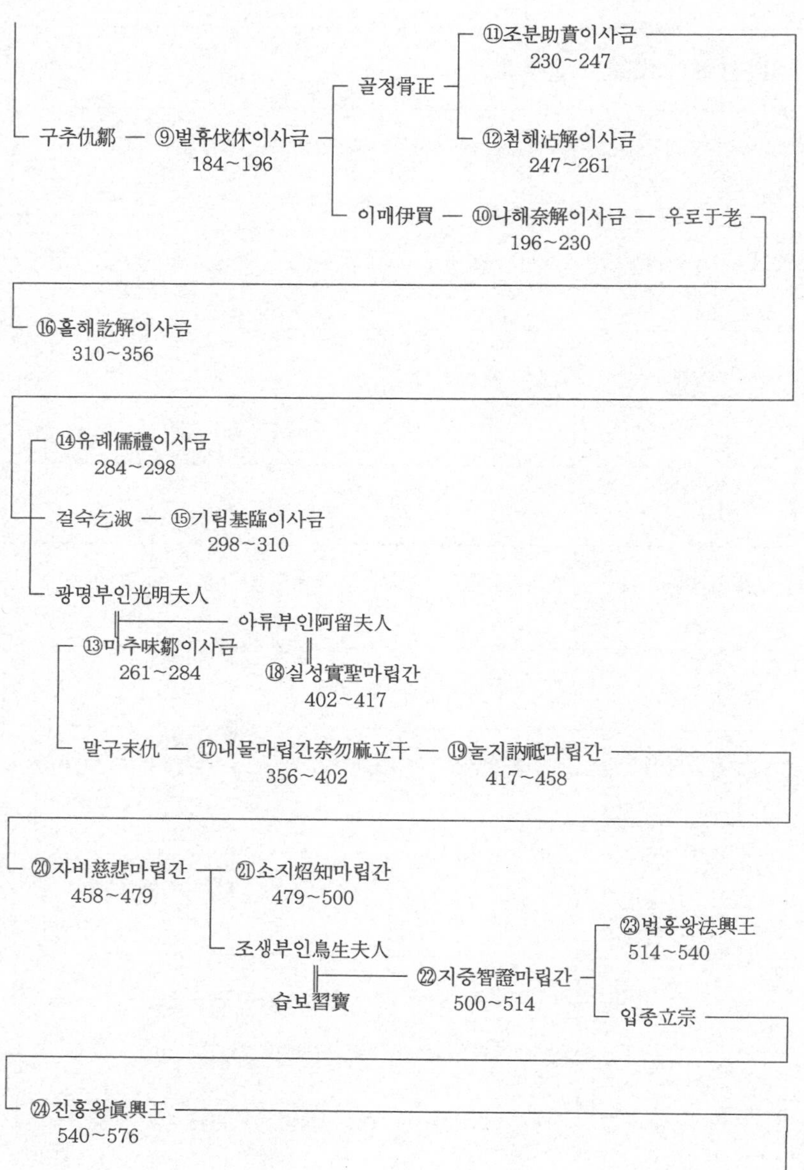
⑪조분助賁이사금
230~247
골정骨正
구추仇鄒 — ⑨벌휴伐休이사금
184~196
⑫첨해沾解이사금
247~261
이매伊買 — ⑩나해奈解이사금 — 우로于老
196~230
⑯흘해訖解이사금
310~356
⑭유례儒禮이사금
284~298
걸숙乞淑 — ⑮기림基臨이사금
298~310
광명부인光明夫人
아류부인阿留夫人
⑬미추味鄒이사금
261~284
⑱실성實聖마립간
402~417
말구末仇 — ⑰내물마립간奈勿麻立干 — ⑲눌지訥祗마립간
356~402
417~458
⑳자비慈悲마립간
458~479
㉑소지炤知마립간
479~500
조생부인鳥生夫人
㉓법흥왕法興王
514~540
습보習寶
㉒지증智證마립간
500~514
입종立宗
㉔진흥왕眞興王
540~576

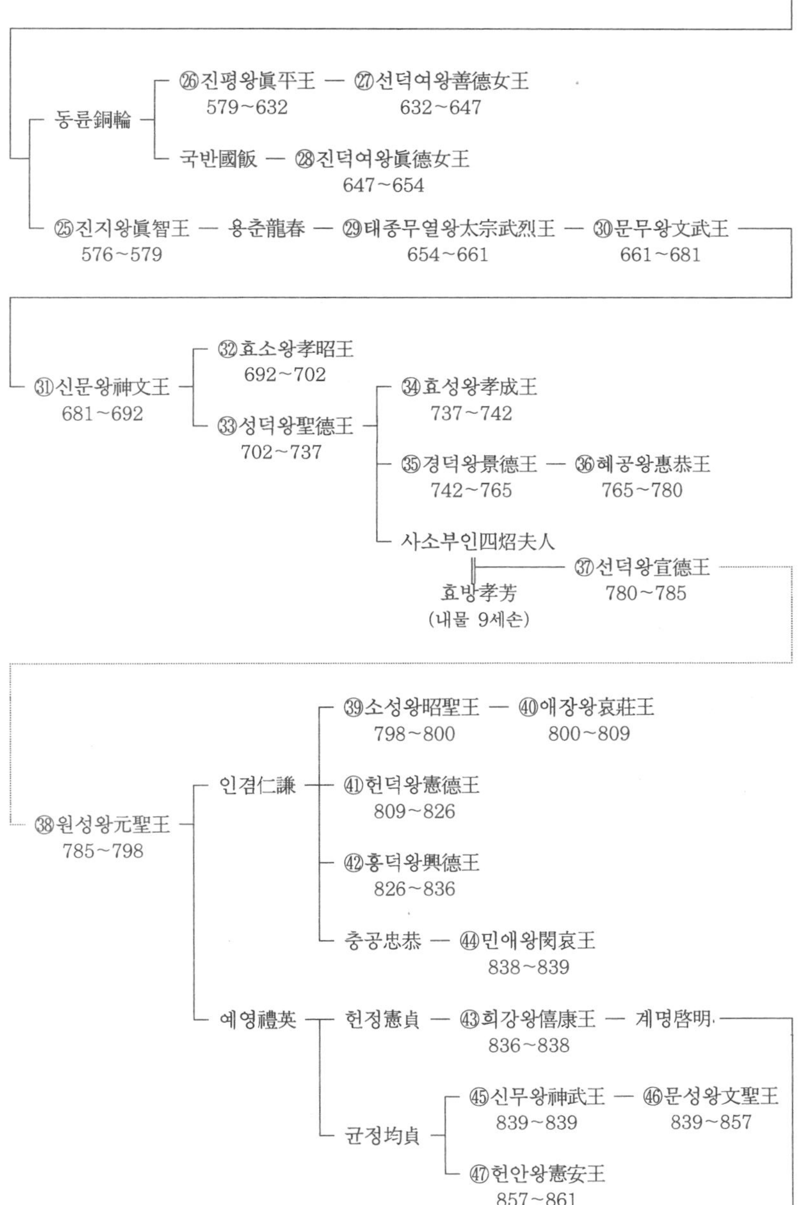
㉖진평왕眞平王 — ㉗선덕여왕善德女王
579~632
632~647
동륜銅輪
국반國飯 — ㉘진덕여왕眞德女王
647~654
㉕진지왕眞智王 — 용춘龍春 — ㉙태종무열왕太宗武烈王 — ㉚문무왕文武王
576~579
654~661
661~681
㉜효소왕孝昭王
692~702
㉛신문왕神文王
681~692
㉞효성왕孝成王
737~742
㉝성덕왕聖德王
702~737
㉟경덕왕景德王 — ㊱혜공왕惠恭王
742~765
765~780
사소부인四炤夫人
㊲선덕왕宣德王
780~785
효방孝芳
(내물 9세손)
㊴소성왕昭聖王 — ㊵애장왕哀莊王
798~800
800~809
인겸仁謙
㊶헌덕왕憲德王
809~826
㊳원성왕元聖王
785~798
㊷흥덕왕興德王
826~836
충공忠恭 — ㊹민애왕閔哀王
838~839
예영禮英
헌정憲貞 — ㊸희강왕僖康王 — 계명啓明
836~838
㊺신무왕神武王 — ㊻문성왕文聖王
839~839
839~857
균정均貞
㊼헌안왕憲安王
857~861

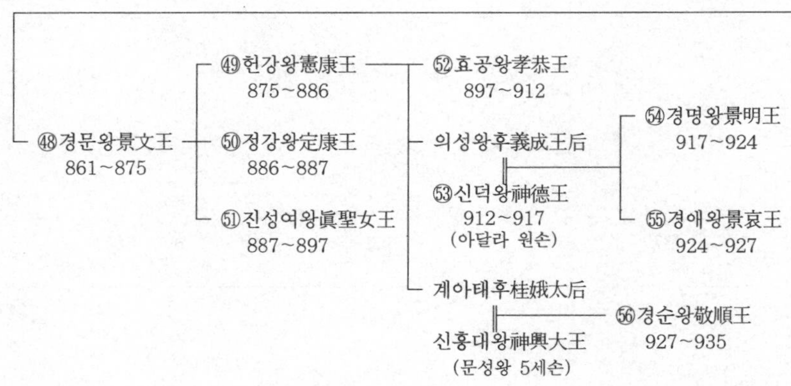

⑱경문왕景文王
861~875
⑲헌강왕憲康王
875~886
㊿정강왕定康王
886~887
51진성여왕眞聖女王
887~897
52효공왕孝恭王
897~912
의성왕후義成王后
53신덕왕神德王
912~917
(아달라 원손)
계아태후桂娥太后
신흥대왕神興大王
(문성왕 5세손)
54경명왕景明王
917~924
55경애왕景哀王
924~927
56경순왕敬順王
927~935

발해

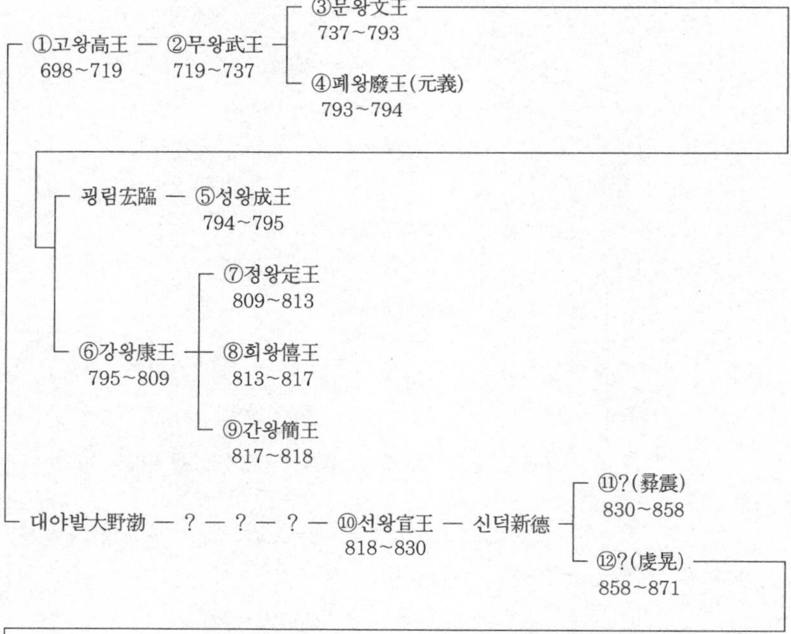

①고왕高王
698~719
②무왕武王
719~737
③문왕文王
737~793
④폐왕廢王(元義)
793~794
굉림宏臨
⑤성왕成王
794~795
⑥강왕康王
795~809
⑦정왕定王
809~813
⑧희왕僖王
813~817
⑨간왕簡王
817~818
대야발大野勃 — ? — ? — ?
⑩선왕宣王
818~830
신덕新德
⑪?(彝震)
830~858
⑫?(虔晃)
858~871

⑬경왕景王 — ⑭?(瑋瑎) — ⑮애왕哀王
871~893 893~906 906~926

고려

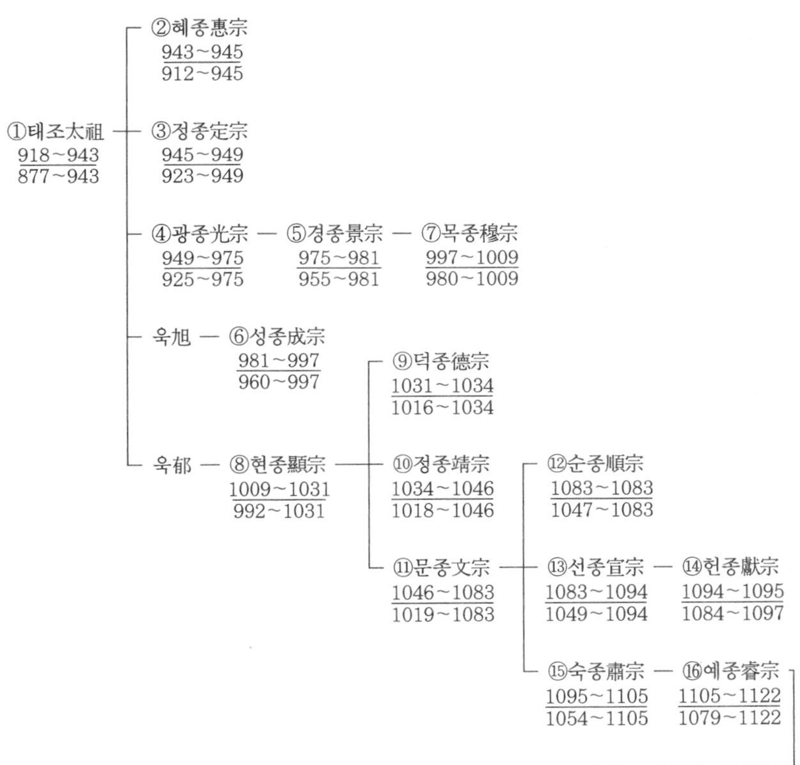

⑰인종仁宗
1122~1146
1109~1146

⑱의종毅宗
1146~1170
1127~1173

⑲명종明宗 — ㉒강종康宗 — ㉓고종高宗 — ㉔원종元宗
1170~1197 1211~1213 1213~1259 1259~1274
1131~1202 1152~1213 1192~1259 1219~1274

⑳신종神宗 — ㉑희종熙宗
1197~1204 / 1144~1204
1204~1211 / 1181~1237

㉕충렬왕忠烈王 — ㉖충선왕忠宣王 — ㉗충숙왕忠肅王
1274~1298 / 1298~1308 / 1236~1308
1298~1298 / 1308~1313 / 1275~1325
1313~1330 / 1332~1339 / 1294~1339

㉘충혜왕忠惠王
1330~1332 / 1339~1344 / 1315~1344

㉛공민왕恭愍王
1351~1374 / 1330~1374

㉙충목왕忠穆王
1344~1348 / 1337~1348

㉚충정왕忠定王
1349~1351 / 1338~1352

(5세)

㉜우왕禑王 — ㉝창왕昌王
1374~1388 / 1365~1389
1388~1389 / 1380~1389

㉞공양왕恭讓王
1389~1392 / 1345~1394

조선

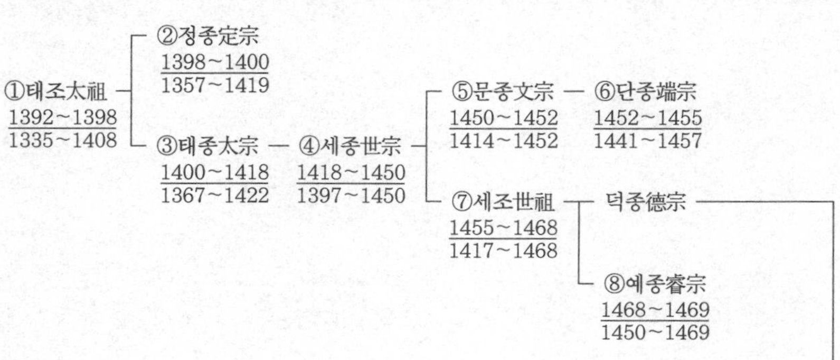

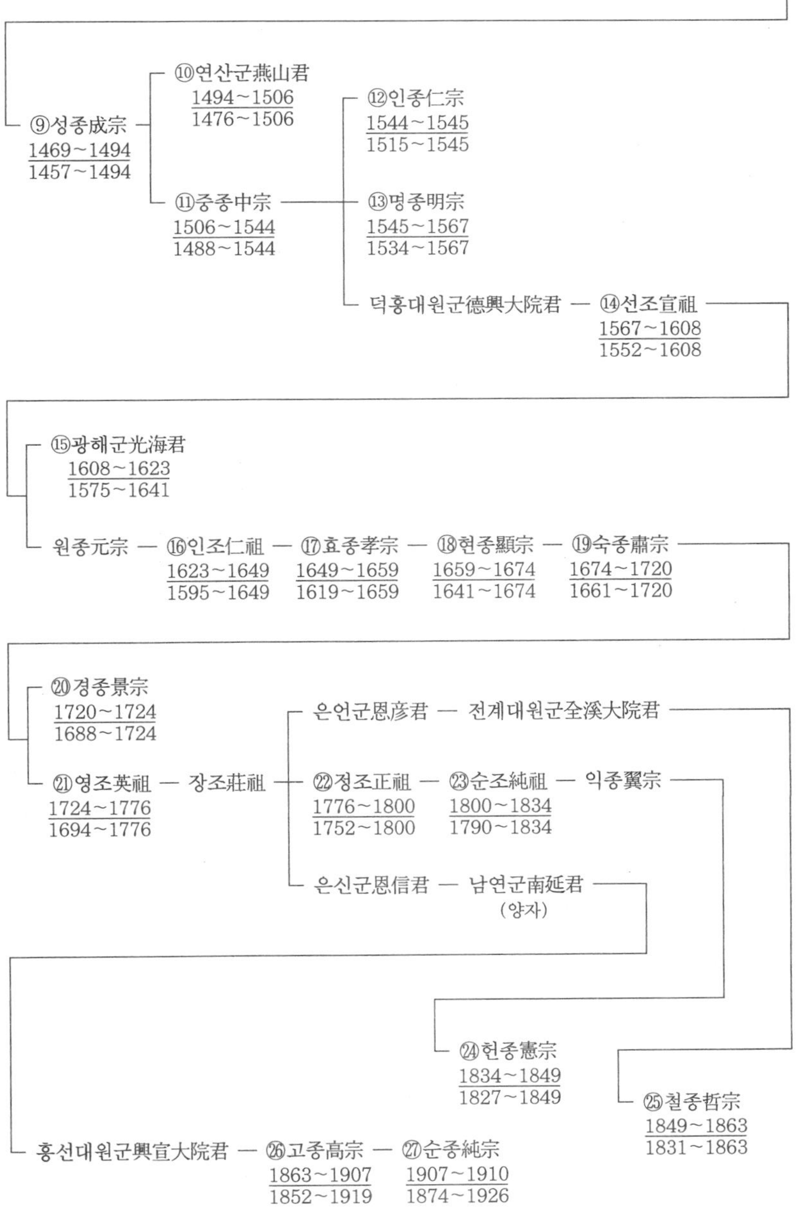
⑨성종成宗
1469~1494
1457~1494
⑩연산군燕山君
1494~1506
1476~1506
⑪중종中宗
1506~1544
1488~1544
⑫인종仁宗
1544~1545
1515~1545
⑬명종明宗
1545~1567
1534~1567
덕흥대원군德興大院君
⑭선조宣祖
1567~1608
1552~1608
⑮광해군光海君
1608~1623
1575~1641
원종元宗
⑯인조仁祖
1623~1649
1595~1649
⑰효종孝宗
1649~1659
1619~1659
⑱현종顯宗
1659~1674
1641~1674
⑲숙종肅宗
1674~1720
1661~1720
⑳경종景宗
1720~1724
1688~1724
㉑영조英祖
1724~1776
1694~1776
장조莊祖
은언군恩彦君
전계대원군全溪大院君
㉒정조正祖
1776~1800
1752~1800
㉓순조純祖
1800~1834
1790~1834
익종翼宗
은신군恩信君
남연군南延君
(양자)
㉔헌종憲宗
1834~1849
1827~1849
㉕철종哲宗
1849~1863
1831~1863
홍선대원군興宣大院君
㉖고종高宗
1863~1907
1852~1919
㉗순종純宗
1907~1910
1874~1926

찾아보기

ㄱ

ㅁ

ㅂ

ㅅ

ㅇ

ㅋ·ㅌ·ㅍ

ㅎ

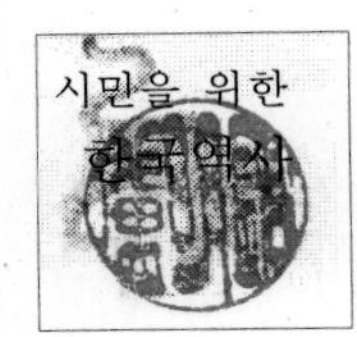

시민을 위한 한국역사

초판 1쇄 발행 / 1997년 6월 20일
초판 10쇄 발행 / 2011년 10월 20일

지은이 / 노태돈·노명호·한영우·권태억·서중석
펴낸이 / 고세현
펴낸곳 / (주)창비

등록 / 1986년 8월 5일 제85호
주소 / 413-756 경기도 파주시 교하읍 문발리 513-11
전화 / 031-955-3333
팩시밀리 / 영업 031-955-3399 편집 031-955-3400
홈페이지 / www.changbi.com
전자우편 / human@changbi.com

ISBN 978-89-364-7039-5 03910